# 파이썬

## (python)

오연재 · 김용민 · 정승언 · 임성화 공저

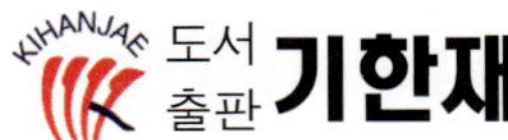

## 머리말

요즘의 IT 분야는 인공지능 시대와 융합해서 스마트센서 공장자동화 로봇 빅데이터 처리 스마트물류 보안 등 수많은 요소가 필요하다. 또한 4차 산업혁명의 효율적인 추진을 위해선 표준화가 관건인데 선진국들은 표준통신에 잠정 합의해 이 분야를 선도하고 있다.

아울러 소프트웨어 분야의 눈부신 성장은 괄목할 정도의 생산성을 이루고 있다. 1960년~2000년대의 단순한 데이터 처리 방식을 벗어나서 이제는 지구 곳곳에서 발생하는 수많은 데이터들을 발굴과 활용을 위한 시대로 접어들어 인공지능(AI)이라는 새로운 용어가 온 지구촌을 강타하는 현실이 되었다.

이에 발맞추어 파이썬(python)은 현 시대에 알맞은 기본적인 역할을 할 수 있는 도구로써 자리잡았다. 파이썬은 1991년 네덜란드 수학자 귀도 반 로섬(Guido van Rossum)에 의해 개발되었다.

이제는 소프트웨어는 사람들이 누구나 쉽게 사용하도록 하는 일상의 현실로 접어들은 시대가 다가 온 것이다. 이에 파이썬은 국민들이 쉽게 사용할 수 있는 도구로써 특히 신세대들이 누구나 접근 가능한 소프트웨어의 선봉장이 된 것은 두고두고 미래가 발전할 과제라고 할 수 있다.

파이썬은 교육 환경에서 특히 공대 계열뿐만 아니라 인문계에서도 쉽게 적응할 수 있는 장점을 가지고 있어서 C언어나 자바가 차지하고 있던 소프트웨어 초기 접근 환경들이 파이썬이 모든 환경을 바꾸고 있는 실정이다. 아울러 파이썬은 AI 시대에 주 핵심 프로그램으로 자리잡았다 해도 과언이 아니다.

이에 따라 이 책은 소프트웨어 기초 교육에 알맞게 저술된 표준화 방식과 실습을 통해서 익힐 수 있는 내용들이 많이 포함되어 있어 소프트웨어 기본서로 그동안의 강의 경험을 바탕으로 누구나 접근할 수 있도록 배려한 교양 저서라고 말할 수 있다. 그동안 경험을 토대로 실습을 통한 교육이 최고의 노하우를 가질 수 있다는 신념에 알맞은 책이 되기를 바란다.

이 책이 나오기까지 좋은 내용이 되도록 아낌없는 배려를 해주고 묵묵히 성원해준 동료, 교수님들, 제자들께 감사를 드린다.

## 제6장 함수/139



## 제7장 모듈/171



## 제8장 파일 처리/193



## 제9장 예외 처리/213

## 제10장 객체지향 프로그래밍/241



## 제11장 GUI 프로그래밍/275



## 제12장 데이터베이스/315



## 제13장 외부 라이브러리/347



## 제14장 파이썬 데이터분석 및 시각화/369

# 제1장 파이썬의 기초

## 1.1 파이썬의 개요

파이썬(Python)은 네덜란드의 컴퓨터 과학자이며 수학자인 귀도 반 로섬(Guido Van Rossum)에 의해 1991년에 대중에게 공개되어 이후로 오늘날 전 세계에서 사용되는 주요 프로그래밍 인터프리터 언어 중 하나이다.

파이썬은 사용이 간단한 프로그래밍 언어로 대형 프로그램을 위한 지원을 제공한다. 반면에, 파이썬은 C보다 훨씬 많은 에러 검사를 제공하고, 유연한 배열과 딕셔너리같은 고수준의 자료형들을 내장하고 있다.

## 1.2 파이썬의 특징

### (1) 인터프리터 언어

컴파일과 링크 단계가 필요 없으므로 개발 시간을 상당히 단축한다. 인터프리터는 대화형으로 사용할 수 있어서, 언어의 기능을 실험하기 위한 프로그램을 만들거나, 프로그램을 작성하는 동안 함수들을 테스트하기 쉽다.

### (2) 간결성

파이썬은 간결하고 읽기 쉽게 프로그램을 작성할 수 있도록 한다. 파이썬 프로그램은 여러 가지 이유로 같은 기능의 C, C++, Java 프로그램들에 비교해 간결하다.

- 고수준의 자료형 때문에 복잡한 연산을 한 문장으로 표현할 수 있다.

- 문장의 블록은 괄호 대신에 들여쓰기를 통해 작성된다.
- 변수나 인수의 선언이 필요 없다.

#### (3) 확장성

파이썬은 확장이 가능 하다. C로 프로그램을 작성할 줄 알면, 인터프리터에 새로운 내장 함수나 자료형을 추가해서, 핵심 연산을 최대 속도로 수행하거나 바이너리 형태로만 제공되는 라이브러리에 파이썬 프로그램을 연결할 수 있다.

#### (4) 소프트웨어 품질

파이썬은 가독성, 일관성 및 품질에 중점을 두고 있다. 언어의 통일성은 가독성을 높여 주며, 코드가 더 많은 노력을 필요로 할 때 결정적이다. 파이썬의 또 다른 중요한 측면은 본질적인 다중 패러다임 특성으로 스크립팅 언어로 사용할 수 있지만 객체 지향, 필수 및 기능 프로그래밍 스타일을 활용할 수도 있어서 다목적으로 사용할 수 있다.

#### (5) 소프트웨어 통합

또 다른 중요한 장점은 파이썬을 확장하여 다른 많은 언어와 통합할 수 있다는 것이다. 즉, 회사가 다른 언어를 사용하는 경우에도 파이썬으로 복잡한 응용 프로그램 사이의 연결 고리 역할을 할 수 있다는 것이다.

#### (6) 객체 지향 언어

파이썬은 절차 지향 프로그래밍 및 객체 지향 프로그래밍을 둘 다 지원한다. 절차 지향 언어에서는, 프로그램은 '프로시저' 또는 '함수'들로 구성되는데 이것들은 단순히 프로그램에서 많이 재사용되는 코드 조각들을 의미하며, 반면 객체 지향 언어에서는, 프로그램은 '객체'로 구성되어 있는데 객체란 데이터와 기능이 결합된 하나의 대상을 의미한다. 파이썬은 특히 C++이나 Java와 같은 언어들에 비해 매우 강력하고도 쉬운 방법으로 객체 지향을 지원한다.

## 1.3 파이썬 설치

### 1.3.1 파이썬 프로그램 다운로드

파이썬 프로그램을 설치하기 위한 순서는 다음과 같다.

① 웹 브라우저에서 "https://www.python.org"를 검색하면 다음과 같은 파이썬 사이트 초기 화면이 나타난다.

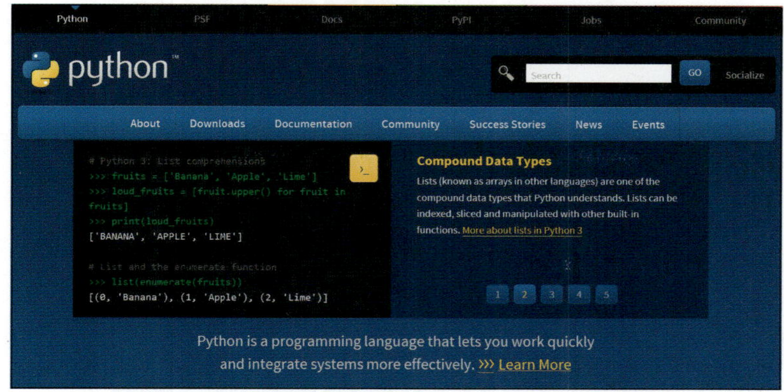


② [Downloads]를 누르면 파이썬 프로그램 선택 화면이 나타나고, 2가지 버전인 3.x vs 2.x가 나타나며, 이중에서 [Download Python 3.8.1]를 선택하면 "python-3.8.1.exe"(32bit) 파일이 다운로드 된다.

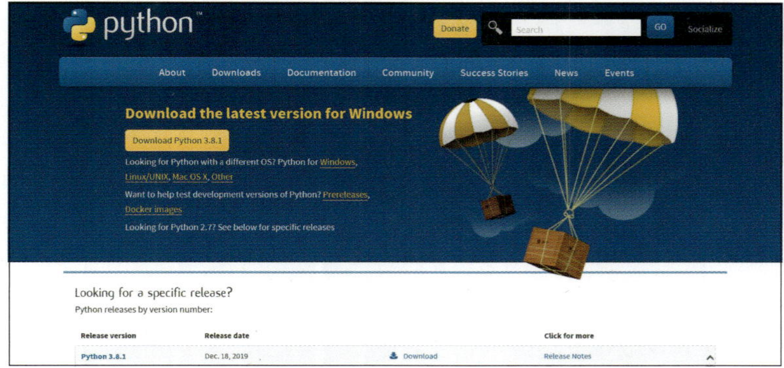


③ "python-3.8.1.exe"(64bit) 파일을 다운로드하기 위해 위의 화면에서 [python-3.8.1]→[Download]를 클릭하여 아래로 내려가서 다음과 같은 64bit용 설치 파일을 다운로드 받는다.

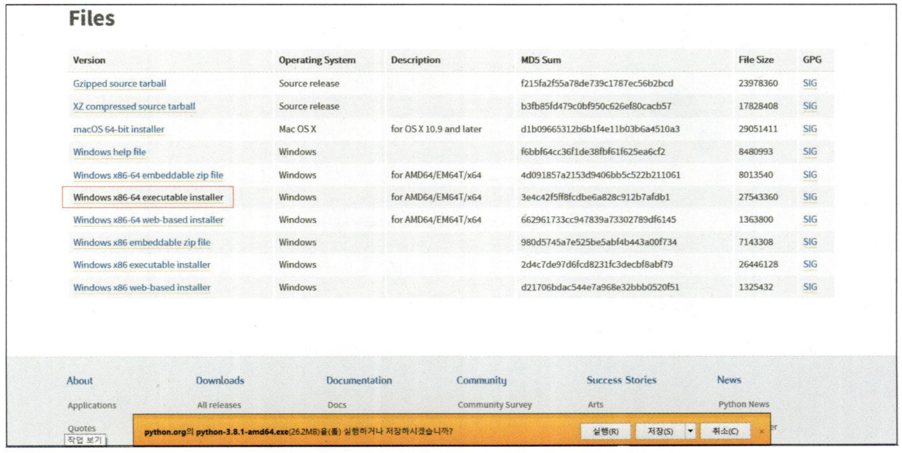

Files

| Version | Operating System | Description | MD5 Sum | File Size | GPG |
|---|---|---|---|---|---|
| Gzipped source tarball | Source release | | f215fa2f55a78de739c1787ec56b2bcd | 23978360 | SIG |
| XZ compressed source tarball | Source release | | b3fb85fd479c0bf950c626ef80cacb57 | 17828408 | SIG |
| macOS 64-bit installer | Mac OS X | for OS X 10.9 and later | d1b09665312b6b1f4e11b03b6a4510a3 | 29051411 | SIG |
| Windows help file | Windows | | f6bbf64cc36f1de38fbf61f625ea6cf2 | 8480993 | SIG |
| Windows x86-64 embeddable zip file | Windows | for AMD64/EM64T/x64 | 4d091857a2153d9406bb5c522b211061 | 8013540 | SIG |
| Windows x86-64 executable installer | Windows | for AMD64/EM64T/x64 | 3e4c42f5ff8fcdbe6a828c912b7afdb1 | 27543360 | SIG |
| Windows x86-64 web-based installer | Windows | for AMD64/EM64T/x64 | 662961733cc947839a73302789df6145 | 1363800 | SIG |
| Windows x86 embeddable zip file | Windows | | 980d5745a7e525be5abf4b443a00f734 | 7143308 | SIG |
| Windows x86 executable installer | Windows | | 2d4c7de97d6fcd8231fc3decbf8abf79 | 26446128 | SIG |
| Windows x86 web-based installer | Windows | | d21706bdac544e7a968e32bbb0520f51 | 1325432 | SIG |

④ 다운로드 받은 파일을 확인한다.

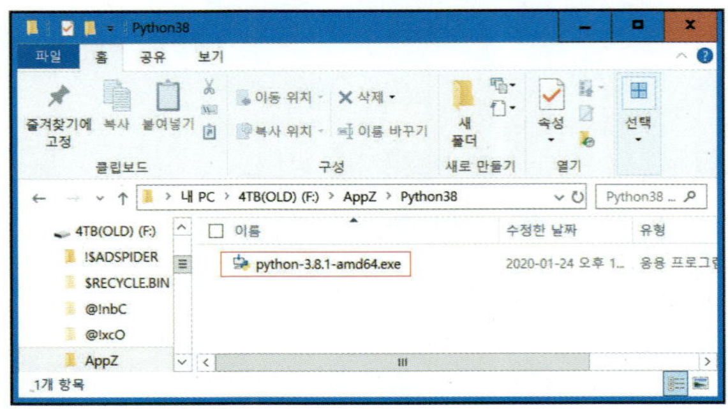


⑤ python-3.8.1-amd64.exe 파일을 누르면 다음과 같이 설치 화면이 나타나고, [Add Python 3.8 to PATH]를 체크한 다음 [Customize installation]을 클릭하고 [Next]를 누른다.

⑥ 다음과 같이 옵션 구성 화면이 나타나고, 모든 옵션을 체크한 다음 [Next]를 클릭한다.

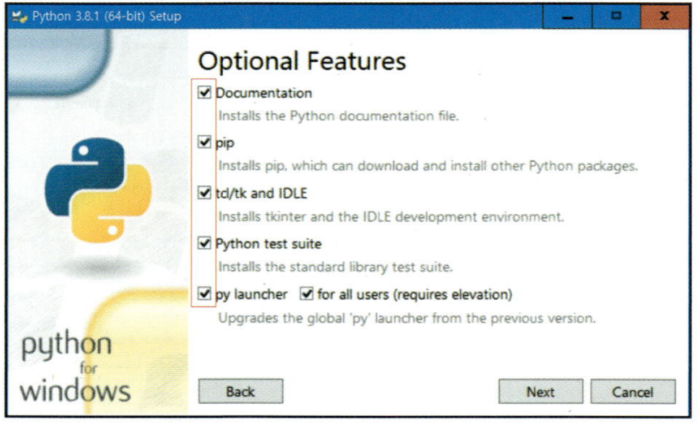

⑦ 다음으로 고급 옵션 구성 화면이 나타나면, [Install for all users]를 체크하고 폴더 명을 "c:\Python38"로 수정한 다음 [Install]을 클릭한다.

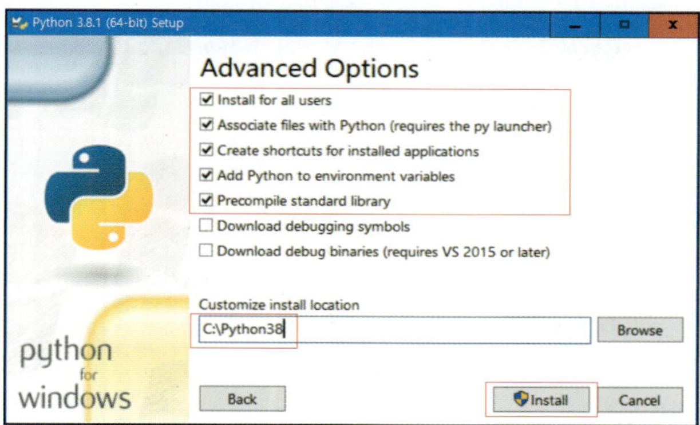


⑧ Python의 설치가 진행된다.

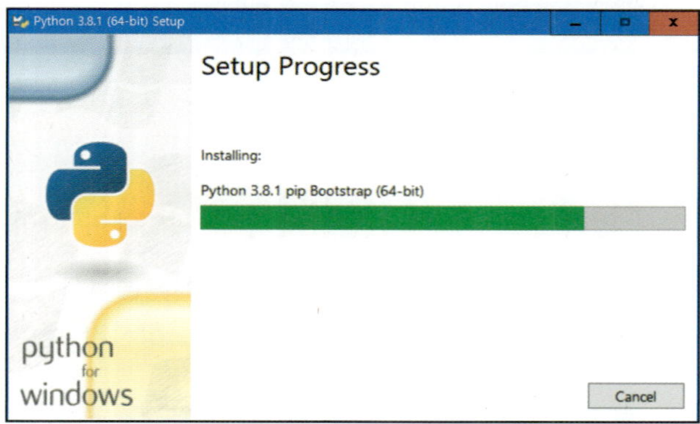


⑨ 설치가 완료되면 설치 종료 화면이 나타나고 [Close]를 클릭한다.

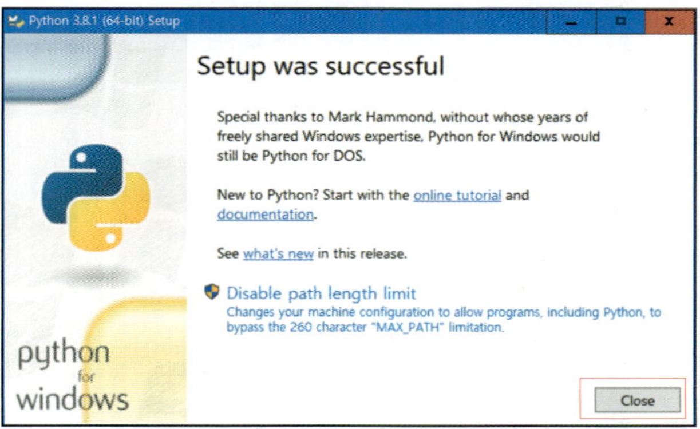

⑩ 설치 폴더의 내용은 다음과 같다.

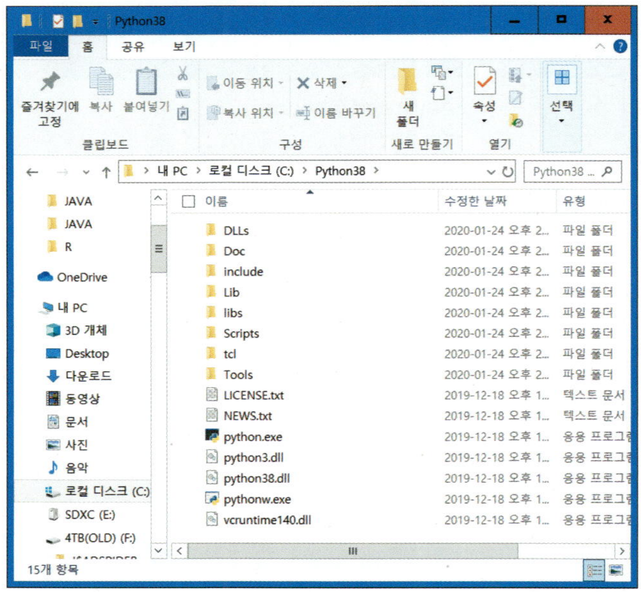


## 1.3.2 파이썬 환경설정 확인

파이썬 프로그램을 실행하기 앞서 윈도우즈에서 환경 설정을 확인해야 하며 순서는 다음과 같다.

① 윈도우즈의 [내 컴퓨터 또는 컴퓨터]를 마우스 오른쪽 단추를 눌러서 [속성]을 지정하고 [시스템 설정 또는 고급 시스템 설정]을 클릭하면 [시스템 속성] 대화상자가 나타난다.

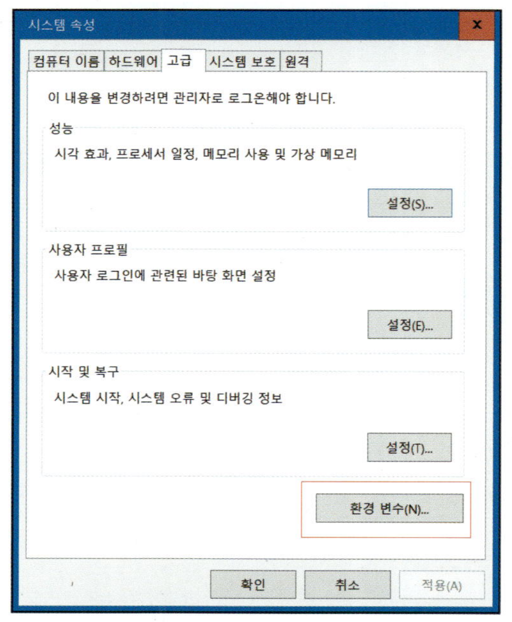

② [고급]→[환경 변수]를 클릭하면 환경변수 대화상자가 나타나고, [편집]을 눌러서 Python38 경로 설정을 확인한다.

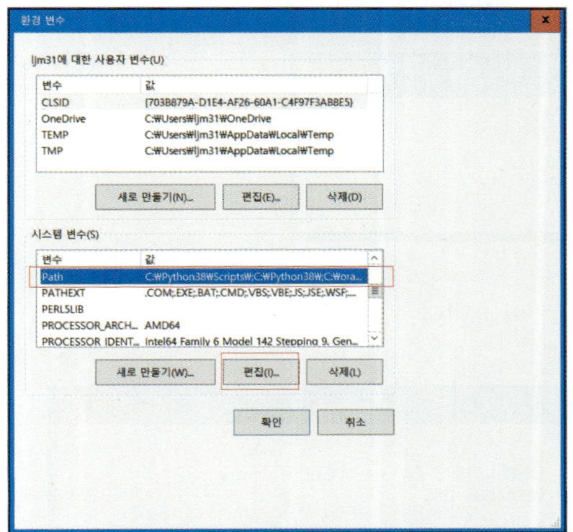


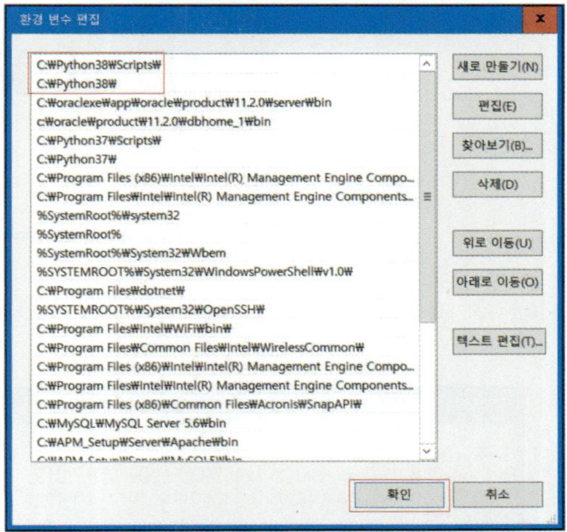


## 1.4 파이썬 프로그램 실행

### 1.4.1 콘솔 실행

① [시작]→[실행]에서 cmd.exe를 실행한다.

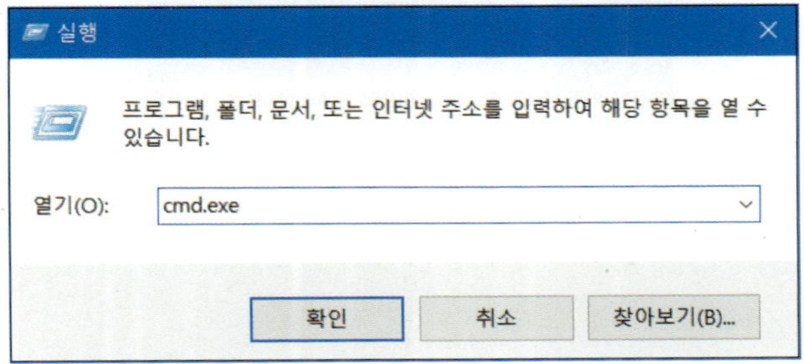

② 콘솔 화면이 나타나면 파이썬 프로그램이 설치되어 있는 폴더(c:\python38)으로 디렉토리 이동을 위해서 “cd \python38” 명령을 입력하고, 해당 디렉토리로 넘어 가면 python을 입력해서 파이썬을 실행한다.

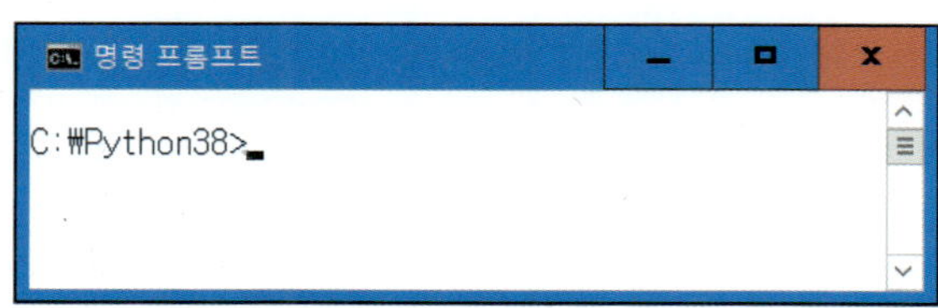


③ 실행 후 간단한 수식을 실행하면 그 결과가 곧바로 나타난다.

```
명령 프롬프트 - python

C:₩Python38>python
Python 3.8.1 (tags/v3.8.1:1b293b6, Dec 18 2019, 23:11:46) [MSC v.1916 64 bit (AMD64)] on win32
Type "help", "copyright", "credits" or "license" for more information.
>>> 2 + 5
7
>>>
```

### 1.4.2 파이썬 Shell 실행

파이썬 프로그래밍을 하기 위하여 파이썬을 설치하였다면, 옵션 중 ‘tcl/tk IDLE’을 설정하여 파이썬 통합개발환경(Integrated Development Environment)을 설치할 수 있는 것을 알 수 있다.

편집기는 단순하게 IDLE 뿐만 아니라 메모장, Notepad++, PyCharm, Visual Studio 등 다양한 편집기를 사용할 수 있으며, 편의에 따라 편집기는 선택하면 된다.

다음은 IDLE Python 3.8을 실행하는 순서이다.

① [시작]을 누르고, “IDLE(Python 3.8 64-bit)”를 클릭한다.

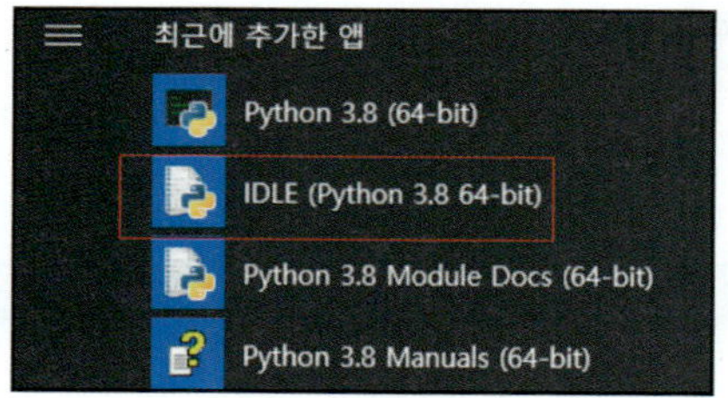


② Shell 화면이 나타나고 간단한 문자열을 출력하기 위해 실행하면 그 결과가 곧바로 나타난다.

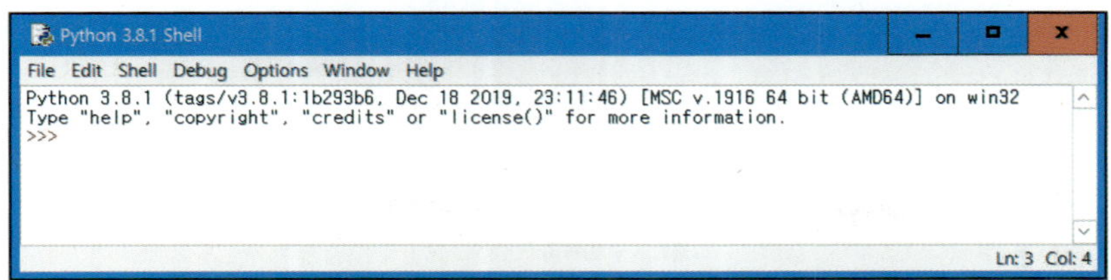


③ 프로그램 종료를 위해 “quit()” 명령을 누르면 다음과 같은 종료 여부를 묻는 화면이 나타나며 [확인]을 클릭하면 종료된다.

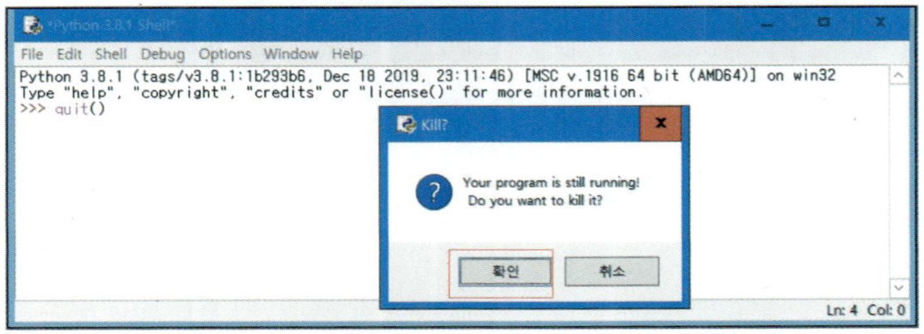


### 1.4.3 Editplus 편집기 실행

EditPlus에서는 Python 프로그램을 연결하고, 환경 설정하면, 곧바로 컴파일 및 실행을 할 수 있다. EditPlus는 https://www.editplus.co.kr에서 다운 받을 수 있다.

① Editplus(www.editplus.co.kr)에서 파이썬을 실행하기 위해 Editplus()를 실행한다.

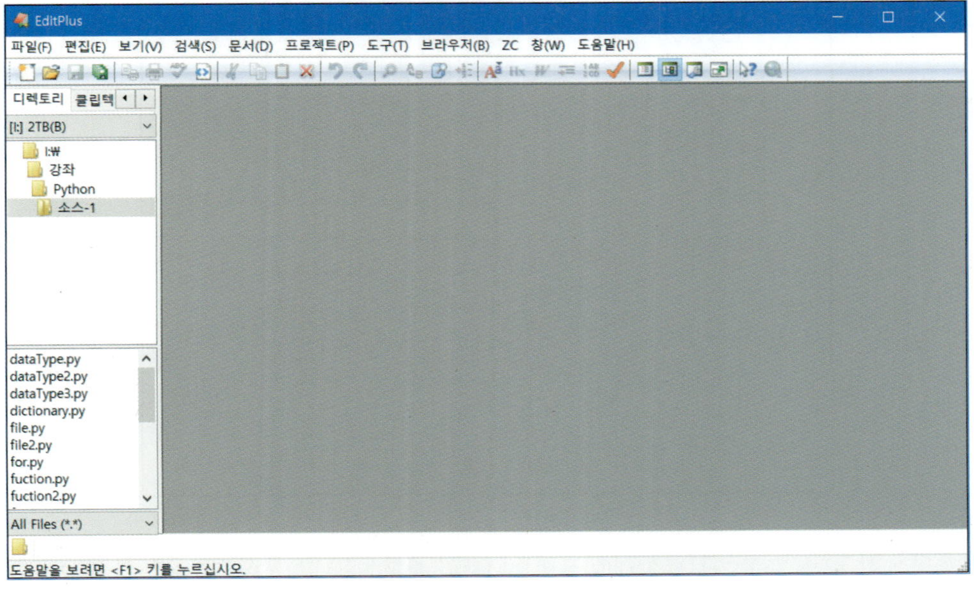

② [도구]→[사용자 도구 구성]을 선택하여 파이썬 언어 관련 작업을 위한 새로운 그룹을 지정한 다음 기본 설정 대화상자에서 [그룹이름] 단추를 클릭하여 “Python”으로 수정한다.

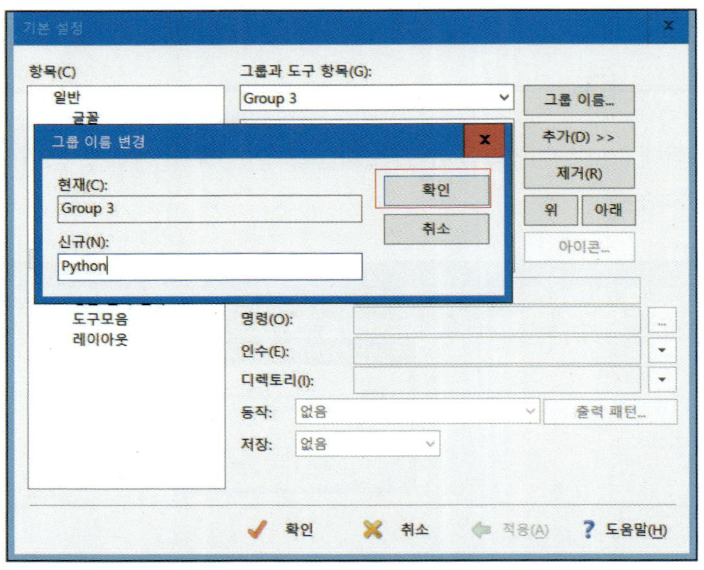


③ 다음으로 [추가] 단추를 누르면 몇 가지 하위메뉴가 나타나는데, 이때 [프로그램]을 선택하면 메뉴 제목에 새로운 “New Program” 목록이 나타난다. [메뉴 제목]을 “파이썬”으로 수정한다.

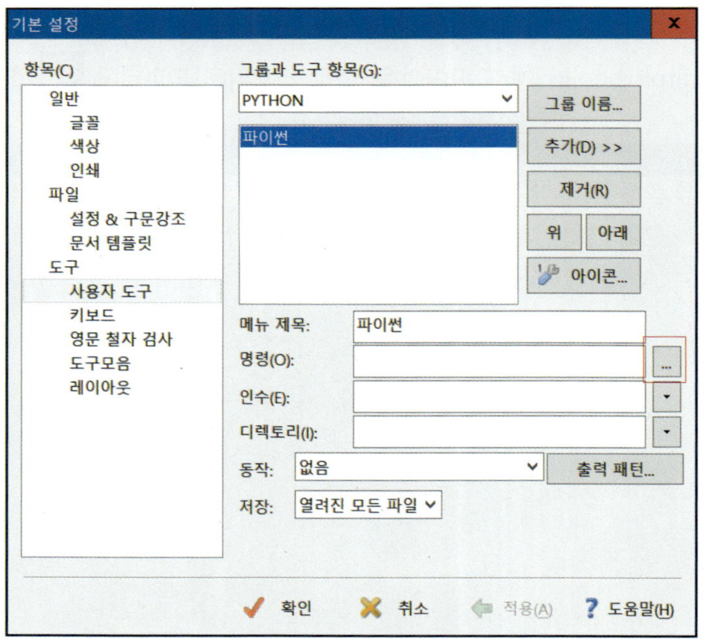

④ 다음으로 [명령]에서 python.exe 파일을 지정하기 위해 단추를 누르면 파일 선택 대화상자가 나타나며, "C:\python38" 폴더를 찾아가서 python.exe 파일을 지정하고 [열기]를 클릭한다.

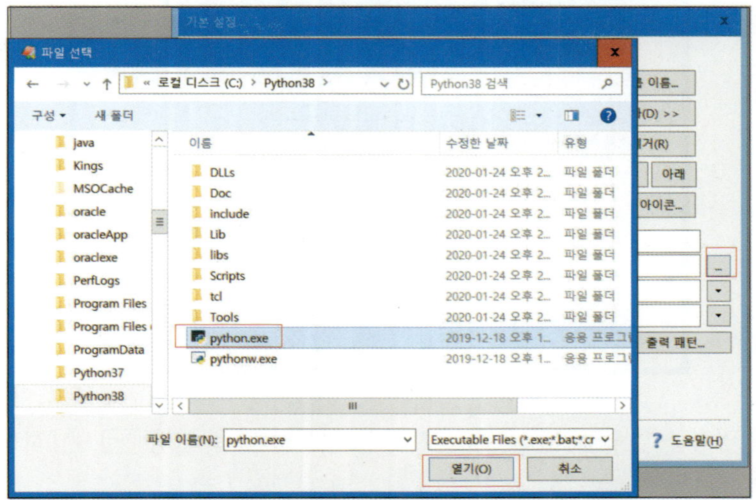


⑤ 다음으로 [인수]와 [디렉토리]에 다음과 같은 내용을 입력하고 [동작]에서 "출력 내용 캡쳐" 항목을 선택한 후 입력이 모두 끝나면 하단의 [적용] 단추를 누른다.

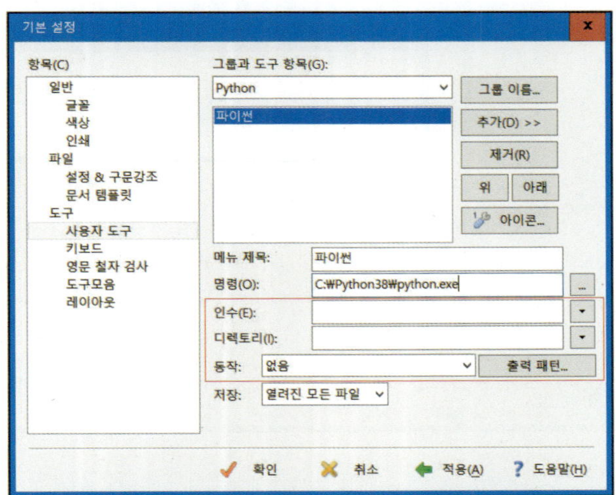


- [인수] 입력란 : **$(FileName)**
- [디렉토리] 입력란 : $(FileDir) 또는 단추를 눌러 파일 "디렉토리" 선택
- [동작] : 없음

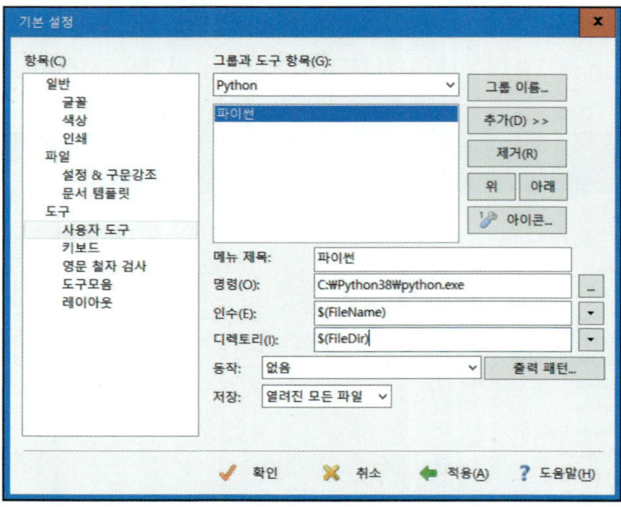


⑥ 다음 편집기에 명령을 입력하고 "1-1.py"로 파일 저장한 다음 실행(Ctrl + 1)하면 다음과 같은 결과가 나타난다.

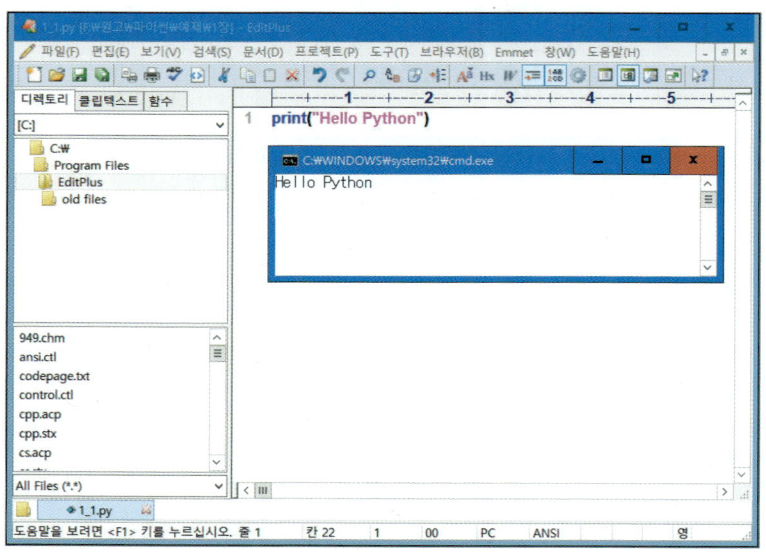


## 1.4.4 PyCharm

PyCharm은 컴퓨터 프로그래밍, 특히 Python 언어용으로 사용되는 통합 개발 환경(IDE)이다. 이 라이브러리는 JetBrains에 의해 개발되었으며, 주요 기능으로 코드 분석, 그래픽 디버거, 통합 유닛 테스터, 버전 제어 시스템(VCSes)과의 통합, 장고(Django)로 웹 개발을 지원한다.

PyCharm은 Windows, macOS 및 Linux 버전에서 사용할 수 있다. 일반 사용자는 Community Edition을 주로 사용해야 하며, 유료 버전인 Professional Edition도 있다.

### (1) PyCharm 다운로드

① PyCharm을 설치하기 위해 먼저 PyCharm 다운로드 페이지(https://www.jetbrains.com/pycharm)으로 이동한 다음 [download]를 클릭한다.

② 다운로드 페이지에서 무료 버전인 Community의 [DOWNLOAD]를 클릭한다.

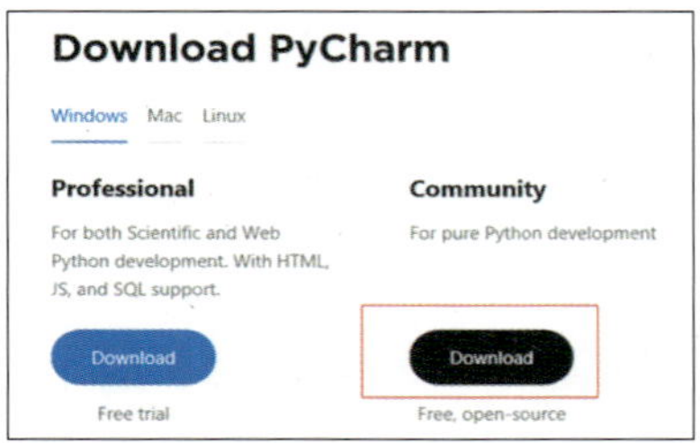


③ 다운로드할 파일 목록이 나타나고 적당한 위치에 다운로드 한다.

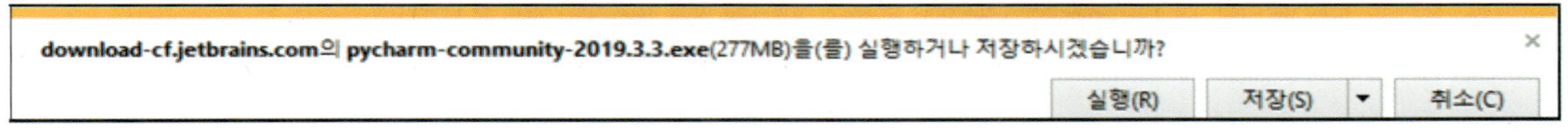


### (2) PyCharm 설치

① 다운로드한 Community Edition 설치 파일을 실행하여 설치 화면이 나타나면, [Next] 버튼을 클릭하여 설치를 시작한다.

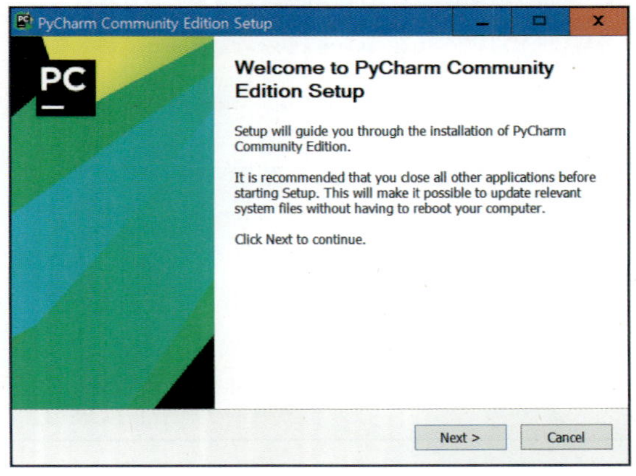

② 설치 위치를 확인하고 [next]를 클릭한다.

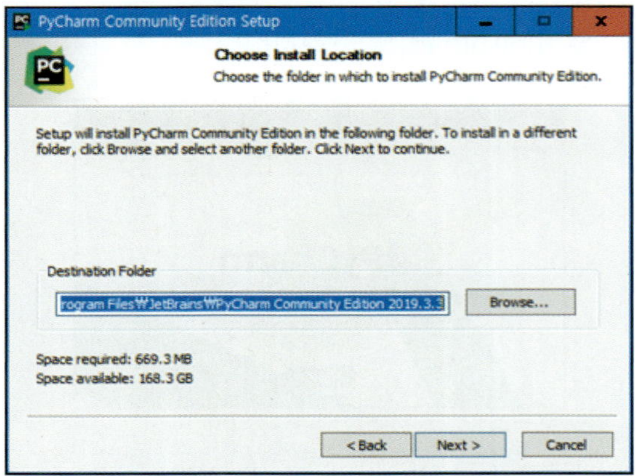


③ 설치 옵션을 확인하고 [64 bit launcher]를 선택한 다음 [next]를 클릭한다.

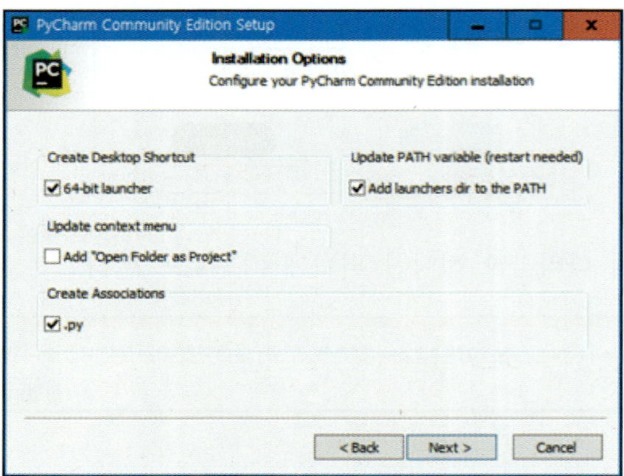


④ 시작 메뉴 폴더를 확인하고 [install]을 클릭한다.

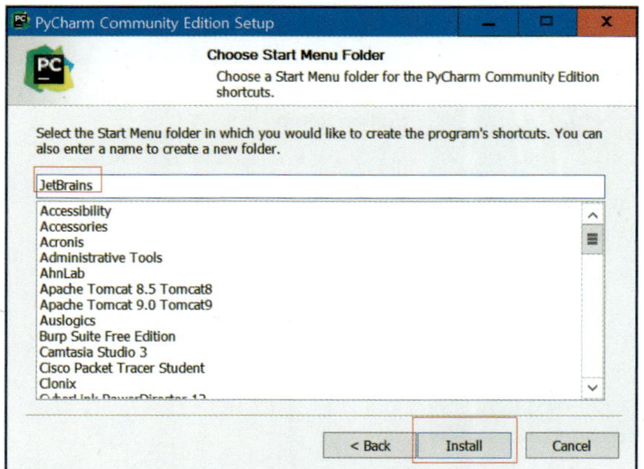

⑤ 설치가 진행된다.

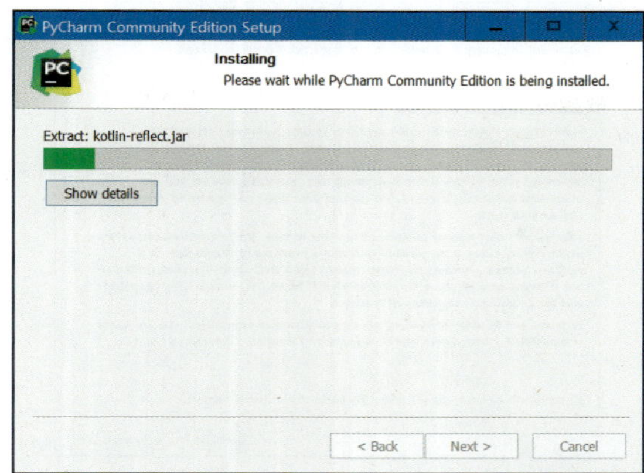


⑥ [Finish]를 클릭하면 PyCharm의 설치가 종료된다.

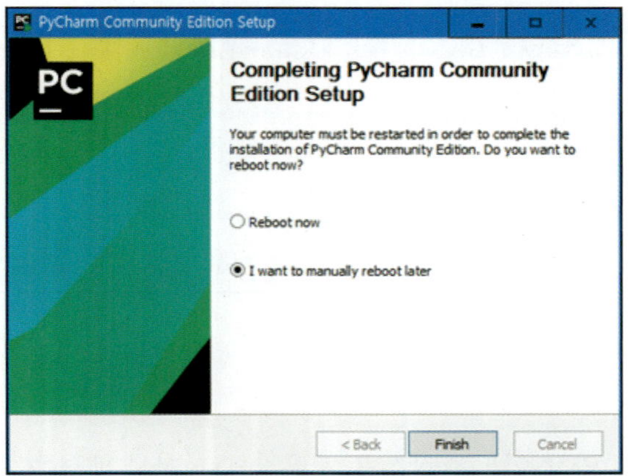


### (3) PyCharm 초기 설정

① PyCharm 설치가 완료되면 윈도우 바탕화면에 PyCharm() 아이콘이 생성되며, 해당 아이콘을 클릭해 PyCharm을 실행하면 다음 그림과 같은 화면이 나타나고 [Do not import settings]를 지정하고 [OK] 버튼을 클릭한다.

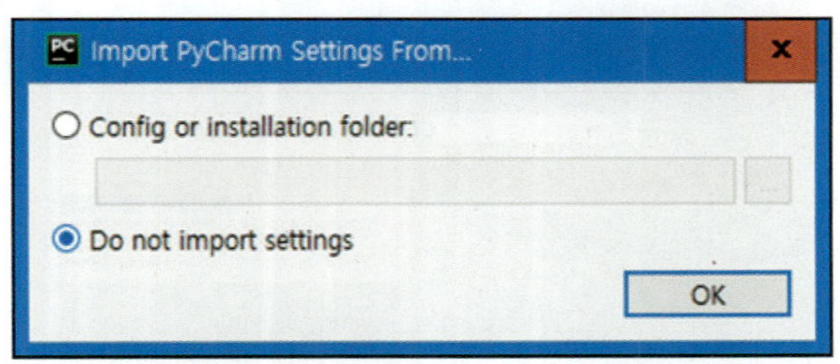

② PyCharm 설치 설정에 동의하는 화면이 나타나고 맨 아래로 스크롤 한 다음 [Accept]를 클릭한다.

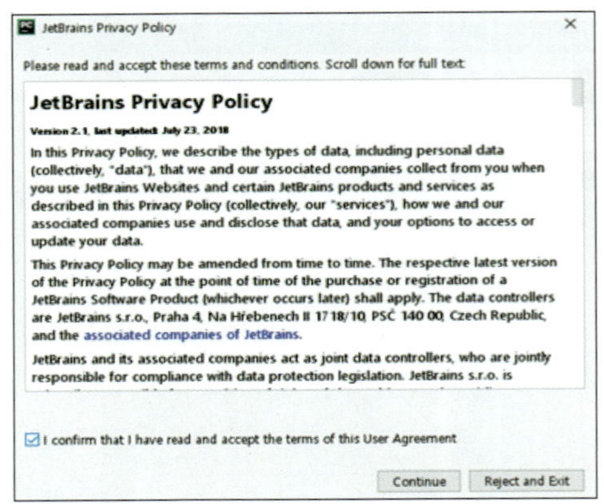


③ 데이터 공유를 지정하는 화면이 나타나고 [Send Usage Statics]를 클릭한다.

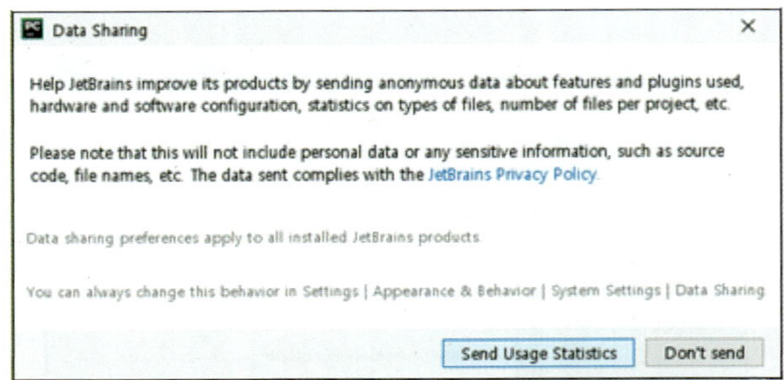


④ 다음으로 PyCharm 키보드 단축키와 IDE 테마 등을 선택하는 화면으로 개발자 취향에 맞춰 설정한다.

⑤ 참고로 Darcula 테마는 약간 어두운 색상을 사용하므로 흰색 배경을 사용하려면 기본 값을 사용하면 된다. 설정 중간에 있는 [Skip Remaining and Set Defaults]를 누르면 그림과 같이 현재 설정에 따른 결과를 미리 볼 수 있다.

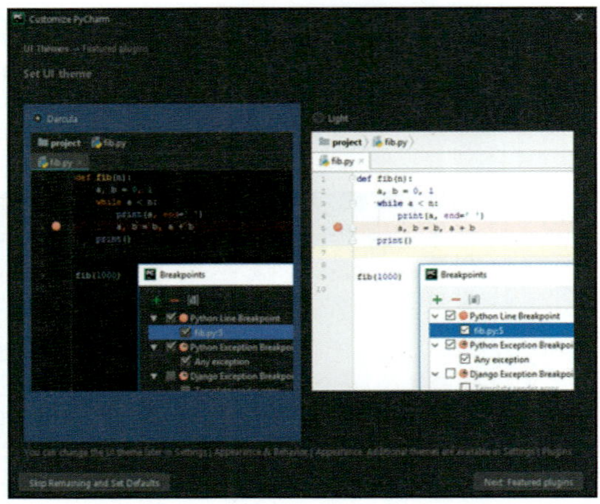

### (4) PyCharm 실행

① 설치된 PyCharm을 시작한다.

② [Create New Project]를 선택한다.

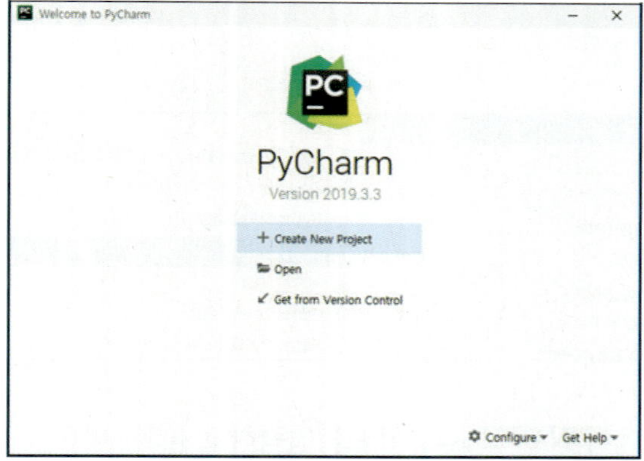


③ 프로젝트를 저장할 폴더 위치를 지정하고 [Create]를 클릭한다.

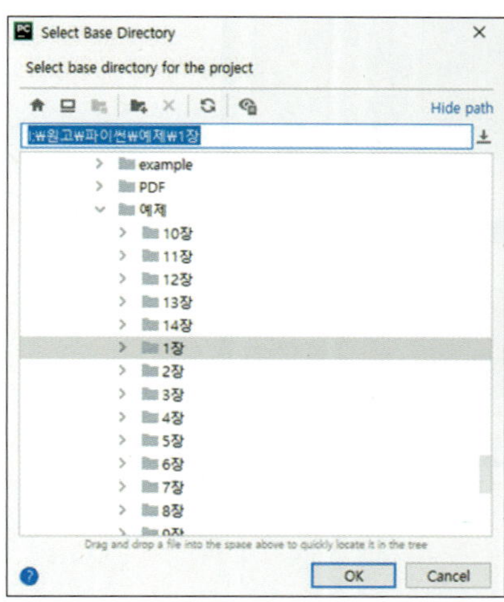


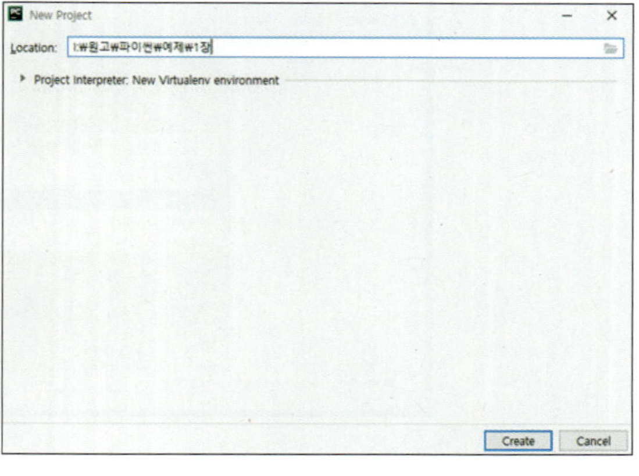

④ 처음 시작 화면이 나타난다.

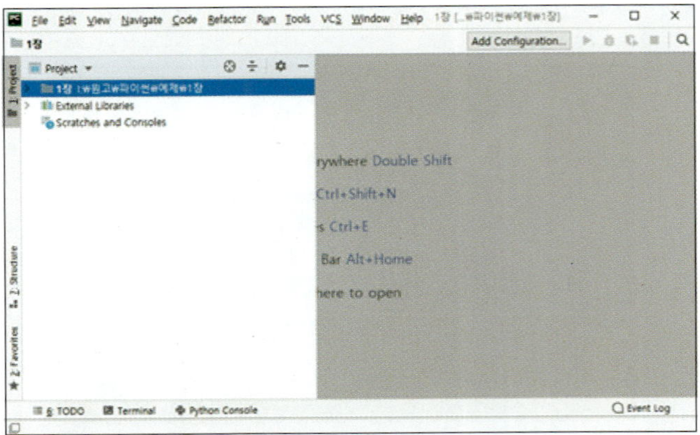

⑤ 지정된 "H:\원고\파이썬\예제\1장"라는 프로젝트는 현재 비어있는 상태이며, 프로젝트에 파이썬 파일을 추가하려면 프로젝트명에서 마우스 오른쪽 버튼을 클릭한 후 [New]→[Python File] 메뉴를 순서대로 클릭한다.

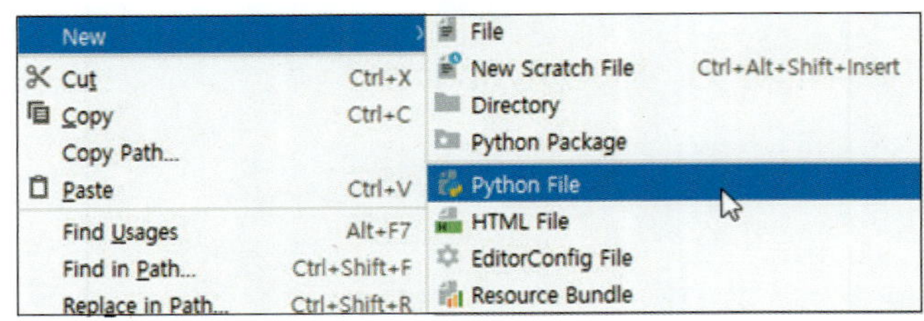


⑥ 새 파일을 생성하는 창에서 Name에 파일명을 입력하고 [OK] 버튼을 클릭하여 "1-2.py"라는 파일을 생성한다.

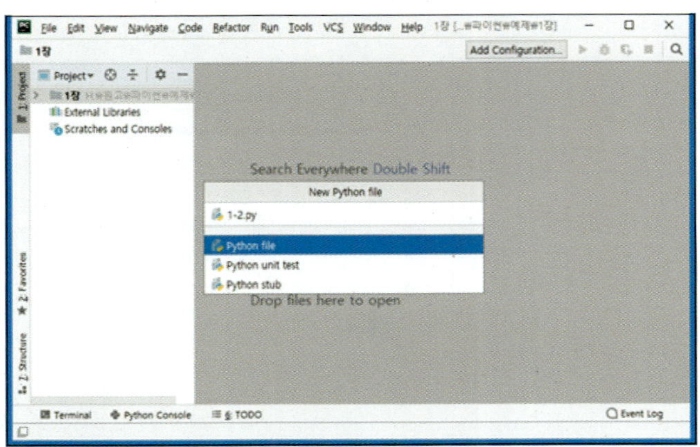

⑦ "1-2.py" 파일이 편집 상태로 열리고 그림과 같이 print("안녕 파이썬!")를 입력한다.

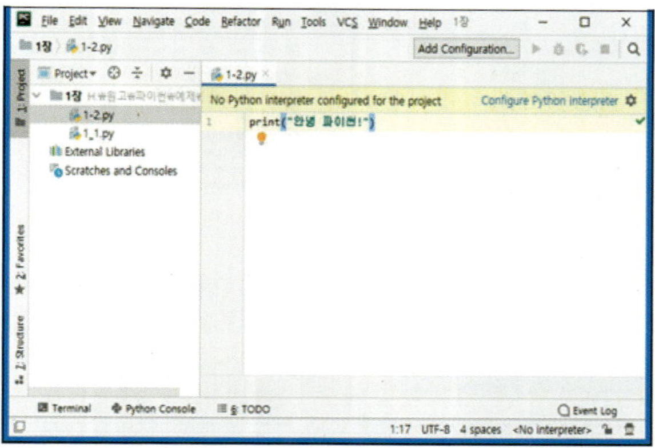


⑧ Python Interpreter를 설정하기 위해 [File]→[Setting]을 클릭한다.

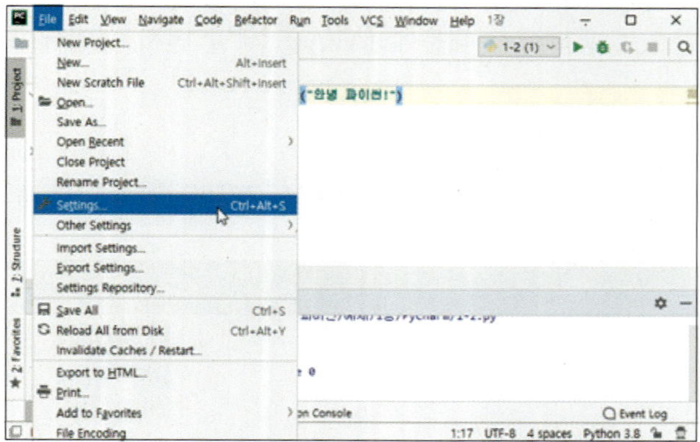


⑨ Setting 화면이 나타나고 Python 실행 파일이 지정되어 있는지 확인하고 [OK]를 클릭한다.

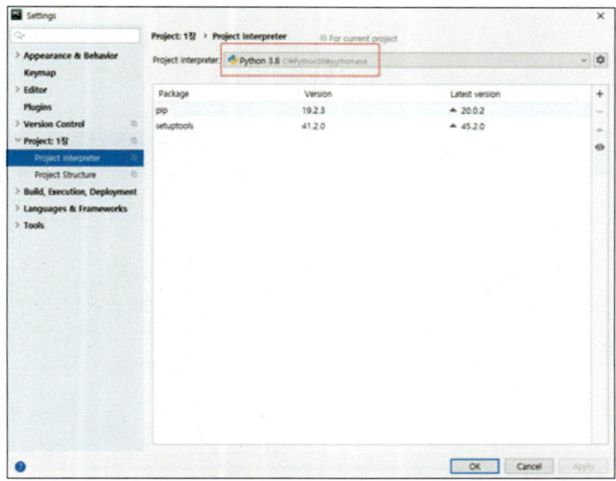

⑩ 편집화면으로 되돌아 와서 마우스 오른쪽 단추를 눌러서 [Run]을 지정한다.
⑪ 화면 아래 실행 결과가 나타난다.

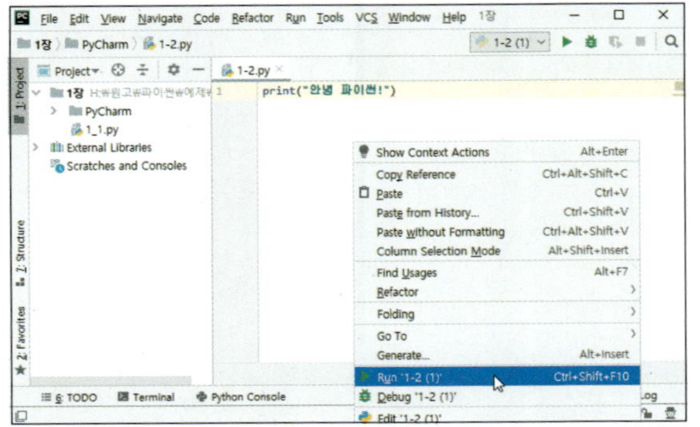


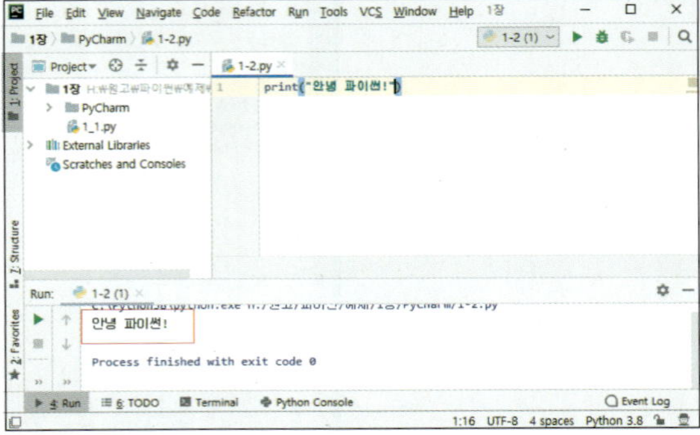


## 1.4.5 Eclipse

Eclipse로 Python을 사용하기 위해서는 파이썬이 먼저 설치되어야 한다. Eclipse를 설치하기에 앞서 Eclipse는 JAVA 기반으로 동작하기 때문에 JAVA를 제일 먼저 설치해야 한다.

### (1) Eclipse 다운로드

① Eclipse를 다운로드 받기 위해 http://eclipse.org/downloads 사이트를 나타낸다.

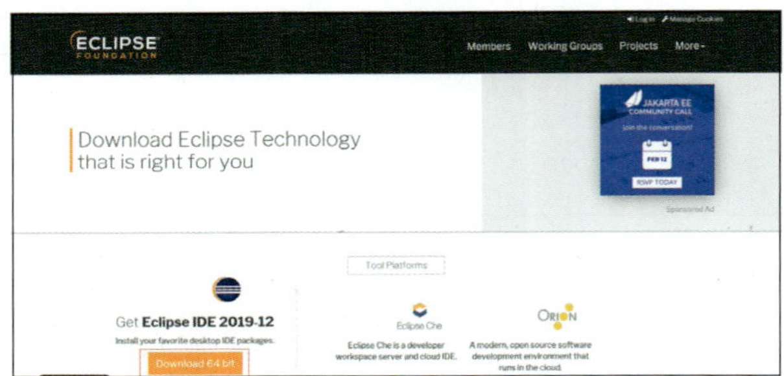


② [Download 64bit]를 눌러서 "eclipse-inst-win64.exe" 파일을 다운로드 받는다.

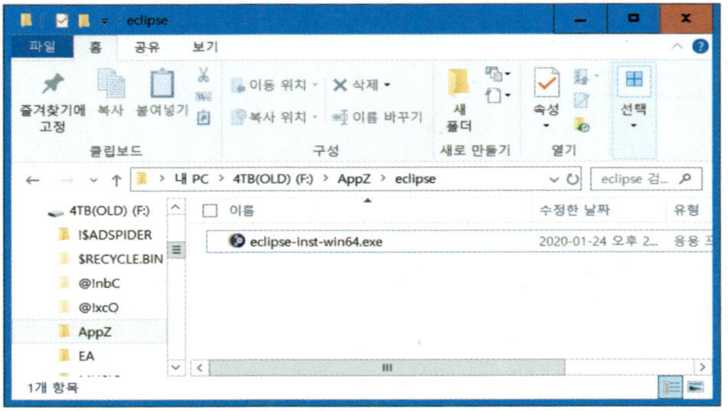

③ 더블클릭해서 설치를 시작하고, 화면이 나타나면 “Eclipse IDE for Enterprise Java Developers”를 선택한다.

④ 설치 폴더를 “c:\eclipse”로 지정하고, “INSTALL”을 누르면 설치가 시작된다.

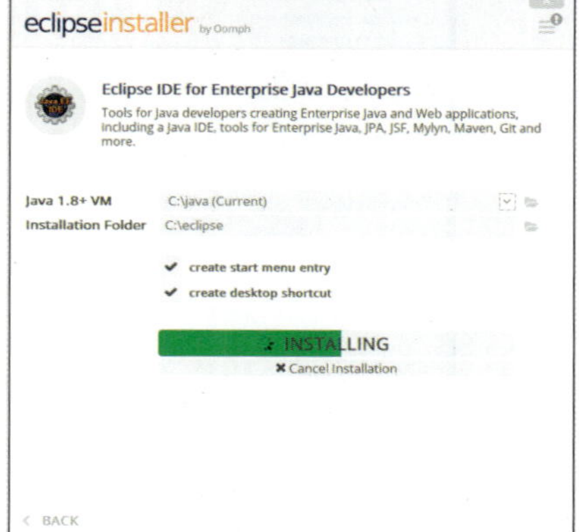


⑤ 설치가 끝나면 [LAUNCH] 녹색 화면이 나타나고 클릭하면 프로그램을 설치하는 폴더를 확인하라는 대화상자가 나타나고 [Launch] 버튼을 누르면 설치가 완료된다.

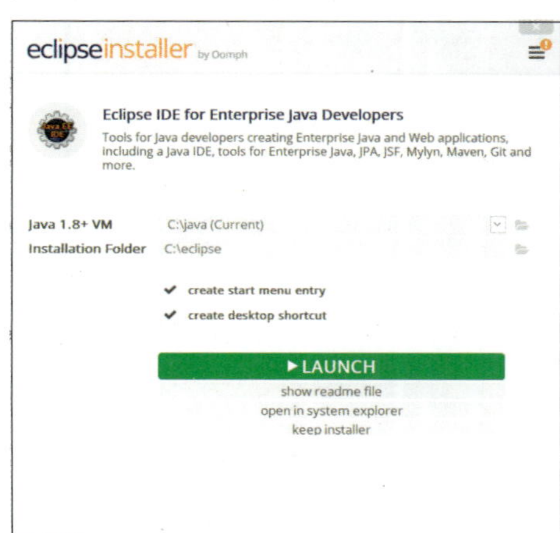


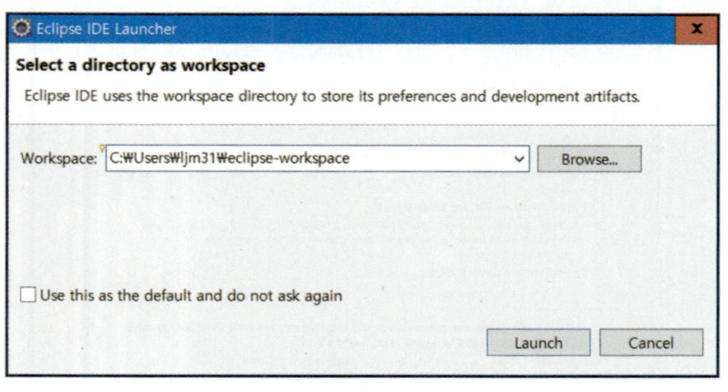

## (2) Eclipse에 파이썬 연결 지정

① 이클립스(Eclipse) 편집기에서 파이썬을 설치하기 위해 [Help]→[Eclipse Marketplace]를 선택한다.

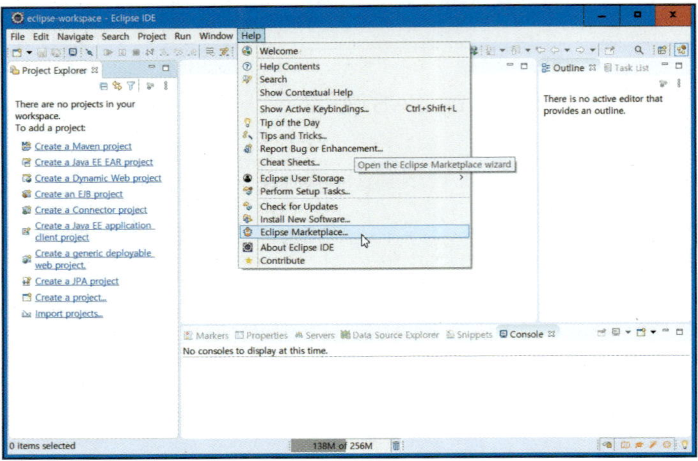


② [Eclipse Marketplace] 대화상자에서 "python"을 입력하고 Enter↵를 누르면 "PyDev" 목록이 검색되어 나타나고, [Install]을 누르면 [Confirm Selected Features] 화면이 나타나고, [Confirm]을 클릭한다.

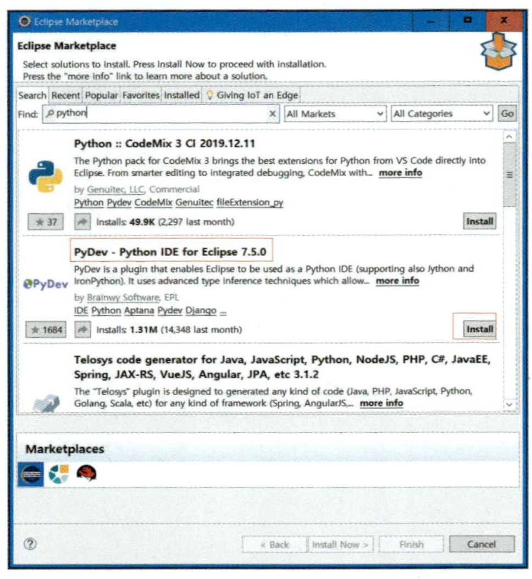


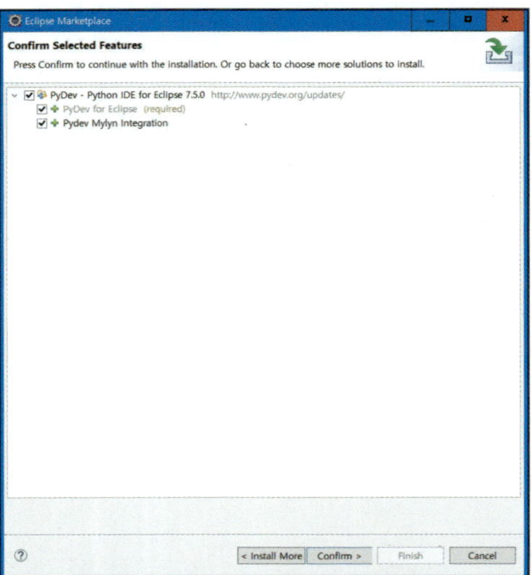

③ [Licenses] 확인 화면이 나타나고, [동의]를 선택한 다음 [Finish]를 클릭한다.

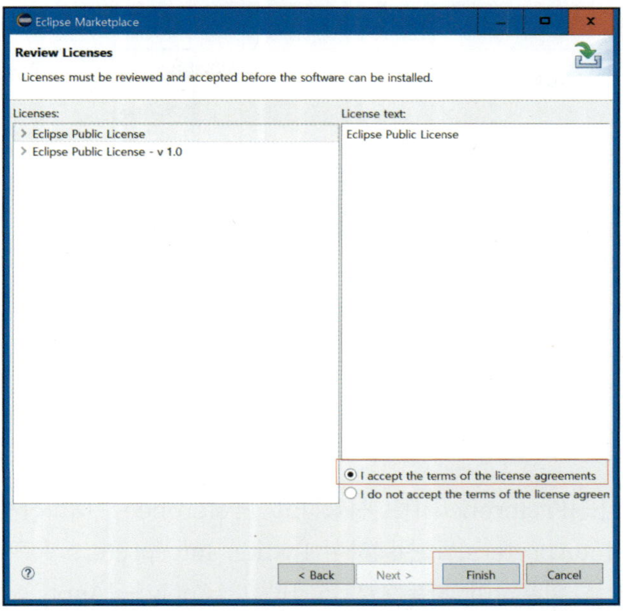


④ Eclipse가 종료된 다음 다시 시작되고 중간에 소프트웨어 연결 여부를 묻는 대화상자가 나타난 다음 체크하고 [OK]를 클릭하면, 다시 소프트웨어 수정 여부 대화상자가 나타나고, [Yes]를 클릭하고 [Selection Needed] 대화상자에서 [Ok]를 클릭한다.

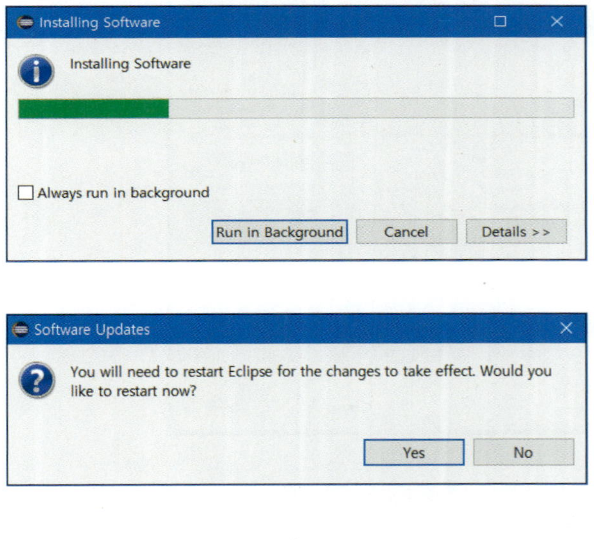


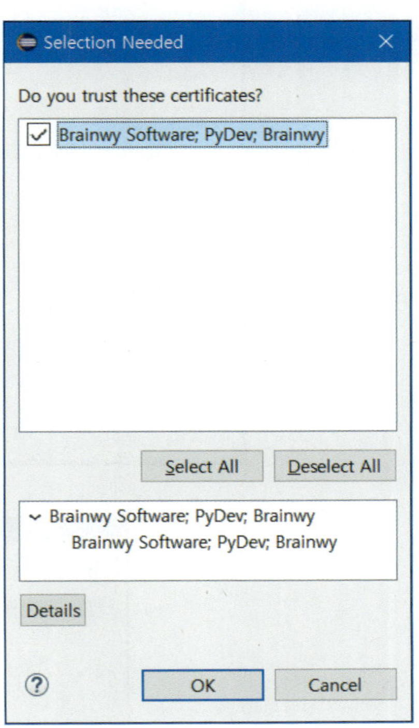

⑤ 다시 Eclipse가 시작되고 [Window]→[Perspective]→[Open Perspectiv]→[Other]를 선택하면 [Open Perspective] 대화상자가 나타나며 [PyDev]를 선택하고 [Open]을 클릭한다.

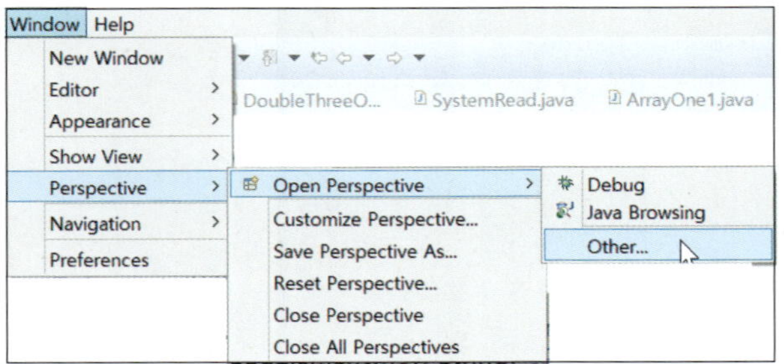


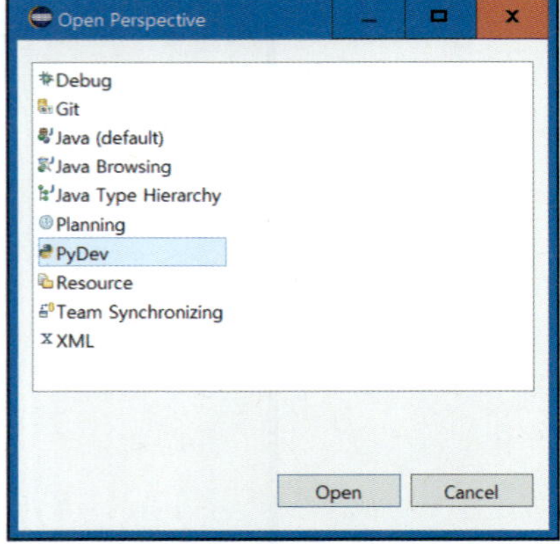


⑥ 다음으로 [Windows]→[Preferences]를 선택하고 Preferences 대화상자에서 [PyDev]→[Interpreters]→[Python Interpreters]를 선택하여 Python interpreters 목록에 설정을 추가한 다음 [Choose from list]를 이용하여 자동으로 추가하고 [Apply]→[Apply and Close]를 클릭하면 Eclipse 편집기에 Python이 연결된다.

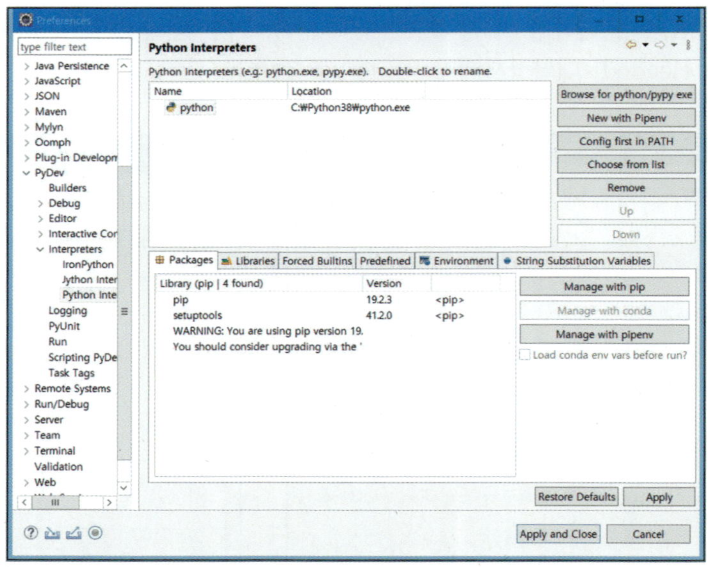


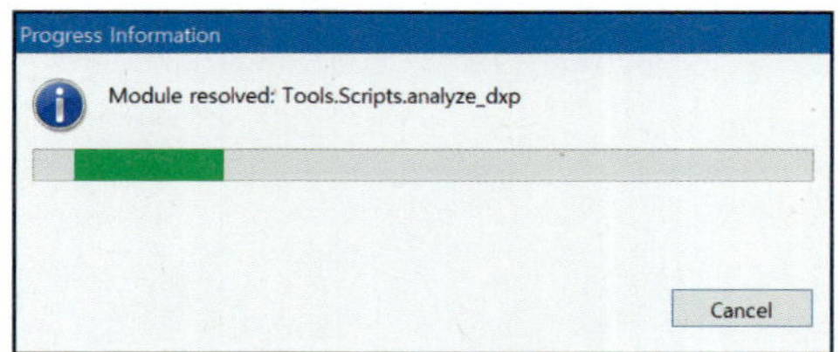

### (3) 'Hello Python' 출력

① Python 프로젝트를 생성하기 위해 [File]→[New]→[PyDev Project]를 선택한다.

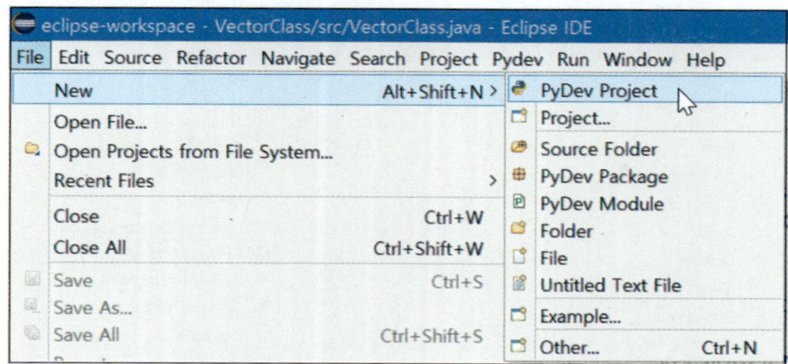

② [PyDev Project] 대화상자에서 프로젝트 이름을 "test"라고 입력하고 [Grammar Version]을 "3.8"로 선택한 다음 [Finish]를 클릭한다.

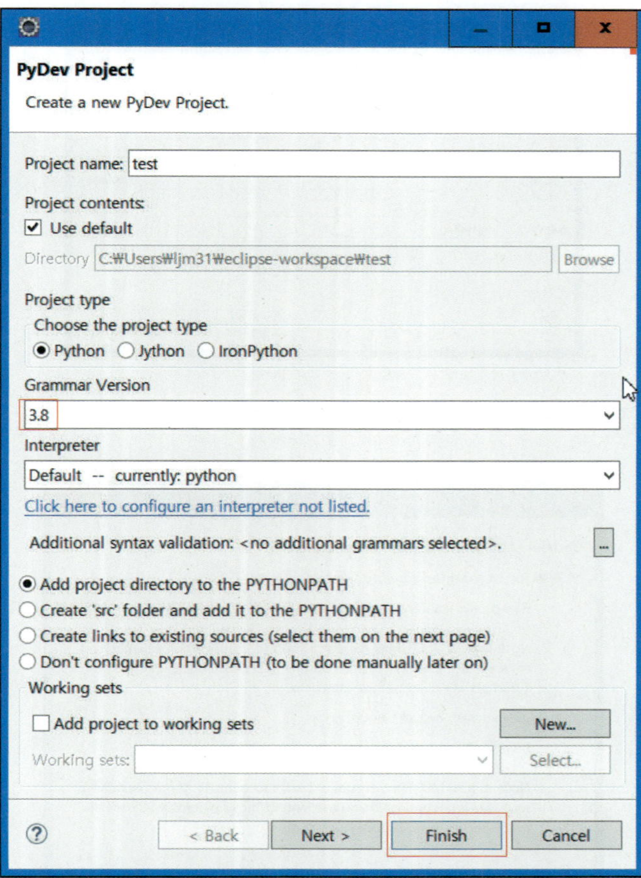

③ 새로운 모듈을 작성하기 위해 "test" Project 목록을 마우스 오른쪽 단추를 누르고 [New]→[PyDev Module]를 선택한다.

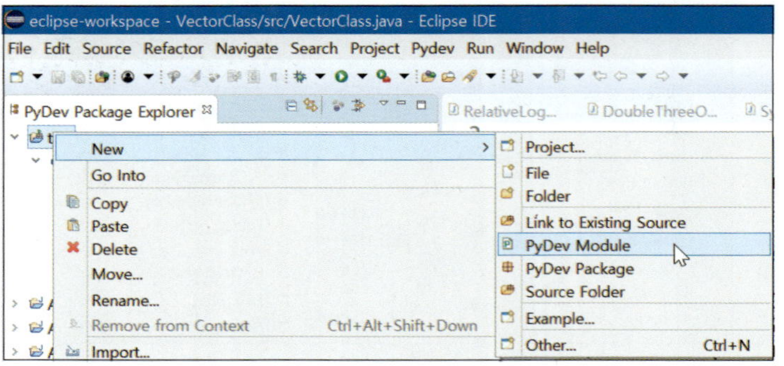


④ [PyDev Module] 대화상자에서 파이썬 파일 이름을 "Hello"로 입력하고 [Finish]로 클릭하면 "Hello.py" 파일이 생성된다.

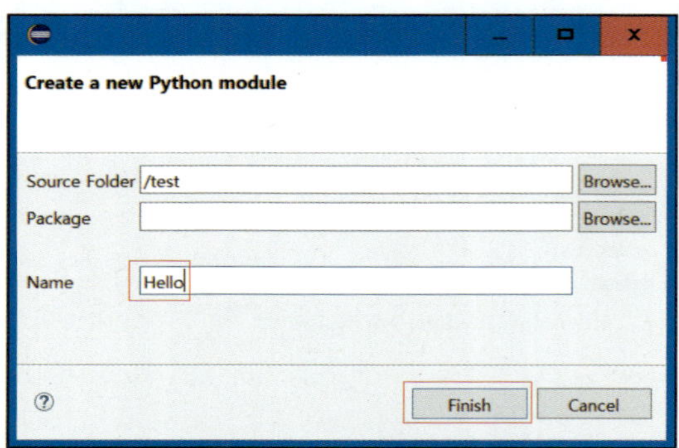


⑤ PyDev 기본설정 화면이 나타나고 [OK]를 클릭한다(이후에는 나타나지 않는다.).

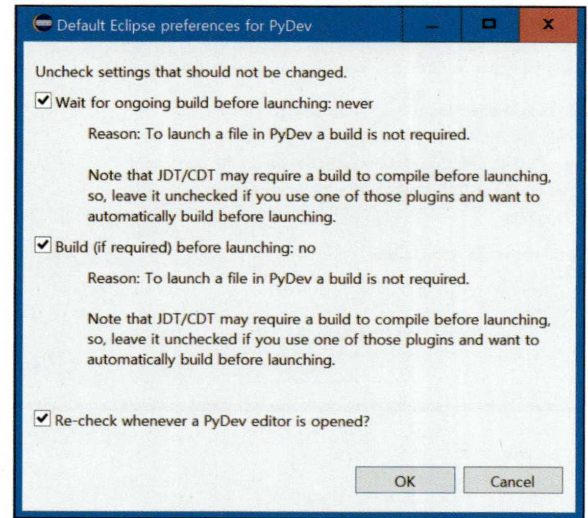

⑥ 코드 편집 화면이 나타나고 1번 줄에 print(“Hello Python”)을 입력한 다음 실행(▶) 아이콘을 누르면 [Run As] 대화상자가 나타나고 [OK]를 클릭한다.

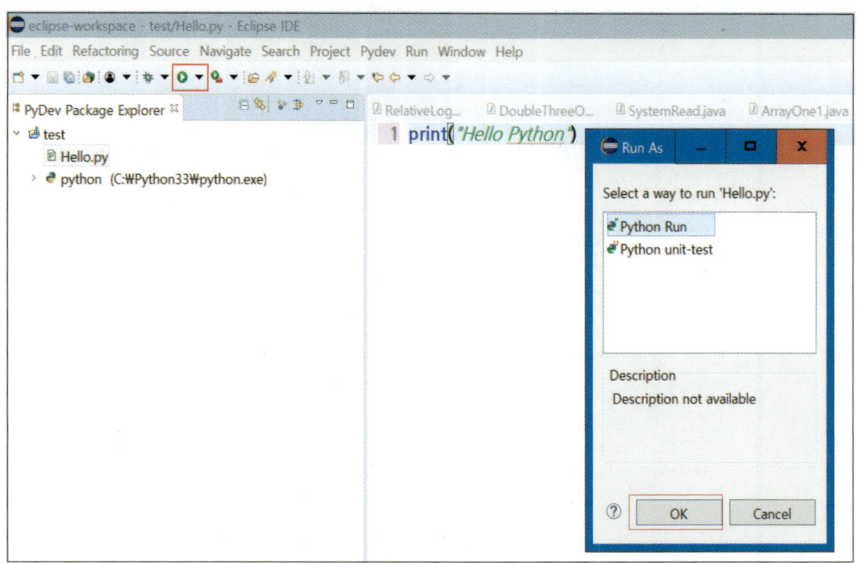

⑦ Console 화면의 결과가 나타난다.

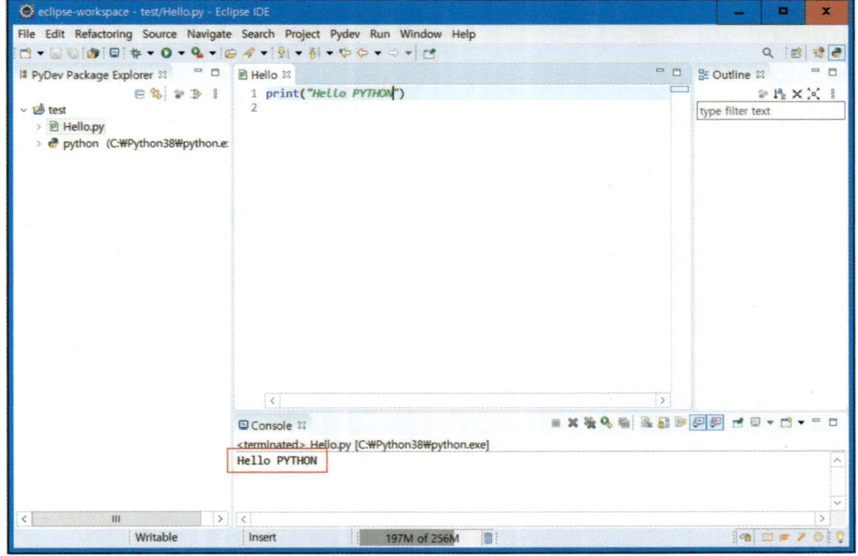

### (4) Eclipse에서 파이썬 코드의 색상 변경

① 이클립스(Eclipse) 편집기에서 [Window]→[Preferences]를 선택한다.

② Preferences 대화상자에서 [PyDev]→[Editor]를 지정하고 color option 상자에서 해당 항목을 누르고 [Color] 단추를 눌러서 원하는 색상을 선택한다.

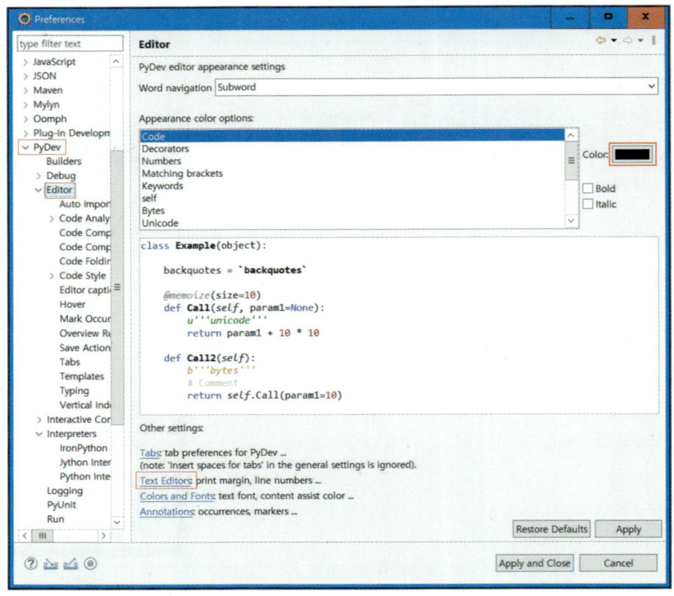


③ 글자의 크기와 색상을 바꾸기 위해서는 [Text Editors]을 클릭하거나 [Colors and Fonts]를 지정하고 [Text Font]→[Edit]를 지정하면 글꼴 대화상자가 나타나고 원하는 글꼴과 크기를 선택한 다음 [확인]을 클릭하면 이후 파이썬 프로그램의 소스 글꼴과 크기가 계속 적용되어 나타난다.

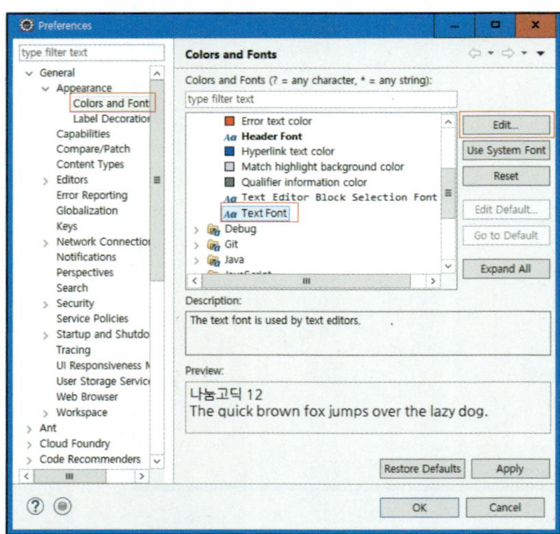


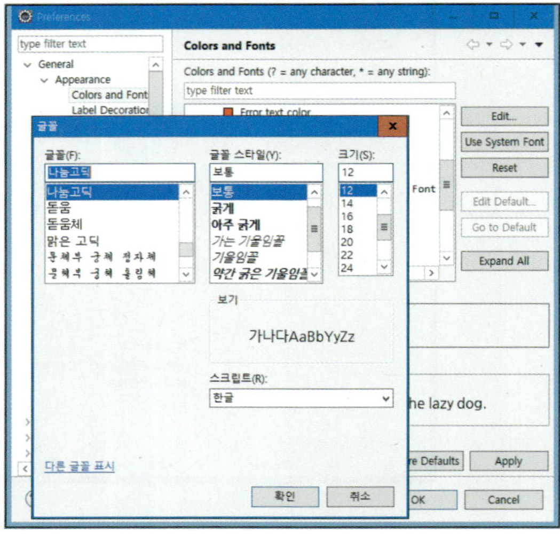

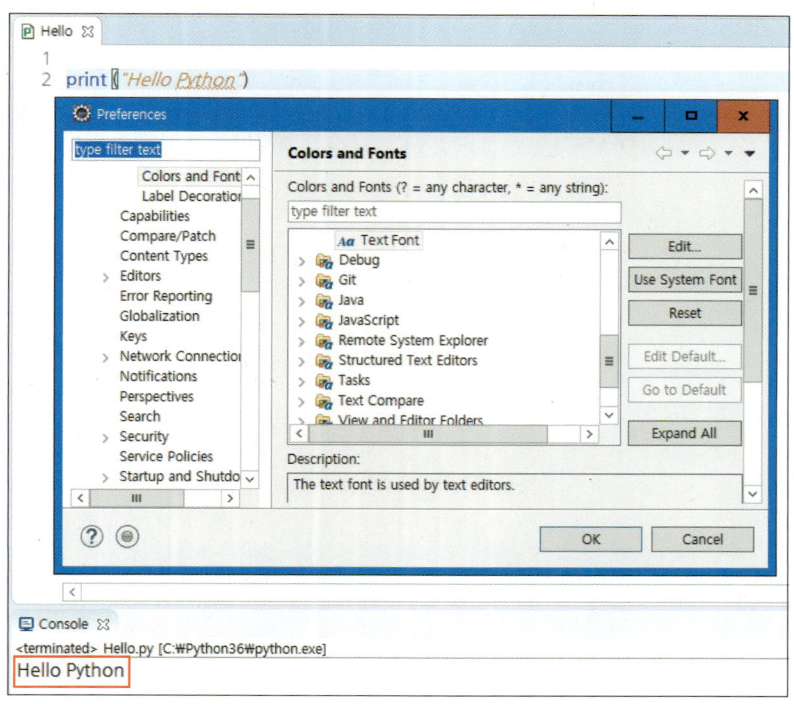
Hello
print("Hello Python")
Preferences
type filter text
Colors and Font
Label Decoratio
Capabilities
Compare/Patch
Content Types
Editors
Error Reporting
Globalization
Keys
Network Connectio
Notifications
Perspectives
Search
Security
Service Policies
Startup and Shutdo
Colors and Fonts
Colors and Fonts (? = any character, * = any string):
type filter text
Text Font
Debug
Git
Java
JavaScript
Remote System Explorer
Structured Text Editors
Tasks
Text Compare
View and Editor Folders
Edit...
Use System Font
Reset
Edit Default...
Go to Default
Expand All
Description:
The text font is used by text editors.
OK
Cancel
Console
<terminated> Hello.py [C:₩Python36₩python.exe]
Hello Python

# 제2장 파이썬 기본 문법

## 2.1 문자 처리

기본적으로, 파이썬 소스 파일들은 UTF-8으로 인코딩된 것으로 취급된다. 이 인코딩에서는 대부분 언어에서 사용되는 문자들을 문자열 상수, 식별자, 주석 등에서 함께 사용할 수 있다.
이 문자들을 모두 올바로 표시하기 위해서는 편집기에서 파일이 UTF-8임을 인식해야 하고, 이 파일에 포함된 모든 문자를 지원할 수 있는 폰트를 사용해야 한다. 파이썬 프로그램을 작성할 경우 UTF-8 형식으로 저장할 경우 특히 한글 사용시 기본으로 지정되어야 하며, 명시하지 않는 경우 에러가 발생한다. 이때 한글 처리방법은 2가지가 있다.

### (1) 첫 번째 프로그램의 첫 문장에 "# coding: euc-kr"문을 삽입한다

```
# coding: euc-kr

if True:  #올바른 들여쓰기"
        print("True")
else:
        print("False")
```

### (2) 두 번째 편집기에서 파이썬 프로그램 작성 후 저장할 때 "UTF-8" 모드로 저장한다

① 메모장에서 저장의 예

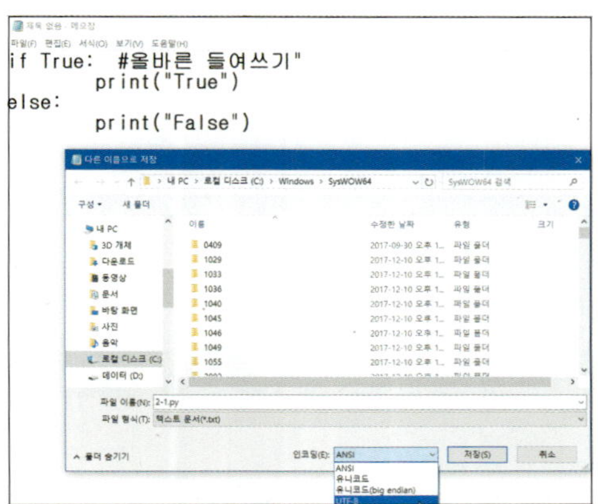

② EditPlus 편집기에서 저장의 예

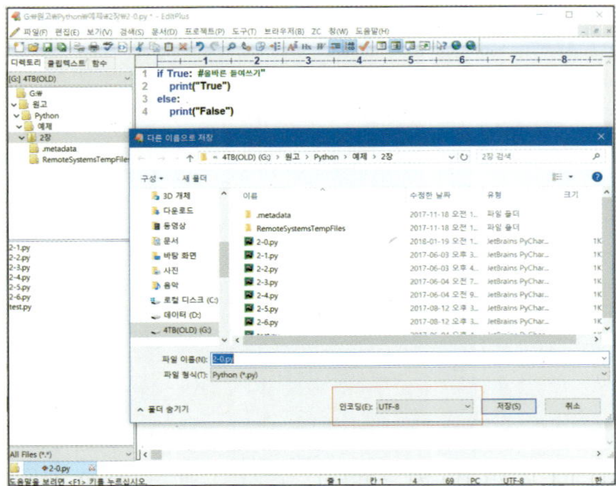

### 〈실습 2-1〉 "UTF-8" 미 설정 상태에서 한글 사용 실습

```
if True:  # 올바른 들여쓰기
    print("True")
else:
    print("False")
# UTF-8 미 사용 예러 발생!!!
```

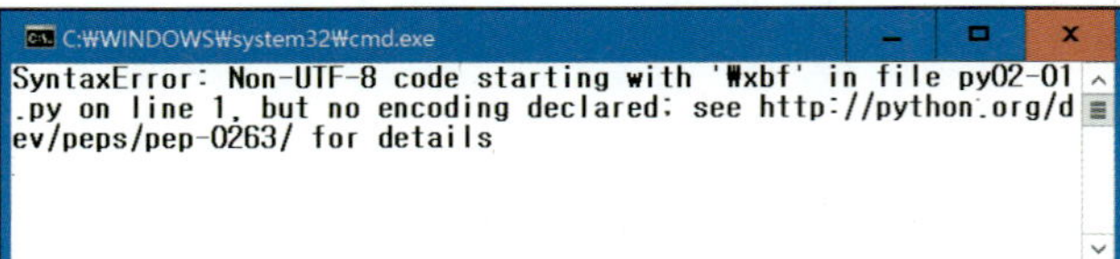

### 〈실습 2-2〉 "UTF-8" 저장 상태에서 한글 사용 실습

```
if True:  # 올바른 들여쓰기
    print("True")
else:
    print("False")
# 한글 사용시 문제 없이 정상 실행!!
```

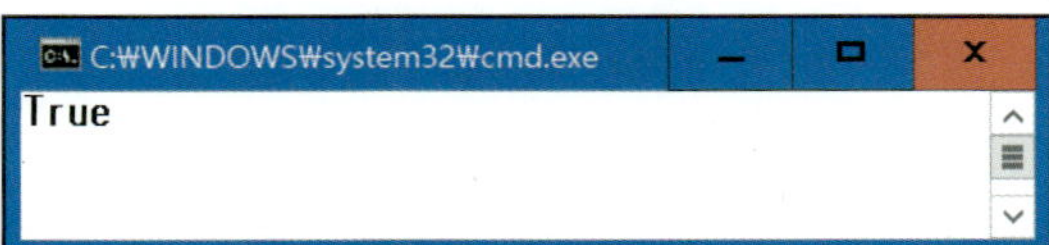

〈실습 2-3〉 "# coding: euc-kr"문을 사용한 예

```
1. # coding: euc-kr
2. if True:  # 올바른 들여쓰기
3.     print("True")
4. else:
5.     print("False")
6. # euc-kr 선언시 정상 실행!!
```

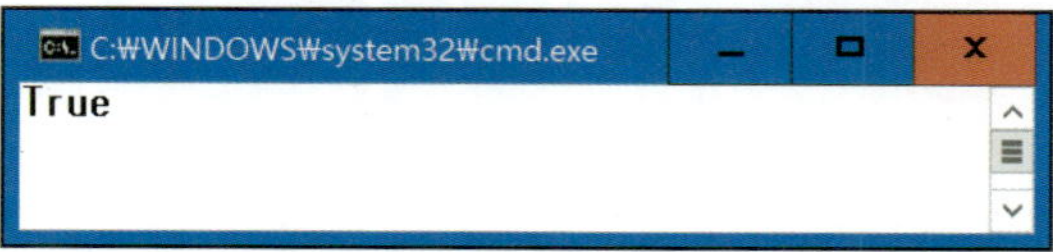


## 2.2 변수

숫자만 사용하여 프로그램을 작성할 수는 없다. 뭔가 정보를 담고, 수정할 수 있는 어떤 공간이 필요하다. 즉, _변수_를 이용하는 것이 좋다. 변수는 이름 그대로 저장할 수 있는 공간을 말하며, 여기에는 무엇이든 대입할 수 있다.

변수들은 단순히 정보를 저장할 때 사용되는 컴퓨터의 기억 장치의 한 부분을 가져다가 적당한 이름을 붙여 사용하는 것이다.

다음은 a라는 변수에 7을 할당하고 출력한다.

```
>>> a = 7
>>> print(a)
7
```

a라는 객체 변수 상자에는 7이 들어 있다.

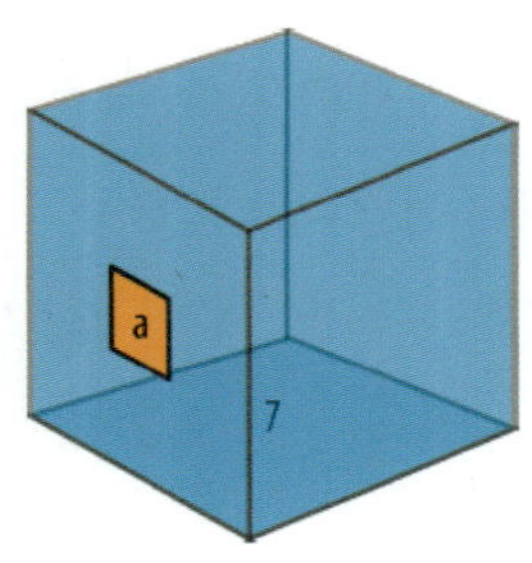

## 2.2.1 변수 값 할당

파이썬에서는 "변수 = 값"의 형태로 대입문을 기술하면 변수 생성(선언)과 함께 값의 대입을 수행한다.

C 언어와 같은 대부분의 컴파일러 언어에서는 한 변수의 타입(예를 들어 정수형이나 문자열)이 정해지면 일정한 범위에서 해당 유형으로 사용해야 하지만 파이썬에서는 정수형으로 사용했다가 문자열을 바꿀 수도 있다.

현재 변수의 유형을 알아보는 예약어는 type문이다.

```
>>> i = 1
>>> print(type(i))
<class 'int'>
>>> print(i)
1
>>>
```

**〈실습 2-4〉 변수의 유형과 값의 출력**

```
1. va=1
2. print (type(va))
3. print (va)
4.
5. va='파이썬'
6. print (type(va))
7. print (va)
```

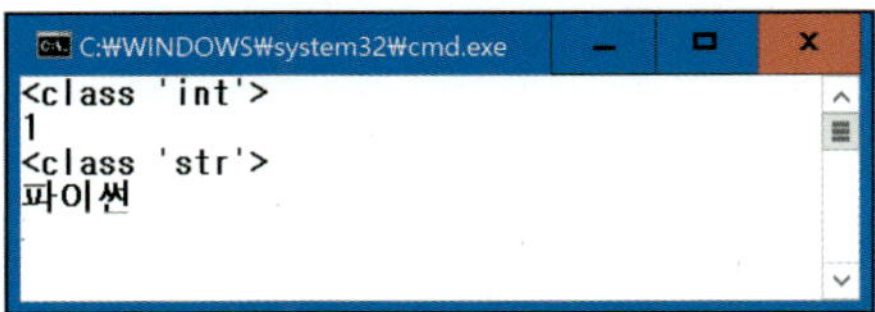


## 2.2.2 변수와 메모리

변수는 값을 저장하기 위해 예약된 메모리 위치이다. 즉, 변수를 만들면 메모리 공간을 확보하게 된다.

변수의 데이터 유형에 따라 인터프리터는 메모리를 할당하고 예약된 메모리에 저장한다.

따라서 변수에 다른 데이터 유형을 할당할 수 있으며 이러한 변수에 정수, 소수 또는 문자를 저장할 수 있다.

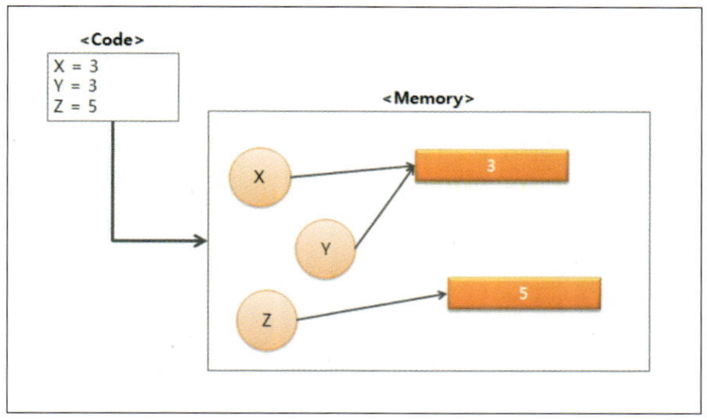


변수를 만드는 방법은 [변수 이름] = [데이터] 구조로 작성된다.

### 2.2.3 변수값 할당

파이썬 변수는 명시적으로 메모리 공간을 예약 선언 할 필요가 없다. 변수에 값을 할당할 때 선언은 자동으로 이루어진다. 등호 (=)는 변수에 값을 할당하는 데 사용된다.

```
>>> i = 10  # 변수 i에 10 할당
>>> print(i)    # 변수 i에 저장된 데이터 출력
10
>>>
>>> a = "Hello world"   # 변수 a에 Hello world 할당
>>> print(a)    # a에 저장된 데이터 출력
Hello world
>>>
>>> a = 'Hello python'  # 변수 a에 Hello python으로 데이터 변경
>>> print(a)    # a에 저장된 데이터 출력
Hello python
>>>
```

〈실습 2-5〉 변수 값 할당

```
1. x = 'Hello Python'
2. z = 8
3. y = 3.14
4. z = z * y
5. print(x)
6. print(y)
7. print(z)
8. print()
```

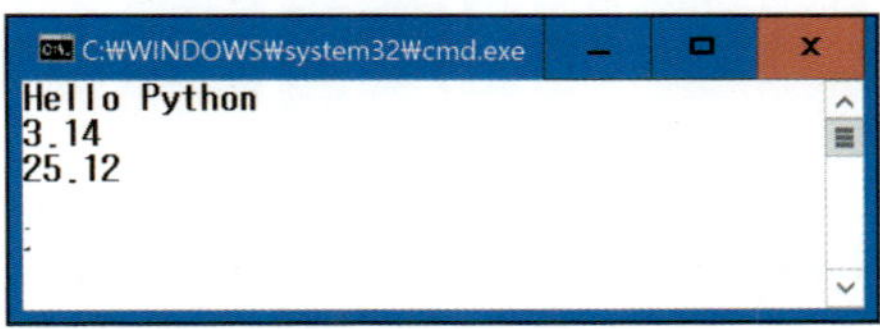

## 2.2.4 다중 할당

파이썬은 하나의 값을 여러 변수에 동시에 할당할 수 있게 한다. 또한 컴마로 구분되어 동일한 메모리 위치로 여러 변수에 여러 값을 할당할 수도 있다.

```
>>> a = b = c = 1
>>> print(a, b, c)
1 1 1
>>> a, b, c = 1, 2, "Python"
>>> print(a, b, c)
1 2 Python
>>>
```

### 〈실습 2-6〉 다중 변수 값 할당

```
x, y = 1, 2
print(x)
print(y)
print()
first, second, third = [1, 2, 3]
print(first)
print(second)
print(third)
print()
a,b,c = (1,2,3)
print(a)
print(b)
print(c)
print()
a, b, c, = 'abc'
print(a)
print(b)
print(c)
print()
```

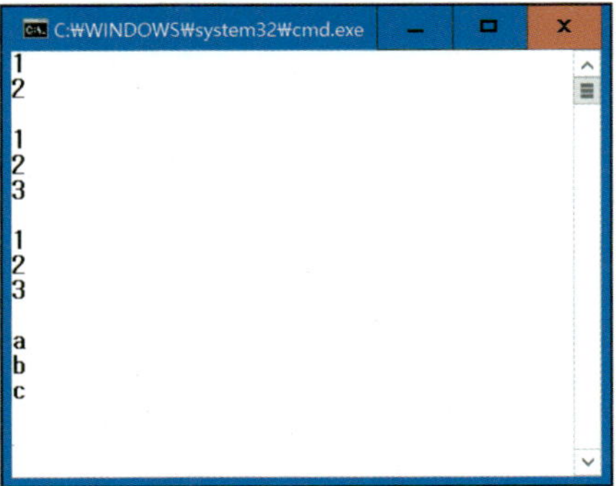

### 2.2.5 객체 참조

데이터 형에는 그것을 저장하는 변수가 있다. 파이썬에는 변수라고 표현하지 않고 **객체 참조**라고 한다. int와 str 같은 객체에는 변수와 객체 참조의 의미가 같다.

변경 가능한 객체의 경우에는 차이가 있지만 실제로는 거의 중요하지 않다. 변수와 객체 참조라는 용어를 같은 의미로 사용한다.

```
x = "blue"
y = "green"
z = x
```

문장들은 단순히 **객체참조 = 값**으로 표현하며, 미리 선언 할 필요도 없고, 값 유형을 지정할 필요가 없다. 위의 예에서 첫 번째 문은 "blue"라는 텍스트로 str 객체를 만들고, str객체를 참조하는 x라는 객체 참조를 작성하며, 변수 x에 "blue" 문자열이 할당된다. 두 번째 문장 y = "green"은 첫 번째 문장과 의미가 같다. 세 번째 명령문은 z라는 새로운 객체참조를 작성하고 x 객체의 값을 할당한다. 이것은 x 객체 참조가 z를 참조하는 것과 동일한 객체를 의미한다.

= 연산자는 다른 언어에서 값을 할당하는 의미와 같지 않고 메모리에서 객체를 참조한다. 객체 참조가 이미 되어 있다면 = 연산자의 오른쪽 객체를 참조하여 다시 연산하고, 그렇지 않으면 객체를 생성한다.

```
>>> x, y = "파랑", "초록"
>>> z = x

>>> print(x, y, z)
파랑 초록 파랑

>>> z = y
>>> print(x, y, z)
파랑 초록 초록

>>> x = z
>>> print(x, y, z)
초록 초록 초록
```

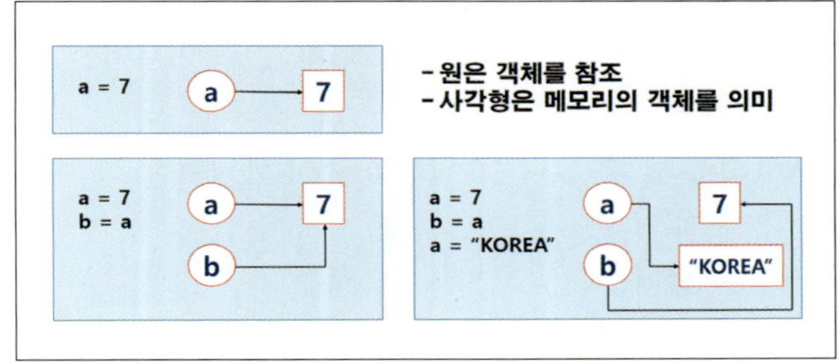

```
>>> route = 866  # route 객체가 866 참조
>>> print(route, type(route))  # route 참조 값과 유형을 출력
866 <class 'int'>

>>> route = "KOREA"  # route 객체가 "KOREA"값을 참조
>>> print(route, type(route))  # route 참조 값과 유형을 출력
KOREA <class 'str'>
```

### 〈실습 2-7〉 객체의 참조

```
route = 888  # route 객체가 888 참조
print(route, type(route))  # route 참조 값과 유형을 출력
print()
route = "KOREA"  # route 객체가 "KOREA"값을 참조
print(route, type(route))  # route 참조 값과 유형을 출력
print()
nu_st = route
print(nu_st, type(nu_st))
print()
```

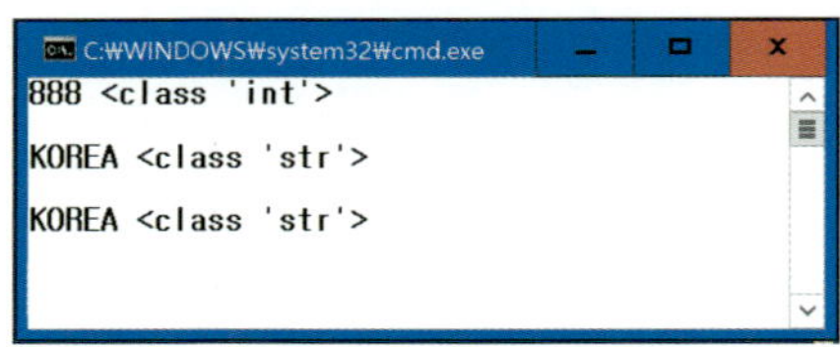


## 2.3 식별자

식별자(Identifers)는 프로그램 안에 있는 변수와 함수와 같은 요소(elements)를 식별하는 이름. 대표적으로 많이 사용하는 것이 변수(variable)이다.

식별자'의 이름을 정할 때는 다음과 같은 규칙이 따른다.

- 식별자의 이름은 글자, 숫자 그리고 밑줄(underscores, _)로 이루어진 문자들의 연속으로 만들어져야 하며, 숫자로 시작할 수 없다.
- 식별자는 키워드(keyword)가 될 수 없다. 키워드들 역시 예약어라고도 하며 식별자의 이름을 예약어의 이름으로 작성할 수 없다.
- 식별자 이름의 길이 제한은 없다.
- 파이썬은 대소문자를 구분한다.

```
>>> a = 7
>>> A = 8
>>> print(a, A)
7 8
>>>
```

- 특수문자 @, $, %등은 식별자에 올 수 없다. 예를 들어 다음과 같은 것은 식별자가 될 수 없다. 1abc, @file, %x 등이다. 이유는 1abc(숫자가 맨 앞), @file, %x(특수 문자 포함)이기 때문이다.

```
>>> 1abc = 1
  File "<stdin>", line 1
    1abc = 1
       ^
SyntaxError: invalid syntax
>>>
```

```
>>> $abc = 1
  File "<stdin>", line 1
    $abc = 1
    ^
SyntaxError: invalid syntax
>>>  %def = 1
  File "<stdin>", line 1
    %def = 1
    ^
IndentationError: unexpected indent
>>>
```

### 〈실습 2-8〉 사용 가능 및 사용 불가능 식별자의 출력

```
1. va=1
2. print (va)
3. va=2
4. print (va)
5.
6. @va='파이썬'
7. print (@va)
```

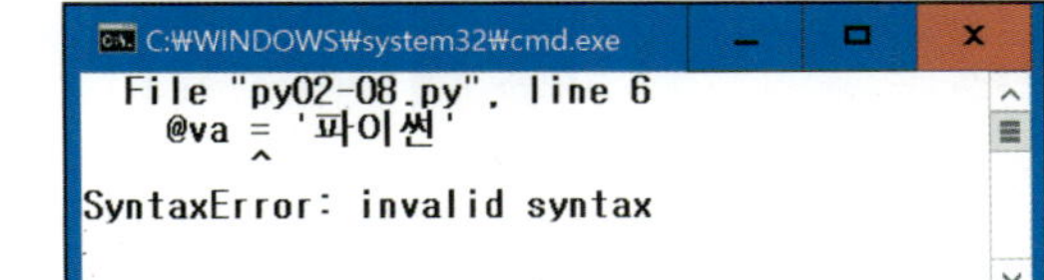

## 2.4 예약어

예약어를 변수로 사용하면 에러가 발생한다. 파이썬의 예약어는 33개로 다음과 같다.

| and | exec | not |
|---|---|---|
| as | finally | or |
| assert | for | pass |
| break | from | print |
| class | global | raise |
| continue | if | return |
| def | import | try |
| del | in | while |
| elif | is | with |
| else | lambda | yield |
| except | True | False |

예약어 출력 명령은 다음과 같다.

```
>>> import keyword
>>> print(keyword.kwlist)
['False', 'None', 'True', 'and', 'as', 'assert', 'async', 'await', 'break', 'class',
'continue', 'def', 'del', 'elif', 'else', 'except', 'finally', 'for', 'from', 'global',
'if', 'import', 'in', 'is', 'lambda', 'nonlocal', 'not', 'or', 'pass', 'raise', 'return',
'try', 'while', 'with', 'yield']
>>> len(keyword.kwlist)
33
>>>
```

다음으로 변수 생성시 조심해야 할 사항은 예약어를 일반 변수로 사용하면 에러가 발생한다. 예약어들을 변수명으로 사용하는 것을 조심해야 한다.

예약어 is를 변수로 사용하면 다음과 같은 에러가 발생한다.

```
>>> is = 1
  File "<stdin>", line 1
    is = 1
     ^
SyntaxError: invalid syntax
>>>
```

## 2.5 줄 및 들여쓰기

파이썬은 다른 프로그래밍 언어와 달리 들여쓰기(indent)에 매우 민감한 언어이다. 보통 C나 C++ 같은 다른 프로그래밍 언어는 '{'와 '}' 같은 기호를 사용해 코드가 수행되는 영역을 표시한다.

파이썬은 '{'와 '}' 기호 없이 들여쓰기로 만으로 영역을 나타내기 때문에 항상 조심해서 들여쓰기 해야 한다. 다른 프로그램 언어와 달리 코드의 수행 블록을 들여쓰기로 구별한다.

들여 쓰기의 공백 수는 4의 배수(공백 4칸)로 띄어야 하며, 블록 내의 모든 명령문은 들여 쓰기를 해야 한다.

아래의 문장에서 첫 번째 문장은 들여쓰기가 맞았으나 다음 문장은 맞지 않아서 에러가 발생한다.

```
>>> print("Hello Python")
Hello Python
>>>  print("Hello Python")
  File "<stdin>", line 1
    print("Hello Python")
    ^
IndentationError: unexpected indent
>>>
```

단일 코드 블록을 만드는 개별 명령문 그룹을 **스위트 룸**이라고 한다. 파이썬에서 if, while, def 및 class와 같은 복합 또는 복잡한 명령문은 헤더 라인 및 스위트를 필요로 한다.

코딩 블록을 사용하는 if, for, def문의 끝에는 콜론(:)을 선언하여 다음 줄이 연속인 것을 의미하며, 내부의 코딩 블록은 동일한 들여쓰기를 사용해야 한다.

### 〈실습 2-9〉 올바른 들여쓰기

```
 x = 1
y = 2

if x == 1 :       # 들여쓰기 시작 문자 :
    x = x + 1   # 앞에 4칸 띄우기와 내부 블록의 시작
    y = y + 1
    z = x + y   # 내부 블록의 끝
else :              # 새로운 들여 쓰기 시작
    z = x - y     # 앞에 4칸 띄우기

print(x, y, z)
print()
```

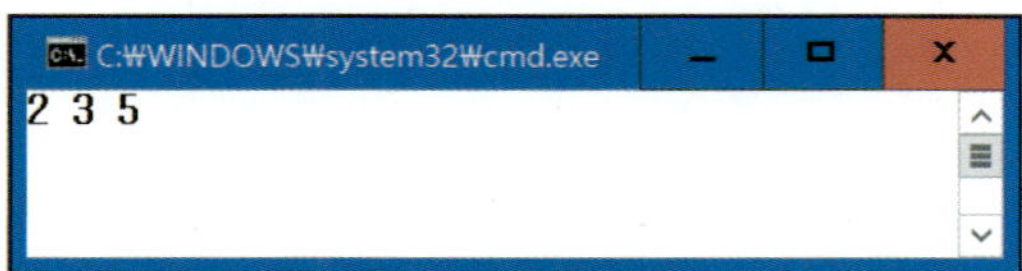

### 〈실습 2-10〉 틀린 들여쓰기

```
x = 1
y = 2

if x == 1 :       # 들여쓰기 시작 문자 :
    x = x + 1   # 앞에 4칸 띄우기
     y = y + 1  # 틀린 들여쓰기
    z = x + y
else :              # 새로운 들여 쓰기 시작
    z = x - y     # 앞에 4칸 띄우기

print(z)
```

```
C:\WINDOWS\system32\cmd.exe
  File "py02-07.py", line 6
    y = y + 1  # 틀린 들여쓰기
    ^
IndentationError: unexpected indent
```

## 2.6 연속 줄 선언

물리적 문장이란 프로그램 코드 내에 직접 표현된 한 줄을 의미하는 반면, 논리적 문장은 파이썬 인터프리터 규칙에서의 한 명령 단위를 의미한다.

여러 문장을 한 줄에 나타낼 경우 가급적 세미콜론으로 구분해 줘야 한다.

다음 예는 모두 같은 의미이나 권장하지는 않는다.

```
>>> i = 5
>>> print(i)
5
>>>
>>> i = 5;
>>> print(i);
5
>>> i = 5; print(i);
5
>>> i = 5; print(i)
5
>>>
```

한 명령행이 너무 길어서 보기가 불편한 경우, 백슬래시 문자( \ )를 이용하여 한 논리적 문장을 여러 물리적 문장으로 나눌 수 있다.

```
>>> tot = i + \   # 3개의 줄은 하나의 문장으로 간주한다.
... j + \
... k
>>>
>>> print(tot)
18
>>>
```

그러나 [], {} 또는 () 괄호 안에 포함된 문은 줄을 연속 문자를 사용할 필요가 없다.

```
days = ['Monday', 'Tuesday', 'Wednesday',
        'Thursday', 'Friday']
```

### 〈실습 2-11〉 연속 줄 및 복합 줄 선언

```
i = 3
print(i)
i = 4;
print(i);
i = 5; print(i);
i = 6; print(i)
print()
i = 10; j = 20; k = 30;
total = i + \
     j + \
        k
print(total)
print()
days = ['월', '화', '수',
         '목', '금']
print(days)
print()
```

```
C:\WINDOWS\system32\cmd.exe
3
4
5
6

60

['월', '화', '수', '목', '금']
```

## 2.7 인용문

파이썬은 문자열을 나타내기 위해 싱글('), 더블(") 및 트리플(''' 또는 """) 따옴표를 허용한다. 동일한 유형의 따옴표가 문자열을 시작하고 끝나는데 사용되고, 트리플 따옴표는 여러 줄에 걸쳐 문자열을 연결하는 데 사용된다.

```
word = '단어입니다'
sentence = "문장입니다"
paragraph = """여러 줄과 문장으로
           구성된 단락입니다."""
```

문장 안에 따옴표를 포함해서 나타낼 수 있다.

```
>>> string = "I`m a boy"
>>> print(string)
I`m a boy

>>> string = '"Python is perfect"is true'
>>> print(string)
"Python is perfect"is true

>>> string = ' Your father\'s succeeded'
>>> print(string)
 Your father's succeeded

>>> string = " \"Use python\"is simple and good."
>>> print(string)
 "Use python"is simple and good.
```

### 〈실습 2-12〉 인용문 실습

```
word = '단어입니다'
sentence = "문장입니다"
paragraph = """여러 줄과 문장으로
  구성된 단락입니다."""
print(word)
print(sentence)
print(paragraph)
print()
string = "I`m a boy"
print(string)
string = '"Python is perfect"is true'
print(string)
string = ' Your father\'s succeeded'
print(string)
string = " \"Use python\"is simple and good."
print(string)
print()
```

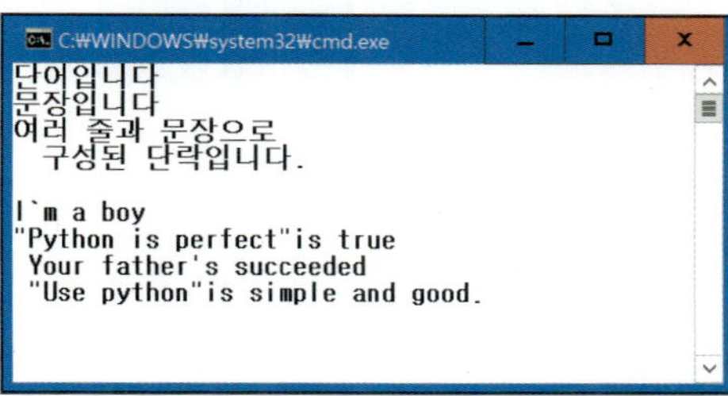

# 2.8 주석

## 2.8.1 한 줄 주석

한 줄 주석은 "#"을 사용하며 두 가지 형태가 가능하다. 상단에 한 줄을 쓰거나 프로그램 끝나는 맨 뒤에 선언할 수 있다.

```
>>> # 한 줄 주석
... print ("Hello, Python!") # 문장뒤 한 줄 주석
Hello, Python!
>>>
>>> # 이것은 주석입니다.
... # 이것도 주석입니다.
... # 이 또한 주석입니다.
...
>>>
```

## 2.8.2 전체 주석

블록을 지정해서 전체를 주석으로 지정할 수 있는 방법은 큰 따옴표/작은 따옴표를 최소 3개씩 사용하는 것이다. 시작과 끝에는 3개 이상을 입력해야 한다.

```
>>> """
...
...  주석 처리에 대한 샘플
...
...  여러 줄에 대한 주석을 처리하고 싶을 때
...
... """
'\n\n 주석 처리에 대한 샘플\n\n 여러 줄에 대한 주석을 처리하고 싶을 때 \n\n'
>>>
```

〈실습 2-13〉 주석 처리

```
"""
이것은 여러줄 주석의
선언입니다!!!
실행 결과에는 나타나지 않습니다.
"""

# 한 줄 주석
data = 5 + 1
print(data) # 결과 출력
print()
```

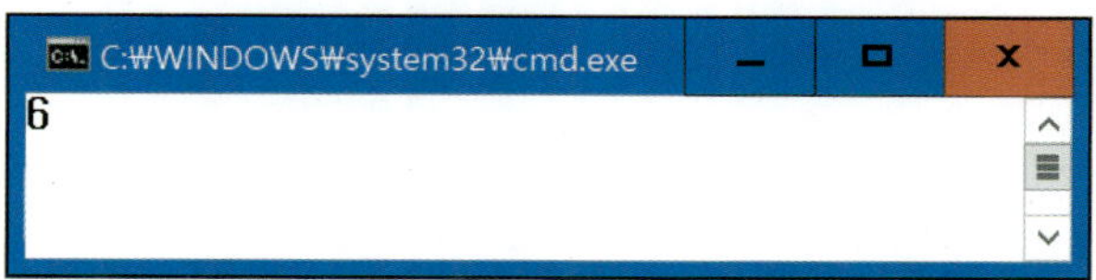


## 2.9 명령 행 인수

많은 프로그램을 실행하여 실행 방법에 대한 몇 가지 기본 정보를 Python -h 옵션을 이용해서 제공한다.

### 2.9.1 파이썬 옵션의 개념

명령행 프로그램(텍스트 모드 프로그램)의 대부분은 "실행시 옵션"을 받아들일 수 있다. 즉, 프로그램을 실행할 때, 프로그램명 뒤에 옵션을 지정해 줄 수 있다.

자바의 "String[] args", C언어의 "int argc, char* argv[]"에 선언하는 것과 같은 개념으로 파이썬에서는 sys.argv로 선언된다.

sys.argv[0]에는 항상 파이썬 프로그램에 연관된 파일명이 풀패스(확장자를 포함한 전체 이름)로 들어간다. sys.argv[1]에는 첫번째 옵션 그리고 sys.argv[2]에는 두번째 옵션이 들어가며 연속해서 여러 개 선언될 수 있다.

Python은 명령 행 옵션과 인수를 구문 분석하는 데 도움이 되며 구분 내역의 1개 이상의 공백을 지정하면 된다.

```
python test.py 인수1 인수2 인수3

c:\python test.py 1 2 3
```

Python sys 모듈은 다음 명령을 이용해서 모든 명령 행 인수에 대한 검색 방법을 제공한다.
sys.argv은 두 가지 기능을 수행한다.

```
- sys.argv : 명령 줄 인수 목록
- len(sys.argv) : 명령 줄 인수의 수
```

sys.argv[0]은 프로그램 즉 스크립트 이름이다.

## 2.9.2 옵션 개수 구하기

argc에 해당하는 것은 없고, sys.argv의 요소 개수를 구하면 된다. 옵션을 주지 않고 실행했을 때 len(sys.argv)는 1이다. 즉, 옵션 개수는 항상 최소한 1이 된다. 따라서 len(sys.argv)에서 1을 빼 주어야 실제 옵션 개수가 구해진다.

**〈실습 2-14〉 인수의 정보 실습**

```
import sys

print ('인수의 수:', len(sys.argv), '인수의 수.')
print ('인수 목록:', str(sys.argv))
print()
```

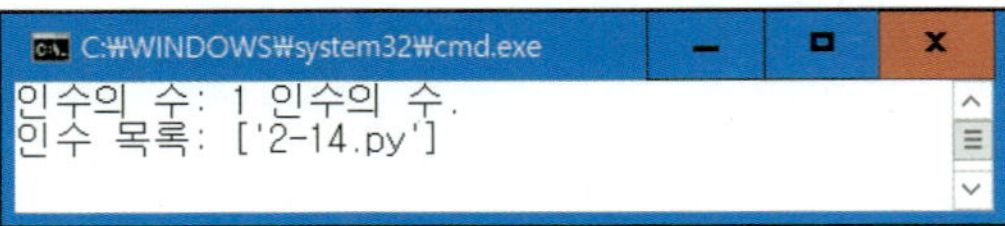

**〈실습 2-15〉 인수의 정보 받아서 처리**

```
import sys

print ('인수의 수:', len(sys.argv), '인수의 수.')
print ('인수 목록:', str(sys.argv))
i = sys.argv[1]
j = sys.argv[2]
k = sys.argv[3]
tot = int(i) + int(j) + int(k) # int 함수는 문자를 숫자로 바꾸어 주는 함수
print(tot)
print()
```

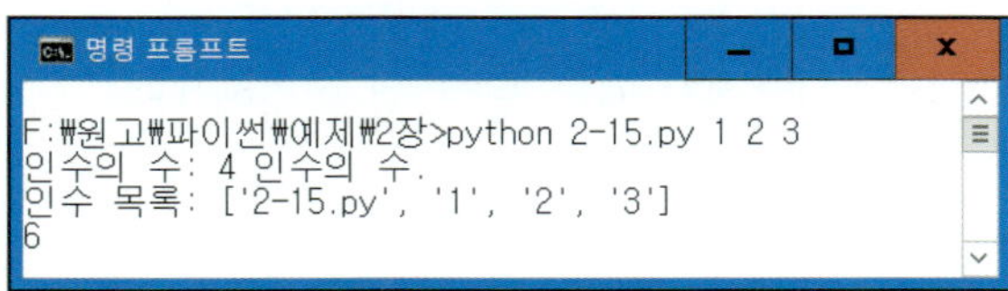

# 제3장 자료형과 연산자

## 3.1 자료형

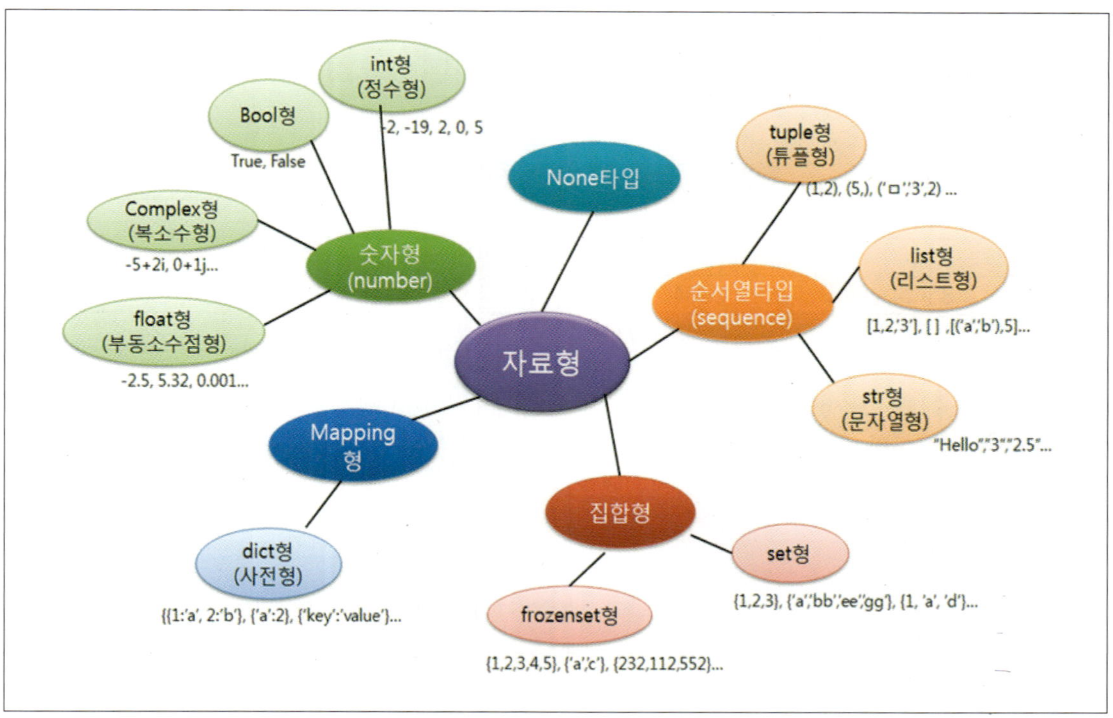


메모리에 저장된 데이터는 여러 유형으로 구분된다. 파이썬에는 다섯 가지 표준 데이터 형이 있다.

- 숫자형(Number)
- 문자열(String)
- 리스트(List)
- 튜플(Tuple)
- Dictionary

## 3.1.1 숫자형

컴퓨터에서는 숫자는 2진수로 표현된다. 그러나 파이썬에서는 일반적으로 자주 사용하는 표기법을 사용할 수 있도록 하고 있다. 즉, 일상에서 사용하는 10진수(0~9)를 그대로 사용할 수 있으며, 특별한 접두어[0x(16진수), 0o(8진수), 0b(2진수)] 같은 것이 없으면 10진수로 쓴 것으로 간주한다.

```
>>> 0b1010
10
>>> 0o12
10
>>> 10
10
>>>0xA
10
```

### (1) 정수형

숫자형(Number)이란 숫자 형태로 이루어진 자료형으로 123과 같은 정수, 12.34와 같은 실수, 8진수나 16진수 같은 것들도 있다.

| 항목 | 사용 예 |
|---|---|
| 정수 | 123, -456, 0 |
| 실수 | 123.45, -123.45, 3.4e10 |
| 8진수 | 0o34, 0o25 |
| 16진수 | 0x2A, 0xFF |

정수는 양의 정수(1, 2, …), 음의 정수(-1, -2, …)와 0을 의미한다. 정수끼리 나누면 실수가 나올 수 있으나, 나눗셈의 몫만을 구하려면 // 연산자를 이용한다.

```
a = 5//3 #계산결과 a=1
```

실수를 정수로 바꾸려면 int를 이용하면 되며, 소수 이하 자리는 잘린다. 만약 a=int(5.4)라고 하면 소수 이하는 무시되고, a는 5를 값으로 가지게 된다.

```
>>> a = 14
>>> b = 3
>>> a + b  # 덧셈
17
>>> a - b  # 뺄셈
11
>>> a * b  # 곱셈
42
>>> a / b  # 나눗셈
>>> a // b  # 정수형 나누기
4
>>> a % b  # 나머지 구하기
2
>>> a ** b  # ab
2744
```

파이썬에는 두 개의 나눗셈 연산자가 있다. 하나는 피연산자의 지수를 반환하는 일반적인 나누기(/)가 있고 다른 하나는 정수 나누기(//)를 선언할 수 있다.

```
>>> 7 / 4  # 일반적 나누기
1.75
>>> 7 // 4  # 정수 나누기
1
>>> -7 / 4
-1.75
>>> -7 // 4
-2
```

파이썬에서 정수 나누기의 결과는 항상 음수의 무한대로 반올림된다. 정수 이하를 자르려면 내장 int 함수를 사용한다.

```
>>> int(1.75)
1
>>> int(-1.75)
-1
```

숫자 또는 기본 지정자 사이에 밑줄을 추가할 수 있다.

```
>>> n = 1_2345
>>> n
12345
>>> hex_n = 0x_4_0_0
>>> hex_n
1024
```

integer 형식은 정수 값 저장한다. 정확한 표현은 정수가 아닌 것을 표현할 수 없으므로 대부분의 수치 작업에서 제한된 사용의 정수를 연산한다. 기본 정수는 소수를 제외하거나 (float 참조) int() 함수를 사용하여 명시적으로 입력할 수 있다.

데이터 유형을 확인할 때는 type() 함수를 사용한다. 이 함수는 매개변수로 전달된 데이터의 유형을 반환해 준다. 예를 들어, type(1)을 계산하면 <class 'int'>라는 값이 반환된다. 이 결과에서 class는 반환된 결과가 데이터 유형을 의미한다.

```
>>> x = 1
>>> type(x)
<class 'int'>

>>> x = 1.0
>>> type(x)
<class 'float'>

>>> x = int(x)
>>> type(x)
<class 'int'>
>>>
```

integer는 $-2^{31} \sim 2^{31}-1$ 범위를 나타낸다.

일반적인 산술 연산 종류는 다음과 같다.

| 수식 및 함수 | 설명 |
|---|---|
| x + y | x와 y를 더하기 |
| x - y | x에서 y를 빼기 |
| x * y | x와 y를 곱하기 |
| x / y | x를 y로 나누기. 항상 float(또는 x 또는 y가 복소수이면 복소수)를 산출 |
| x // y | x를 y로 나누기. 분수 부분을 제거하여 항상 int 결과를 산출 |
| x % y | x를 y로 나누고 나머지를 산출 |
| x ** y | xy의 연산 |
| -x | x를 부정. 0이 아니면 x의 부호를 변경하고 0이면 반응없음 |
| +x | 아무 것도 하지 않음. 종종 코드를 명확히 하기 위해 사용 |
| abs(x) | 절대값 x 산출 |
| divmod(x, y) | x를 y로 나눈 몫과 나머지를 두 int의 튜플로 반환 |
| pow(x, y) | x를 y의 거듭 제곱으로 올림($x^y$의 연산과 동일) |
| pow(x, y, z) | (x ** y) % z 연산 |
| round(x, n) | n이 음의 int이면 n을 정수로 반올림 한 x를 반환하고 n이 양의 정수이면 n을 소수 자리로 반올림하여 x를 반환(반환 값은 x와 같은 형태) |

### 〈실습 3-1〉 산술 연산 실습

```
x = 10
y = 4
z = 2

print("x = ", x)
print("y = ", y)
print("z = ", z)
print()
print("x + y = ", x+y)
print("x - y = ", x-y)
print("x * y = ", x*y)
print("x / y = ", x/y)
print()
print("x // y = ", x//y)
print("x % y = ", x%y)
print("x ** y = ", x**y)
print()
print("+x = ", +x)
print("-x = ", -x)
print()
print("abs(x) = ", abs(x))
print("divmod(x, y) = ", divmod(x, y))
print("pow(x, y) = ", pow(x, y))
print("pow(x, y, z) = ", pow(x, y, z))
print()
x = x / y
print("round(x, z) = ", round(x, z))
```

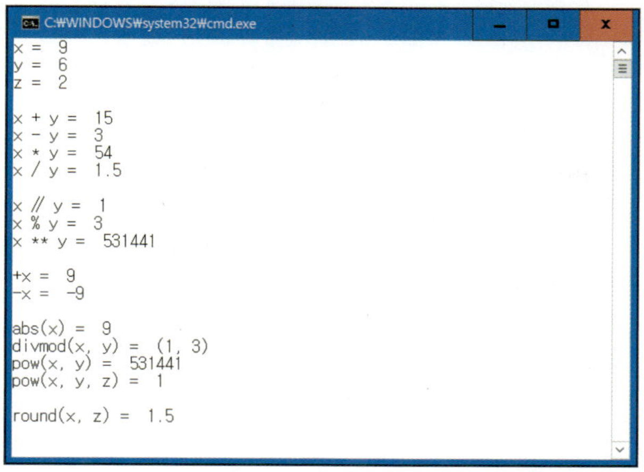

```
x =  9
y =  6
z =  2

x + y =  15
x - y =  3
x * y =  54
x / y =  1.5

x // y =  1
x % y =  3
x ** y =  531441

+x =  9
-x =  -9

abs(x) =  9
divmod(x, y) =  (1, 3)
pow(x, y) =  531441
pow(x, y, z) =  1

round(x, z) =  1.5
```

수식의 진수 변환 종류는 다음과 같다.

| 수식 | 설 명 |
|---|---|
| bin(i) | i의 2진수를 문자로 반환(bin(1980) == '0b11110111100') |
| hex(i) | i의 16진수 표현을 문자열로 반환(hex(1980) == '0x7bc') |
| int(x) | 객체 x를 정수로 변환. 실패할 경우 ValueError를 발생시키거나 x의 데이터 유형이 정수 변환을 지원하지 않는 경우 TypeError를 발생<br>x가 정수와 소수 이하 수치로 나타나면 잘리고 정수로 나타냄 |
| int(*s*, *base*) | str을 정수로 변환. 실패하면 ValueError를 발생<br>선택적 base 인수가 주어지면 2와 36 사이의 정수 |
| oct(i) | i의 8진수 표현을 문자열로 반환(oct(1980) == '0o3674') |

정수는 기본적으로 10 진수를 사용하지만 다른 진법의 수로 나타낼 수 있다.

```
>>> num = 12345
>>> bin(num) # 이진수 출력
'0b11000000111001'
>>> oct(num) # 8진수 출력
'0o30071'
>>> hex(num) # 16진수 출력
'0x3039'

>>> int(bin(num),2) # 2진수 -> 10진수 출력
12345
>>> int(oct(num),8) # 8진수 -> 10진수 출력
12345
>>> int(hex(num),16) # 16진수 -> 10진수 출력
12345
```

각각의 다른 진수를 나타낼 때 접두어 수치를 나타내며 2진수는 0b, 8진수는 0o 그리고 10진수는 0x와 수치 값을 결합해서 나타낸다.

```
value = 60

b = bin(value)
o = oct(value)
h = hex(value)

print(b)
print(o)
print(h)

# 0b111100
# 0o74
# 0x3c
```

### 〈실습 3-2〉 진수 변환 실습

```
sel=int(input("입력진수 결정(16/10/8/2) : "))
num=input("값 입력> ")

if sel==16: ##입력한 값이 16일 경우
    num10=int(num,16) ##16진수를 10진수로 변환
if sel==10: ##입력한 값이 10일 경우
    num10=int(num,10) ##10진수를 그대로 변환
if sel==8: ##입력한 값이 8일 경우
    num10=int(num,8) ##8진수를 10진수로 변환
if sel==2: ##입력한 값이 2일 경우
   num10=int(num,2) ##2진수를 10진수로 변환

print("16진수 ==> ",hex(num10))
print("10진수 ==> ",(num10))
print("8진수 ==> ",oct(num10))
print("2진수 ==> ",bin(num10))
print()
```

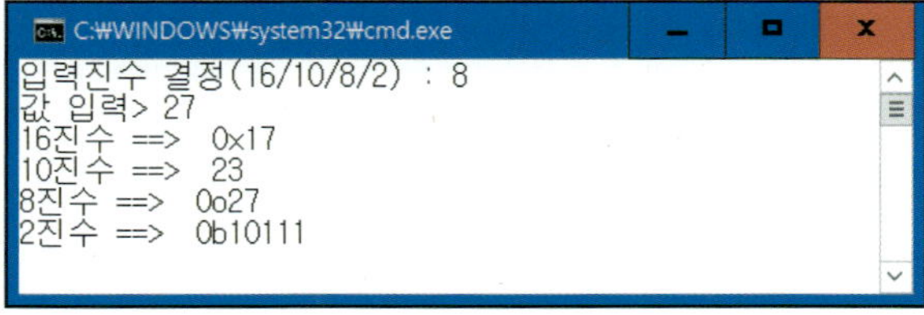


10진수는 외부에서 정수로 표현되지만 실제로 메모리에서는 2진수를 포함하고 있다. 각각의 정수에 대하여 비트 연산자를 이용하여 내부적으로 2진 연산을 통해 결과 값을 나타낼 수 있다.

비트 연산 종류는 다음과 같다.

| 수식 | 설명 |
|---|---|
| i \| j | i와 j의 비트 연산 OR(\|). 음수는 2의 보수를 사용 |
| i ^ j | i와 j의 비트 단위 배타적 논리합(XOR) |
| i & j | i와 j의 비트 연산 AND(&) |
| i << j | 정수 i 내부 비트를 j 비트만큼 왼쪽으로 이동 |
| i >> j | 정수 i 내부 비트를 j 비트만큼 오른쪽으로 이동 |

### 〈실습 3-3〉 비트 연산 실습

```
# 비트 연산(2진수)의 표현
b1=0x57
b2=0xf5

#bit or 연산자 : |
print("bin(b1|b2) = ", bin(b1|b2))

#bit and 연산자 &
print("bin(b1&b2) = ", bin(b1&b2))

#bit xor 연산자 ^
print("bin(b1^b2) = ", bin(b1^b2))

#left shift 연산자 <<
print("bin(b1<<1) = ", bin(b1<<1))

#right shift 연산자 >>
print("bin(b1>>3) = ", bin(b1>>3))
print()
```

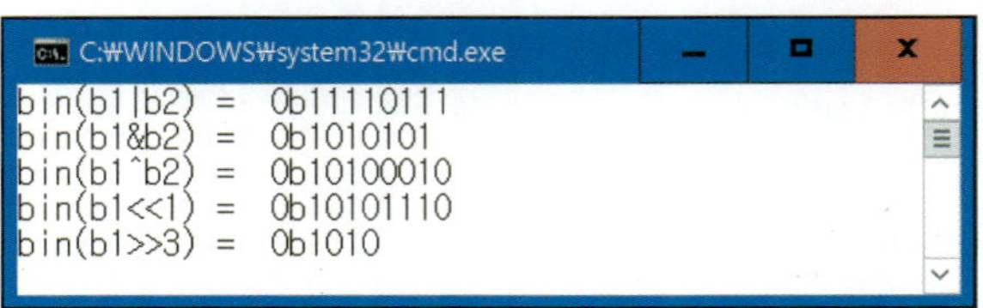


### (2) boolean(True, False)

참과 거짓을 나타내는 자료형. True와 False값만 가지며, 주로 bool 값들 사이의 논리 연산이나 비교연산의 결과값으로 사용된다.

```
# 비교 연산자
> , < , == , != , >= , <=

# 논리연산자
and(&) : 두 값이 모두 참일 때 참을 반환
or(|) : 둘 중 하나라도 참이면 참을 반환
not : 반대의 값 반환

# 사용 예
>>> bool(1)
True
>>> bool(-1)
True
>>> bool(0)
False
>>> bool([])
False
>>> bool(True)
True

>>> t = True
>>> f = False
>>> t and f
False

>>> t and True
True

>>> int(True)
1
>>> int(False)
0

>>> 1 > 2, 1 < 2
(False, True)
```

## 〈실습 3-4〉 bool 연산 실습

```
a = 3
b = 4

print(a > 4)    # False
print(b > a)    # True
print(a % 3 == 0 and b % 2 ==0)     #True
print(type(a == 3)) # bool

print(bool(1))  # True
print(bool(-1)) # True
print(bool(0))  # False
print()
```

C:₩WINDOWS₩system32₩cmd.exe

```
False
True
True
<class 'bool'>
True
True
False
```

### (3) 실수(float)

파이썬에서 3가지 종류의 부동 소수점 값을 나타낸다.

- float(built-in float)
- complex
- decimal(표준 라이브러리)

float 형은 범위가 다른 floating-point 숫자를 포함한다. float 형의 숫자는 소수점 또는 지수 표기법(예 : 0.0, 4., 5.7, -2.5, -2e9, 8.9e-4)으로 나타낸다. 숫자에 소수점이 포함되어 있으면 모두 실수로 표현된다(1.2, 1.9, 1.999, 1.0).

실수 자료형은 연산에서 2가지 특징을 가지며, 첫 번째로 실수는 정수와 마찬가지로 변경이 불가능한 자료형이고, 두 번째로 실수끼리 연산을 하면 끝에 작은 오차가 붙어서 나오게 된다. 실수 자료형의 연산 또한 정수 자료형의 연산과 동일하다.

```
>>> 0.0, 5.4, -2.5, 8.9e-4
(0.0, 5.4, -2.5, 0.00089)

>>>
>>> #실수란_소수점을가진_모든숫자를의미
... pi=3.14
>>> print("변수 pi의 자료형은", type(pi))
변수 pi의 자료형은 <class 'float'>
>>>
>>> pi=3
>>> print("변수 pi의 자료형은", type(pi))
변수 pi의 자료형은 <class 'int'>
```

**〈실습 3-5〉 실수(float) 연산 실습**

```
print("** 파이썬(python) 실수 **")
print()
print(3.14)
print(type(3.14))
print(type(10/3))
print()
print(10 / 3)
a = 10 / 3
print(a)
print("a = %f " % a )
print("a = %.10f " % a )
print("a = %.20f " % a )
print()
print("a = %.2f " % a )
print("a = %.1f " % a )
print()
f = 5.15 - 5.05
print("5.15-5.05 = ", f)
print()
```

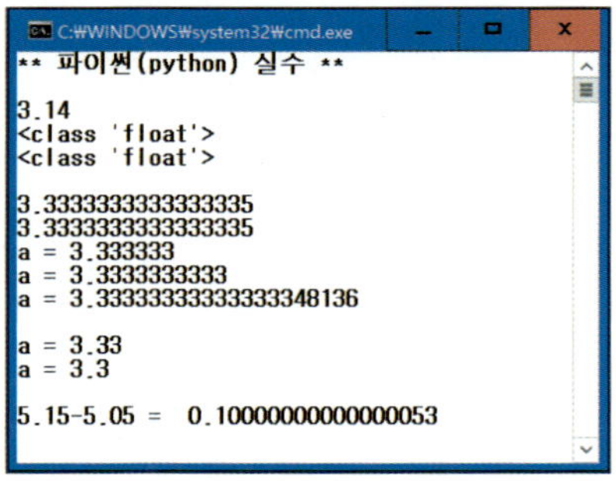

```
C:\WINDOWS\system32\cmd.exe
** 파이썬(python) 실수 **

3.14
<class 'float'>
<class 'float'>

3.3333333333333335
3.3333333333333335
a = 3.333333
a = 3.3333333333
a = 3.33333333333333348136

a = 3.33
a = 3.3

5.15-5.05 =  0.10000000000000053
```

### (4) 복소수(complex)

복소수란 a+bi 로 나타낼 수 있는 숫자로, 여기에서 a(실수부)와 b(허수부)는 실수, i는 허수 단위로 i2=-1을 만족한다. 파이썬에서는 소문자 j 또는 대문자 J를 사용한다.

```
>>> a = 1+3j;  b = 2-2J;
```

파이썬에서 복소수를 표현하는 방법은 두 가지가 있다.

```
>>> a = 2 + 3j
>>> a (2+3j)

>>> b=complex(3, -4)
>>> b (3-4j)
```

복잡한 수치를 나타내기 위해 복소수를 사용할 수 있으며, 1j 또는 complex(real, imag)로 정의한다. 복소수에서 실수부에 접근하기 원할 때는 .real을 사용하고 허수부에 접근할 때는 .imag를 사용하며, 전체를 나타낼 경우 conjugate()를 표현한다.

```
>>> # 허수의 선언 1.
... c1 = 2+3j
>>> # 허수의 선언 2.
... c2= complex(2,4)
>>> c3= complex(3,-4)
>>>
>>> c1
(2+3j)
>>> c1.real,c1.imag
(2.0, 3.0)
>>> c2
(2+4j)
>>> c2.real,c2.imag
(2.0, 4.0)
>>> c3
(3-4j)
```

```
>>> c3.real,c3.imag

# 복소수의 표현
>>> 1e2j
100j
>>> 1+2j
(1+2j)
>>> a = complex(10, 20)
>>> type(a)
<class 'complex'>
>>> a
(10+20j)
>>> a.real
10.0
>>> a.imag
20.0
>>> a.conjugate()
(10-20j)
```

### 〈실습 3-6〉 복소수 연산 실습

```
#복소수 나타내기

com1=2+5j
print("변수com1의 자료형은",type(com1))
print()

comp2=complex(3, -6)
print("복소수comp2의 값은", comp2)
print("실수부분은", comp2.real)
print("허수부분은", comp2.imag)
print("컬레복소수는", comp2.conjugate())
print()
b = 7 - 2j
print("실수 : {}, 허수 : {}".format(b.real, b.imag))

cpx = complex(7, -2) # Usage : complex({실수부},{허수부})
print(type(cpx))
print("실수 : {}, 허수 : {}".format(b.real, b.imag))
print()
```

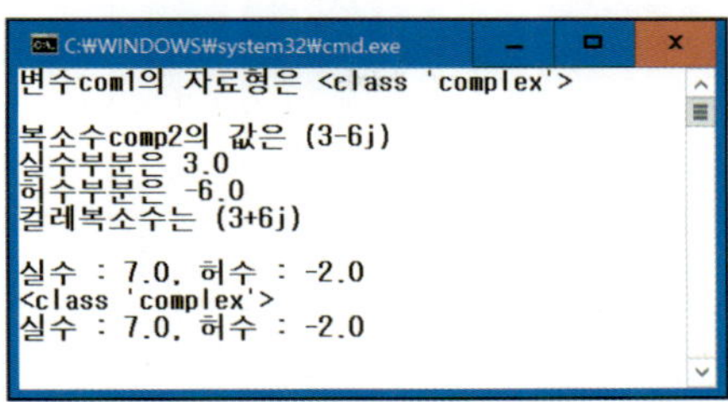

### (5) 부동 소수점(decimal)

decimal 모듈은 십진 부동 소수점 산술연산에 대하여 decimal 데이터 유형을 제공한다. 이진 부동 소수점이 내장된 float 구현에 비하여, 이 새로운 클래스는 회계 어플리케이션과 기타 사용사례에 특히 도움이 된다.

여기에는 정확한 십진 표현이 요구되는 곳, 정밀도 통제가 요구되는 곳, 법률적 또는 표준적 요구를 충족시키기 위해 자리 수 다듬기가 요구되는 곳, 유효 십진 자리를 추적할 필요한 곳이 포함된다.

부동 소수점 방식은 소수점의 위치를 고정하기 않고 그 위치를 나타내는 수를 별도 표현 방식으로, 유효숫자를 나타내는 가수(mantissa)와 소수점의 위치를 풀이하는 지수(exponent)로 표현하며, '[가수]*[밑수][지수]'와 같은 형태로 나타난다.

컴퓨터 시스템은 일반적으로 이진법을 이용해서 밑수를 2로 하고 부호를 나타내는 하나의 비트를 추가하여, 아래와 같이 세부분으로 나누어서 실수를 표현한다.

| 1 | 8 | 23 |
|---|---|---|
| 부호 | 지수부 | 가수부 |

컴퓨터에서 부동 소수점으로 표현된 수를 일반적으로 나타나면 다음과 같다.

```
>>> 0.1
0.1
>>> 1/3
0.3333333333333333
>>> (1234.567 + 45.67891) + 0.0004
1280.24631
>>> 1234.567 + (45.67844 + 0.0004)
1280.24584
```

이러한 부동 소수점 연산의 본질적인 문제를 해결하고자 파이썬에서는 십진법(decimal) 모듈을 지원하여 실수를 정확하게 표현할 수 있으며, 또한 소수점 자리의 정밀도도 조정할 수 있기 때문에 매우 큰 정밀도를 요하는 연산에도 사용할 수 있다.

십진법에서 decimal 객체의 일반형은 다음과 같다.

```
import decimal # decimal 객체를 연결
decimal.Decimal([값[, 문자열]])
```

십진법모듈에서는 Decimal 객체를 이용하여 실수를 표현한다. Decimal 객체는 값으로 정수, 문자열, 튜플, Decimal 객체를 인수로 받아서 생성된다.

문자열은 부동 소수점 형태로도 입력이 가능하며, 'Infinity', 'Inf'(무한대), '-Infinity', '-Inf'(음의 무한대), 'NaN'(Not a Number), '-0' 형태도 가능하다.

```
>>> import decimal
>>> decimal.Decimal(3) #정수
Decimal('3')
>>> decimal.Decimal('1.1') #문자열
Decimal('1.1')
>>> decimal.Decimal(str(1/7)) #문자열
Decimal('0.14285714285714285')
>>> decimal.Decimal((0, (3, 1, 4), -2)) #튜플
Decimal('3.14')
>>> decimal.Decimal("-Infinity") #음의 무한대
Decimal('-Infinity')
>>> decimal.Decimal('-0') #음의 0
Decimal('-0')
>>> decimal.Decimal('NaN') #NaN(Not a Number)
Decimal('NaN')
>>> d = decimal.Decimal((0, (3, 1, 4), -2)) #Decimal 객체
>>> decimal.Decimal(d)
```

Decimal 객체는 int, float와 같은 내장 수치 자료형과 동일하게 모든 수치 연산과 내장함수의 인수로 전달이 가능하다.

또한 Decimal 객체간의 연산뿐만 아니라 내장 수치 자료형과 상호연산도 가능하며, max(), min(), sum()과 같은 내장함수의 인수로 전달할 수 있다.

```
>>> rawData = '3.45|5.3|1.65|9|-1.28'
>>> l = [decimal.Decimal(x) for x in rawData.split('|')]
>>> l
[Decimal('3.45'), Decimal('5.3'), Decimal('1.65'), Decimal('9'), Decimal('-1.28')]
>>> max(l) #최대값
Decimal('9')
>>> min(l) #최소값
Decimal('-1.28')
>>> sum(l) #합계
Decimal('18.12')
>>> sorted(l) #정렬
[Decimal('-1.28'), Decimal('1.65'), Decimal('3.45'), Decimal('5.3'), Decimal('9')]
Decimal('-Infinity')
>>> decimal.Decimal('-0') #음의 0
Decimal('-0')
>>> decimal.Decimal('NaN') #NaN(Not a Number)
Decimal('NaN')
>>> d = decimal.Decimal((0, (3, 1, 4), -2)) #Decimal 객체
>>> decimal.Decimal(d)
```

### 〈실습 3-7〉 Decimal 객체를 이용한 연산 실습

```
import decimal
a, b = decimal.Decimal('3.14'),decimal.Decimal('.04')
print(" a = ", a, " b = ", b)
print(" a + b = ", a+b)
print(" a - b = ", a-b)
print(" a * b = ", a*b)
print(" a / b = ", a/b)
print(" a ** b = ", a**b)
print()
a = decimal.Decimal('3.14')
print(" a * 3 = ", a*3)
print(" divmod(a, 2) = ", divmod(a, 2))
print(" round(a, 1) = ", round(a, 1))
print()
rawData = '3.45|5.3|1.65|9|-1.28'
l = [decimal.Decimal(x) for x in rawData.split('|')]
print(" l = ", l)
print(" max(l) = ", max(l)) #최대값
print(" min(l) = ", min(l)) #최소값
print(" sum(l) = ", sum(l)) #합계
print(" sorted(l) = ", sorted(l)) #정렬
print()
```

```
C:\WINDOWS\system32\cmd.exe
a =  3.14  b =  0.04
a + b =  3.18
a - b =  3.10
a * b =  0.1256
a / b =  78.5
a ** b =  1.046832472577719248090395663

a * 3 =  9.42
divmod(a, 2) =  (Decimal('1'), Decimal('1.14'))
round(a, 1) =  3.1

l =  [Decimal('3.45'), Decimal('5.3'), Decimal('1.65'), Decimal('9'), Decimal('-1.28')]
max(l) =  9
min(l) =  -1.28
sum(l) =  18.12
sorted(l) =  [Decimal('-1.28'), Decimal('1.65'), Decimal('3.45'), Decimal('5.3'), Decimal('9')]
```

Decimal 객체의 내장 메소드의 종류는 다음과 같다.

| 메소드 | 설명 |
|---|---|
| sqrt() | Decimal의 제곱근 결과를 반환 |
| exp() | 자연상수(e) ** Decimal결과를 반환 |
| ln() | Decimal의 자연로그 결과를 반환 |
| compare(other) | 두 Decimal 객체를 비교하여 그 결과를 Decimal 객체로 반환<br>메서드 호출객체가 더 크면 Decimal('1')을, 같은 경우는 Decimal('0')을, 작은 경우는 Decimal('-1')을 반환 |
| copy_abs() | 원본의 절대값을 갖는 Decimal 객체를 반환 |
| copy_negate() | 원본의 음수값을 갖는 Decimal 객체를 반환 |
| copy_sign(other) | 원본 값에 인자(other)의 부호를 갖는 Decimal 객체를 반환 |
| is_signed() | 부호 비트가 설정되어 있으면(즉 음수이면) True를 반환 |
| is_finite() | 유한수인 경우 True 반환 |
| is_infinite() | 무한인 경우 True 반환 |
| is_zero() | '0'(+0, -0)인 경우 True 반환 |

### 〈실습 3-8〉 Decimal 내장 메소드를 이용한 연산 실습

```
import decimal
d = decimal.Decimal("3.14")
print("decimal.Decimal('3.14') = ", d)
print("d.sort() = ", d.sqrt())
print("d.exp() = ", d.exp())
print("d.ln() = ", d.ln())
print()
d2 = decimal.Decimal("-1.414")
print("decimal.Decimal('-1.414') = ", d2)
print("d.compare(d2) = ", d.compare(d2))
print("d2.copy_abs() = ", d2.copy_abs())
print("d.copy_negate() = ", d.copy_negate())
print("d.copy_sign(d2) = ", (d.copy_sign(d2)))
print("d2.is_signed() = ", (d2.is_signed()))
print("d.is_finite() = ", d.is_finite())
print("d.is_infinite() = ", d.is_infinite())
print("d.is_zero() = ", d.is_zero())
print()
```

```
C:\WINDOWS\system32\cmd.exe
decimal.Decimal('3.14') =  3.14
d.sort() =  1.772004514666935040199112510
d.exp() =  23.10386685872218278457908458
d.ln() =  1.144222799920161998805694448

decimal.Decimal('-1.414') =  -1.414
d.compare(d2) =  1
d2.copy_abs() =  1.414
d.copy_negate() =  -3.14
d.copy_sign(d2) =  -3.14
d2.is_signed() =  True
d.is_finite() =  True
d.is_infinite() =  False
d.is_zero() =  False
```

## 3.2 string

파이썬의 문자열은 따옴표로 묶인 연속된 문자 집합으로 식별되며, 작은 따옴표나 큰 따옴표를 허용한다. 문자열(String)은 숫자와 마찬가지로 파이썬에서 기본이 되는 자료 구조이며, 어떤 순서에 따라 일련의 문자들이 나열된 것을 의미하며, 모든 문자가 순서에 따라 포함된 경우에만 의미가 있다. 즉, 문자, 단어 등으로 구성된 문자들의 집합을 의미한다.

### 3.2.1 string 문자열

기본적으로 문자열은 키보드로 입력할 수 있는 글자들을 표현하는 자료형태이다.

### (1) 따옴표 ', "

작은 따옴표와 큰 따옴표는 서로 바꿔 쓸 수 있다. 즉, 문자열은 두 개의 작은 따옴표 또는 두 개의 큰 따옴표로 묶여서 작성할 수 있으며, 두 형식은 동일하게 실행되고 같은 문자열로 나타난다.

만약 출력 값에 "를 넣어야 할 때 "로 시작하면 인식 오류가 나서 출력이 불가능하다. 하지만, '로 시작하면 안에 "를 넣어도 출력이 된다.

```
>>> '한국', "한국"
('한국', '한국')

>>> print("hello world")
hello world
>>> print('hello world')
hello world

>>> title = "우리"  '는 '  " 하나다" # 문자열 결합
>>> title
'우리는  하나다'

>>> 'korea\'s', "korea\"s" # 백슬래시를 삽입하면 백슬레시 다음 문자가 나타난다
("korea's", 'korea"s')
```

```
>>> 'abc'
'abc'
>>> "abc"
'abc'
>>> '''abc'''
'abc'
>>> """abc"""
'abc'

>>> "I'm a boy"
"I'm a boy"
>>> 'I said, "Yes!"'
'I said, "Yes!"
```

### (2) 특수 문자를 나타내는 이스케이프 시퀀스

문자열 내의 일부 문자의 의미를 바꾸어 다른 효과를 얻을 수 있다. 문자 앞에 백 슬래시(\)를 붙이면, 특별한 의미를 부여하는데 가장 일반적인 이스케이프 시퀀스는 '\n'으로 새로운 라인을 시작한다.

이 명령으로 한 줄의 문자열에서 여러 줄 문자열을 작성할 수 있다.

이스케이프 시퀀스의 종류는 다음과 같다.

| 이스케이프 | 기능 |
|---|---|
| *newline* | 무시(연속 줄) |
| \\\\ | 백슬래시(\\ 하나만 표시) |
| \\' | 작은 따옴표(' 표시) |
| \\" | 큰 따옴표(" 표시) |
| \\a | 벨 |
| \\b | Backspace |
| \\f | Formfeed |
| \\n | linefeed |
| \\r | Carriage return |
| \\t | Horizontal tab |
| \\v | Vertical tab |
| \\x*hh* | *hh 16진수 값* |
| *ooo* | *ooo 16진수 값* |

특수문자를 단순 문자열로 나타낼 경우 그대로 표현되나 print문으로 나타내면 그 기능이 적용되어 나타낸다.

```
>>> s = 'a\nb\tc'
>>> s  # 그대로 출력된다
'a\nb\tc'
>>> print(s) # \n과 \t 이스케이프 시퀀스 명령이 적용된다

a
b       c

>>> s = 'a\0b\0c'
>>> s
'a\x00b\x00c'# 8진수 코드

>>> len(s) # 문자열 길이
5

>>> s = '\001\002\x03'
>>> s
'\x01\x02\x03' # 16진수 코드
>>> len(s) # 문자열 길이
3
```

## 〈실습 3-9〉 이스케이프 시퀀스 실습

```
S = "p\ty\nt\x00m" # 이스케이프 시퀀스 코드 포함
print(S) # 탭과 다음줄
print(len(S)) # 문자열 길이

x = "C:\py\code" # \\ 2개 표시
print(x)
print(len(x))

print('\tabc')
print('a\tbc')
print('ab\tc')
print('abc\t\n')
```

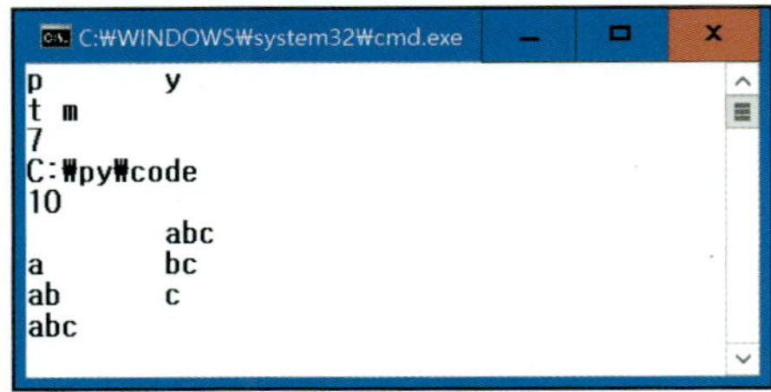


### (3) 세 따옴표 다중 행 블록 문자열

세 따옴표(단일 또는 이중 따옴표 중 하나)의 뒤에는 임의의 수의 줄이 나타난다. 텍스트를 열었을 때와 동일한 세 따옴표로 구분한다. 단일 및 문자열에 포함된 큰 따옴표는 이스케이프 문자일 수는 있지만 반드시 그럴 필요는 없다.

```
>>> mantra = """ 항상 인생의
... 밝은 영역만 보아야 합니다."""

>>> mantra
' 항상 인생의\n... 밝은 영역만 보아야 합니다.'

>>> print(mantra)
 항상 인생의
... 밝은 영역만 보아야 합니다.
```

## 3.2.2 string 문자열 연산

파이썬에서는 문자열을 더하거나 곱할 수 있는데, 문자열을 그대로 반영해 주는 파이썬만의 장점이라고 할 수 있다.

### (1) 문자열 더하기(Concatenation)

```
>> head = "Python"
>>> tail = " is fun!"
>>> head + tail
'Python is fun!'
```

파이썬에서는 문자열도 더하기나 곱하기가 가능하다(빼기와 나누기는 아쉽게도 불가능하다.). 물론 숫자형에서의 연산과는 다른 형태를 가지고 있지만 자료형 활용을 편하게 해주는 기능이기도 하다. 문자열 덧셈은 문자열끼리만 가능하다. 숫자형과 문자열을 더하면 에러가 발생한다.

```
>>> a = 'string'
>>> print(a + 3)
Traceback (most recent call last):
  File "<stdin>", line 1, in <module>
TypeError: can only concatenate str (not "int") to str

>>> print(a + '3')
string3
```

### (2) 문자열 곱하기

```
>>> a = "python"
>>> a * 3
'pythonpythonpython'
```

*의 의미는 일반적으로 사용하는 숫자 곱하기의 의미와는 다르다. 즉, *는 문자열의 반복을 뜻하는 의미로 사용된다. 곱해주는 숫자만큼 문자열을 반복해준다. 더하기와 마찬가지로 출력시 띄어쓰기는 없다.

## 3.2.3 string 활용

### (1) string의 인덱싱과 슬라이싱

문자열 인덱싱은 특정 문자열의 인덱스에 해당하는 문자를 가져온다.

슬라이싱(S [i : j])는 문장의 인접 문자를 추출한다.

- 추출범위는 기본이 0이며 문자열 길이가 생략된 경우 문자열의 기본값이다.
- S [1:3]은 1에서 3까지 범위로 기준 1에서 문자를 추출한다.
- S [1:]은 기준 1에서 끝(문자열 길이) 까지의 문자를 추출한다.
- S [:3]은 기준 0에서 3을 포함하지 않는 문자를 추출한다.
- S [:-1]은 기준 끝에서 1 문자를 뺀 나머지 문자들을 추출한다.
- S[1:10:2]는 기준 1에서 10까지 2컬럼의 문자(3, 5, 7, 9 문자)를 추출한다.

```
>>> a = "Hello Python"
>>> a[0]+a[1]+a[2]+a[3]+a[4]
>>> a[0:5]
'Hello’
>>> a[6:12]
'Python'

>>> a = "Hello Python"
>>> a[3:] # 인덱스 6에서 끝까지 추출하라는 의미
'lo Python’
>>> a[:7] # 인덱스 0부터 6까지 추출하라는 의미
'Hello P'
>>> a[:] # 인덱스의 처음부터 끝까지 추출하라는 의미
'Hello Python'

>>> a = "Python“
>>> a[ 2 : -2 ] # 2번 위치에서 –2번 위치
‘th’
>>> a[ : : 2 ] # 처음부터 끝까지 2칸 단위
‘pto’
>>> a [ : : -1 ] # 거꾸로 출력
‘nohtyp’
```

### 〈실습 3-10〉 문자열의 인덱싱과 슬라이싱 실습

```
S = 'Hello World'
print(S)
print(S[0])
print(S[:2])
print(S[1:3])
print(S[1:])
print(S[:-1])
print(S[1:10:2])
print()

S = '안녕하세요 파이썬의 세계입니다'
print(S)
print(S[0])
print(S[:2])
print(S[1:3])
print(S[1:])
print(S[:-1])
print(S[1:10:2])
print()
```

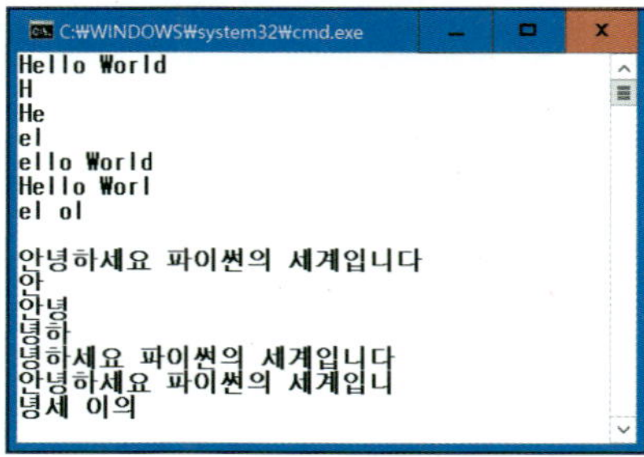

### 〈실습 3-11〉 슬라이싱을 이용한 문자열 추출

```
a = '20191030Rainy'
print("a = ", a)
date = a[:8]
print("date = ", date)
weather = a[8:]
print("weather = ", weather)
print()
year = a[:4]
print("year = ", year)
day = a[4:8]
print("day = ", day)
print("역출력 a = ", a[::-1])
print()
```

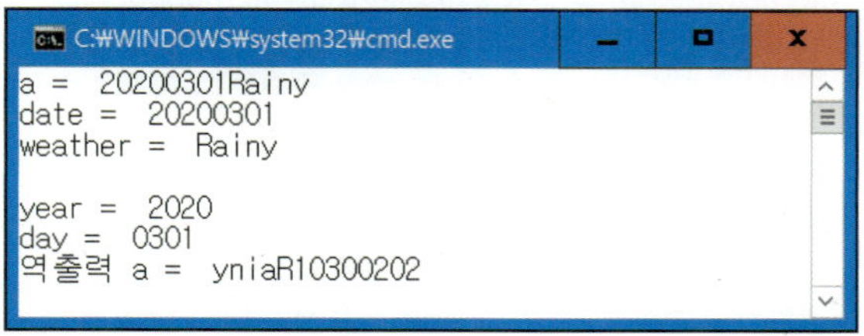


### (2) string의 변환

문자열 변환 함수의 종류는 다음과 같다.

| 함수 | 설명 |
|---|---|
| int(x [,base]) | 문자를 숫자로 변환. base는 진법을 나타냄 |
| float(x) | 실수 문자를 실수로 변환 |
| complex(x) | 문자를 복소수로 변환 |
| repr(x) | 숫자를 문자열로 변환 |
| eval(str) | 문자열로 된 수식을 연산하여 결과를 나타냄 |
| chr(x) | 아스키코드 값을 문자로 변환 |
| ord(x) | 문자값을 아스키코드값으로 변환 |
| hex(x) | 숫자값을 16진수 문자값으로 변환 |
| oct(x) | 숫자값을 8진수 문자값으로 변환 |
| bin(x) | 숫자값을 2진수 문자값으로 변환 |
| len(x) | 문자열의 길이를 나타냄 |
| split(x) | 분리(x)문자로 문자열을 분리해서 나타냄 |
| join() | 분리된 문자열들을 지정한 결합 문자로 묶어서 나타냄 |

문자열 함수 사용 예는 다음과 같다.

```
>>> int('64'), int('100', 8), int('40', 16), int('1000000', 2)
(64, 64, 64, 64)
>>> int('0x40', 16), int('0b1000000', 2)
(64, 64)

>>> float("1.5")
(1.5)
>>> text = "1.234E-10"
>>> float(text)
1.234e-10

>>> complex("11")
(11+0j)

>>> repr(10)
'10'
>>> repr(1+2)
'3'

>>> eval('64'), eval('0o100'), eval('0x40'), eval('0b1000000')
(64, 64, 64, 64)

>>> chr(115), chr(97)
('s', 'a')

>>> ord('a'), ord('X'), ord('A')
(97, 88, 65)

>>> hex(64), hex(85)
('0x40', '0x55')

>>> oct(255)
('0o377')
>>> x=10
>>> oct(x)
'0o12'

>>> bin(15)
'0b1111'
>>> x=10
>>> bin(x)
'0b1010'

>>> S = 'XYZ'
>>> len(S)
3
>>> len("korea")
5

>>> b='korea'
>>> b.split('r')
['ko', 'ea']
>>> B = b'spam'
>>> B.split(b'pa')
[b's', b'm']

>>> 'SPAM'.join(['eggs', 'sausage', 'ham', 'toast'])
'eggsSPAMsausageSPAMhamSPAMtoast'
>>> line = 'aa bbb c'
>>> ''.join(x.upper() for x in line.split() if len(x) > 1)
'AABBB'
```

### 〈실습 3-12〉 문자열 변환 함수 실습

```
print("int('20') = ", int('20'))
print("float(20) = ", float(20))
print("complex(20) = ", complex(20))
x = 20
print("x = ", x, "repr(x) = ", repr(x))
x = 'abc'
print("x = ", x, "repr(x) = ", repr(x))
print("eval('5+4+3+2+1')", " = ", eval('5+4+3+2+1'))
print()
print("chr(64) = ", chr(64))
print("ord('@') = ", ord('@'))
print("bin(20)   = ", bin(20))
print()
print("len('korea')   = ", len('korea'))
print("len('파이썬')   = ", len('파이썬'))
print()
h = "홍길동.이순신.강감찬"
split_h = h.split(".")
print ("h = ", h, "\nsplit = ", split_h)
animals = ['사자', '코끼리', '기린', '원숭이']
print("animals = ", animals, "\njoin(/) = ", "/".join(animals))
print()
```

```
C:\WINDOWS\system32\cmd.exe
int('20') =  20
float(20) =  20.0
complex(20) =  (20+0j)
x =  20 repr(x) =  20
x =  abc repr(x) =  'abc'
eval('5+4+3+2+1')  =  15

chr(64) =  @
ord('@') =  64
bin(20)   =  0b10100

len('korea')   =  5
len('파이썬')   =  3

h =  홍길동.이순신.강감찬
split =  ['홍길동', '이순신', '강감찬']
animals =  ['사자', '코끼리', '기린', '원숭이']
join(/) =  사자/코끼리/기린/원숭이
```

### (3) string 메소드

파이썬에서 문자열은 다양한 메소드 종류를 제공하여 보다 정교한 문자열 처리 작업을 지원한다. 문자열 메소드의 종류는 다음과 같다.

| 메소드 | 설명 |
|---|---|
| capitalize() | 첫 문자를 대문자로 변환 |
| find(keyword,[start,[end]]) | 문자열 keyword가 나타나는 첫번째 인덱스를 반환 start,end를 지정하면 검색한 것과 같은 효과<br>keyword를 찾지 못하면 -1을 반환 |
| startswith(prefix,[start,[end]]) | prefix로 문자열이 시작되면 True, 아니면 False |
| endswith(postfix,[start,[end]]) | postfix로 문자열이 끝나면 True, 아니면 False |

| count(keyword,[start,[end]]) | 문자열에 keyword가 몇 번이나 포함되어 있는지 출력 |
|---|---|
| replace(old,new,[count]) | old를 new로 치환한 결과를 반환 |
| partition(separator) | 문자열을 separator로 나눔 |
| strip([chars]) | 문자열의 양쪽을 잘라냄. chars가 입력되지 않으면 공백문자(Space, Tab, Enter)를 제거하며, chars가 지정된 경우 chars의 모든 조합을 제거 |
| isalpha() | 알파벳으로만 이루어져 있으면 True, 다른 문자가 포함되어 있으면 False |
| isalnum() | 알파벳과 숫자로 이루어져 있으면 True, 다른 문자가 포함되어 있으면 False |
| isnumeric() | 숫자로 이루어지면 True, 다른 문자가 있으면 False |
| isdecimal(), isdigit() | 10진수로 이루어져 있으면 True, 다른 문자가 있으면 False |
| center(width[,fillchar]) | width만큼의 공간을 잡고 가운데 정렬, fillchar가 지정된 경우 빈 공간을 fillchar로 채움 |

```
>>> ( 'hello world!'.capitalize() )
'Hello world!'

>>>> s = "python"
>>> s.find("t")
2

>>> 'python'.startswith('p')
True
>>> 'python'.startswith('y')
False

>>> 'python'.endswith('p')
False
>>> 'python'.endswith('n')
True
>>> 'banana'.count("a")
3

>>> 'python-파이썬'.partition('-')
('python', '-', '파이썬')

>>> ' python '.strip()
'python'

>>> 'python'.isalpha()
True
>>> 'python1'.isalpha()
False
>>> 'python1'.isalnum()
True
>>> '1234'.isnumeric()
True
>>> '1234'.isdecimal()
True

>>> 'center'.center(10,' ')
'  center  '
```

〈실습 3-13〉 string 메소드 실습

```
print("Python is good".find('P'))
print("Python is good".find('P',5,-1)) #[5:-1]슬라이싱
print("Python is good".find('Pa')) # 문자를 찾지 못한 경우
print()
print('python is good'.startswith('py'))
print('python is good'.startswith('py',5,10)) #[5:10]슬라이싱
print('python is good'.endswith('oo'))
print('python is good'.endswith('oo',5,10)) #[5:10]슬라이싱
print()
print("python is good".count('o'))
print("python is good".count('o',5)) # [5:]로 슬라이싱하고 count한 결과와 동일
print()
print("python is good".replace('g','G'))
print("python is good".replace('g','G',1))
print("\tPython\n".strip())
print('!@<<Python>>@!'.strip('<>!@'))
print()
print('3151'.isnumeric())
print('3151 '.isnumeric()) #여백포함
print()
print('abc'.center(5))
print('abc'.center(5,'-'))
print()
```

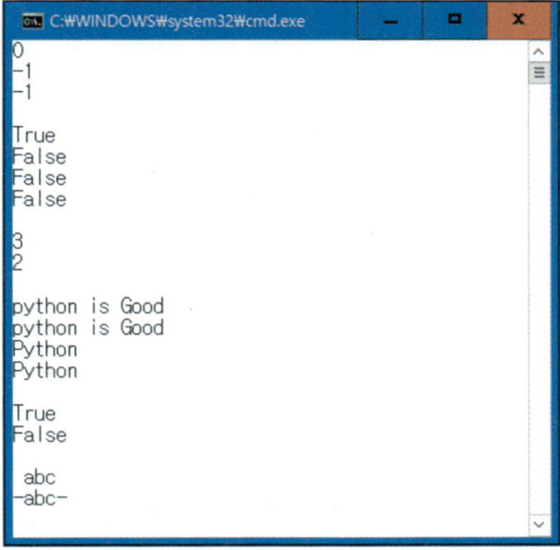


## 3.2.4 string format

문자열 format을 사용하면 문자열에 대해 여러 유형별 변환을 수행할 수 있다. 특히 프로그램을 작성할 경우 표시할 문자열 서식을 지정할 때 편리하게 나타낸다.

문자열 format이란 문자열을 생성하기 위해 변수를 사용하여 문자열을 사용하기 위해 문자열 포맷팅을 사용하는데 format()이나 %를 사용한다.

#### (1) 숫자 바로 대입(%d)

```
>>> "I eat %d banana." % 2
'I eat 3 banana.'
```

문자열 내에 2라는 정수를 삽입하는 방법을 보여 준다. 문자열 안에서 숫자를 넣고 싶은 자리에 %d라는 문자를 넣어 주고, 삽입할 숫자인 2는 가장 뒤에 있는 % 문자 다음에 입력한다. 여기서 %d를 **문자열 포맷 코드**라고 부른다.

#### (2) 문자열 바로 대입(%s)

문자열 내에 숫자 대신 문자열을 집어 넣는다.

```
>>> "I eat %s apples." % "three"
'I eat three apples.'
```

문자열 내에 또 다른 문자열을 삽입하기 위해 앞서 %s를 사용한다. 숫자를 넣기 위해서는 %d를 써야 하고, 문자열을 넣기 위해서는 %s를 사용해야 한다.

#### (3) 숫자 값을 나타내는 변수로 대입

```
>>> number = 2
>>> "I eat %d apples." % number
'I eat 2 apples.'
```

숫자를 바로 대입하거나 숫자 값을 나타내는 변수를 대입하나 결과는 같다.

#### (4) 2개 이상의 값 넣기

문자열 안에 1개가 아닌 여러 개의 값을 넣기 위해 문자열 format과 이에 대응한 변수가 순서 위치에 저장되도록 선언되어야 한다.

```
>>> number = 8
>>> day = "two"
>>> "I ate %d apples. so I was sick for %s days." % (number, day)
'I ate 8 apples. so I was sick for two days.'
```

### (5) 문자열 포맷 코드

문자열 format에서는 대입시켜 넣는 자료형으로 정수와 문자열을 사용했으나 이 외에도 다양한 것들을 대입시킬 수 있다. 문자열 포맷 코드로는 다음과 같은 것들이 있다.

| 코드 | 설명 |
|---|---|
| %d | 정수형 |
| %s | 문자열형 |
| %f | 실수형 |
| %c | 문자형 |
| %o | 8진수 |
| %x | 16진수 |
| %% | %문자 자체 |

사용 예는 다음과 같다.

```
>>> a = "five"
>>> b = 5
>>> c = 5.224
>>> d = "Size is %s and %d or %f" % (a, b, c)
>>> d
'Size is five and 5 or 5.224000'
```

% 자체를 나타내기 위해 %%를 선언하면 된다. 다음과 같이 포매팅 연산자 %d와 %를 같이 사용할 때는 %%를 선언한다.

```
>>> "Error is %d%." % 98
Traceback (most recent call last):
  File "<pyshell#3>", line 1, in <module>
    "Error is %d%." % 98
ValueError: incomplete format

>>> "Error is %d%%." % 98
'Error is 98%.'
>>>
```

%를 한 개만 선언하면 에러가 발생한다

결과는 "Error is 98%."가 출력될 것이라고 예상하지만 파이썬은 값이 올바르지 않다는 값 오류(Value Error 메시지)를 나타낸다. 문자열 포맷 코드인 %d와 %가 같은 문자열 내에 존재하는 경우, %를 나타내려면 반드시 %%로 선언해야 하는 규약이 있기 때문이다.

### (6) 포맷 코드와 숫자 함께 사용

%d, %s 등의 포맷 코드는 문자열 내에 어떤 값을 삽입하기 위해서 사용된다. 하지만 포맷 코드를 숫자와 함께 사용하면 더 유용하게 사용할 수 있다.

```
- 정렬과 공백
>>> "%10s" % "hi" # s앞의 숫자는 공백의 개수를 나타낸다
'        hi'

>>> "%-10sjane." % 'hi' # s앞의 숫자는 문자열 이후 공백의 개수를 나타낸다
'hi        jane.'
```

"%10s"의 의미는 전체 길이가 10개인 문자열 공간에서 hi를 오른쪽으로 정렬하고 그 앞의 나머지는 공백으로 남겨 두라는 의미이며, 반대로 왼쪽 정렬은 "%-10s"가 된다.

```
- 소수점 표현
>>> "%0.4f" % 3.42134234
'3.4213'

>>> "%10.4f" % 3.42134234
'    3.4213'
```

전체 10칸에서 공백 4칸이 지정된다

3.42134234를 소수점 네 번째 자리까지만 나타내기 위해 사용한다. '.'의 의미는 소수점 위치를 나타내고 그 뒤의 숫자 4는 소수점 뒤에 나올 숫자의 개수를 말한다.

3.42134234라는 숫자를 소수점 네 번째 자리까지만 표시하고 전체 길이가 10개인 문자열 공간에서 오른쪽으로 정렬한 결과를 보여준다.

일반적인 format의 다양한 예는 다음과 같다.

```
>>> '%s %s' % ('one', 'two')
'one two'

>>> '%d %d' % (1, 2)
'1 2'

>>> '%10s' % ('python',) # 공백 4개가 지정된다.
'    python'
>>> '%.5s' % ('python',) # 5문자만 지정되고 나머지는 잘린다
'pytho'
>>> '%-10.5s' % ('python',) # 5문자만 지정되고 잘리며 이후 5 공백이 지정
'pytho     '

>>> '%d' % (42,)
'42'

>>> '%f' % (3.141592653589793,) # %F 는 기본적으로 소수 이하 6자리 선언
'3.141593'
>>> '%4d' % (42,)  # 전체 4자리에서 공백 2자리가 지정
'  42'
>>> '%06.2f' % (3.141592653589793,) # 전체 6자리에서 소수이하 2자리
'003.14'                             # 그리고 앞의 공백은 0으로 채워짐
```

문자열의 format 함수를 이용해서 문자열 포맷을 지정할 수 있다.

```
>>> '%04d' % (42,)
'0042’

>>> '%+d' % (42,) # 숫자앞에 +가 나타남
'+42'
>>> '% d' % ((- 23),) # 숫자앞에 -가 나타남
'-23’

>>> data = {'first': 'Hodor', 'last': 'Hodor!'} # 전체 목록에서 첫 번째와 마지막
>>> '%(first)s %(last)s' % data              # 목록이 나타남
'Hodor Hodor!‘

>>> '%.*s = %.*f' % (3, 'Gibberish', 3, 2.7182) # 3개의 문자열과 소수이하 3 지정
'Gib = 2.718’
>>> '%*.*f' % (5, 2, 2.7182) # 전체 5자리에서 소수이하 2자리만 지정
' 2.72’
```

〈실습 3-14〉 format 코드 실습

```
print('%s, eggs, and %s' % ('spam', 'SPAM!') )
print('{0}, eggs, and {1}'.format('spam', 'SPAM!') )
print('{}, eggs, and {}'.format('spam', 'SPAM!') )
print('{:,.2f}'.format(296999.2567) )
print('%.2f | %+05d' % (3.14159, -46) )
print()
print('That is %d %s bird!' % (1, 'dead') )
print('%+d' % (99,) )
print('% d' % ((- 99),) )
print('%*.*f' % (6, 3, 2.6789) )
print()
```

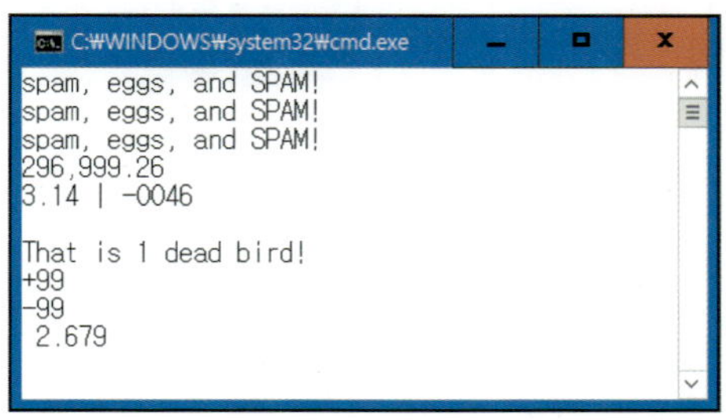


### (7) 고급 문자열 format

문자열의 format 함수를 이용하면 좀 더 다양하게 format 함수를 이용해서 문자열 포맷을 지정할 수 있다.

```
- 숫자 바로 대입
>> "I eat {0} apples".format(3)
'I eat 3 apples'

문자열 바로 대입
>>> "I eat {0} apples".format("five")
'I eat five apples'

- 숫자 값을 가진 변수로 대입
>>> number = 3
>>> "I eat {0} apples".format(number)
'I eat 3 apples'

2개 이상의 값 넣기
>>> number = 10
>>> day = "three"
>>> "I ate {0} apples. so I was sick for {1} days.".format(number, day)
'I ate 10 apples. so I was sick for three days.'

이름으로 넣기
>>> "I ate {number} apples. so I was sick for {day} days.".format(number=10, day=3)
'I ate 10 apples. so I was sick for 3 days.'

인덱스와 이름을 혼용해서 넣기
>>> "I ate {0} apples. so I was sick for {day} days.".format(10, day=3)
'I ate 10 apples. so I was sick for 3 days.'

왼쪽 정렬
>>> "{0:<10}".format("hi")
'hi

- 오른쪽 정렬
>>> "{0:>10}".format("hi")
'        hi'

- 가운데 정렬
>>> "{0:^10}".format("hi")
'    hi    '

- 공백 채우기
>>> "{0:=^10}".format("hi")
'====hi===='
>>> "{0:!<10}".format("hi")
'hi!!!!!!!!'

- 소수점 표현하기
>>> y = 3.42134234
>>> "{0:0.4f}".format(y)
'3.4213'

- { 또는 } 문자 표현하기
>>> "{{ and }}".format()
'{ and }'
```

### 〈실습 3-15〉 format 메소드 실습

```
print('{} {}'.format('one', 'two'))
print('{} {}'.format(1, 2))
print('{1} {0}'.format('one', 'two'))
print()
print('{:>10}'.format('python'))
print('{:10}'.format('python'))
print('{:_<10}'.format('python'))
print('{:^10}'.format('python'))
print('{:.5}'.format('python'))
print('{:10.5}'.format('python'))
print()
print('{:d}'.format(42))
print('{:f}'.format(3.141592653589793))
print('{:4d}'.format(42))
print('{:06.2f}'.format(3.141592653589793))
print('{:04d}'.format(42))
print('{:+d}'.format(42))
print('{: d}'.format((- 23)))
print('{:=5d}'.format((- 23)))
print('{:=+5d}'.format(23))
print()
data = {'first': 'Hodor', 'last': 'Hodor!'}
print(data)
print('{first} {last}'.format(**data))
print('{first} {last}'.format(first='Hodor', last='Hodor!'))
person = {'first': 'Jean-Luc', 'last': 'Picard'}
print(person)
print('{p[first]} {p[last]}'.format(p=person))
data = [4, 8, 15, 16, 23, 42]
print(data)
print('{d[4]} {d[5]}'.format(d=data))
print()
print('{:{align}{width}}'.format('python', align='^', width='10'))
print('{:.{prec}} = {:.{prec}f}'.format('Gibberish', 2.7182, prec=3))
print('{:{}{}{}.{}}'.format(2.7182818284, '>', '+', 10, 3))
print('{:{}{sign}{}.{}}'.format(2.7182818284, '>', 10, 3, sign='+'))
print()
```

```
C:\WINDOWS\system32\cmd.exe
one two
1 2
two one

    python
python
python____
  python
pytho
pytho

42
3.141593
  42
003.14
0042
+42
-23
-  23
+  23

{'first': 'Hodor', 'last': 'Hodor!'}
Hodor Hodor!
Hodor Hodor!
{'first': 'Jean-Luc', 'last': 'Picard'}
Jean-Luc Picard
[4, 8, 15, 16, 23, 42]
23 42

  python
Gib = 2.718
     +2.72
     +2.72
```

# 제4장 데이터 구조

파이썬에서 데이터 구조를 연결하여 구성하고 검색하여 처리하는 방법을 학습하여 프로그래밍에서 데이터 처리를 유기적으로 분석한다. 연속된 collection 데이터의 종류는 list와 tuple 그리고 dictionary와 set 등의 객체 유형이 있다.

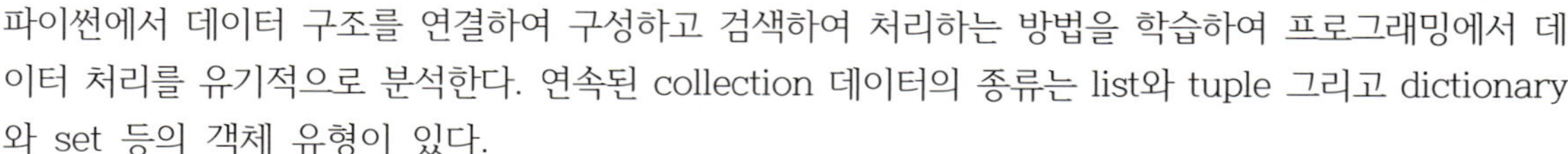

## 4.1 list

list란 순서대로 정리된 항목들을 담고 있는 자료 구조이다. 즉, 리스트에는 항목의 *목록*을 저장할 수 있다. 파이썬에서는 쉼표로 각 항목을 구분한다. list를 정의할 때는 대괄호[]를 이용해서 선언한다. 한번 list를 만들어 두면 여기에 새로운 항목을 추가하거나 삭제할 수 있으며, 특정 항목이 존재하는지 검색할 수도 있다. 이때 항목을 추가 및 삭제가 가능하여 내부 항목을 변경할 수 있다.

### 4.1.1 [] 또는 list()를 이용하여 list 생성

list는 0개 이상의 요소로 구성되며 쉼표로 구분하여, list 전체를 대괄호로 감싸서 나타낸다.

```
>>> la = [11, 22, 33] # 리스트를 생성하여 la 에 저장
>>> lb = ['life', 'is', 'short'] # 문자열의 리스트
>>> lc = [True, 'hi', 33.4, 2-3j]
>>> ld = [] # 빈 list를 생성하여 ld에 저장
```

비어있는 list는 list() 함수로 나타낸다.

```
>>> another_empty_list = list()
>>> another_empty_list
[]
```

리스트 안에 리스트가 오는 것도 가능하다. 이것을 **중첩된 리스트**라고 한다.

```
>>> le = [ [11,22], [33, 44, 55] ]
```

### 4.1.2 list()에서 서로 다른 데이터 형의 변환

파이썬에서는 list() 함수를 이용해서 다양한 데이터 목록을 나타내거나 수정할 수 있다.

```
>>> list('python')
['p', 'y', 't', 'h', 'o', 'n']

>>> birthday = '2/13/1957'
>>> birthday.split('/')
['2', '13', '1957']

>>> splitme = 'a/b//c/d///e'
>>> splitme.split('/')
['a', 'b', '', 'c', 'd', '', '', 'e']
```

### 4.1.3 [색인번호]를 이용한 항목 검색

list() 목록에서 다양한 색인번호를 이용해서 데이터를 검색할 수 있다.

```
>>> man = ['홍길동', '이순신', '강감찬']
>>> man # 전체 목록
['홍길동', '이순신', '강감찬']

>>> man[0] # 첫 번째 항목 검색
'홍길동'

>>> man[3] # 항목이 없으므로 error 발생
Traceback (most recent call last):
  File "<pyshell#3>", line 1, in <module>
    man[3]
IndexError: list index out of range

>>> man[-1] # 역으로 항목 검색
'강감찬'
```

### 4.1.4 list()간의 연결

ist()에서 이미 선언된 다른 list 제목을 포함한 여러 유형의 요소를 나타낼 수 있다.

```
>>> city = ['서울시', '고양시']
>>> gu = ['종로구', '영등포구', '덕양구']
>>> dong = [1, '인사동', 2, '양평동', 3, '성사동']
>>> all_data = [city, gu, '중구', dong]
>>> all_data
[['서울시', '고양시'], ['종로구', '영등포구', '덕양구'], '중구', [1, '인사동', 2, '양평동',
3, '성사동']]

>>> all_data[1]
['종로구', '영등포구', '덕양구']

>>> all_data[1][0]
'종로구'
```

### 〈실습 4-1〉 list의 생성 및 출력

```
L = [-17.5, "kilo", 49, "V", ["ram", 5, "echo"], 7]
print("L = ", L)
print()
print("L[0] = ", L[0])
print("L[-6] = ", L[-6])
print("L[1] = ", L[1])
print("L[1][0] = ", L[1][0])
print("L[-2][2] = ", L[-2][2])
print("L[4][2][1]] = ", L[4][2][1])
print()
```

```
C:\WINDOWS\system32\cmd.exe
L =  [-17.5, 'kilo', 49, 'V', ['ram', 5, 'echo'], 7]

L[0] =  -17.5
L[-6] =  -17.5
L[1] =  kilo
L[1][0] =  k
L[-2][2] =  echo
L[4][2][1]] =  c
```

## 4.1.5 list 항목의 수정

list 항목의 값을 색인 값으로 나타낼 수 있는 것처럼 항목을 수정할 수 있다.

```
>>> gu = ['종로구', '영등포구', '덕양구']
>>> gu[2] = '일산동구'
>>> gu
['종로구', '영등포구', '덕양구']
```

## 4.1.6 색인 범위로 항목 검색 및 출력

: 항목 범위 연산자로 list의 다양한 항목을 추출할 수 있다. [n:m]의 의미는 n번 항목에서 m개를 나타낸다.

```
>>> gu = ['종로구', '영등포구', '덕양구']
>>> gu[0:2]
['종로구', '영등포구']
```

문자열과 마찬가지로 항목에서 하나가 아닌 다른 값으로 이동할 수 있다. [::n]는 처음에서 n 값에 따라 좌우로 항목을 검색해서 나타낸다.

```
>>> gu = ['종로구', '영등포구', '덕양구']
>>> gu[0:2] # 첫 번째에서 2개 항목 검색
['종로구', '영등포구']

>>> gu[1:2] # 2번째 항목 검색
['영등포구']
>>>

>>> gu[::1] # 순방향 전체 검색
['종로구', '영등포구', '덕양구']
>>>

>>> gu[::2] # 첫 번째와 2개 이동 후 항목 검색
['종로구', '덕양구']

>>> gu[::-2] # 마지막 항목과 앞으로 2개 이동 후 항목 검색
['덕양구', '종로구']

>>> gu[::-1] # 역으로 전체 항목 검색
['덕양구', '영등포구', '종로구']
```

### 〈실습 4-2〉 list의 수정 및 다양한 검색

```
L = [-17.5, "kilo", 49, "V", ["ram", 5, "echo"], 7]
print("L = ", L)
print()
L[0] = 15.8
print("L[0] = ", L[0])
print("L[-6] = ", L[-6])
print()
print("L[0:3] = ", L[0:3])
print("L[::3] = ", L[::3])
print("L[::-4] = ", L[::-4])
print("L[::-1] = ", L[::-1])
print()
```

```
C:\WINDOWS\system32\cmd.exe
L =  [-17.5, 'kilo', 49, 'V', ['ram', 5, 'echo'], 7]

L[0] =  15.8
L[-6] =  15.8

L[0:3] =  [15.8, 'kilo', 49]
L[::3] =  [15.8, 'V']
L[::-4] =  [7, 'kilo']
L[::-1] =  [7, ['ram', 5, 'echo'], 'V', 49, 'kilo', 15.8]
```

두 개 이상의 변수가 선언된 경우 그 중 하나 앞에 *가 붙으면 변수에 항목이 할당되고 나머지 모든 변수는 * 표시된 변수에 연결된다.

```
>>> first, *rest = [9, 2, -4, 8, 7]
>>> first, rest
(9, [2, -4, 8, 7])

>>> first, *mid, last = "홍길동 이순신 강감찬 권율 유성룡".split()
>>> first, mid, last
('홍길동', ['이순신', '강감찬', '권율'], '유성룡')

>>> *directories, executable = "/usr/local/bin/gvim".split("/")
>>> directories, executable
(['', 'usr', 'local', 'bin'], 'gvim')
```

**〈실습 4-3〉 list의 할당 연산**

```
L, *M, N = "일 이 삼 사 오 육 칠 팔 구".split()
print(L, M, N)
print()
*L, M = "일 이 삼 사 오 육 칠 팔 구".split()
print(L, M)
L, M, *N = "일 이 삼 사 오 육 칠 팔 구".split()
print(L, M, N)
print()
```

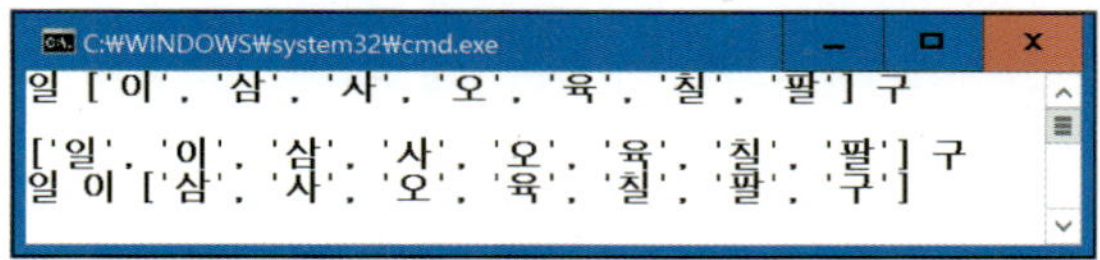


### 4.1.7 list 메소드

list도 문자열과 동일한 인덱싱과 슬라이싱이 가능하다. 또한 변형 가능(mutable)하기 때문에 공통으로 사용 가능한 연산(덧셈과 곱셈)을 적용할 수 있다.

list 메소드의 종류는 다음과 같다.

| 메소드 | 기능 설명 |
|---|---|
| append(x) | x를 리스트의 마지막 요소로 추가 |
| extend(list) | list의 요소로 원 리스트를 확장 |
| insert(i, x) | x를 i번째 위치로 끼워 넣음 |
| remove(x) | x와 같은 첫 번째 요소를 삭제 |
| pop() | 마지막 요소를 삭제하고 반환 |
| pop(i) | i번째 요소를 삭제하고 반환 |
| clear() | 모든 요소를 삭제 |
| index(x) | x와 같은 첫 번째 요소의 인덱스를 반환 |
| count(x) | x와 같은 요소들의 개수를 구함 |

| sort() | 요소의 정렬 |
|---|---|
| reverse() | 역순으로 배열 |
| copy() | 요소를 복사하여 반환 |

각종 list 메소드의 예는 다음과 같다.

```
>>> a = [66.25, 333, 333, 1, 1234.5]
>>> print(a.count(333), a.count(66.25), a.count('x'))
2 1 0
>>> a.insert(2, -1)
>>> a.append(333)
>>> a
[66.25, 333, -1, 333, 1, 1234.5, 333]
>>> a.index(333)
1
>>> a.remove(333)
>>> a
[66.25, -1, 333, 1, 1234.5, 333]
>>> a.reverse()
>>> a
[333, 1234.5, 1, 333, -1, 66.25]
>>> a.sort()
>>> a
[-1, 1, 66.25, 333, 333, 1234.5]
>>> a.pop()
1234.5
>>> a
[-1, 1, 66.25, 333, 333]
```

append() 함수와 extend() 함수의 예는 다음과 같다.

```
>>> x=list(range(5))
>>> x.append([5.6]) # x의 마지막 요소로 [5,6] 이 들어간다.
[0,1,2,3,4,[5,6]]

>>> x=list(range(5))
>>> x.extend([5.6]) # x의 오른쪽에 [5,6]의 요소를 병합시킨다.
[0,1,2,3,4, 5,6]
```

append() 함수와 pop() 함수를 이용하면 리스트를 스택(stack) 처리할 수 있다.

```
>>> stack = [3, 4, 5]
>>> stack.append(6)
>>> stack.append(7)
>>> stack
[3, 4, 5, 6, 7]
>>> stack.pop()
7
>>> stack
[3, 4, 5, 6]
>>> stack.pop()
6
>>> stack.pop()
5
>>> stack
[3, 4]
```

### 〈실습 4-4〉 list 전체 실습

```
animals = ['강아지', '고양이', '토끼']
print(animals)
print(animals[0])
print(animals[1])
print(animals[2])
print(animals[-1])
print(animals[-2])
print(animals[-3])
animals.append('여우')
print(animals[-1])
print()
animals = ['강아지', '고양이', '토끼']
animals.extend(['여우', '올빼미'])
print(animals)
animals = ['강아지', '고양이', '토끼']
animals.insert(0, '고래')
print(animals)
print()
animals = ['강아지', '고양이', '토끼', '여우', '올빼미', '고래']
some_animals = animals[1:4]
print('검색된 동물들 : {}'.format(some_animals))
last_two_again = animals[-2:]
print('마지막 2개 동물 : {}'.format(last_two_again))
print()
part_of_a_고래 = '고래'[1:3]
print(part_of_a_고래)
animals = ['강아지', '고양이', '토끼']
고양이_index = animals.index('고양이')
print(고양이_index)
print()
animals = ['강아지', '고양이', '토끼']
sorted_animals = sorted(animals)
print('동물들 list: {}'.format(animals))
print('정렬된 동물들 list: {}'.format(sorted_animals))
animals.sort()
print('sort 메소드에 의해 정렬된 동물들 : {}'.format(animals))
animals = ['강아지', '고양이', '토끼']
more_animals = ['여우', '올빼미', '고래']
all_animals = animals + more_animals
print(all_animals)
print()
animals = ['강아지', '고양이', '토끼']
print(len(animals))
animals.append('여우')
print(len(animals))
print()
```

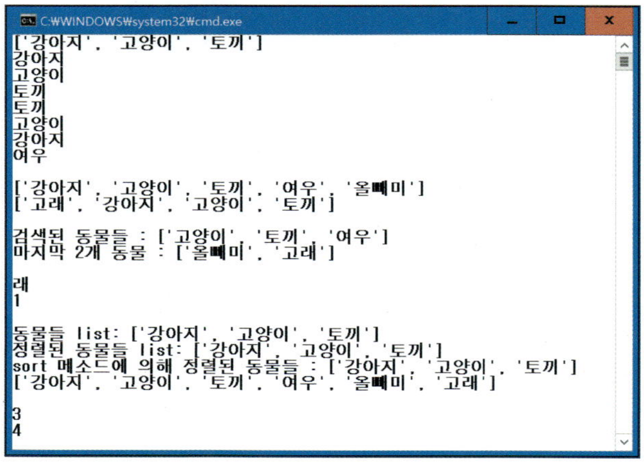

```
C:\WINDOWS\system32\cmd.exe
['강아지', '고양이', '토끼']
강아지
고양이
토끼
토끼
고양이
강아지
여우

['강아지', '고양이', '토끼', '여우', '올빼미']
['고래', '강아지', '고양이', '토끼']

검색된 동물들 : ['고양이', '토끼', '여우']
마지막 2개 동물 : ['올빼미', '고래']

래
1

동물들 list: ['강아지', '고양이', '토끼']
정렬된 동물들 list: ['강아지', '고양이', '토끼']
sort 메소드에 의해 정렬된 동물들 : ['강아지', '고양이', '토끼']
['강아지', '고양이', '토끼', '여우', '올빼미', '고래']

3
4
```

## 4.2 Tuple

list와 마찬가지로 tuple은 임의 항목의 연속이다. list와 달리 tuple은 변경이 불가능하며, tuple이 정의된 후에 항목을 추가, 삭제 또는 변경할 수 없다. 정의할 때 대괄호 대신 괄호(..)로 나타내며, 읽기 전용 목록으로 간주할 수 있다. tuple도 인덱싱과 슬라이싱이 가능하고 공통적인 연산(덧셈과 곱셈)이 가능하다.

### 4.2.1 ()를 이용한 tuple의 생성

tuple을 작성하는 사용 예는 다음과 같다.

```
>>> t1 = () # empty tuple 생성
>>> t2 = (11,) # tuple의 요소가 하나일 경우 반드시 끝에 콤마(,)를 붙여야 한다.
>>> t3 = (11, 22)
>>> t4 = ('abc', 11, [22, 33])
>>> t5 = ( (11,22), ('hi', 'world'))
>>> t6 = ((True, False))
```

빈 tuple을 생성하는 첫 번째 경우만 제외하고 모두 괄호를 생략할 수 있다.

```
>>> t2 = 11,
>>> t3 = 11, 22
>>> t4 = 'abc', 11, [22, 33]
>>> t5 = (11,22), ('hi', 'world')
>>> t6 = (True, False), # 이 경우 마지막에 콤마가 반드시 붙어야 한다.
```

여러 개의 변수를 동시에 생성시키는 경우도 tuple을 사용할 수 있다.

```
>>> a, b, c = 11, 22+33j, True # 좌변과 우변 모두 (괄호가 생략된) tuple
>>> t = 11,22,33 # t는 tuple임
>>> e,f,g = t # e=t[0];f=t[1];g=t[2] 와 같다.
>>> e
11
>>> f
22
>>> g
33
```

### 〈실습 4-5〉 tuple 연산 실습

```
tuple = ( 'abcd', 786 , 2.23, '이순신', 70.2 )
tinytuple = (123, '이순신')
print (tuple)                        # 완전한 tuple  출력
print (tuple[0])                     # tuple의 처음 출력
print (tuple[1:3])                   # tuple의 2~3 요소 출력
print (tuple[2:])                    # tuple의 처음에서 3개 출ㄹ력
print (tinytuple * 2)                # tuple을 2번 출력
print (tuple + tinytuple)            # tuple의 결합 출력
print()
tuple = ( 'abcd', 786 , 2.23, '이순신', 70.2 )
list = [ 'abcd', 786 , 2.23, '이순신', 70.2 ]
tuple[2] = 1000                      # tuple 에러 발생
list[2] = 1000                       # list의 목록 수정
```

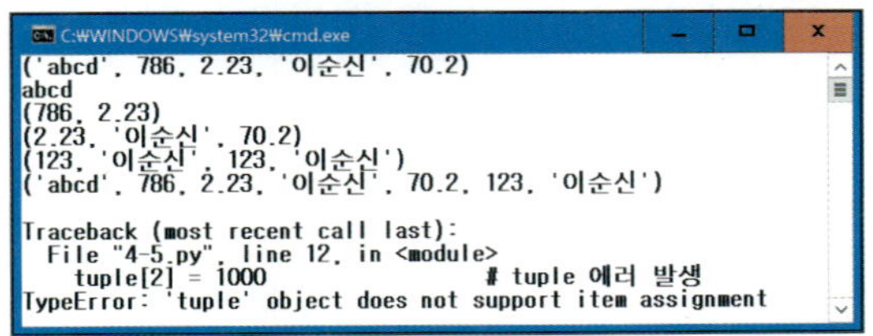


## 4.2.2 tuple의 응용

### (1) tuple 연산자

문자열과 tuple은 +와 * 사이에 사용할 수 있다. 즉, 결합 및 복사 작업 후에 새로운 tuple을 생성할 수 있다.

| 수식 | 결과 | 설명 |
|---|---|---|
| len ((4, 5, 6)) | 3 | 요소의 개수 |
| (1, 2, 3)+(4, 5, 6) | (1, 2, 3, 4, 5, 6) | tuple의 연결 |
| [ 'Hi!'] * 3 | [ 'Hi!', 'Hi!', 'Hi!'] | 복사 |
| 3 in (1, 2, 3) | True | 요소의 존재 여부 |
| for x in (1, 2, 3): print x, | 123 | 반복 |

### (2) tuple 내장 함수

| 함수 | 설명 |
|---|---|
| len(tuple) | tuple 요소의 갯수 출력 |
| max(tuple) | tuple 요소의 최대값 출력 |
| min(tuple) | tuple 요소의 최소값 출력 |
| tuple(seq) | tuple 요소의 전체 출력 |
| tuple.count() | tuple 요소의 갯수 |
| tuple.index() | tuple 요소의 위치(index) |

```
>>> tuple1 = ('홍길동', '이순신', '강감찬')
>>> len(tuple1)
3

>>> tuple2 = ('5', '4', '8')
>>> max(tuple2)
'8'

>>> tuple2 = ('5', '4', '8')
>>> min(tuple2)
'4'

>>> list1= ['홍길동', '이순신', '강감찬', '권율']
>>> tuple1=tuple(list1)
>>> tuple1
('홍길동', '이순신', '강감찬', '권율')
```

### (3) tuple 할당

tuple을 사용하여 동시에 여러 변수에 값을 할당할 수 있다.

```
>>> months_of_the_year = ('1월', '2월', '3월', '4월', '5월', '6월', '7월', '8월', '9월',
'10월', '11월', '12월')

>>> (jan, feb, mar, apr, may, jun, jul, aug, sep, oct, nov, dec) = months_of_the_year
>>> print(jan)
1월
>>> print(dec)
12월
```

tuple 지정은 함수와 함께 사용할 수도 있다. 예를 들어 tuple을 반환하고 이러한 값을 다른 변수에 할당하는 함수를 작성할 수 있다.

다음 예는 내장 max() 및 min() 함수를 사용하여 최대값과 최소값을 반환한다.

```
>>> def high_and_low(numbers):
        """최대 값과 최소 값을 결정한다"""
        highest = max(numbers)
        lowest = min(numbers)
        return (highest, lowest)

>>> lucky_numbers = [37, 71, 47, 13, 17, 67]
>>> (highest, lowest) = high_and_low(lucky_numbers)
>>> print('최대값 = {}'.format(highest))
최대값 = 71

>>> print('최소값 = {}'.format(lowest))
최소값 = 13
```

두 변수의 값을 교환하는 것은 종종 유용하다. 일반적인 할당문으로는 임시 변수를 사용해야 한다. 예를 들어 a와 b를 교환하려면 다음과 같은 코드를 사용한다.

```
>>> a, b = b, a
```

단 왼쪽에 있는 변수의 개수와 오른쪽에 있는 값의 개수는 같아야 한다.

```
>>> a, b = 1, 2, 3
ValueError: too many values to unpack
```

### 〈실습 4-6〉 tuple 할당 실습

```
a, b = (1, 2) # 2진 연산자
print(a, b)
del a, b # 요소의 값 삭제
print()

def f(x):
    return x, x ** 2 # 연산의 정의
for x, y in ((1, 1), (2, 4), (3, 9)): # 연산의 반복
  print(x, y)
print()

eyes = ("갈색", "빨강", "노랑", "녹색", "파랑", "회색")
colors = ("hair", eyes)
print (colors[1][3:-1]) # 녹색, 파랑  추출
print()

things = (1, -7.5, ("pea", (5, "Xyz"), "queue"))
print (things[2][1][1][2]) # z 추출
print()
```

```
1 2

1 1
2 4
3 9

('녹색', '파랑')

z
```

### (4) tuple의 변환

tuple을 list로 변환하기 위해  tuple은 list로, list는 tuple로 변환할 수 있으며, 이 기능은 특정 원소를 문자열로 변환하므로 str 함수와 유사하다. list를 tuple로 변환하려면 list 변수명을 tuple 함수 안에 대입하고, tuple을 list로 변환하려면 list 함수 안에 tuple 변수명을 대입해야 한다. tuple 삭제 및 변경에서 tuple의 요소값을 지우거나 변경하려고 할 경우 오류가 발생하며, tuple의 요소값은 한 번 정하면 지우거나 변경할 수 없다.

```
# tuple 요소값 삭제 시 오류
>>> t1 = (1, 2, 'a', 'b')
>>> del t1[0]
Traceback (most recent call last):
File "<stdin>", line 1, in <module>
TypeError: 'tuple' object doesn't support item deletion
```

tuple의 요소를 list처럼 del 함수로 지우려고 한 예를 들어서 tuple은 요소를 지우는 행위가 지원되지 않는다는 메시지를 확인할 수 있다. 또한 tuple의 요소값을 변경할 경우도 마찬가지로 오류가 발생하는 것을 확인할 수 있다.

```
# tuple 요소값 삭제 시 오류
>>> t1 = (1, 2, 'a', 'b')
>>> del t1[0]
Traceback (most recent call last):
File "<stdin>", line 1, in <module>
TypeError: 'tuple' object doesn't support item deletion
```

tuple의 인덱싱과 슬라이싱, 더하기(+)와 곱하기(*)에서 tuple은 값을 변화시킬 수 없다는 점만 제외하면 리스트와 동일하다.

```
# tuple 인덱싱하기
>>> t1 = (1, 2, 'a', 'b')
>>> t1[0]
1
>>> t1[3]
'b'
# tuple 슬라이싱하기
>>> t1 = (1, 2, 'a', 'b')
>>> t1[1:]
(2, 'a', 'b')
```

```
# tuple 더하기

>>> t2 = (3, 4)
>>> t1 + t2
(1, 2, 'a', 'b', 3, 4)

# tuple 곱하기

>>> t2 * 3
(3, 4, 3, 4, 3, 4)
```

## 43 dictionary

dictionary는 list와 비슷하며, 요소 순서는 중요하지 않으나, 0 또는 1과 같은 오프셋에 의해 선택되는 대신, : 문자로 구분되는 값 요소와 연결할 고유키를 지정한다.

dictionary는 변경 가능하므로 키 또는 값 요소를 추가, 삭제 및 변경할 수 있다.

dictionary는 Hashtable과 비슷하다. 집합과 같이 { }로 둘러싸서 표현하나, {key1:value1, key1:value1, ...} 형태로 각 요소가 '키:값' 쌍을 이루고 있다.

집합과 마찬가지로 임의의 순서를 가진다. dictionary 함수에는 keys, values, items, clear, get, in 등이 있다.

```
d = {key1 : value1, key2 : value2 }   # dictionary 일반형

dict = {'Alice': '2341', 'Beth': '9102', 'Cecil': '3258'} # 전체 선언

dict1 = { 'abc': 456 }; # 단일 선언
dict2 = { 'abc': 123, 98.6: 37 };
```

key는 유일해야 하며 값은 필요하지 않을 수도 있다.

value는 모든 데이터 유형을 가질 수 있으나, key는 문자열, 숫자 또는 tuple과 같이 변경이 불가능하다.

```
>>> dict = {'Name': 'w3big', 'Age': 7, 'Class': 'First'}
>>> print ("dict['Name']: ", dict['Name'])
dict['Name']:  w3big
>>> print ("dict['Age']: ", dict['Age'])
dict['Age']:  7
```

### 4.3.1 dictionary의 생성, 검색, 수정, 삭제

#### (1) dictionary의 생성

dictionary를 작성하려면 쉼표로 구분된 key 주위에 중괄호({})를 선언해야 하고, 키 또는 값이 없는 빈 dictionary가 생성된다.

```
>>> empty_dict = {}
>>> empty_dict
{}
```

dict 함수를 이용해서 dictionary를 작성할 수 있다.

```
>>> d1 = dict({"id": 1957, "이름": "이순신", "size": 3})
>>> d1
{'id': 1957, '이름': '이순신', 'size': 3}

>>> d2 = dict(id=1957, 이름="이순신", size=3)
>>> d2
{'id': 1957, '이름': '이순신', 'size': 3}

>>> d3 = dict([("id", 1957), ("이름", "이순신"), ("size", 3)])
>>> d3
{'id': 1957, '이름': '이순신', 'size': 3}

>>> d4 = dict(zip(("id", "이름", "size"), (1957, "이순신", 3)))
>>> d4
{'id': 1957, '이름': '이순신', 'size': 3}

>>> d5 = {"id": 1957, "이름": "이순신", "size": 3}
>>> d5
{'id': 1957, '이름': '이순신', 'size': 3}

>>> pythons = {
        '의인' : '홍길동',
        '장군' : '이순신',
        }
>>> pythons
{'의인': '홍길동', '장군': '이순신'}
```

dictionary에 새로운 key와 value 값을 추가할 경우 다음과 같은 명령을 이용하여 나타낼 수 있다.

```
>>> pythons = {
        '의인' : '홍길동',
        '장군' : '이순신',
        }
>>> pythons['왕']='세종대왕'
>>> pythons
{'의인': '홍길동', '장군': '이순신', '왕': '세종대왕'}
```

### (2) dictionary의 검색

dictionary 안에 key를 이용해서 검색할 경우 dictionary_name.keys() 명령을 이용하고, value 값을 이용해서 검색할 경우 values() 메소드를 사용한다. 검색 후 key 또는 value 값이 존재할 경우 True가 반환되고, 검색이 안 되면 False가 반환된다.

```
>>> contacts = { '의인': ['홍길동', '임꺽정'], '장군':'이순신'}
>>> if '의인' in contacts.keys():
        print("의인 = ", contacts['의인'][0])
의인 = 홍길동

>>> print ('이순신' in contacts.values())
True
```

dictionary 안에 key값만 검색하기 위해 keys() 메소드를 이용한다.

```
>>> contacts = { '의인': ['홍길동', '임꺽정'], '장군':'이순신'}
>>>> contacts.keys()
dict_keys(['의인', '장군'])
```

### (3) dictionary의 수정

dictionary 안에 values를 수정할 경우 key 값을 검색하여 값을 할당하며, 새로운 값으로 수정되며, update() 메소드를 이용해서 한꺼번에 여러 값을 수정할 수도 있다.

```
>>> contacts = { '의인': ['홍길동', '임꺽정'], '장군':'이순신'}
>>> contacts['장군'] = '강감찬'
>>> contacts
{'의인': ['홍길동', '임꺽정'], '장군': '강감찬'}

>>> contacts
{'의인': ['홍길동', '임꺽정'], '장군': '강감찬'}
>>> up = {'의인': ['이황', '정성원']}
>>> contacts.update(up)
>>> contacts
{'의인': ['이황', '정성원'], '장군': '강감찬'}
```

### (4) dictionary의 삭제

dictionary 안에 key와 values 값을 수정할 경우 key 값을 검색하여 del 명령으로 해당 요소를 삭제할 수 있다. 또한 모든 요소를 제거하기 위해 clear() 메소드를 이용하여 전체 요소들을 삭제할 수 있다.

```
>>> contacts = {'의인': '홍길동', '장군': '이순신', '왕': '세종대왕'}
>>> del contacts['왕']
>>> contacts
{'의인': '홍길동', '장군': '이순신'}

>>> contacts.clear()
>>> contacts
{}
```

### 4.3.2 dictionary 메소드

dictionary 메소드의 종류는 다음과 같다.

| 메소드 | 설명 |
|---|---|
| clear() | 모든 요소를 dict d에서 제거 |
| copy() | dict 복사된 요소를 반환 |
| fromkeys(S[,v]) | 문자열 s의 항목에서 v까지 연관된 key의 dict를 반환 |
| get(k) | key k의 연관 값을 반환하거나, k에 dict에 없으면 None을 반환 |
| get(k, v) | key k의 연관 값을 반환하거나, k에 dict에 없으면 v를 반환 |
| items() | dict 모든 (key, value)의 내용을 반환 |
| keys() | dict key의 내용을 반환 |
| pop(k) | key의 연관 값을 반환. key가 k인 요소를 제거하거나 k의 key가 없으면 KeyError 예외를 발생 |
| pop(k, v) | key의 연관 값을 반환. key가 k인 요소를 제거하거나 k가 dict에 없으면 v를 반환 |
| popitem() | dict 임의의 (key, value)를 반환하고 제거<br>비어있는 경우 KeyError 예외를 발생 |
| setdefault(k, v) | dict.get() 메소드와 동일. key가 dict에 없으면 key가 k이고 value가 없거나 v가 지정되면 v의 새 요소가 삽입된다는 점을 제외 |
| update(a) | dict에 없는 모든 (key, value) 값을 추가<br>dict와 a에 있는 모든 key에서 dict의 연관 값을 a의 값으로 수정 |
| values() | dict의 모든 값을 반환 |

```
>>> d = {'a':1, 'b':2}
>>> f = d.copy()
>>> print('copy() = ', f)
copy() =  {'a': 1, 'b': 2}

>>> print('fromkeys(S[, v])')
fromkeys(S[, v])
>>> s = ['a','b','c']
>>> d = d.fromkeys(s, 1)
>>> print('fromkeys(s, 1) = ',d)
fromkeys(s, 1) =  {'a': 1, 'b': 1, 'c': 1}

>>> d = {'hello' : 1}
>>> d['g'] = d.get('g', 0)
>>> print("d.get('g', 0) = ", d)
```

```
d.get('g', 0) =  {'hello': 1, 'g': 0}

>>> d = {'a':1, 'b':2, 'c':3}
>>> print('items()')
items()
>>> print ('d.items() = ', d.items())
d.items() =  dict_items([('a', 1), ('b', 2), ('c', 3)])
>>> print(type(d.items()))
<class 'dict_items'>

>>> d = {'a':1, 'b':2, 'c':3}
>>> print('keys()')
keys()
>>> print('d.keys() = ', d.keys())
d.keys() =  dict_keys(['a', 'b', 'c'])
>>> print(type(d.keys()))
<class 'dict_keys'>

>>> d = {'a':1,'b':2,'c':3}
>>> print('pop(k[,d])')
pop(k[,d])
>>> print("d.pop('a') = ", d.pop('a'))
d.pop('a') =  1
>>> print("d.pop('d',-1) = " , d.pop('d',-1))
d.pop('d',-1) =  -1

>>> d = {'a':1,'b':2,'c':3}
>>> print('popitem()')
popitem()
>>> print("d = ", d)
d =  {'a': 1, 'b': 2, 'c': 3}
>>> print("d.popitem() = " ,d.popitem())
d.popitem() =  ('c', 3)

>>> d = {'hello' : 2, 'world' : 3}
>>> print('setdefault(k[, d])')
setdefault(k[, d])
>>> print(d.setdefault('hello',None))
2
>>> print(d.setdefault('world',None))
3
>>> print(d.setdefault('',3))
3

>>> d = {'banana' : 1, 'apple' : 2, 'pineapple' : 3}
>>> print('update([E, ]**F)')
update([E, ]**F)
>>> print("d = ", d)
d =  {'banana': 1, 'apple': 2, 'pineapple': 3}
>>> print(d.update({'melon' :4, 'tomato' : 5}))
None
>>> print("d = ", d)
d =  {'banana': 1, 'apple': 2, 'pineapple': 3, 'melon': 4, 'tomato': 5}

>>> print("d = ", d)
d =  {'banana': 1, 'apple': 2, 'pineapple': 3, 'melon': 4, 'tomato': 5}
>>> print('values()')
values()
>>> print('dict :', d)
dict : {'banana': 1, 'apple': 2, 'pineapple': 3, 'melon': 4, 'tomato': 5}
>>> print('keys :', d.keys())
keys : dict_keys(['banana', 'apple', 'pineapple', 'melon', 'tomato'])
>>> print('values :', d.values())
values : dict_values([1, 2, 3, 4, 5])
```

### 〈실습 4-7〉 dictionary 메소드 실습

```
d = {}.fromkeys("ABCD", 3) # d == {'A': 3, 'B': 3, 'C': 3, 'D': 3}
s = set("ACX") # s == {'A', 'C', 'X'}
matches = d.keys() & s # matches == {'C', 'A'}
print("d = ", d)
print("s = ", s)
print("d.keys() & s = ", matches)
print()

greens = dict(green="#0080000", olive="#808000", lime="#00FF00")
print("{green} {olive} {lime}".format(**greens))
print()

pythons = {'Chapman': 'Graham', 'Cleese': 'John', 'Jones': 'Terry', 'Palin': 'Michael'}
print("pythons = ", pythons)
print("pythons['Cleese'] = ", pythons['Cleese'])
print("'Marx' in pythons = ", 'Marx' in pythons)
print("pythons.get('Cleese') = ", pythons.get('Cleese'))
print("pythons.get('Marx', 'Python에 없음!') = ", pythons.get('Marx', 'Python에 없음!'))
print("pythons.keys() = ", pythons.keys())
print("pythons.values() = ", pythons.values())
print("pythons.items() = ", pythons.items())
copy_pythons = pythons
pythons['Cleese'] = 'Tom'
print("copy_pythons = ", copy_pythons)
print()
```

```
C:\WINDOWS\system32\cmd.exe
d =  {'A': 3, 'B': 3, 'C': 3, 'D': 3}
s =  {'A', 'C', 'X'}
d.keys() & s =  {'A', 'C'}

#0080000 #808000 #00FF00

pythons =  {'Chapman': 'Graham', 'Cleese': 'John', 'Jones': 'Terry', 'Palin': 'Michael'}
pythons['Cleese'] =  John
'Marx' in pythons =  False
pythons.get('Cleese') =  John
pythons.get('Marx', 'Python에 없음!') =  Python에 없음!
pythons.keys() =  dict_keys(['Chapman', 'Cleese', 'Jones', 'Palin'])
pythons.values() =  dict_values(['Graham', 'John', 'Terry', 'Michael'])
pythons.items() =  dict_items([('Chapman', 'Graham'), ('Cleese', 'John'), ('Jones', 'Terry'), ('Palin', 'Michael')])
copy_pythons =  {'Chapman': 'Graham', 'Cleese': 'Tom', 'Jones': 'Terry', 'Palin': 'Michael'}
```

## 4.4 Set

set은 선언된 0개 이상의 객체를 참조하기 위해 순서가 없는 collection이다. set는 요소를 쉽게 추가 또는 제거할 수 있고 순서가 선언되지 않아서 색인 개념이 없다.

### 4.4.1 set의 특징

- dictionary에서 값을 제거한 키와 비슷한 원리이다.
- { } 중괄호로 값을 구분한다.
- 순서대로 저장되지 않는다.
- 중복된 값은 한 번만 저장된다.

```
>>> b={2,4,6,8}
>>> b # 순서대로 저장되지 않음
{8,2,4,6}

>>> b={1,3,5,2,2,4,4,5,6,6,1,1}
>>> b  # 중복된 값이 없도록 나옴
{1, 2, 3, 4, 5, 6}
>>> {1,2,5,3,4,6} # 중복된 값이 없도록 나옴
{1, 2, 3, 4, 5, 6}
```

dictionary는 키와 값으로 존재하지만 set로 감싸서 정의하면 key 값만 저장된다.

```
>>> dic = {'kor':80,'eng':90,'mat':77}
>>> a=set(dic)
>>> a
{'kor','eng','mat'}
```

### 4.4.2 set의 선언

set는 집합에 관련된 것들을 쉽게 처리하기 위해 만들어진 자료형이다. 집합 자료형은 set 키워드로 만들 수 있다.

set()의 괄호 안에 리스트를 만들거나 문자열을 입력하여 만들 수도 있다.

```
>>> s1 = set([1, 2, 3])
>>> print(s1)
set([1, 2, 3]

>>> s2 = set('Hello')
>>> print(s2) # 중복이 제거 된다.
set(['e', 'H', 'l', 'o'])
```

set 형은 set() 함수로 요소가 없는 상태로도 선언될 수 있다. 인수가 설정된 빈 요소 또는 단순 복사본을 반환하거나, 이미 선언된 요소를 set로 바꾸기도 한다.

```
>>> empty_set = set()
>>> empty_set
set()

>>> even_numbers = {0, 2, 4, 6, 8}
>>> even_numbers
{0, 8, 2, 4, 6}

>>> odd_numbers = {1, 3, 5, 7, 9}
>>> odd_numbers
{9, 3, 1, 5, 7}
```

### 4.4.3 set으로 다른 데이터 형의 변환

list나 tuple은 순서가 있기 때문에 인덱싱을 통해 자료형의 값을 얻을 수 있지만 set 자료형은 순서가 없기 때문에 인덱싱으로 값을 얻을 수 없다. 이는 dictionary와 비슷하다. dictionary 역시 순서가 없는 자료형이라 인덱싱을 지원하지 않는다. 만약 set 자료형에 저장된 값을 인덱싱으로 접근하려면 다음과 같이 list나 tuple로 변환한 후 해야 한다.

```
>>> s1 = set([1, 2, 3])
>>> l1 = list(s1)
>>> print(l1)
[1, 2, 3]
>>> print(l1[0])
1
>>> t1 = tuple(s1)
>>> print(t1)
(1, 2, 3)
>>> print(t1[0])
1
```

list, string, tuple 또는 dictionary에서 set를 만들어 중복된 값을 삭제할 수 있다.

```
>>> set( 'letters' ) # 중복 단어가 제거된 문자열의 set 선언
{'l', 'e', 't', 'r', 's'}

>>>> set(['홍길동', '이순신', '강감찬'])
{'홍길동', '이순신', '강감찬'}

>>> set(('홍길동', '이순신', '강감찬'))
{'홍길동', '이순신', '강감찬'}

>>> set(['computer', 'mouse', 'keyboard'])
{'computer', 'keyboard', 'mouse'}

>>> set(('computer', 'mouse', 'keyboard'))
{'computer', 'keyboard', 'mouse'}

>>> set( {'apple': 'red', 'orange': 'orange', 'cherry': 'red'} )
# dictionary에서 key만 걸러서 추출
{'orange', 'cherry', 'apple'}
```

## 4.4.4 set 메소드

set 형에는 다음과 같은 다양한 메소드와 연산자가 있다.

<table>
<tr><th>메소드</th><th>설명</th></tr>
<tr><td>s.add(x)</td><td>set형 s에 요소 x를 추가</td></tr>
<tr><td>s.clear()</td><td>set형 s의 모든 요소를 삭제</td></tr>
<tr><td>s.copy()</td><td>set의 복사를 반환</td></tr>
<tr><td>s.difference(t)<br>s - t</td><td>set s에 있지 않은 모든 요소를 가진 새 set를 반환</td></tr>
<tr><td>s.difference_update(t)<br>s -= t</td><td>set t에 있는 모든 요소를 set s에서 제거</td></tr>
<tr><td>s.discard(x)</td><td>s가 존재할 경우 set s에서 요소 x를 제거</td></tr>
<tr><td>s.frozenset(x)</td><td>s가 존재할 경우 내장 요소들을 반환</td></tr>
<tr><td>s.intersection(t)<br>s & t</td><td>set s와 set t에 있는 각각의 요소를 가진 새로운 set를 반환</td></tr>
<tr><td>s.intersection_update(t)<br>s &= t</td><td>set t 자체의 교차 부분을 포함한 set s를 작성</td></tr>
<tr><td>s.isdisjoint(t)</td><td>set s와 t에서 공통 요소가 없는 경우 True를 반환</td></tr>
<tr><td>s.issubset(t)<br>s <= t</td><td>set s가 set t의 부분 집합이면 True를 반환<br>s가 s의 적절한 하위 집합인지 여부를 테스트하려면 s<t를 사용</td></tr>
<tr><td>s.issuperset(t)<br>s >= t</td><td>set s가 set t의 부분 집합이면 True를 반환<br>s가 s의 적절한 하위 집합인지 여부를 테스트하기 위해 s <t를 사용</td></tr>
<tr><td>s.pop()</td><td>set s로 b부터 임의의 항목을 반환하거나 제거, s가 비어있는 경우 KeyError 예외를 발생</td></tr>
<tr><td>s.range(x, y)</td><td>x부터 y-1까지의 수치 요소를 반환</td></tr>
<tr><td>s.remove(x)</td><td>set s로 부터 요소 x를 삭제 또는 x가 s 안에 없는 경우는 KeyError 예외를 발생<br>set.discard() 참조</td></tr>
<tr><td>s.symmetric_difference(t)<br>s ^ t</td><td>set s에 있는 모든 항목과 set t에 있는 모든 요소를 가지고 있지만 2개의 set에 있는 요소는 제외하고 새 집합을 반환</td></tr>
<tr><td>s.symmetric_difference_<br>update(t) s ^= t</td><td>set s 자체와 대칭 범위를 포함하는 set t를 작성</td></tr>
<tr><td>s.union(t) s | t</td><td>set s에 있는 모든 요소와 set t에 있는 모든 요소가 포함된 set s를 반환</td></tr>
<tr><td>s.update(t) s |= t</td><td>set s에 없는 모든 set t를 set s에 추가</td></tr>
</table>

```
>>> s1 = set([1, 2, 3])
>>> s1.add(4) # set 자료형에 값을 추가
>>> print(s1)
set([1, 2, 3, 4])

>>> s1 = set([1, 2, 3])
>>> s1.update([4, 5, 6]) # 값 여러 개 추가
>>> print(s1)
set([1, 2, 3, 4, 5, 6])
```

```
>>> s1 = set([1, 2, 3])
>>> s1.remove(2) # 특정 값 제거
>>> print(s1)
set([1, 3])
```

### 〈실습 4-8〉 데이터 구조간의 변환 실습

```
a = {1,2,3,1}
print(a)
print(len(a))
b = {3,4}
print(a.union(b))
print(a.intersection(b))
print(a - b, a | b, a & b) #차, 합, 교집합
# print(b[0]) #TypeError: 'set' object does not support indexing
b.add(5)
print(b)
b.update({4,5,6,7})
b.update([8,9]) #list
b.update((8,9)) #tuple
#b.update((10)) # error : 하나일때 ,를 써주지 않으면 인트로 인식됨
b.update((10,)) #튜플로 인정받고 싶을때는 반드시 ','가 있어야 한다.
print(b)
print()
#remove,discard 둘다 값에 의한 삭제이지만 차이가 있다.
b.discard(7) #값에 의한 삭제
b.remove(9)  #값에 의한 삭제2
b.discard(7) #없으면 skip
#b.remove(9) #없으면 error
print(b)
b.clear()
print(b)
print()
print(a)
print(tuple(a))
print(list(a))
#튜플,리스트,set의 특성일이용하기
li = [1,2,2,3,1]
print(li)
s = set(li)
li = list(s)
print(li) # 중복 자료 제거
print()
```

```
C:₩WINDOWS₩system32₩cmd.exe
{1, 2, 3}
3
{1, 2, 3, 4}
{3}
{1, 2} {1, 2, 3, 4} {3}
{3, 4, 5}
{3, 4, 5, 6, 7, 8, 9, 10}

{3, 4, 5, 6, 8, 10}
set()

{1, 2, 3}
(1, 2, 3)
[1, 2, 3]
[1, 2, 2, 3, 1]
[1, 2, 3]
```

### 〈실습 4-9〉 추가, 제거, 복사 메소드 실습

```
# 추가 ( update ) : frozenset 지원하지 않음
su1=set(list(range(1,5)))
su2=set(list(range(4,9)))
su1.update(su2)
print('set(list(range(1,5)) = ', su1)
print('set(list(range(4,9)) = ', su2)
print('su1.update(su2) = ', su1)
print()

# 제거 1 ( remove ) : frozenset 지원하지 않음
# s.remove(x) 원소 x 를 s에서 제거, 없으면 KeyError 예외 발생.
sr1=set(list(range(1,10)))
sr1.remove(5)
print('set(list(range(1,10)) = ', sr1)
print('sr1.remove(5) = ', sr1)
print()

# 제거 2 ( discard ) : frozenset 지원하지 않음
# s.discard(x) 원소 x 를 s에서 제거, 없어도 keyError 발생하지 않음.
sd1=set(list(range(1,5)))
sd1.discard(10)
print('set(list(range(1,5)) = ', sd1)
print('sd1.discard(10) = ', sd1)
print()

# 제거 3 ( pop ) : frozenset 지원하지 않음
# s.pop() 임의의 원소를 리턴하고 집합에서 제거
# 빈 집합이면 KeyError 예외 발생
sp=set(list(range(1,5)))
val=sp.pop()
print('set(list(range(1,5)) = ', sp)
print('sp.pop() = ', val)
print( )

# 제거 4 ( clear ) : frozenset 지원하지 않음
# 집합 s의 모든 원소 삭제
sc=set(list(range(1,10)))
```

```python
sc.clear()
print('set(list(range(1,10)) = ', sc)
print('sc.clear() = ', sc)
print( )

l1=list(range(1,10))
l2=list(range(5,15))
print('list(range(1,10)) = ', l1)
print('list(range(5,15)) = ', l2)
s1=set(l1)          # list -> set
fs1=frozenset(l2)   # list -> frozenset
print('type(set(l1) = ', type(set(s1)))
print('frozenset(l2) = ', fs1)
print("set length {}, frozenset length {}".format(len(s1),len(fs1)))
print( )

print('--> x in s <--')     # x in s
if 5 in s1: print('5 in set : ',s1)
if 5 in fs1: print('5 in frozenset : ',fs1)

print('--> x not in s <--') # x not in s
if -1 not in s1: print('-1 not in set : ',s1)
if -1 not in fs1: print("-1 not in frozenset : ",fs1)
ss=set(list(range(4,7)))
fs2=frozenset(range(7,10))
print('set(list(range(4,7)) = ', ss)
print('frozenset(range(7,10)) = ', fs2)
print( )
```

```
C:₩WINDOWS₩system32₩cmd.exe
set(list(range(1,5)) =  {1, 2, 3, 4, 5, 6, 7, 8}
set(list(range(4,9)) =  {4, 5, 6, 7, 8}
su1.update(su2) =  {1, 2, 3, 4, 5, 6, 7, 8}

set(list(range(1,10)) =  {1, 2, 3, 4, 6, 7, 8, 9}
sr1.remove(5) =  {1, 2, 3, 4, 6, 7, 8, 9}

set(list(range(1,5)) =  {1, 2, 3, 4}
sd1.discard(10) =  {1, 2, 3, 4}

set(list(range(1,5)) =  {2, 3, 4}
sp.pop() =  1

set(list(range(1,10)) =  set()
sc.clear() =  set()

list(range(1,10)) =  [1, 2, 3, 4, 5, 6, 7, 8, 9]
list(range(5,15)) =  [5, 6, 7, 8, 9, 10, 11, 12, 13, 14]
type(set(l1) =  <class 'set'>
frozenset(l2) =  frozenset({5, 6, 7, 8, 9, 10, 11, 12, 13, 14})
set length 9, frozenset length 10

--> x in s <--
5 in set :  {1, 2, 3, 4, 5, 6, 7, 8, 9}
5 in frozenset :  frozenset({5, 6, 7, 8, 9, 10, 11, 12, 13, 14})
--> x not in s <--
-1 not in set :  {1, 2, 3, 4, 5, 6, 7, 8, 9}
-1 not in frozenset :  frozenset({5, 6, 7, 8, 9, 10, 11, 12, 13, 14})
set(list(range(4,7)) =  {4, 5, 6}
frozenset(range(7,10)) =  frozenset({8, 9, 7})
```

### 4.4.5 집합 연산

2개의 set 자료형을 선언하여 집합 연산을 쉽게 이해한다. s1은 1부터 6까지의 값을 가지고, s2는 4부터 9까지의 값을 가진다.

```
>>> s1 = set([1, 2, 3, 4, 5, 6])
>>> s2 = set([4, 5, 6, 7, 8, 9])
```

### (1) 교집합

"&" 기호를 이용하면 교집합을 간단히 구할 수 있으며, intersection 함수를 사용해도 동일한 결과를 반환한다.

```
>>> print(s1 & s2)
set([4, 5, 6])

>>> print(s1.intersection(s2))
set([4, 5, 6]
```

### (2) 합집합

"|" 기호를 이용하면 합집합을 간단히 구할 수 있으나, 중복해서 포함된 값은 한 개씩만 표현된다. s2.union(s1)를 사용해도 동일한 결과를 반환한다.

```
>>> print(s1 | s2)
set([1, 2, 3, 4, 5, 6, 7, 8, 9])

>>> print(s1.union(s2))
set([1, 2, 3, 4, 5, 6, 7, 8, 9])
```

### (3) 차집합

"-" 기호를 이용하면 차집합을 간단히 구할 수 있으나, 중복해서 포함된 값은 한 개씩만 표현된다. s2.difference(s1)를 사용해도 동일한 결과를 반환한다.

```
>>> print(s1 - s2)
set([1, 2, 3])
>>> print(s2 - s1)
set([8, 9, 7])

>>> print(s1.difference(s2))
set([1, 2, 3])
>>> print(s2.difference(s1))
set([8, 9, 7])
```

### 〈실습 4-10〉 집합 연산 실습

```
l1=list(range(1,10))
l2=list(range(5,15))
print("list(range(1,10) = ", l1)
print("list(range(5,15) = ", l2)
print()
# 교집합 (&)
s1=set(l1)          # list -> set
s2=set(l2)         # list -> set
print('set(l1) = ', s1)
print('set(l2) = ', s2)
print('set (&) = ',s1 & s2 )
print('set (intersection) = ', s1.intersection(s2))
s1.intersection_update(s2)  # s1 과 s2의 교집합을 s1에 저장.
print(" s1.intersection_update(s2) = ", s1)
print()
fs1=frozenset(s1)
fs2=frozenset(s2)
print('frozenset(s1) = ', fs1)
print('frozenset(s2) = ', fs2)
print('frozenset (&) = ',fs1 & fs2)
print('frozenset (intersection) = ',fs1.intersection(fs2))
print()
# 합집합 (|)
s3=set(l1)
s4=set(l2)
print('set(l1) = ', s3)
print('set(l2) = ', s4)
print('set(&) ', s3 | s4)
print('set(union) = ',s3.union(s4))
print()
fs3=frozenset(s3)
fs4=frozenset(s4)
print('frozenset(s3)) = ', fs3)
print('frozenset(s4)) = ', fs4)
print('frozenset(&) = ',fs3 | fs4)
print('frozenset(union) = ',fs3.union(fs4))
print()
# 차집합 (-)
s5=set(l1)
s6=set(l2)
print('set(l1) = ', s5)
print('set(l2) = ', s6)
print('set (-) = ',s5-s6)
print('set (difference) = ',s5.difference(s6))
s5.difference_update(s6)    # s5 와 s6의 차집합을 s6에 저장.
```

```
print("s5.difference_update(s6) = ", s5)
print()

fs5=frozenset(s5)
fs6=frozenset(s6)
print('frozenset(s5)) = ', fs5)
print('frozenset(s6)) = ', fs6)
print('frozenset (-)  = ',fs5-fs6)
print('frozenset (difference)  = ',fs5.difference(fs6))
print()
```

```
C:\WINDOWS\system32\cmd.exe
list(range(1,10) =  [1, 2, 3, 4, 5, 6, 7, 8, 9]
list(range(5,15) =  [5, 6, 7, 8, 9, 10, 11, 12, 13, 14]

set(l1) =  {1, 2, 3, 4, 5, 6, 7, 8, 9}
set(l2) =  {5, 6, 7, 8, 9, 10, 11, 12, 13, 14}
set (&) =  {5, 6, 7, 8, 9}
set (intersection) =  {5, 6, 7, 8, 9}
 s1.intersection_update(s2) =  {5, 6, 7, 8, 9}

frozenset(s1) =  frozenset({5, 6, 7, 8, 9})
frozenset(s2) =  frozenset({5, 6, 7, 8, 9, 10, 11, 12, 13, 14})
frozenset (&) =  frozenset({5, 6, 7, 8, 9})
frozenset (intersection) =  frozenset({5, 6, 7, 8, 9})

set(l1) =  {1, 2, 3, 4, 5, 6, 7, 8, 9}
set(l2) =  {5, 6, 7, 8, 9, 10, 11, 12, 13, 14}
set(&)  {1, 2, 3, 4, 5, 6, 7, 8, 9, 10, 11, 12, 13, 14}
set(union) =  {1, 2, 3, 4, 5, 6, 7, 8, 9, 10, 11, 12, 13, 14}

frozenset(s3)) =  frozenset({1, 2, 3, 4, 5, 6, 7, 8, 9})
frozenset(s4)) =  frozenset({5, 6, 7, 8, 9, 10, 11, 12, 13, 14})
frozenset(&) =  frozenset({1, 2, 3, 4, 5, 6, 7, 8, 9, 10, 11, 12, 13, 14})
frozenset(union) =  frozenset({1, 2, 3, 4, 5, 6, 7, 8, 9, 10, 11, 12, 13, 14})

set(l1) =  {1, 2, 3, 4, 5, 6, 7, 8, 9}
set(l2) =  {5, 6, 7, 8, 9, 10, 11, 12, 13, 14}
set (-) =  {1, 2, 3, 4}
set (difference) =  {1, 2, 3, 4}
s5.difference_update(s6) =  {1, 2, 3, 4}

frozenset(s5)) =  frozenset({1, 2, 3, 4})
frozenset(s6)) =  frozenset({5, 6, 7, 8, 9, 10, 11, 12, 13, 14})
frozenset (-)  =  frozenset({1, 2, 3, 4})
frozenset (difference)  =  frozenset({1, 2, 3, 4})
```

# 제5장 제어문과 반복문

일반적으로 프로그래밍의 흐름은 위에서 아래로 순차적으로 실행된다. 그러나 실행순서가 상황에 따라 특정 문장만 반복해야 하거나 또는 조건에 따라 실행이 될 수도 있고 안 될 수도 있다. 이렇게 프로그램 실행 순서에 변화를 주기 위해 사용하는 것이 제어문이다.

파이썬에는 if, for, while, range 함수 등 몇 가지 제어 흐름을 제공한다. 이 문장들은 모두 다 처리를 반복하는 블록을 가지고 있어서 조건이 true인 동안 블록안의 실행문을 처리한다.

프로그램을 작성하다 보면 특정한 문장을 반복하여 실행시켜야 할 경우가 많다. 특히 동일한 계산이 반복적으로 이루어지는 경우의 문장을 계속해서 작성해주어야 한다면 매우 번거로울 것이다. 이를 위해 파이썬에서는 반복문으로 효율적으로 쉬우면서도 신속하게 문장을 처리할 수 있게 한다.

어떤 문장을 반복하려면 처음 시작하는 초기값이 있어야 하며, 마지막으로 반복을 마치도록 해야 할 조건식이 있어야 하고, 또한 반복을 수행하기 위해 차츰차츰 값을 증가시켜 나가거나 감소시켜 나가야 하는 증감식이 필요하다.

반복적으로 블록안의 실행문을 처리하다가 예기치 않은 조건에 의해 지정된 다른 위치로 임의로 이동하게 해주는 문장을 **점프문**이라고 한다. 점프문의 종류에는 break문과 continue문 그리고 pass 문 등이 있다.

## 5.1 제어문

프로그램의 분기를 판단하는 조건문을 의미하며, 파이썬에는 조건문이 if, elif, else 3가지가 있다.

### 5.1.1 조건 분기

if문은 조건을 판별할 때 사용된다. 조건에 따라 수행부분이 딱 한번만 실행되는 것을 조건문이라고 한다.

```
# 단순 if 문
if 조건 :
     <수행할 문장>
# 사용 예
if(True) : # 다음 줄은 공백 4칸을 띄어야 한다.
    print("hello")
    print("hi")

# if ~ else 문
if 조건 :
    <수행할 문장1>
else :
    <수행할 문장2>
# 사용 예
num = 1
if(num == 1) :
    print("num은 1입니다")  # 이 문장이 수행된다.
else:
    print("num은 2입니다")

# if ~ elif ~ else 문
if 조건식:
    <수행할 문장1>
elif 조건식2:
    <수행할 문장2>
else:
    <수행할 문장3>
# 사용 예
num = 2
if(num == 1):
    print("num은 1입니다")
elif(num == 2):
    print("num은 2입니다")  # 이 문장이 수행된다.
else:
    print("num은 아무것도 아니에요!!")
```

앞에 문장에서 문장 마지막에 :이 나타나면, 다음 문장은 들어쓰기로 4칸을 띄우고, 작성되어 블록을 의미해야 하며, 그렇지 않으면 에러가 발생한다.

```
>>> furry = True
>>> small = True
>>> if furry :
... └─┘if small:  # └─┘ = 공백 4칸
...     └─┘print("강아지 입니다!")
... └─┘else :
...     └─┘print("고양이 입니다!")
... else :
... └─┘if small:
...     └─┘print("토끼 입니다!")
... └─┘else :
...     └─┘print("사람 입니다!")
...
강아지 입니다!
```

### 〈실습 5-1〉 기본적인 if문 실습

```
var1 = 100
if var1 :  # true
    print("1 - if 문 = true")
    print(var1)
    print()

var2 = 0
if var2 :  # false
    print ("2 - if 문 = false")
    print (var2)
print("if 문을 확인해 보세요!")
print()
```

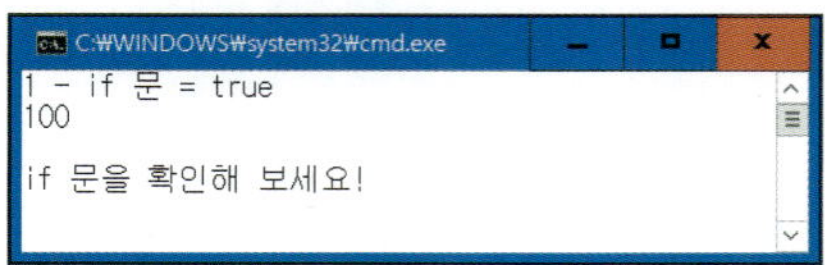


## 5.1.2 조건 연산자

조건 연산자의 종류와 기능은 다음과 같다.

| 조건 연산자 | 설명 |
|---|---|
| < | 보다 적음 |
| <= | 보다 적거나 같음 |
| > | 보다 큼 |
| >= | 보다 크거나 같음 |
| == | 같음 |
| != | 같지 않음 |

if문을 사용하지 않고 자체적으로 비교해서 참, 거짓으로 나타낼 수 있다.

```
>>> x == 5
False
>>> x == 7
True
>>> 5 < x
True
>>> x < 10
True
```

```
>>> (5 < x) and (x < 10)
True
>>> 5 < x or x < 10
True
>>> 5 < x and x > 10
False
>>> 5 < x and not x > 10
True

>>> 5 < x < 10
True
>>> 5 < x < 10 < 999
True
```

조건 연산자가 지정된 if문의 예는 다음과 같다.

```
>>> x = '장군'
>>> if x == '장군':
...     print("이순신 장군입니다!")
...   elif x == '의인':
...      print("의인 인가요?")
...   else:
...      print('장군이라니까요!!')
...

이순신 장군입니다!
```

### 〈실습 5-2〉 조건 if문 실습

```
age = 32
print('나이 = ', age)
if age >= 35:
     print('중년입니다!')
elif age >= 30:
     print('중년의 시작입니다!')
else:
     print('청년 또는 장년입니다.')
print()
print('나이를 알아 봤습니다!!!')
print()
```

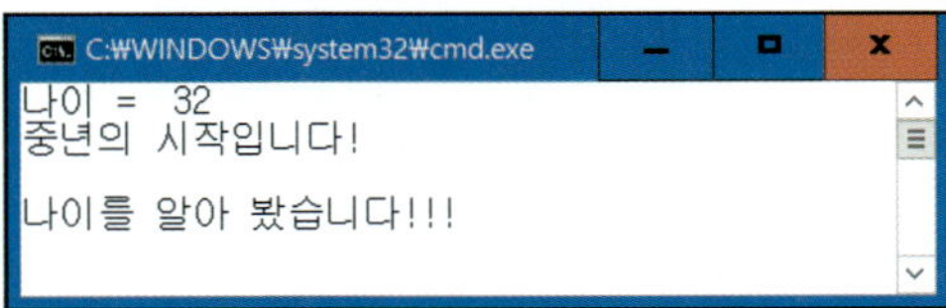

## 5.1.3 중첩 if

중첩된 if문에서 if~elif~else 구조를 내부에 if~elif~else 구조를 포함할 수 있다.

```
if 조건문_1:
    문장
    if 조건문_2:
        문장
    elif 조건문_3:
        문장
    else
        문장
elif 조건문_4:
    문장
else:
    문장
```

중첩 if문이 지정된 if문의 예는 다음과 같다.

```
>>> tuple1 = (1,2,3)
>>> tuple2 = (1,2,3)
>>>
... if tuple1 == tuple2:
...     if tuple1[1] == tuple2[2]: # 튜플 비교시 tuple(1) 표현 잘못
...         print("tuple1과 tuple2가 같고 tuple[1]과 tuple[2]도 같습니다.")
...     else:
...         print("tuple1과 tuple2는 같지만 tuple[1]과 tuple[2]는 다릅니다")
... elif tuple1[2] == tuple2[2]:
...     print("tuple1과 tuple2가 다르지만, tuple1[2]와 tuple[2]는 같습니다. ")
...
... else:
...     print("tuple1과 tuple2가 다릅니다.")
...
tuple1과 tuple2는 같지만 tuple[1]과 tuple[2]는 다릅니다
```

**〈실습 5-3〉 중첩 if문 실습**

```
num = int(input("숫자를 입력하세요!!>"))
print()
if num%2==0:
    if num%3==0:
        print ("3과 2로 나누어짐!")
    else:
        print ("2로 나누어지나 3으로는 나누어지지 않음!")
else:
     if num%3==0:
        print ("3로 나누어지나 2로는 나누어지지 않음!")
     else:
        print ("3과 2 모두 나누어지지 않음!")
print()
```

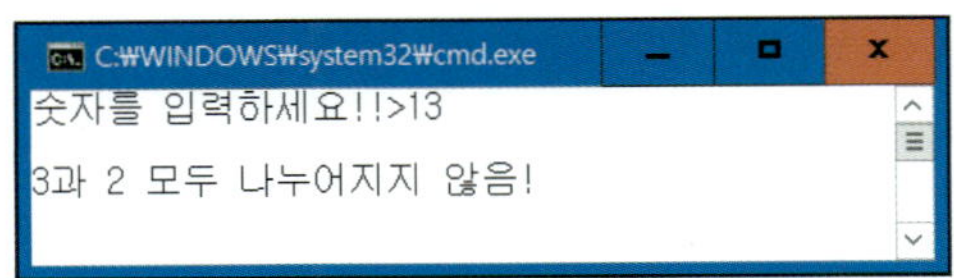


## 5.2 반복문

반복문으로 대표적인 for문과 while문이 있다. 그러나 파이썬에는 do~while문은 없다. 이 문장들은 모두 다 처리를 반복하는 블록을 가지고 있어서 조건이 true인 동안 블록안의 실행문을 처리한다.

반복적으로 블록안의 실행문을 처리하다가 예기치 않은 조건에 의해 지정된 다른 위치로 임의로 이동하게 해주는 문장을 점프문이라고 한다. 점프문의 종류에는 break문과 continue문 그리고 pass문 등이 있다.

### 5.2.1 while문

```
 while 조건문 :
   문장(s)
[else:]  # 생략 가능
   문장(s)
```

while문은 곧바로 오른쪽에 선언된 조건문을 판별하여 true인 경우 :가 선언된 다음 실행문 문장들을 처리하고 다시 조건문을 반복하여 판별하고, 조건문의 결과가 false이면 while 블록을 벗어난다. while문을 작성하는 예는 다음과 같다.

```
>>> x = 'python''
>>> while x: # While x 는 비어 있지 않다.
... print(x, end=' ')
... x = x[1:] # x에서 첫 번째 문자 제거
...
python pytho pyth pyt py p
```

〈실습 5-4〉 while문 실습

```
a=0; b=10
while a < b:
     print(a, end=' ') # end 문은 다음 줄로 이동을 막아준다
     a += 1
print()
print()
```

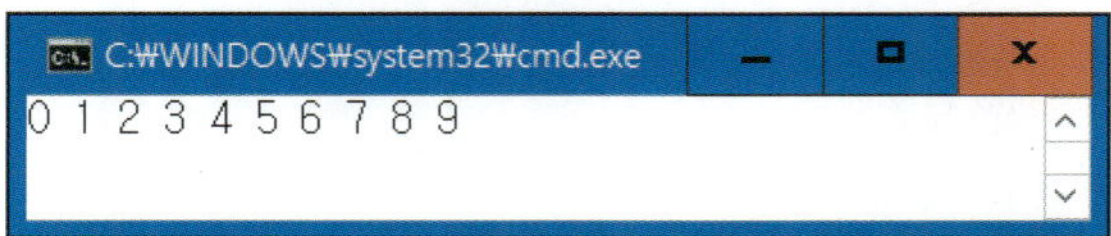

### 〈실습 5-5〉 list를 이용한 while문 실습

```
member= ["조","김","박","이","차","신"]
print('성 목록 = ', member)
a = 0
while a < len(member):
    print("count = ", a , "성 = ", member[a])
    a = a + 1
print("end of loop\n")

a = 6
index = 5   #  인덱스의 시작이 끝을 가리켜야함
            # 따라서 인덱스 끝인 5를 넣어줌
            #  (index는 0부터 시작하기 때문)
while a > 0:
    print("count = ",a , "성 = ", member[index])
    a = a - 1
    index -= 1
print("end of loop\n")
print()
```

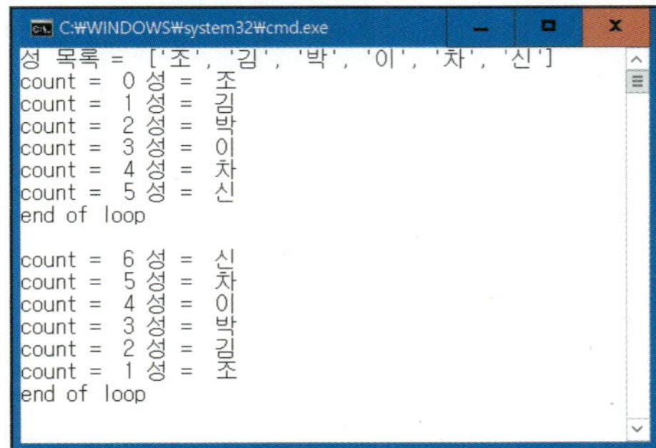


else문을 while 루프와 같이 사용하면 else문은 조건이 false가 되면 실행된다.

### 〈실습 5-6〉 else:를 이용한 while문 실습

```
count = 0
while count < 5:
    print (count, "출력")
    count = count + 1
else:
    print (count, "출력 완료")
print()
```

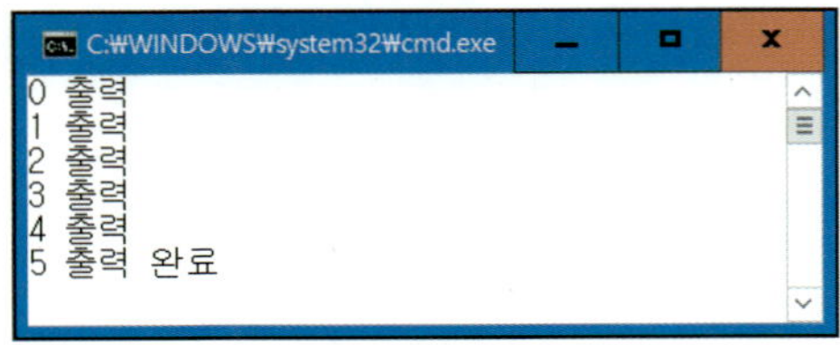


## 5.2.2 for문

파이썬의 for문은 list나 문자열과 같은 모든 연속 항목을 반복할 수 있다. for문은 tuple, list, dictionary, 문자열 등과 같은 순서 형 자료를 반복하여 처리한다. 즉, for문은 순서형 자료(list, tuple 등)의 요소를 하나하나씩 가져와서 변수에 넣는다. 또한 list의 len 함수와 range 함수를 이용하면 for문에서 사용할 수 있는 인덱스를 생성할 수 있다.

for문의 일반형은 다음과 같다.

```
for 반복변수 in 목록형:
   문장(s)
[else:] # 생략이 가능하다
   문장(s)
```

```
>>> range(5)
range(0, 5)
>>> for var in list(range(5)):
...     print (var)
...
0
1
2
3
4
```

〈실습 5-7〉 for문 실습

```
list1 = [1,2,3,4,5,6,7,8,9,10]
sum = 0
for i in list1: # 기본적인 for문
    sum += i
print("1부터 10까지 모두 더한 값 sum = ", sum)

string1 = "\n안녕하세요??"
for ch in string1: # ... 2byte 한글도 실행이 된다.
    print(ch, end = "")
```

```
#    end를 넣어준 이유는 결과값을 출력할때
# 다음줄로 넘기지 않고 그줄에 계속해서 출력하기 위함

ascii = {'a':97, 'b':98, 99:'c', 'd':100, 'e':101}

print("\n\ndictory는 key를 기준으로 출력될 수 있다.")
for dic in ascii:
    print(dic, end = " ")

sum = 0.0;
for c in range(101):
     # for(int i = 0 ; i < 101; i ++)를 range(101)으로 표현.
    sum += c
print("\n\nsum이 double형으로 변환되고 0~101까지 합 = ", sum)
print()

for letter in 'Python': # 문자 검색
     print ('문자 = ', letter)
print()

fruits = ['바나나', '사과', '배']
for fruit in fruits: # list 검색
     print ('과일 = ', fruit)
print ()
```

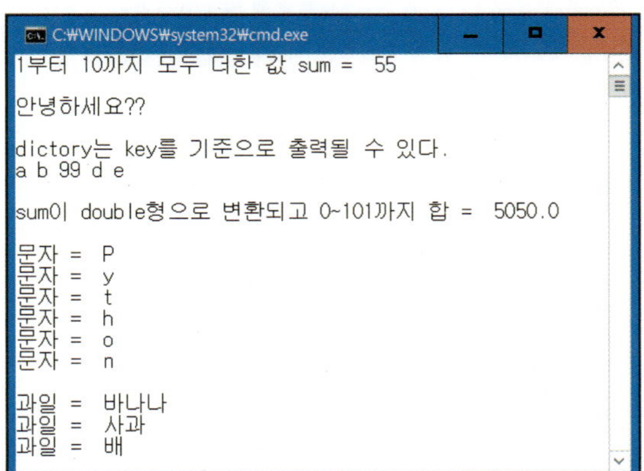


### 〈실습 5-8〉 for문을 이용한 구구단 실습

```
print("\t\t\t\t\t\t\t구 구 단\n")
for i in range(2, 10): # 2, 3, 4, 5, ..., 9
   for j in range(1, 10):  # 1, 2, 3, 4, 5, ..., 9
     print("%2d x %1d = %2d" %(i, j, i*j), end=' ')
     if (j == 9):
        print()
print()
```

```
C:\WINDOWS\system32\cmd.exe
                                    구 구 단

2 × 1 =  2  2 × 2 =  4  2 × 3 =  6  2 × 4 =  8  2 × 5 = 10  2 × 6 = 12  2 × 7 = 14  2 × 8 = 16  2 × 9 = 18
3 × 1 =  3  3 × 2 =  6  3 × 3 =  9  3 × 4 = 12  3 × 5 = 15  3 × 6 = 18  3 × 7 = 21  3 × 8 = 24  3 × 9 = 27
4 × 1 =  4  4 × 2 =  8  4 × 3 = 12  4 × 4 = 16  4 × 5 = 20  4 × 6 = 24  4 × 7 = 28  4 × 8 = 32  4 × 9 = 36
5 × 1 =  5  5 × 2 = 10  5 × 3 = 15  5 × 4 = 20  5 × 5 = 25  5 × 6 = 30  5 × 7 = 35  5 × 8 = 40  5 × 9 = 45
6 × 1 =  6  6 × 2 = 12  6 × 3 = 18  6 × 4 = 24  6 × 5 = 30  6 × 6 = 36  6 × 7 = 42  6 × 8 = 48  6 × 9 = 54
7 × 1 =  7  7 × 2 = 14  7 × 3 = 21  7 × 4 = 28  7 × 5 = 35  7 × 6 = 42  7 × 7 = 49  7 × 8 = 56  7 × 9 = 63
8 × 1 =  8  8 × 2 = 16  8 × 3 = 24  8 × 4 = 32  8 × 5 = 40  8 × 6 = 48  8 × 7 = 56  8 × 8 = 64  8 × 9 = 72
9 × 1 =  9  9 × 2 = 18  9 × 3 = 27  9 × 4 = 36  9 × 5 = 45  9 × 6 = 54  9 × 7 = 63  9 × 8 = 72  9 × 9 = 81
```

파이썬에서 반복문과 연관된 else문을 지원한다. else문이 for문과 같이 사용되면 else는 for문이 정상적으로 종료될 때만 실행된다. break문이 발생하지 않는다.

```
>>>for i in range(3):
    print(i)
else:
    print('else 문 출력')

0
1
2
else 문 출력

>>> for i in range(1, 3):  # range(x,y)를 하면 x부터 y까지 라는 의미
...     for j in range(1, 3):
...         print(i, ' * ', j, ' = ', i * j)
...     else:
...         print("***", i, "단 완료! ***")
... else:
...     print("구구단 일부 출력 완료")
...
1  *  1  =  1
1  *  2  =  2
*** 1 단 완료! ***
2  *  1  =  2
2  *  2  =  4
*** 2 단 완료! ***
구구단 일부 출력 완료
```

## 5.3 점프문

파이썬에서는 break, continue, pass 등의 3가지 점프문을 제공한다. 이 문장들은 프로그램을 제어하는데 사용된다.

### 5.3.1 break문

break문은 반복 문장에서 문장의 흐름을 막아주는데 사용되며, 또한 반복문의 블록을 빠져나가는데 사용된다. 또한 break문은 반복 블록 내부에 선언되어서 블록을 끝내주거나, 아니면 프로그램의 제어를 다음 문장으로 넘겨서 다시 시작해 주는 역할을 한다.

```
>>> for i in range(3):
...     print(i)
...     if i == 1:
...         break  # 프로그램 종료
... else:
...     print('else 문 아래')
...
0
1
```

for else 반복문에서 else문은 무사히 모든 반복을 마쳤을 때 실행되며, break문으로 도중에 for 루프를 빠져나갔을 경우 else문은 실행되지 않는다.

반복문 내부에 반복문을 사용할 때 내부 반복문에서 break를 사용하는 경우에는 내부의 반복문만 종료되게 된다.

```
>>> i = 0  # 초기값
>>>
>>> for i in range(2, 10):      # 2 ~ 9 까지 반복
...     print(' [', i, '단]')
...     for j in range(1, 10):  # 1 ~ 9 까지 반복
...         if i % 2 != 0:      # i가 홀수일 경우
...             break
...         print('%d * %d = %d' % (i, j, i * j))
...     print()  # 짝수의 구구단만 출력된다
...
 [ 2 단]
2 * 1 = 2
2 * 2 = 4
2 * 3 = 6
2 * 4 = 8
2 * 5 = 10
2 * 6 = 12
2 * 7 = 14
2 * 8 = 16
2 * 9 = 18

 [ 3 단]
```

### 〈실습 5-9〉 임의의 문자 입력 후 'python' 문자열 출력 실습

```
break_letter = input("중단할 문자를 입력하시오: ")

for letter in "python":
    if letter == break_letter:
        break
    print(letter, end=' ') # 문자열을 횡으로 출력
else:
    print("\n\n모든 문자 출력 완료!\n")
```

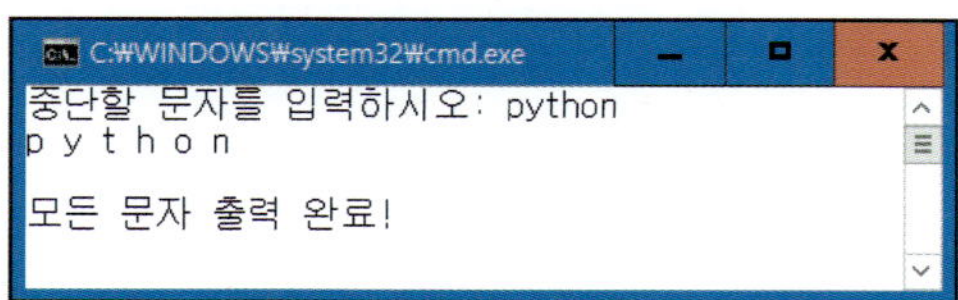

### 〈실습 5-10〉 for문의 break문 실습

```
for letter in 'Python': # for 문의 예
    if letter == 'h':
        break
    print ('현재 문자 = ', letter)
print()
var = 10 # while 문의 예
while var > 0:
    print ('현재 변수 값 = ', var)
    var = var -1
    if var == 5:
        break
print ()
```

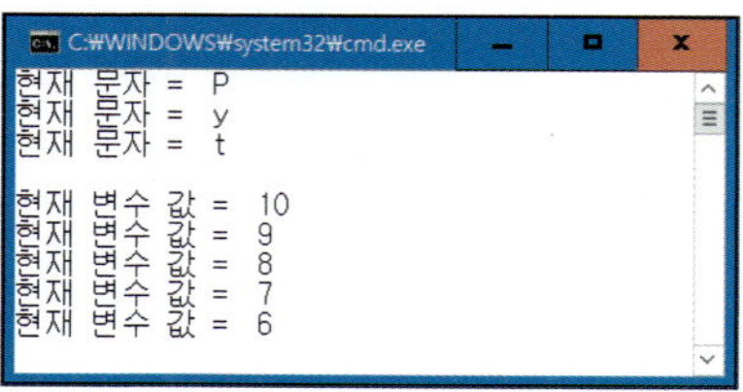

### 〈실습 5-11〉 연월일을 입력해서 요일 구하기 출력 실습

```
# 년월일을 입력 받는다.
year = int(input("년도를 입력하시오: "))
month = int(input("월을 입력하시오: "))
```

```
day = int(input("일을 입력하시오: "))

total_days = 0
# 달별 날수를 리스트로 저장
year_month_days = [0, 31, 28, 31, 30, 31, 30, 31, 31, 30, 31, 30, 31]

# 서기 1년부터 year-1 까지의 각 년도 별 날수를 합한다.
for item in range(1, year):
    if item % 400 == 0:                 # 400으로 나뉘는 해 (윤년)
        total_days = total_days + 366
    elif item % 100 == 0:               # 100으로 나뉘는 해 (윤년 아님)
        total_days = total_days + 365
    elif item % 4 == 0:                 # 4로 나뉘는 해 (윤년)
        total_days = total_days + 366
    else:
        total_days = total_days + 365

# 1월 달부터 month-1 까지의 각 달의 날수를 합한다.
for item in range(1, month):
    total_days = total_days + year_month_days[item]

# 입력된 달이 3이상이고 해당년도가 윤년일 경우 1을 추가
if month >= 3:
    if year % 400 == 0:
        total_days = total_days + 1
    elif year % 100 == 0:
        total_days = total_days + 0
    elif year % 4 == 0:
        total_days = total_days + 1
    else:
        total_days = total_days + 0

total_days += day
print()
# 총 날수를 7로 나눈 나머지를 구한다.
remainder = total_days % 7

if remainder == 0:
    print("일요일 입니다.")
elif remainder == 1:
    print("월요일 입니다.")
elif remainder == 2:
    print("화요일 입니다.")
elif remainder == 3:
    print("수요일 입니다.")
elif remainder == 4:
    print("목요일 입니다.")
elif remainder == 5:
    print("금요일 입니다.")
elif remainder == 6:
    print("토요일 입니다.")

print()
```

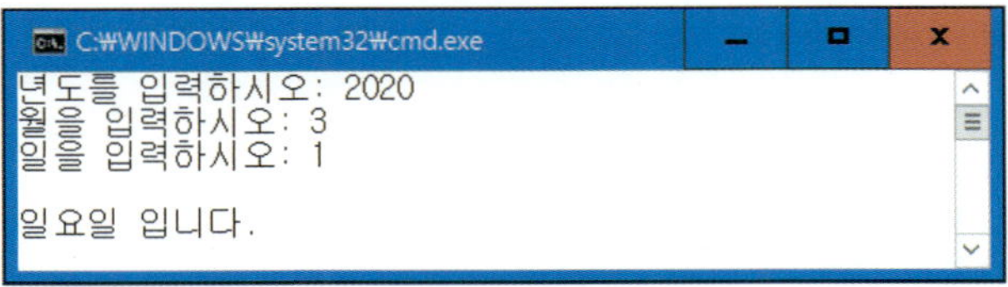

## 〈실습 5-12〉 학생 점수 평균과 반 평균 출력 실습

```
students = [{"num": "1", "name":"홍길동", "kor": 90, "eng": 80, "math": 85,
                   "total": 0.0, "order": 0},
        {"num": "2", "name":"이순신", "kor": 90, "eng": 85, "math": 90,
                   "total": 0.0, "order": 0},
        {"num": "3", "name":"강감찬", "kor": 80, "eng": 80, "math": 80,
                  "total": 0.0, "order": 0}]

class_total = 0
class_avg = 0.0
kor_total = 0
kor_avg = 0.0
eng_total = 0
eng_avg = 0.0
math_total = 0
math_avg = 0.0

for student in students:
   student["total"] = student["kor"] + student["eng"] + student["math"]
   student["avg"] = student["total"] / 3
   class_total = class_total + student["total"]
   kor_total = kor_total + student["kor"]
   eng_total = eng_total + student["eng"]
   math_total = math_total + student["math"]


kor_avg = kor_total / len(students)
eng_avg = eng_total / len(students)
math_avg = math_total / len(students)
class_avg = (kor_avg + eng_avg + math_avg) / len(students)

for student in students:
   print("번호: %s, 이름: %s, 국어: %d, 영어: %d, 수학: %d, 총점: %d, 평균:%.2f"
       % (student["num"], student["name"], student["kor"],
       student["eng"], student["math"],
       student["total"], student["avg"]))

print()

print("  반 평균: %.2f" % class_avg)
print("국어 평균: %.2f" % kor_avg)
print("영어 평균: %.2f" % eng_avg)
print("수학 평균: %.2f" % math_avg)
print()
```

```
C:\WINDOWS\system32\cmd.exe
번호: 1, 이름: 홍길동, 국어: 90, 영어: 80, 수학: 85, 총점: 255, 평균:85.00
번호: 2, 이름: 이순신, 국어: 90, 영어: 85, 수학: 90, 총점: 265, 평균:88.33
번호: 3, 이름: 강감찬, 국어: 80, 영어: 80, 수학: 80, 총점: 240, 평균:80.00

  반 평균: 84.44
국어 평균: 86.67
영어 평균: 81.67
수학 평균: 85.00
```

while문의 조건식이 True로 되어있기 때문에 무한 루프가 실행되게 된다. 하지만 중간에 조건에 의해 break문이 활성화되면 while문이 종료된다.

```
>>> var = 10 # while 문의 예
>>> while(1) :
...     if var == 5 :
...         break
...     print('break 문')
...     var = var - 1
...
break 문
break 문
break 문
break 문
break 문
```

### 〈실습 5-13〉 while문을 이용한 1~100의 합계 실습

```
count = 1
total = 0

while count <= 100:
    total = total + count
    count = count + 1

print("1부터 100까지의 합은:", total)
print()
```

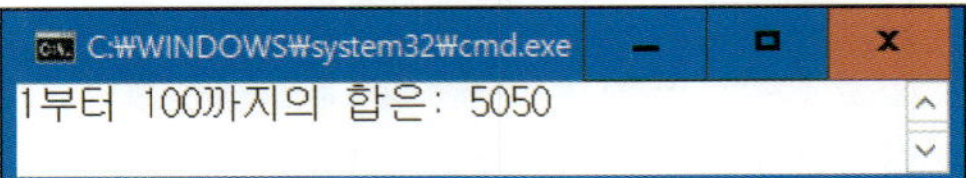

### 〈실습 5-14〉 while문과 if문을 사용하여 0부터 10까지의 홀수만 출력 실습

```
num = 0
while num <= 10:
    if num % 2 == 1:
        print(num)
    num += 1
print()
```

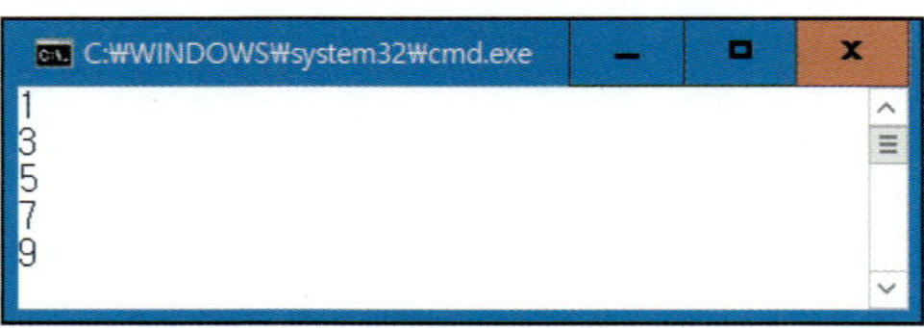

### 〈실습 5-15〉 while문과 break문 실습

```
menu = """
*** 홍콩반점***
1. 짜장면   6000원
2. 짬뽕     8000원
3. 탕수육  12000원
4. 종료
"""
print(menu)

while True: # 완전 무한반복
    num = int(input("메뉴를 선택하세요 : "))
    if num ==1:
        print("짜장면"); print()
    elif num ==2:
        print("짬뽕");          print()
    elif num ==3:
        print("탕수육"); print()
    elif num ==4:
        print("종료");  print()
        break
```

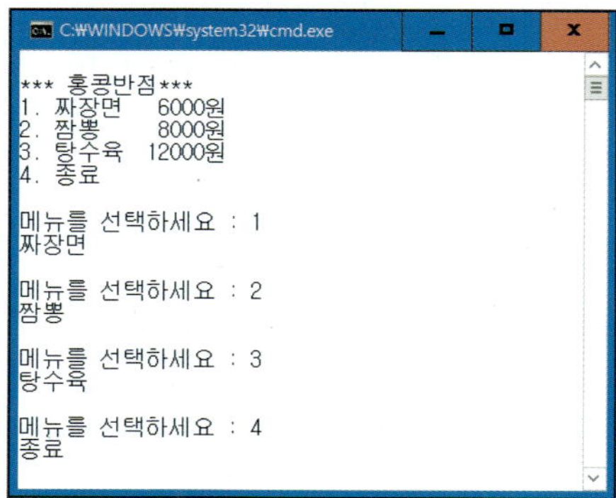


## 5.3.2 continue문

continue문은 어떤 순환하는 문장 속에서 현 단계의 반복을 중단시키고 다음의 새로운 반복 단계를 위한 조건의 검색 부분으로 되돌아간다.

continue문은 특정 조건에서 반복문의 처음으로 다시 돌아가는 역할을 한다. break와 마찬가지로 continue가 실행되면 하단의 코드는 실행되지 않는다.

```
>>> for letter in 'python':
...     if letter == 'o':  # 문자 'o'는 출력을 하지 않는다.
...       continue
...     print('문자 = ', letter)
...
문자 =  p
문자 =  y
문자 =  t
문자 =  h
문자 =  n
```

```
>>> count = 0
>>> while count < 10:
...     count = count + 1
...     if count % 2 == 1:
...         continue
...     print('count = ', count)
...
count =  2
count =  4
count =  6
count =  8
count =  10
```

### 〈실습 5-16〉 continue문 실습

```
for letter in 'Python': # for 문 continue
   if letter == 'h': # 다음 루프로 이동
      continue
   print('현재 문자 = ', letter)
print()

var = 10 # while 문 continue
while var > 0:
   var = var - 1
   if var == 5: # 다음 루프로 이동
     continue
   print('현재 변수 값 = ', var)
print()
```

```
C:₩WINDOWS₩system32₩cmd.exe
현재 문자 =  P
현재 문자 =  y
현재 문자 =  t
현재 문자 =  o
현재 문자 =  n

현재 변수 값 =  9
현재 변수 값 =  8
현재 변수 값 =  7
현재 변수 값 =  6
현재 변수 값 =  4
현재 변수 값 =  3
현재 변수 값 =  2
현재 변수 값 =  1
현재 변수 값 =  0
```

### 5.3.3 pass문

pass란 참과 거짓에 따라 실행할 문장 혹은 동작을 정의할 때, 아무런 일도 하지 않게 설정하는 것이다.

파이썬에서 pass와 continue 차이점으로 pass는 실행할 것이 아무 것도 없다는 것을 의미하기 때문에 아무런 동작을 하지 않고 다음 코드를 실행하며, continue는 다음 순번의 loop를 실행한다.

```
>>> for i in range(1, 5):
...     if i == 3:
...         pass # 그냥 통과한다
...     print(i)
...
1
2
3
4
```

```
>>> for i in range(1, 5):
...     if i == 3:
...         continue # 3을 통과한다
...     print(i)
...
1
2
4
```

〈실습 5-17〉 continue문과 pass문 실습

```
for x in range(1, 6):
    if x:
        print ("x = ", x, end = ' ')
        pass
    print ("Pass") # 이 문장은 출력됨
print()

for y in range(1, 6):
    print ("continue_before")
    if y:
        print ("y = ", y, end = ' ')
        continue
    print ("continue_after") # 이 문장은 출력이 안됨
print()
print()
```

```
C:\WINDOWS\system32\cmd.exe
x =  1 Pass
x =  2 Pass
x =  3 Pass
x =  4 Pass
x =  5 Pass

continue_before
y =  1 continue_before
y =  2 continue_before
y =  3 continue_before
y =  4 continue_before
y =  5
```

**〈실습 5-18〉 pass문 실습**

```
number = 0

for number in range(10):
   number = number + 1
   if number == 5:
      pass    # 통과
      print("pass 번호 = ", number, "\n")
   print('번호 = ' + str(number))
print()
```

```
C:\WINDOWS\system32\cmd.exe
번호 = 1
번호 = 2
번호 = 3
번호 = 4
pass 번호 =  5

번호 = 5
번호 = 6
번호 = 7
번호 = 8
번호 = 9
번호 = 10
```

## 5.4 반복 검색문

파이썬에서는 iterator와 generator 등의 2가지 반복 검색문을 제공한다. 이 문장들은 객체에서 반복적으로 요소를 검색하는데 사용된다. 파이썬에서 사용되는 반복과 관련된 거의 모든 검색 기능들은 iterator가 사용되며, 함수 iter()와 next()가 사용된다.

### 5.4.1 iterator문

iterator문은 특정 구현에 관계없이 컨테이너의 모든 요소를 탐색할 수 있게 해주는 객체이다. 파이썬에서 iterator 객체는 iter()와 next()의 두 가지 메소드를 구현한다.

iterator는 다음에 무엇을 출력할 차례인지를 기억하여 데이터를 순서대로 꺼낼 수 있도록 돕는 문장이다. iterator를 사용하려면 iter() 함수와 next() 함수가 필요하다. iter() 함수는 전달된 데이터의 반복자를 꺼내 반환한다. next() 함수는 반복자를 입력받아 그 반복자가 다음에 출력해야 할 요소를 반환한다. iter() 함수로 iterator를 구하고 그 반복자를 next() 함수에 전달하여 요소를 차례대로 꺼낼 수 있다. 데이터의 내부 구조와 동작은 몰라도 된다.

```
>>> it = iter([1, 2, 3])  # [1, 2, 3]의 iterator 구하기
>>> next(it)              # iterator의 다음 요소 구하기
1
>>> next(it)              # iterator의 다음 요소 구하기
2
>>> next(it)              # iterator의 다음 요소 구하기
3
>>> next(it)              # 더 구할 요소가 없으면 오류가 발생한다
Traceback (most recent call last):
  File "<stdin>", line 1, in <module>
StopIteration
```

```
>>> a = {1:"a",2:"b",3:"c"}
>>> b = iter(a)
>>>
... for i in b:
...     print(i)
...
1
2
3

>>> L = [1, 2, 3]
>>> I = iter(L)
>>> I.__next__()
1
>>> I.__next__()
2
>>> I.__next__()
3
```

### 〈실습 5-19〉 iterator문 실습

```
import sys

list=[1,2,3,4]
it = iter(list)

while True:
    try:
        print ('it = ', next(it))
    except StopIteration: # iterator 예외처리 발생
        sys.exit() // 프로그램 종료
print("이 문장은 출력되지 않음")
print()
```

```
it =  1
it =  2
it =  3
it =  4
예외처리 발생!!
```

### 〈실습 5-20〉 iterator list문 출력

```
List_first      = [1,2,3,4,5]
List_second     = ['a','b','c','d']
List_third      = ["Third String", "Is", "List_Third~~"]
List_forth      = [10]

List_sum        = []

List_sum.append(List_first)
List_sum.append(List_second)
List_sum.append(List_third)
List_sum.append(List_forth)

iterList = iter(List_sum)
print("iterator 리스트 작성!!!\n")

for i in range(4):
    print("print List_next()", next(iterList))
print()
```

```
iterator 리스트 작성!!!

print List_next() [1, 2, 3, 4, 5]
print List_next() ['a', 'b', 'c', 'd']
print List_next() ['Third String', 'Is', 'List_Third~~']
print List_next() [10]
```

## 5.4.2 generator문

iterator는 흔히 컬렉션을 순회하는데 사용되지만, iterator가 컬렉션만을 위한 것은 아니다. iterator는 next() 함수에 의해 값을 하나씩 나타내기만 할 뿐이다. 나타내는 값의 기준이 컬렉션이든 아니든 상관없다.

정해진 순서대로 값을 생성하는 함수를 정의하면, 이 함수를 이용해 값을 하나씩 꺼내는 반복자를 만들 수 있다. 이렇게 값을 생성해 내는 반복자를 generator라고 한다.

generator는 iterator를 생성해주는 함수로 일반적인 함수와 비슷하지만 함수 안에 yield란 키워드를 작성하여 next()가 호출될 때마다 다음 데이터의 값을 반환한다는 것이 가장 큰 차이점이다.

yield문은 return문처럼 함수가 값을 반환하고 정지하도록 하는데, 그 함수를 나중에 다시 실행하면 정지했던 위치부터 다시 실행되도록 한다. yield문이 포함된 함수는 일반 함수와 달리, 호출했을 때

generator를 반환한다. 함수를 정의할 때 일반적으로 def 문장으로 시작하는 블록을 작성하며, 함수 호출문에 의해 호출된다. generator가 호출되면 함수가 시작하지 않고 generator 객체를 반환한다. next() 메소드가 처음 호출되면 해당 함수는 yield문에 도착할 때까지 실행을 시작하여 yield 값을 반환한다. generator 함수를 사용해서 얻을 수 있는 장점은 꼭 필요한 순간에 순차적으로 데이터에 접근할 수 있다는 것이다.

```
>>> def one_to_three():
...     """1, 2, 3을 반환하는 생성기를 반환한다."""
...     print('생성기가 1을 내어 놓습니다.')
...     yield 1
...     print('생성기가 2를 내어 놓습니다.')
...     yield 2
...     print('생성기가 3을 내어 놓습니다.')
...     yield 3
...
>>> one_to_three_generator = one_to_three()

>>> next(one_to_three_generator)
생성기가 1을 내어 놓습니다.
1

>>> next(one_to_three_generator)
생성기가 2를 내어 놓습니다.
2

>>> next(one_to_three_generator)
생성기가 3을 내어 놓습니다.
3
```

```
>>> def reverse(data): # 함수문 정의
    for index in range(len(data)-1, -1, -1):
            yield data[index]
>>> for char in reverse('golf'):
    print(char)
f
l
o
g

>>> def my_range(first=0, last=10, step=1):
        number = first
        while number < last:
                yield number
                number += step
>>> my_range
<function my_range at 0x0000026355A3D488>
>>> ranger = my_range(1, 5)
>>> ranger
<generator object my_range at 0x0000026355A751A8>
>>> for x in ranger:
        print(x)

1
2
3
4
```

### 〈실습 5-21〉 generator문 실습

```
import sys

def fibonacci(n): # generator 함수
    a, b, counter = 0, 1, 0
    while True:
        if (counter > n):
            return
        yield a
        a, b = b, a + b
        counter += 1

f = fibonacci(10) # f는 iterator 객체
while True:
    try:
         print(next(f))
    except StopIteration:
        sys.exit()
```

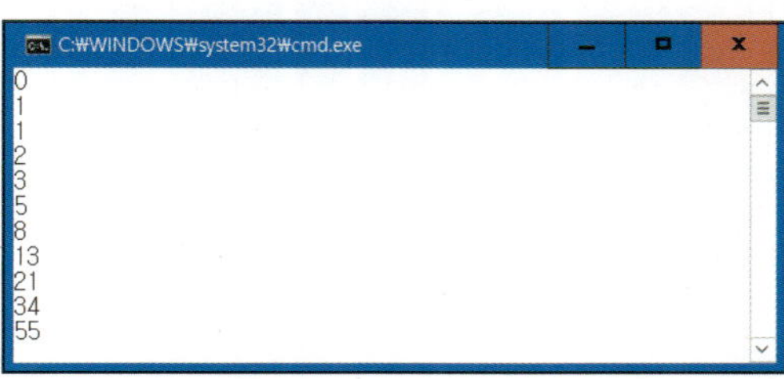

### 〈실습 5-22〉 고급 generator문 실습

```
def generator_function():
    for i in range(10):
        yield i

def fibon(n):
    a = b = 1
    for i in range(n):
        yield a
        print("a = " , a, end = ' ')
        print("b = " , b, end = ' ')
        a, b = b, a+b
        print("> a = " , a)
        print("> b = " , b)

def fibon1(n):
    a = b = 1
    result = []
    for i in range(n):
        result.append(a)
        a, b = b, a + b
```

```
    return result

if __name__ == '__main__':
    for item in generator_function():
        print(item, end = ' ')

    print("\n*************************")
    for x in fibon(10):
        print (x, end = ' ')

    print("\n*************************")
    for x in fibon1(10):
        print (x, end = ' ')

    print("\n*************************")
    gen = generator_function()
    print(next(gen))
    print(next(gen))
    print(next(gen))
    print(next(gen))
    print(next(gen))
    print(next(gen))
    print(next(gen))
    print(next(gen))
    print(next(gen))
    print(next(gen))

    my_string = "Python"
    my_iter = iter(my_string)
    print(next(my_iter), end = '')
print("\n")
```

```
C:\WINDOWS\system32\cmd.exe
0 1 2 3 4 5 6 7 8 9
*************************
1 a =  1 b =  1 > a =  1
> b =  2
1 a =  1 b =  2 > a =  2
> b =  3
2 a =  2 b =  3 > a =  3
> b =  5
3 a =  3 b =  5 > a =  5
> b =  8
5 a =  5 b =  8 > a =  8
> b =  13
8 a =  8 b =  13 > a =  13
> b =  21
13 a =  13 b =  21 > a =  21
> b =  34
21 a =  21 b =  34 > a =  34
> b =  55
34 a =  34 b =  55 > a =  55
> b =  89
55 a =  55 b =  89 > a =  89
> b =  144

*************************
1 1 2 3 5 8 13 21 34 55
*************************
0
1
2
3
4
5
6
7
8
9
P
```

# 제6장 함수

함수는 재사용 가능한 프로그램의 블록을 의미한다. 이것은 특정 블록의 명령어 모듈을 묶어서 함수 이름을 지정하고, 그 이름을 프로그램 내에서 사용함으로써 그 블록에 포함된 명령어들을 몇 번이고 다시 실행할 수 있도록 하는 것이다. 이를 함수를 호출하고 호출된 함수는 실행한 다음 복귀한다.

## 6.1 함수의 선언

함수의 선언은 항상 def로 시작한다. 함수명은 일반적인 식별자를 사용하며 관례적으로 (변수명과 마찬가지로) 소문자로 시작한다. 다음으로 호출하는 위치에서 넘겨받을 인수들의 리스트를 괄호(...) 안에 콤마로 구별하여 지정해 주고 콜론(:) 뒤에 함수의 본체를 작성해 주면 된다. 함수의 본체는 반드시 def의 첫 글자 시작 위치보다 들여쓰기를 해야 한다.

사용 형식은 다음과 같다.

```
def 함수명 (인수):
   명령문1
   명령문2
return [결과 값(수식)]
```

코딩을 할 때, 가독성을 위해 들여쓰기를 한다. 파이썬에서 문법적인 강제사항이다.

코드 블럭을 구성하기 위해 if, for, class, def 명령을 작성하면서 나오는 : 다음 아랫줄은 들여쓰기를 해야 하며, 일반적으로 4칸씩 띄우는 것을 원칙으로 한다.

들여쓰기(Indentation)로, 함수의 본체와 끝을 정의하며 들여쓰기가 끝나는 곳이 함수의 끝이다.

```
>>> def say_hello(): # 함수의 선언
...       print('안녕하세요!')
...

>>> say_hello()  # 함수의 호출
안녕하세요!
```

함수를 선언할 경우 인수를 포함할 수 있으면, 함수 호출문에서 인수를 다르게 지정하여 호출할 수 있다.

```
>>> def sayHi(): # 인수가 없는 함수의 선언
… print('Hi')

>>> sayHi() # 함수의 호출
Hi

>>> def gugu(n):
...     for x in range(2,10):
...         print('%d x %d = %d'%(n,x,n*x))

>>> gugu(4)
4 x 2 = 8
4 x 3 = 12
4 x 4 = 16
4 x 5 = 20
4 x 6 = 24
4 x 7 = 28
4 x 8 = 32
4 x 9 = 36
```

함수명은 함수객체이며 다른 객체와 유사하게 대입이 가능하다. 예를 들어 앞에서 정의한 함수 sayHi()와 gugu()를 하나의 리스트로 묶을 수 있다.

```
>>> fl = [sayHi, gugu]
```

여기서 fl 리스트의 첫 번째 요소는 함수 sayHi 이고 두 번째 요소는 gugu이다. 따라서 다음과 같은 함수 호출이 가능하다.

```
>>> fl[0]()
Hi.

>>> fl[1](9)
9 x 2 = 18
9 x 3 = 27
9 x 4 = 36
9 x 5 = 45
9 x 6 = 54
9 x 7 = 63
9 x 8 = 72
9 x 9 = 81
```

함수를 다른 변수에 대입할 수도 있다. 이제 kuku는 함수이며 gugu() 함수와 같은 함수이다. 따라서 다음과 같이 동일하게 호출할 수도 있다.

```
>>> fl[0]()
Hi.

>>> fl[1](9)
9 x 2 = 18
9 x 3 = 27
9 x 4 = 36
9 x 5 = 45
9 x 6 = 54
9 x 7 = 63
9 x 8 = 72
9 x 9 = 81
```

가끔 함수의 본체를 구현하지 않고 껍데기만 작성해야 될 경우도 있다. 이럴 경우 pass문과 함께 정의하며 이 함수는 호출은 할 수 있으나 아무런 일도 수행하지 않는다.

```
>>> def nop(): pass
```

## 6.2 함수의 일반 인수

함수에는 입력 인수(argument)가 있을 수도 있고 없을 수도 있으며, 반환 값도 마찬가지이다. 호출하는 쪽에 반환 값을 되돌려주기 위해선 return이라는 키워드를 이용하여 그 뒤에 반환할 값을 선언해 주면 된다.

반환값이 없는 함수의 결과값을 a변수에 저장하였는데 오류를 발생하지 않는다. 이 경우 a라는 변수에 None 값이 저장된다.

```
>>> def sayHi():
...     print('Hi.')

>>>a = sayHi()
Hi.

>>> type(a)
NoneType
```

함수를 호출하는 쪽에서는 순서대로 값을 입력해야 한다. 입력 인수는 순서대로 정의된 모든 변수에 주어야 한다. 인수 갯수가 맞지 않는 호출은 오류를 발생시킨다.

```
>>> def mod(x,y):
...       return x%y
...
>>> mod(3,2) # x에 3, y에 2가 대입된다.
1

>>> # 오류 발생
>>> mod()
Traceback (most recent call last):
  File "<stdin>", line 2, in <module>
TypeError: mod() missing 2 required positional arguments: 'x' and 'y'
>>> mod(3)
Traceback (most recent call last):
  File "<stdin>", line 1, in <module>
TypeError: mod() missing 1 required positional argument: 'y'
>>> mod(3,2,1)
Traceback (most recent call last):
  File "<stdin>", line 1, in <module>
TypeError: mod() takes 2 positional arguments but 3 were given
```

## 6.3 return문

return문은 함수를 종료하고 선택적으로 호출함수에게 표현식을 전달한다. return문 오른쪽에 반환 값 또는 수식을 나타낼 수 있다.

특히 def로 시작된 함수의 본체 마지막 문장에는 return문을 선언할 수 있고, 생략되면 반환 값이 없는 return문이 지정된 것으로 간주한다. 반환 값이 두 개 이상일 경우에는 return 명령 뒤에 콤마(,)로 구분해야 한다.

```
>>> def cal(x,y):
...      return x+y, x-y
...

>>> cal(11,22)  # 반환값은 튜플이다.
(33, -11)
>>> a, b=cal(33,44)
>>> a
77
>>> b
-11
```

### 〈실습 6-1〉 함수 정의와 호출 실습

```
# 함수 선언
def hello():
    print ("hello")
    return 1234

# 함수 호출
print (hello())
print ()
```

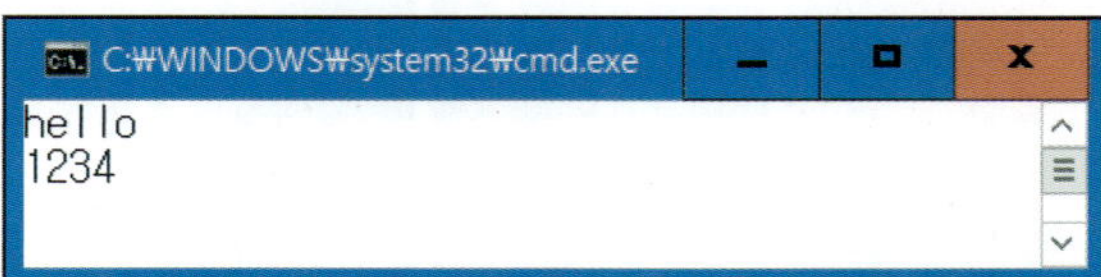

### 〈실습 6-2〉 함수를 이용한 사칙 연산 실습

```
# 4칙 연산
def menu():
    # 옵션의 출력
    print ("\n메뉴중에서 숫자를 선택 하세요!! :")
    print ()
    print ("(1) 더하기")
    print ("(2) 빼기")
    print ("(3) 곱하기")
    print ("(4) 나누기")
    print ("(5) 종료")
    return input ("번호를 입력하세요!! : ")

# 더하기 함수
def add(a,b):
    print (a, "+", b, "=", a + b)

# 빼기 함수
def sub(a,b):
    print (b, "-", a, "=", a - b)

# 곱하기 함수
def mul(a,b):
    print (a, "*", b, "=", a * b)

# 나누기 함수
def div(a,b):
    print (a, "/", b, "=", a / b)

# 실제 프로그램의 실행 영역
loop = 1
choice = 0
while loop == 1:
```

```
    choice = int(menu())
    if choice == 1:
        add(int(input("덧셈 a = ")), int(input("b = ")))
    elif choice == 2:
        sub(int(input("뺄셈 a = ")), int(input("b = ")))
    elif choice == 3:
        mul(int(input("곱셈 a = ")),int(input("b = ")))
    elif choice == 4:
      div(int(input("나눗셈 a = ")),int(input("b = ")))
    elif choice == 5:
        loop = 0
print ("연산 종료!!!")
print()
```

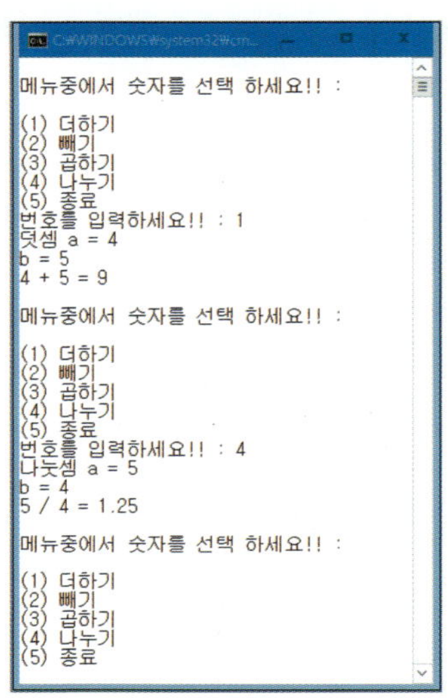


### 6.3.1 전역 변수와 지역 변수

함수 본문 내부에 정의된 변수는 지역 범위를 가지며 함수 외부에서 정의된 변수는 전역 범위를 가진다. 즉, 지역 변수는 선언된 함수 내에서만 검색할 수 있지만 전역 변수는 함수 밖에서 선언되어 함수 안에서도 모두 사용 가능한 변수로 되도록 사용하지 않는 것이 바람직하다.

```
>>> num1, num2 = 10, 20 # 전역변수
>>>
>>> def MyPrint(a, b):
...     num1, num2 = 100, 200 # 지역변수
...     num1 += a
...     num2 += b
...     print(num1, num2)
...
>>> MyPrint(num1, num2) # 지역 변수의 출력
110 220
>>> print("{0}, {1}".format(num1, num2)) # 전역 변수의 출력
10, 20
```

전역변수는 함수 밖이나 함수 안에서 사용가능하지만, 함수 내에 지역변수명이 동일하게 있을 경우는 지역 변수한테 우선권이 주어진다.

지역변수는 함수 내에서는 전역변수보다 우선하지만 함수 내에서만 사용해야 한다는 제한이 있다.

함수 내에서 명시적으로 전역변수를 사용하겠다고 설정하려면 global 예약어를 변수 앞에 선언하면 해당 변수는 전역 변수로 사용된다.

```
>>> a = 1 # 전역 변수 선언
>>> def test():
...     global a # 전역 변수 사용
...     a = a*1000
...     print(a)
...
>>> print(a) # 전역 변수 값 출력
1
>>> test() # 함수 호출로 지역 변수 값 출력
1000
>>> print(a) # 지역 변수 값 출력
1000
```

global문을 사용하면 함수 안에서도 전역변수의 값을 수정할 수 있다.

함수 안에서 global 변수이름 명령을 실행하면 그 이름이 전역변수임을 확인되며 전역변수의 값을 수정하는 것도 가능해진다.

```
>>> num = 0  # 전역변수 선언
>>>
>>> def stamp():
...     """num 변수 횟수를 증가시키고, 화면에 출력한다."""
...     global num_stamp  #  num은 전역변수
...     num = num + 1  # 전역 변수의 증가
...     print(num)
...
>>> stamp()  # 화면에 1이 출력
1
>>> stamp()  # 화면에 2가 출력
2
>>> stamp() # 화면에 3이 출력
3
>>> stamp() # 화면에 4가 출력
4
>>> stamp() # 화면에 5가 출력
5
```

〈실습 6-3〉 전역 변수와 지역 변수 실습

```
total = 0 # 전역 변수

def sum( arg1, arg2 ):
    # 반환 값이 있는 함수 정의
    total = arg1 + arg2; # 지역 변수
    print ("지역 변수 값 total = ", total)
    return total
# 함수 호출
sum( 10, 20 )
print ("전역 변수 값 total = ", total )
print()
```

```
C:₩WINDOWS₩system32₩cmd.exe
지역 변수 값 total =  30
전역 변수 값 total =  0
```

〈실습 6-4〉 전역 변수의 수정

```
def global_scope():
    global a  # 전역변수
    a = 1
    print('a =', a)  # a=1
    a = a + 1

a = 10
global_scope()
print('a =', a)  # a=2
print()
```

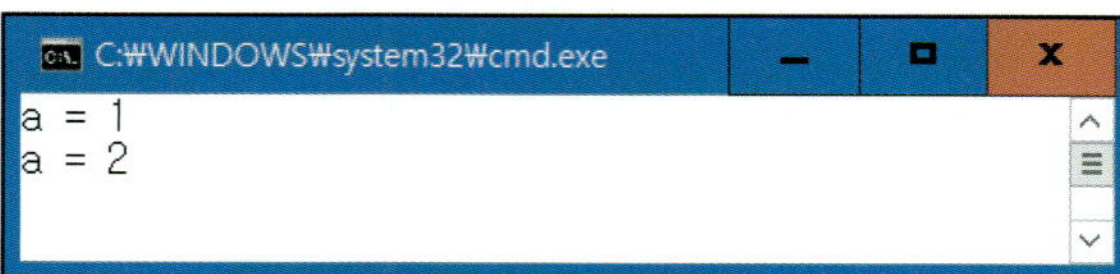


## 6.3.2 내부(inner) 함수 선언

내부 함수는 반복 또는 코드의 중복을 피하기 위해 다른 함수에서 두 번 이상 복잡한 작업을 수행할 때 유용하다. 즉 def 선언문 내부에 별도의 def 선언문을 작성형 내포하여 구성한다. 이때 return문을 포함하여 내부와 외부 함수 간의 구분을 명확하게 한다.

```
>>> def outer(a, b):
        def inner(c, d):
                return c + d
        return inner(a, b)

>>> outer(4, 7)
11
```

```
>>> def commander(saying):
...     def inner(quote):
...         return "조선의 위대한 장군 = '%s'" % quote
...     return inner(saying)
...
>>> commander('이순신')
"조선의 위대한 장군 = '이순신'"
```

### 〈실습 6-5〉 내부 함수 실습

```
a, b, c = 10, 20, 30

def func1():
    a, b = 100, 200
    print("func1 호출됨")

    def func2():
        print("func2 호출됨")
        print()
        print("a = {}, b = {}".format(a, b))
        return

    func2()
    return

func1()
print()
```

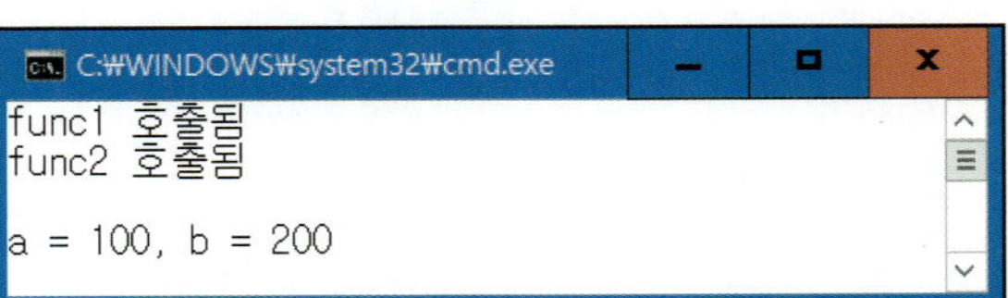

### 6.3.3 closure

내부 함수는 closure로 실행할 수 있으며, 다른 함수에 의해 동적으로 생성되는 함수이며 함수 외부에서 생성된 변수의 값을 변경하고 기억할 수 있다. closure는 일반 함수와 다르게, 자신의 영역 밖에서 호출된 함수의 변수값과 참조를 복사, 저장, 접근을 가능하게 한다.

```
>>> def make_multiplier_of(n):
...     def multiplier(x):
...         return x * n
...     return multiplier
...
>>> times3 = make_multiplier_of(3)
>>> times5 = make_multiplier_of(5)
>>>
>>> times3(9)
27
>>> times5(3)
15
>>> times5(times3(2))
30
```

```
>>> def makeHello(messege):
...    def hello(name):
...       print(messege + ", " + name)
...    return hello
...
>>> eng = makeHello("good morning")
>>> kor = makeHello("안녕하세요")
>>>
>>> eng("Mr.Kim")
good morning, Mr.Kim
>>> kor("홍길동")
안녕하세요, 홍길동
```

**〈실습 6-6〉 간단한 closure 실습**

```
def print_hello(msg):
    def inner_print():
        print('Hello %s' % msg)
    return inner_print

printer = print_hello('홍길동')
printer()
print()
```

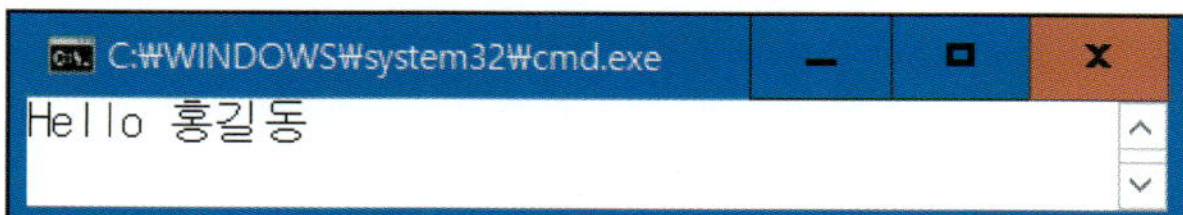

〈실습 6-7〉 closure 실습

```
def outer_func(tag):
    tag = tag

    def inner_func(txt):
        text = txt  #8
        print('<{0}>{1}<{0}>'.format(tag, text))

    return inner_func

h1_func = outer_func('h1')
p_func = outer_func('p')

h1_func('h1태그의 안입니다.')
p_func('p태그의 안입니다.')
print()
```

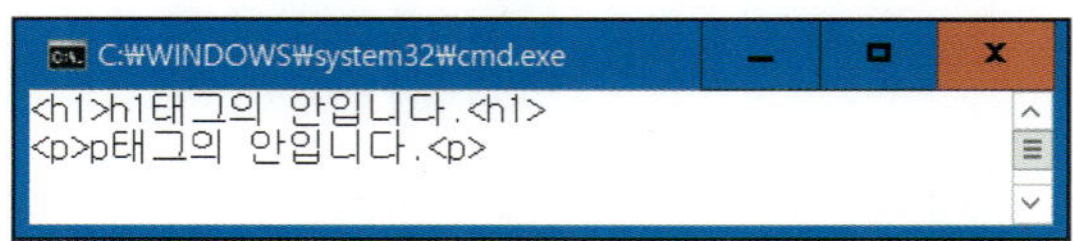


## 6.4 인수의 종류

함수의 인수 종류는 다음과 같이 4가지가 있다.

- 순서 인수
- 키워드 인수
- 기본 인수
- 가변 길이 인수

### 6.4.1 순서 인수

순서 인수는 선언된 위치에서 함수에 전달된 인수로 함수 호출의 인수 개수는 함수 정의 인수 개수와 일치해야 한다. 인수의 개수가 맞지 않으면 에러가 발생한다.

```
>>> def menu(famousman, general, king):
        return {'의인': famousman, '장군': general, '임금': king}

>>> menu('홍길동', '이순신', '세종대왕')
{'의인': '홍길동', '장군': '이순신', '임금': '세종대왕'}
```

### 〈실습 6-8〉 순서 인수로 함수 호출 실습

```
def printme( str, str2 ):
    "이 함수는 함수의 전달 예입니다!!"
    print (str, str2)
    return

cont = "은 매우 좋은 프로그램 입니다!!"
printme("Python", cont)
print()
```

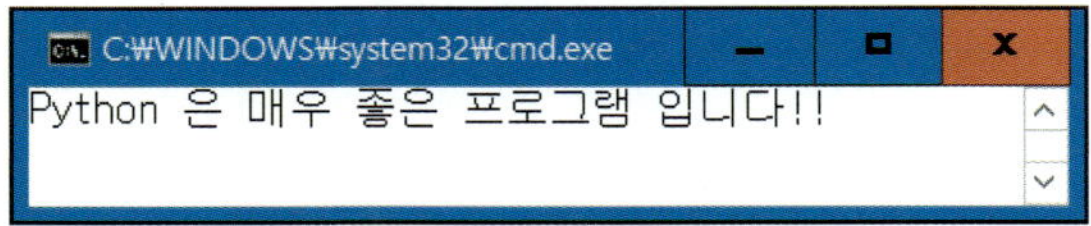


## 6.4.2 키워드 인수

키워드 인수는 함수 호출과 관련하여 함수 호출문에서 미리 =와 인수 값을 부여한 키워드 인수를 사용하면 함수 호출시 키워드 인수로 우선적으로 인수를 식별한다.

```
>>> def menu(famousman, general, king):
        return {'의인': famousman, '장군': general, '임금': king}

>>> menu('홍길동', general='강감찬', king='성종')
{'의인': '홍길동', '장군': '강감찬', '임금': '성종'}
```

```
>>> def Display(name = '이 순신', age = 30):
...     print(' 이름 = {}, 나이 = {}'.format(name, age))
...
>>> Display('강감찬', 25)
 이름 = 강감찬, 나이 = 25
>>> Display(25)
 이름 = 25, 나이 = 30
>>> Display('을지문덕')
 이름 = 을지문덕, 나이 = 30
>>> Display()
 이름 = 이 순신, 나이 = 30
>>> Display(age=33)
 이름 = 이 순신, 나이 = 33
>>> Display(name = '김유신')
 이름 = 김유신, 나이 = 30
>>> Display(age = 22, name = '김유신')
 이름 = 김유신, 나이 = 22
```

〈실습 6-9〉 키워드 인수 실습

```
def printinfo( name, age ):
    print ("이름 : ", name)
    print ("나이 : ", age)
    return

printinfo( age=50, name="홍길동" )
print ()
```

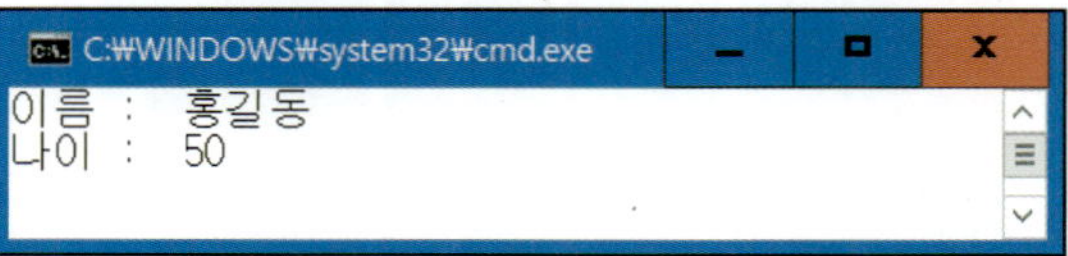

〈실습 6-10〉 고급 키워드 인수 실습

```
print('*** 일반 keyword 인수 ***')
def add(a=0, b=0, c=0):
    return a+b+c

print(add())
print(add(11))
print(add(11,22))
print(add(11,22,33))
print(add(c=33))
print(add(c=33, b=22))
print()
```

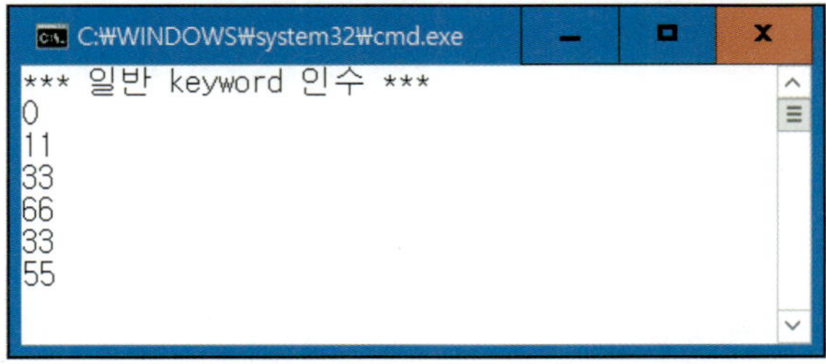


### 6.4.3 기본 인수

기본 인수는 해당 인수에 대한 함수 호출에 값이 제공되지 않은 경우 함수에 정의된 항목의 기본값을 지정하는 인수이다.

```
>>> def menu(famousman, general, king='세종대왕'):
        return {'의인': famousman, '장군': general, '임금': king}

>>> menu('홍길동', '이순신')
{'의인': '홍길동', '장군': '이순신', '임금': '세종대왕'}
```

### 〈실습 6-11〉 기본 인수 실습

```
def printinfo( name, age = 50 ):
    print ("이름 : ", name)
    print ("나이 : ", age)
    return
printinfo( age=60, name="홍길동" )
printinfo( name="이순신" )
print ()
```

```
C:₩WINDOWS₩system32₩cmd.exe
이름 :  홍길동
나이 :  60
이름 :  이순신
나이 :  50
```

## 6.4.4 가변 길이 인수

함수를 정의할 때 지정한 인수보다 많은 함수를 처리할 경우가 있다. 파이썬에는 포인터가 없으나 매개 변수가 있는 함수 내에서 사용될 때 별표(*)는 가변 개수의 위치 지정 인수를 매개 변수 값의 튜플로 그룹화 할 수 있다. 이러한 인수를 **가변 길이 인수**라고 하며 필수 및 기본 인수와 달리 함수 정의에서 이름이 지정되지 않는다.

```
>>> def print_more(required1, required2, *args):
        print('첫번째 인수 선언:', required1)
        print('두번째 인수 선언:', required2)
        print('나머지 인수 선언:', args)

>>> print_more('홍길동', '이순신', '강감찬', '권율', '유성룡')
첫번째 인수 선언: 홍길동
두번째 인수 선언: 이순신
나머지 인수 선언: ('강감찬', '권율', '유성룡')
```

### 〈실습 6-12〉 가변 길이 인수 실습

```
def product(*args):
        result = 1
        for arg in args:
                result *= arg
        return result

print('product(1, 2, 3, 4) = ', product(1, 2, 3, 4))
print('product(5, 3, 8) = ', product(5, 3, 8))
print('product(11) = ', product(11))
print()
```

```
C:₩WINDOWS₩system32₩cmd.exe
product(1, 2, 3, 4) =  24
product(5, 3, 8) =  120
product(11) =  11
```

두 개의 별표 (**)를 사용하여 키워드 인수를 dictionary에 그룹화 할 수 있다. 여기서 인수 이름은 키가 되고 인수 값은 해당 dictionary 값이 지정된다.

```
>>> def man(**mans):
        print ('유명한 사람들 = ', mans)

>>> man(의인='홍길동', 장군='이순신', 임금='세종대왕')
유명한 사람들 =  {'의인': '홍길동', '장군': '이순신', '임금': '세종대왕'}
```

### 〈실습 6-13〉 ** 가변 길이 인수 실습

```
def test_var_kwargs(farg, **kwargs):
    print  ("formal arg = ", farg)
    for key in kwargs:
        print ("또 다른 keyword arg: %s: %s" % (key, kwargs[key]))

def test_var_args_call(arg1, arg2, arg3):
    print ("arg1 = ", arg1)
    print ("arg2 = ", arg2)
    print ("arg3 = ", arg3)

test_var_kwargs(farg=1, myarg2="two", myarg3=3)

kwargs = {"arg3": 3, "arg2": "two"}
test_var_args_call(1, **kwargs)
print()
```

```
formal arg =  1
또 다른 keyword arg: myarg2: two
또 다른 keyword arg: myarg3: 3
arg1 =  1
arg2 =  two
arg3 =  3
```

## 6.5 익명(lambda) 함수

익명 함수는 def 키워드의 표준 방식이 아니므로 익명이라고 하며, lambda 키워드를 사용하여 작은 익명의 함수를 작성할 수 있다. lambda는 재사용되지 않을 1회성 함수를 간단하게 사용하기 위해 lambda 함수를 적용한다.

lambda 함수의 선언문은 다음과 같으며 단 하나의 명령문만 선언한다.

```
lambda [인수1 [,인수2,.....인수n]] : 표현식
```

- lambda 형은 여러 개의 인수를 선언할 수 있으나 하나의 값만 표현식으로 반환한다. 명령 또는 여러 표현식을 포함할 수 없다.
- lambda는 표현식을 요구하기 때문에 익명 함수는 print문으로 직접 호출될 수 없다.
- lambda 함수는 지역 namespace를 가지며, 인수 목록에 있는 변수와 전역 namespace 변수를 제외한 변수에는 검색할 수 없다.

```
>>> sum = lambda arg1, arg2: arg1 + arg2
>>> print ("합계 = ", sum( 10, 20 ))
합계 =  30

>>> f = lambda x, y : x + y
>>> f(1,1)
2

>>> sqr = lambda num : num ** 2
>>> type(sqr)
<type 'function'>
```

일반 함수와 익명 함수와의 차이점으로 익명 함수의 기능은 일반 함수보다도 훨씬 제한적이고 익명 함수로 할 수 있는 것은 일반 함수로도 모두 할 수 있다. 그렇다면 왜 익명 함수를 사용하는 이유는 번거롭게 일반 함수를 정의할 필요가 없는 간단한 기능만을 구현해도 되는 경우가 있다.

파이썬에서는 데이터 변환을 위해 다양한 lambda 연산자를 제공하여 쉽게 변형, 가공시킬 수 있다.

```
# 일반 함수의 선언
>>> def pos(x):
...     return x>0
>>> list(filter(pos, range(-5,6)))
[1,2,3,4,5]

# 익명 함수의 선언
>>> list(filter(lambda x:x>0, range(-5,6)) )
[1,2,3,4,5]


# 익명 함수를 리스트 요소로 선언
>>> fl = [lambda x,y:x+y, lambda x,y:x*y]
>>> fl[0](1,2)
3
>>> fl[1](3,4)
12
```

### 〈실습 6-14〉 lambda 함수 실습

```
result = []
for i in range(1, 10):
    result.append( (lambda x : x ** 2)(i) )
print('result = ', result)
print()
power = lambda base, exponent : base ** exponent
print('power(10, 2) = ', power(10, 2))
print('power(exponent=10, base=2) = ', power(exponent=10, base=2))
print()
functions = {'power' : lambda x, y: x**y, 'tenTimes' : lambda x : 10 * x, 'sqrt' : lambda x : x ** 0.5 }
print("functions['power'](10, 2)) = ", functions['power'](10, 2))
print("functions['tenTimes'](20) = ", functions['tenTimes'](20))
print("functions['sqrt'](2) = ", functions['sqrt'](2))
print()
```

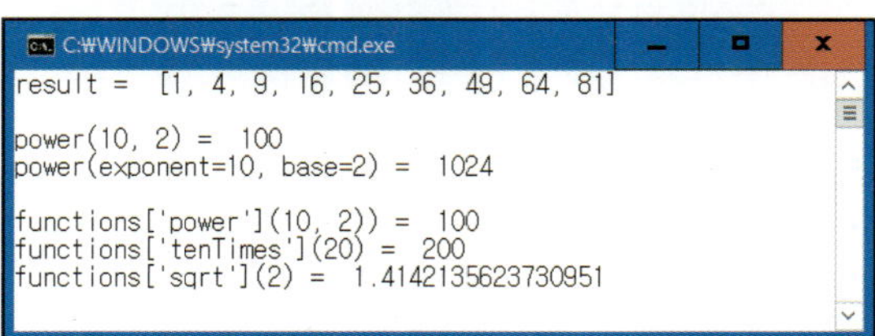


파이썬에서는 데이터 변환을 위해 다양한 lambda 연산자(map, filter, reduce)를 제공하여 쉽게 변형, 가공시킬 수 있다.

### 6.5.1 map

map 함수는 Input 데이터를 동일 함수에 반복적으로 적용시켜 주는 역할을 한다. for문과 같은 반복문을 사용하지 않아도 지정한 함수로 인수를 여러 번 전달해 그 결과를 list 형태로 나타내는 유용한 함수이다.

```
>>> print(list(map(lambda x: x*2, [1, 2, 3, 4, -1, -2, -5, -10])))
[2, 4, 6, 8, -2, -4, -10, -20]

>>> list(map(pow, [1, 2, 3], [2, 3, 4]))
[1, 8, 81]

>>> counters = [1, 2, 3, 4]
>>> def inc(x): return x + 10
>>> list(map(inc, counters))
[11, 12, 13, 14]
```

〈실습 6-15〉 map 함수 실습

```
print('*** map 함수 ***')
def Add(a):
     return a + a

def Mul(a):
     return a * a
b1 = [1, 2, 3, 4, 5]
b2 = [2, 4, 6, 8, 10]
ret1 = list(map(Add, b1))
print(ret1)
ret2 = list(map(Add, b2))
print(ret2)
print()
```

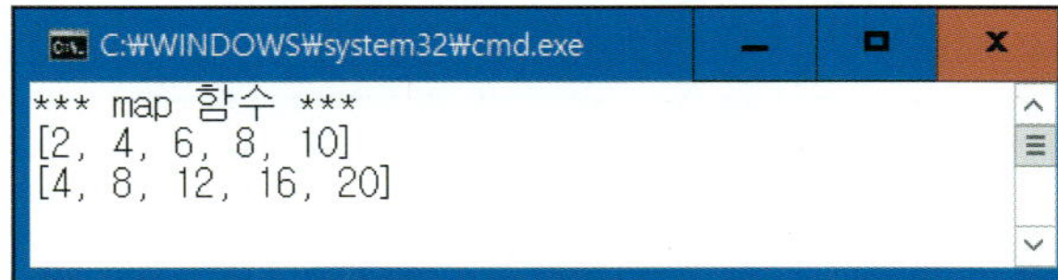


### 6.5.2 filter

filter 함수는 불필요한 데이터를 발췌하기 위하여 사용하는 함수이며, 논리연산을 통해 나온 참/거짓에 따라 데이터를 필터링하는 역할을 한다.

```
>>> result = list(map( lambda x : x ** 2, range(1, 11) ))>>>
>>> print(result)
[1, 4, 9, 16, 25, 36, 49, 64, 81, 100]

>>> filter_result = list(filter( lambda x : x < 50, result ))
>>> print(filter_result)
[1, 4, 9, 16, 25, 36, 49]

>>> list(range(-5, 5))
[-5, -4, -3, -2, -1, 0, 1, 2, 3, 4]
>>> list(filter((lambda x: x > 0), range(-5, 5)))
[1, 2, 3, 4]
```

**〈실습 6-16〉 filter 함수 실습**

```
print('*** filter 함수 ***')
myNum = list(range(1,16))
print(myNum)

def filterEven(num):
    if num % 2 == 0:
        return True
    else:
        return False

print('짝수 목록 =', list(filter(filterEven, myNum)))
print()
```

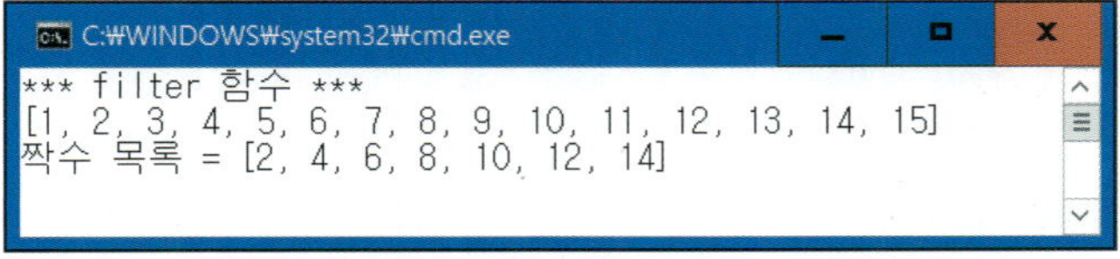


## 6.5.3 reduce

reduce 함수는 주로 iterable 자료형 데이터를 특정 함수에 반복적으로 적용하여 원하는 결과 값을 선택적으로 출력한다. 반복적으로 함수에 데이터를 적용하는 것은 map이나 filter와 같으나 최종 결과를 list나 tuple 등의 자료형 대신 단 하나의 값만을 구하고자 할 때 주로 사용된다.

reduce 함수는 python3부터 내장함수에서 빠졌기 때문에 다음과 같이 from functools import reduce를 적용시켜 주어야 한다.

Python 2.x 버전에서는 내장되어 있어서 import 할 필요 없이 그대로 유효하다.

```
>>> from functools import reduce
>>> reduce(lambda x,y: x+y, [1,2,3,4,5])
15
```

reduce의 첫 번째 파라미터는 함수, 두 번째 파라미터는 list가 들어가며 두 번째 파라미터의 값을 순차적으로 하나씩 대입한다. 마지막으로 하나의 결과 값을 반환한다.

```
>>> from functools import reduce
>>> reduce(lambda x,y : x+y, range(5))
10

>>> import operator, functools
>>> functools.reduce(operator.add, [2, 4, 6])
12
>>> functools.reduce((lambda x, y: x + y), [2, 4, 6])
12
```

### 〈실습 6-17〉 reduce 함수 실습

```
from functools import reduce

print(""" 두 수의 합을 구하기 """)
print(reduce(lambda x, y: x+y, [1, 2, 3, 4, 5]))
print(reduce(lambda x, y: x+y, [1, 2, 3, 4, 5], 10))

print(""" 범위의 곱을 구하기 """)
print(reduce(lambda x, y: x*y, range(1, 6)))

print(""" 범위에서 최대값 구하기""")
func = lambda a, b: a if (a > b) else b
print(reduce(func, [34, 76, 29, 96, 68]))

print(""" 팩토리얼 구하기""")
def factorial(n):
    return reduce(lambda x, y: x*y, range(1, n+1))
print(factorial(6))
print()
```

```
두 수의 합을 구하기
15
25
범위의 곱을 구하기
120
범위에서 최대값 구하기
96
팩토리얼 구하기
720
```

### 〈실습 6-18〉 map, filter, reduce 함수 실습

```
numbers = [1, 2, 3, 4, 5]
squares = list(map(lambda x: x ** 2, numbers))
print('squares = ', squares) #[1, 4, 9, 16, 25]
print()
odd_numbers = list(filter(lambda x: x % 2, numbers))
print('odd_numbers = ', odd_numbers) #[1, 3, 5]
print()
import functools
numbers = [1, 2, 3, 4, 5]
total_sum = functools.reduce(lambda x, y: x + y, numbers)
print('total_sum = ', total_sum) #15
print()
```

```
제곱 = [1, 4, 9, 16, 25]
홀수 = [1, 3, 5]
합계 = 15
```

## 6.6 재귀 함수

파이썬의 문장은 단순한 반복구조를 포함하고 있다. 재귀함수는 직·간접적으로 자기 자신을 함수 내에서 다시 호출하는 함수를 의미하며, 내부에 종료하는 조건이 포함되어 있어야 한다.

```
>>> def mysum(L):
        if not L:
                return 0
        else:
                return L[0] + mysum(L[1:])


>>> mysum([1, 2, 3, 4, 5])
15
```

### 〈실습 6-19〉 기본적인 재귀 함수 실습

```
def mysum(L):
    print(L) # 재귀 추적
    if not L:
        return 0
    else:
        return L[0] + mysum(L[1:])
print("합계 = ", mysum([1, 2, 3, 4, 5]))
print()
```

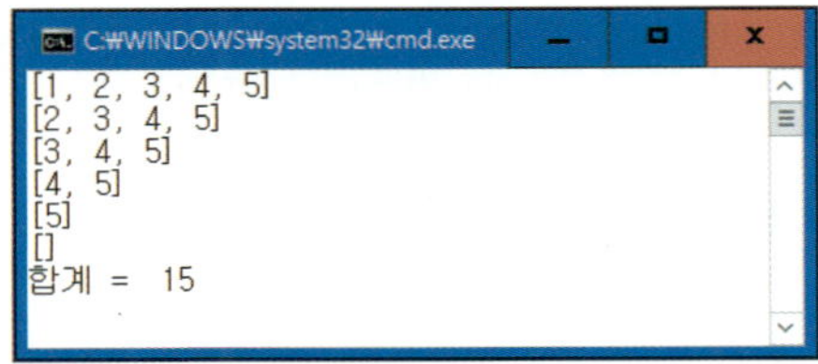


대표적인 재귀 함수로는 팩토리얼과 피보나치 수열이 있다.

### 〈실습 6-20〉 팩토리얼과 피보나치 수열 실습

```
def factorial(n):
    if n == 0:
        return 1
    return n*factorial(n-1)

def fibo(n):
    if n <= 1:
        return n
    return fibo(n-1) + fibo(n-2)

print('팩토리얼(4) = ', factorial(4))
print('피보나치(5) = ', fibo(5))
print()
```

```
C:\WINDOWS\system32\cmd.exe
팩토리얼(4) =  24
피보나치(5) =  5
```

## 6.7 DocString

파이썬은 설명(Documentation) 문자열(String)이라고 하는, 짧게 줄여서 DocStrings라는 편리한 기능을 가지고 있다. DocString은 코드의 문서화에 도움이 되는 문자열을 의미한다. 큰 따옴표 세 개를 사용하여 DocString을 작성한다. DocString을 사용하여 여러 줄의 주석을 작성할 수 있다.

```
class CustomClass:
  """
  클래스의 문서화 내용을 입력합니다.
  """
     def custom_function(param):
          '''
          함수의 문서화 내용을 입력합니다.
          '''
          ... 코드  ...
```

모듈 파일 처음이나 함수, 클래스 선언 다음 라인에 DocString을 작성할 수 있으며, 일반적으로 중요한 내용을 DocString 첫줄에 작성 후, 한 칸 띄고 자세한 내용을 작성한다.

대부분 def 함수 블록의 첫째 줄에 DocString을 주로 선언하며, 선언된 내용은 _doc_ 속성 명령에 의해 실행문에서 별도로 출력할 수 있다.

### 〈실습 6-21〉 여러 줄 주석의 등록 및 출력 실습

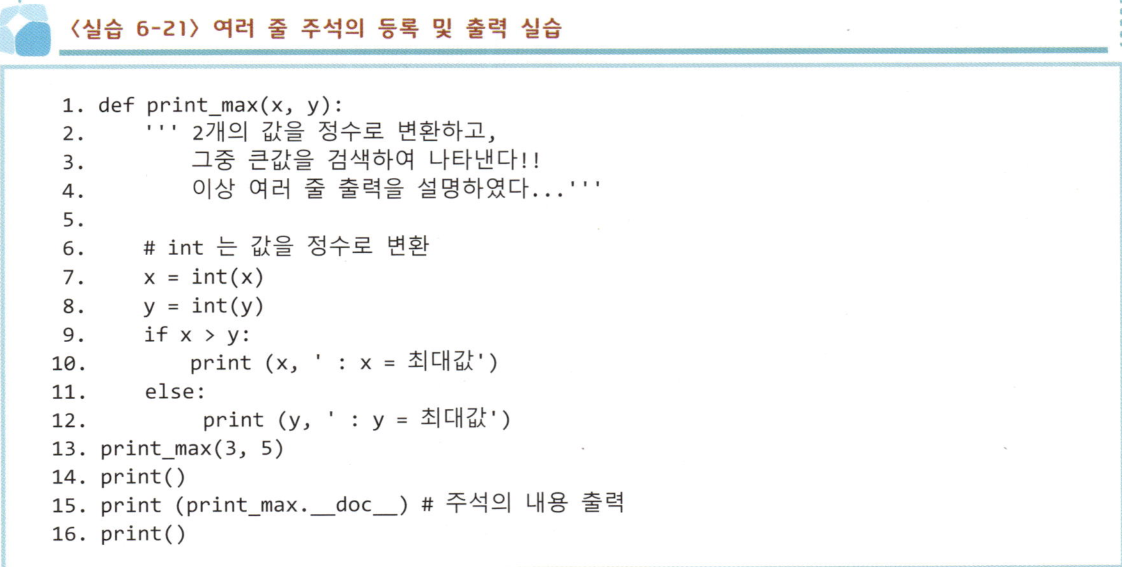

```
def print_max(x, y):
    ''' 2개의 값을 정수로 변환하고,
        그중 큰값을 검색하여 나타낸다!!
        이상 여러 줄 출력을 설명하였다...'''

    # int 는 값을 정수로 변환
    x = int(x)
    y = int(y)
    if x > y:
        print (x, ' : x = 최대값')
    else:
         print (y, ' : y = 최대값')
print_max(3, 5)
print()
print (print_max.__doc__) # 주석의 내용 출력
print()
```

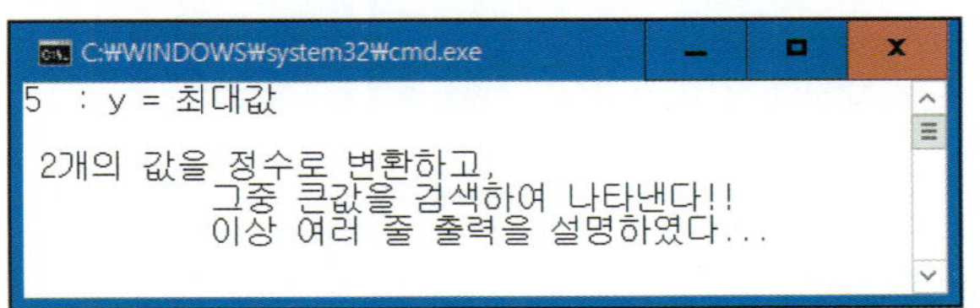

help() 함수를 사용하여 예약어 또는 함수들에 대한 도움말을 나타낼 수 있다.
주석과 docstring은 출력결과에 영향을 미치지 않는다. help() 함수를 사용하여 docstring 내용을 확인할 수 있다.

```
>>> help(max)
Help on built-in function max in module builtins:

max(...)
    max(iterable, *[, default=obj, key=func]) -> value
    max(arg1, arg2, *args, *[, key=func]) -> value

...........
```

## 6.8 내장 함수

내장함수란 파이썬 컴파일러에 미리 저장되어 있는 함수를 의미하며 별도 선언 없이 곧바로 사용할 수 있다. 내장함수 외에도 표준 라이브러리에는 엄청나게 많은 모듈과 함수들이 있으며, 이들은 필요할 때 찾아보고 사용하는 것이 유용하다.

### 6.8.1 수학 함수

수학 함수는 산술 계산에 적용하기 위해 사용되는 함수로 곧바로 사용할 수 있는 함수와 import math 문을 선언해야 하는 함수로 구분된다.

일반적인 수학 함수의 목록은 다음과 같다.

| | |
|---|---|
| abs(x) | x의 절대값을 반환 |
| ceil(x) | x를 가까운 정수로 반환 |
| cmp(x, y) | x, y 객체를 비교해서 x가 y보다 작으면 -1, 크면 1, 같으면 0을 반환 |
| exp(x) | x의 지수승 $e^x$ 나타냄 |
| fabs(x) | x의 절대값을 반환 |
| floor(x) | x보다 크지 않은 가장 큰 정수 반환 |
| log(x) | x > 0에 대한 x의 자연 로그 |
| log10(x) | x > 0에 대한 x의 밑이 10인 대수 |
| max(x1, x2,...) | 요소들에서 제일 큰 값 |
| min(x1, x2,...) | 요소들에서 제일 작은 값 |
| modf(x) | 입력받은 x의 순수 소수부분과 정수부분으로 분리하여 튜플로 반환하며 분리된 두 부분 모두에 부호가 할당됨 |
| pow(x, y) | x**y의 값 |

| round(x [,n]) | 인수 x의 반올림결과를 반환, 자릿수가 지정된 경우 반올림 결과를 지정된 자리까지 나타내며, 그렇지 않은 경우 기본값은 0 |
|---|---|
| sqrt(x) | x의 제곱근(square root)한 결과를 반환 |

### 〈실습 6-22〉 수학 함수의 출력 실습

```
import math # 수학 모듈 연결
print("abs(-45) : ", abs(-45))
print("abs(100.12) : ", abs(100.12))
print()
print("math.ceil(-45.17) : ", math.ceil(-45.17))
print("math.ceil(100.72) : ", math.ceil(100.72))
print()
print("math.exp(-45.17) : ", math.exp(-45.17))
print("math.exp(100.72) : ", math.exp(100.72))
print()
print("math.fabs(-45.17) : ", math.fabs(-45.17))
print("math.fabs(100.72) : ", math.fabs(100.72))
print()
print("math.floor(-45.17) : ", math.floor(-45.17))
print("math.floor(100.72) : ", math.floor(100.72))
print()
print("math.log(100.12) : ", math.log(100.12))
print("math.log(100.72) : ", math.log(100.72))
print()
print("math.log10(100.72) : ", math.log10(100.72))
print("math.log10(119) : ", math.log10(119))
print()
print("max(80, 100, 1000) : ", max(80, 100, 1000))
print("max(-80, -20, -10) : ", max(-80, -20, -10))
print()
print("min(80, 100, 1000) : ", min(80, 100, 1000))
print("min(-80, -20, -10) : ", min(-80, -20, -10))
print()
print("math.modf(100.72) : ", math.modf(100.72))
print("math.modf(119) : ", math.modf(119))
print("math.modf(math.pi) : ", math.modf(math.pi))
print()
print("math.pow(100, 2) : ", math.pow(100, 2))
print("math.pow(100, -2) : ", math.pow(100, -2))
print("math.pow(2, 4) : ", math.pow(2, 4))
print()
print("round(70.23456) : ", round(70.23456))
print("round(56.659,1) : ", round(56.659,1))
print("round(80.264, 2) : ", round(80.264, 2))
print("round(100.000056, 3) : ", round(100.000056, 3))
print()
print("math.sqrt(100) : ", math.sqrt(100))
print("math.sqrt(7) : ", math.sqrt(7))
print("math.sqrt(math.pi) : ", math.sqrt(math.pi))
print()
```

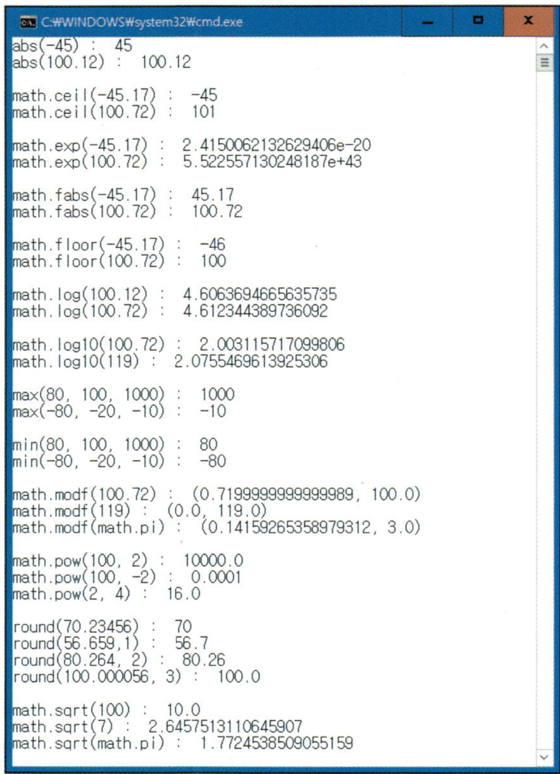


## 6.8.2 random 함수

난수는 게임, 시뮬레이션, 테스트, 보안 및 개인 정보 보호에 사용되며 import random을 선언해서 사용한다.

random 함수의 목록은 다음과 같다.

| | |
|---|---|
| choice(seq) | list, tuple, 또는 문자열에서 임의의 항목을 선택 |
| range([start,] stop[, step]) | 입력받은 숫자에 해당되는 범위의 값을 반복 가능한 객체로 만들어 돌려주는 함수 |
| random() | 0~1까지의 난수를 생성 |
| random.randrange(x)<br>random.randrange(x,y) | 0~x 까지의 난수를 생성<br>x~(y-1)까지의 난수를 생성 |
| seed([x]) | 0과 1에서 임의의 수를 반환 |
| shuffle(lst) | 목록의 항목을 임의로 무작위 추출. 반환 값 없음 |
| uniform(x, y) | x가 r보다 작거나 같고 r이 y보다 작은 임의의 float r 추출 |

## 〈실습 6-23〉 random 함수의 출력 실습

```
import random # 랜덤 모듈 연결
print("range(100) 에서 임의 수를 반환 : ",random.choice(range(100)))
print("list [1, 2, 3, 5, 9]) 에서 임의 요소를 반환 : ", random.choice([1,
2, 3, 5, 9]))
print("문자열 'Hello World' : 에서 임의 단어를 반환 :  ", random.choice('Hello
World'))
print()
# 1~100 사이에서 임의의 홀수 반환
print("randrange(1,100, 2) : ", random.randrange(1, 100, 2))
#  0-99 사이에서 임의의 수 반환
print("randrange(100) : ", random.randrange(100))
print()
# 첫 번째 난수
print("random() : ", random.random())
# 두 번째 난수
print("random() : ", random.random())
print()
random.seed()
print("0과 1에서 임의의 수 : ", random.random())
random.seed(10)
print("0과 1에서 임의의 수 : ", random.random())
print()
# 범위설정 후 난수 생성하기
print("0~9에서 난수 생성 : ", random.randrange(10))
print("3~5에서 난수 생성 : ", random.randrange(3,6))
print()
list = [20, 16, 10, 5];
print("list : ", list)
random.shuffle(list)
print("Reshuffled list : ", list)
random.shuffle(list)
print("Reshuffled list : ", list)
print()
print("Random Float uniform(5, 10) : ", random.uniform(5, 10))
print("Random Float uniform(7, 14) : ", random.uniform(7, 14))
print()
```

```
C:\WINDOWS\system32\cmd.exe
range(100) 에서 임의 수를 반환 :  93
list [1, 2, 3, 5, 9]) 에서 임의 요소를 반환 :  1
문자열 'Hello World' : 에서 임의 단어를 반환 :   d

randrange(1,100, 2) :  53
randrange(100) :  83

random() :  0.7912728787842359
random() :  0.4060726747534723

0과 1에서 임의의 수 :  0.26472950375319526
0과 1에서 임의의 수 :  0.5714025946899135

0~9에서 난수 생성 :  6
3~5에서 난수 생성 :  4

list :  [20, 16, 10, 5]
Reshuffled list :  [10, 16, 5, 20]
Reshuffled list :  [5, 10, 16, 20]

Random Float uniform(5, 10) :  5.17201786937823
Random Float uniform(7, 14) :  10.430599073278977
```

### 6.8.3 삼각 함수

삼각함수는 각의 크기를 삼각비로 나타내는 함수이다. 삼각함수에는 3개의 기본적인 함수가 있으며, 이들은 사인(sin), 코사인(cos) · 탄젠트(tan)라고 한다.

삼각 함수의 목록은 다음과 같다.

| | |
|---|---|
| acos(x) | 라디안 단위의 x의 아크 코사인을 반환 |
| asin(x) | 라디안 단위의 x의 아크 사인을 반환 |
| atan(x) | 라디안 단위의 x의 아크 탄젠트를 반환 |
| atan2(y, x) | R라디안 단위의 x의 아크 탄젠트(y/x)를 반환 |
| cos(x) | 라디안 단위의 x의 코사인을 반환 |
| hypot(x, y) | 유클리드 표준인 sqrt(x * x + y * y)를 반환 |
| sin(x) | 라디안 단위의 x의 사인을 반환 |
| tan(x) | 라디안 단위의 x의 탄젠트를 반환 |
| degrees(x) | 각도 x를 라디안에서 각도로 변환 |
| radians(x) | 각도 x를 정도 단위에서 라디안 단위로 변환 |

〈실습 6-24〉 삼각 함수의 출력 실습

```
import math # 랜덤 모듈 연결

print("acos(0) : ", math.acos(0))
print("acos(-1) : ", math.acos(-1))
print("acos(1) : ", math.acos(1))
print()
print("asin(0) : ", math.asin(0))
print("asin(-1) : ", math.asin(-1))
print("asin(1) : ", math.asin(1))
print()
print("atan(0) : ", math.atan(0))
print("atan(10) : ", math.atan(10))
print("atan(-1) : ", math.atan(-1))
print("atan(1) : ", math.atan(1))
print()
print("atan2(0.50,0.50) : ", math.atan2(0.50,0.50))
print("atan2(5,5) : ", math.atan2(5,5))
print("atan2(10,20) : ", math.atan2(10,20))
print()
print("cos(3) : ", math.cos(3))
print("cos(0) : ", math.cos(0))
print()
print("hypot(3, 2) : ", math.hypot(3, 2))
print("hypot(0, 2) : ", math.hypot(0, 2))
print()
print("sin(3) : ", math.sin(3))
```

```
print("sin(0) : ", math.sin(0))
print()
print("(tan(3) : ", math.tan(3))
print("tan(0) : ", math.tan(0))
print()
print("degrees(3) : ", math.degrees(3))
print("degrees(0) : ", math.degrees(0))
print()
print("radians(3) : ", math.radians(3))
print("radians(0) : ", math.radians(0))
print()
```

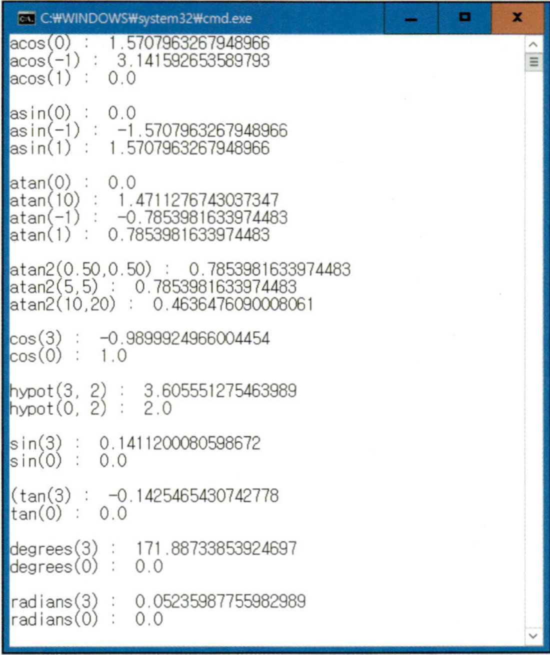


### 6.8.4 문자열 함수

문자열 함수는 문자열 내부의 단어들을 변형하기 위한 함수로 자주 사용된다.

문자열 함수의 목록은 다음과 같다.

| 함수 | 설명 |
|---|---|
| upper() | 문자열을 모두 대문자로 변환 |
| lower() | 문자열을 모두 소문자로 변환 |
| swapcase() | 문자열에서 대문자는 소문자로, 소문자는 대문자로 각각 변환 |
| count(x) | 문자열에서 문자 x와 일치하는 것의 개수를 반환 |
| find(x) | 문자열에서 문자 x가 처음으로 나온 위치를 반환하고, 없으면 '-1'을 반환 |
| index(x) | 문자열에서 문자 x가 처음으로 나온 위치를 반환하고, 없으면 에러를 발생 |

| join(s) | 문자열의 각각의 요소 문자 사이에 문자열 a를 삽입 |
|---|---|
| strip() | 문자열의 양쪽 공백을 모두 제거 |
| lstrip() | 문자열의 왼쪽 공백을 모두 제거 |
| rstrip() | 문자열의 오른쪽 공백을 모두 제거 |
| replace(s, r) | 문자열의 s라는 문자열을 r이라는 문자열로 치환 |
| split(s) | 문자열에서 s를 구분자로 하여 나누어 줌. sData.split()은 공백을 기준. 이때 s는 제외 |

### 〈실습 6-25〉 문자열 함수의 출력 실습

```
str = "this is string example....wow!!!"
print ("str.upper : ",str.upper())
print()
str = "THIS IS STRING EXAMPLE....WOW!!!"
print (str.lower())
print()
str = "this is string example....wow!!!"
print (str.swapcase())
str = "This Is String Example....WOW!!!"
print (str.swapcase())
print()
str="this is string example....wow!!!"
sub='i'
print ("str.count('i') : ", str.count(sub))
sub='exam'
print ("str.count('exam', 10, 40) : ", str.count(sub,10,40))
print()
str1 = "this is string example....wow!!!"
str2 = "exam";
print (str1.find(str2))
print (str1.find(str2, 10))
print (str1.find(str2, 40))
print()
str1 = "this is string example....wow!!!"
str2 = "exam";
print (str1.index(str2))
print (str1.index(str2, 10))
print()
s = "-"
seq = ("a", "b", "c")
print (s.join( seq ))
print()
str = "*****this is string example....wow!!!*****"
print (str.strip( '*' ))
str = "*****this is string example....wow!!!*****"
print (str.lstrip('*'))
print()
str = " this is string example....wow!!! "
print (str.rstrip())
```

```
str = "*****this is string example....wow!!!*****"
print()
str = "this is string example....wow!!! this is really string"
print (str.replace("is", "was"))
print (str.replace("is", "was", 3))
print()
str = "this is string example....wow!!!"
print (str.split( ))
print (str.split('i',1))
print (str.split('w'))
print()
```

```
C:\WINDOWS\system32\cmd.exe
str.upper :  THIS IS STRING EXAMPLE....WOW!!!

this is string example....wow!!!

THIS IS STRING EXAMPLE....WOW!!!
tHIS iS sTRING eXAMPLE....wow!!!

str.count('i') :  3
str.count('exam', 10, 40) :  1

15
15
-1

15
15

a-b-c

this is string example....wow!!!
this is string example....wow!!!*****

 this is string example....wow!!!

thwas was string example....wow!!! thwas was really string
thwas was string example....wow!!! thwas is really string

['this', 'is', 'string', 'example....wow!!!']
['th', 's is string example....wow!!!']
['this is string example....', 'o', '!!!']
```

# 제7장 모듈

소스가 큰 프로그램을 사용하기 위해 편집기를 사용해서 준비한 후에 그 파일을 입력해서 사용해서 실행하는 것이 좋다. 이렇게 하는 것을 **스크립트를 작성**한다고 한다. 프로그램이 길어짐에 따라, 유지를 쉽게 하려고 여러 개의 파일로 나누고 싶을 수 있다. 여러 프로그램에서 사용했던 편리한 함수를 다른 프로그램에 정의 내용을 복사하지 않고도 사용하고 싶을 수도 있다.

이런 것을 지원하기 위해, 파이썬은 정의된 함수들을 별도 파일에 복사하고 스크립트나 인터프리터의 대화형 모드에서 사용할 수 있는 방법을 제공하는데 이러한 파일을 **모듈**이라고 한다.

모듈은 함수, 클래스 및 변수를 정의할 수 있고 실행 가능한 코드를 포함 할 수도 있다. 모듈을 사용하면 논리적으로 파이썬 코드를 작성할 수 있으며 관련 코드를 모듈로 그룹화하면 코드를 더 쉽게 이해하고 사용할 수 있다.

모듈은 바인딩하고 참조할 수 있는 임의로 지정된 속성을 가진 파이썬 코드로 구성된 파일이다. 모듈과 패키지는 커다란 프로젝트의 핵심이며 파이썬 설치 자체이다.

모듈은 함수, 클래스 및 변수를 정의할 수 있으며 실행 가능한 코드를 포함 할 수도 있고, 라이브러리 역할을 하여 사용자가 만들어서 추가할 수도 있고, 외부에서 받은 파일도 사용할 수 있다.

모듈의 장점은 다음과 같다.

- 한번 모듈(module)로 작성하면 해당 코드는 계속 재사용 할 수 있다.
- 모듈 단위로 코드의 개념을 분리해 놓으면 효율성이 높아진다.
- 별도의 이름 공간(namespace)를 갖는 모듈의 특성상 다른 모듈에 영향을 받지 않고 독립적인 작업을 할 수 있다.

## 7.1 import 선언

import문을 사용하기 전에 PYTHONPATH를 연결해야 한다.

먼저 [제어판]→[고급 시스템 설정]→[고급]→[환경 변수]에서 PYTHONPATH(c:\python38\lib)를 등록해야 한다.

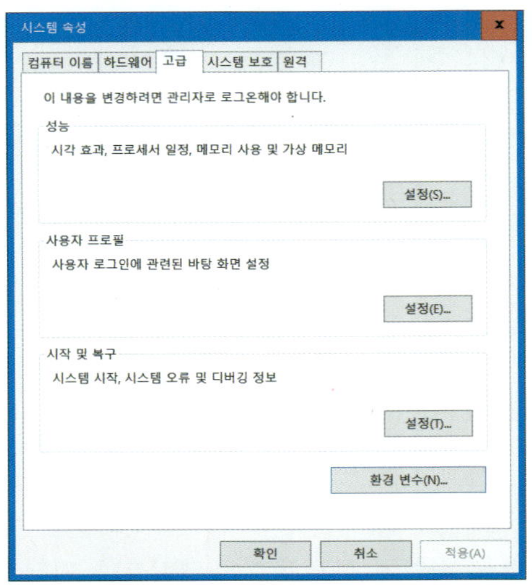


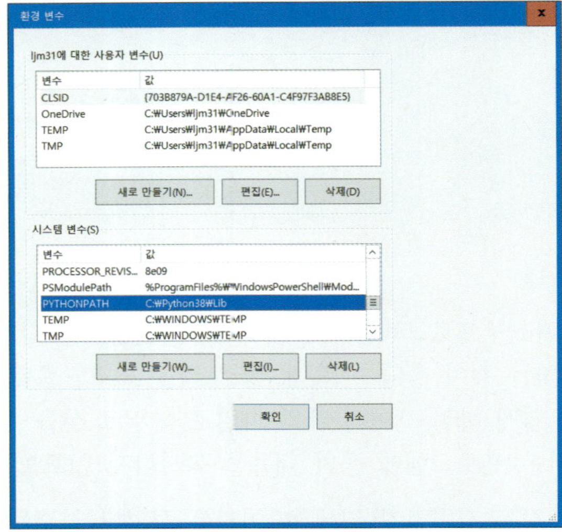


파이썬 소스 파일을 모듈에서 사용하려면 import문을 실행하여 사용할 수 있다. import문의 일반적인 선언 형식은 다음과 같다.

```
import 모듈

import 모듈1, 모듈2, 모듈3 ...

import 모듈명 as 별명
```

모듈에 있는 모든 내용을 포함하며 '모듈명.함수명'처럼 모듈명을 반드시 입력해야 한다. as를 사용하여 모듈명에 별도의 명칭도 붙일 수 있다.

다음은 파이썬에서 이미 작성된 모듈들을 사용하기 위해 import문으로 선언한 각종 예이다.

```
>>>import math # 산술 모듈 연결
>>>math
<module 'math' (built-in)>

>>>import sys, random # 시스템과 랜덤 모듈 선언
>>>sys # 이 모듈은 컴파일러 안에 내장되어 있다
<module 'sys' (built-in)>
>>>random # 파이썬 컴파일러가 설치된 경로가 나타남
<module 'random' from 'C:\\Python38\\lib\\random.py'>

>>>import random as r # random을 r로 별명
>>>r.randint(0, 10)
7
```

인터프리터가 import문을 선언하여 관련모듈이 검색 경로에 있으면 모듈을 연결한다.
검색 경로는 파이썬 컴파일러가 저장되어 있는 폴더('C:\Python38\lib\module00.py')에 먼저 다음 명령을 module00.py 파일로 작성한다.

```
def print_func( par ):
    print ("안녕 : ", par)
    return
```

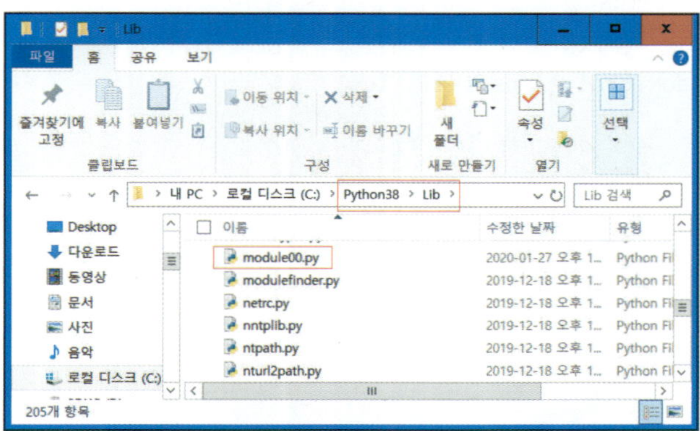


인터프리터가 import문을 발견하면 모듈이 검색 경로에 있으면 모듈을 가져온다. 검색 경로는 인터프리터가 모듈을 가져오기 전에 검색하는 디렉토리의 목록이다.

```
>>> module00 # 연결된 파일의 경로와 프로그램 이름이 나타남
<module 'module00' from 'C:\\Python38\\lib\\module00.py'>

import module00 # 호출될 프로그램이 연결
>>> module00.print_func("파이썬") # 해당 인수가 지정된 함수 호출
안녕 : 파이썬 # 외부 프로그램을 연결하여 해당 함수 출력
```

### 〈실습 7-1〉 import문 실습

<C:\\Python38\\lib\\module01.py>

```
def add(x, y):
    return x + y
```

<7-1.py>

```
import module01 # 모듈 연결
print(module01) # 연결된 모듈의 물리적 위치 출력
print("add(1, 2) = ", module01.add(1, 2)) # 함수 호출
print()
```

```
C:\WINDOWS\system32\cmd.exe
<module 'module01' from 'C:\\Python38\\lib\\module01.py'>
add(1, 2) =  3
```

### 〈실습 7-2〉 내부 import문 실습

```
# 7-2.py
def get_description():
    import random
    possibilities = ['비', '눈', '진눈깨비', '안개', '해', '미세 먼지']
    return random.choice(possibilities)

print('날씨 = ', get_description())
print('날씨 = ', get_description())
print('날씨 = ', get_description())
print('날씨 = ', get_description())
print('날씨 = ', get_description())
print()
```

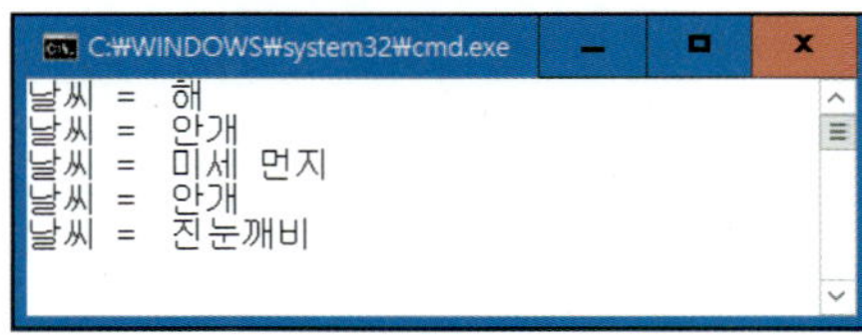

### 〈실습 7-3〉 다중 def 문에서 import 실습

<module03.py>

```
# module03.py
def add(x, y):
    return x + y

def subtract(x, y):
    return x - y

def multiply(x, y):
    return x * y

def divide(x, y):
    return x / y
```

```
# 7-3.py
import module03
import module03 as calculator

print("add(1, 2) = ", module03.add(1, 2))
print("subtract(2, 1) = ", module03.subtract(2, 1))
print("multiply(4, 3) = ", calculator.multiply(4, 3))
print("divide(4, 3) = ", calculator.divide(4, 3))
print()
```

```
add(1, 2) =  3
subtract(2, 1) =  1
multiply(4, 3) =  12
divide(4, 3) =  1.3333333333333333
```

## 7.2 from 모듈 import 선언

특정 함수만을 import하여 사용하고자 할 때는 from import 방식을 사용하면 모듈 이름을 생략할 수 있으며, *를 사용하면 모듈에 있는 모든 내용이 포함할 수 있고 as를 사용하여 함수명에 별명을 붙일 수 있다.

```
from 모듈 import 함수1, 함수2, 함수3 ...

from 모듈 import *

from 모듈 import 함수 as 별명
```

```
>>> from time import asctime, sleep # asctime과 sleep는 time의 내장 함수

>>> print(asctime())
Mon Jan  7 10:24:40 2019
>>> sleep(5)
>>> print(asctime())
Mon Jan  7 10:24:45 2019

>>> from time import *
>>> print(timezone)
-32400
```

### 〈실습 7-4〉 from 문을 사용한 피보나치 수열 호출 실습

```
# module04.py
def fib(n): #  Fibonacci 수열 정의
    result = []
    a, b = 0, 1
    while b < n:
        result.append(b)
        a, b = b, a+b
    return result
```

```
# 7-4.py
from fib  import fib
print('fibonacci(100) = ', fib(100))
print()
```

```
fibonacci(100) =  [1, 1, 2, 3, 5, 8, 13, 21, 34, 55, 89]
```

### 〈실습 7-5〉 from 문에서 복수의 모듈 호출 실습

```
1. # module05.py
2. def mod_function():
3.     print("module Function 테스트")
4.
5. mod_int = 3
6. mod_list = [1,2,3,4]
```

```
# 7-5.py
from module05 import mod_function, mod_int, mod_list

mod_function() # module05.py의 2~3 번 호출
print()
print("Mod = ", mod_int) # module05.py의 5 번 호출
print("Mod List = ", mod_list) # module05.py의 6 번 호출
print()
```

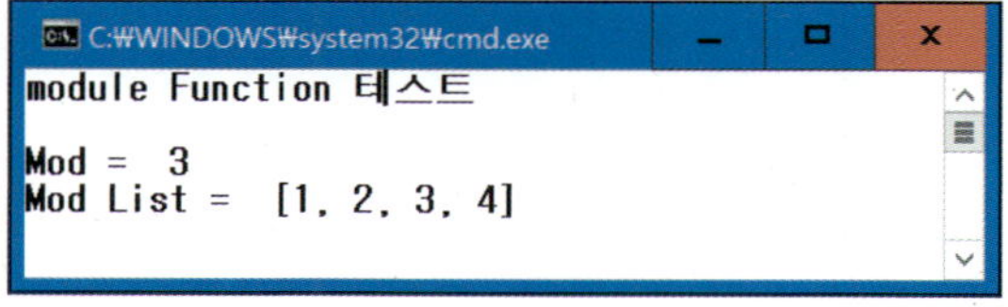

### 〈실습 7-6〉 from 문에서 인수를 포함한 모듈 호출 실습

```
# module06.py
x = 1
y = [1, 2]
```

```
# 7-6.py
from module06 import x, y
x = 42
y[0] = 42

import module06
print('module06.x = ', module06.x) # module03 x와 x는 다르다.
print('7-6.x = ', x)
print('module06.y = ', module06.y) # 배열은 기억 장소 값을 공유한다.
print()
```

```
C:\WINDOWS\system32\cmd.exe
module06.x =  1
7-6.x =  42
module06.y =  [42, 2]
```

## 7.3 if __name__ == "__main__"

### 7.3.1 namespace와 module

이름공간(namespace)은 변수명을 넣을 수 있는 공간이라고 이해하면 된다. 파이썬에서 namespace를 이해하기 위해서 파이썬 모듈에 대한 약간의 이해가 필요하며, 파이썬에서 module은 파이썬 코드를 가지고 있는 파일이다. 해당 파일에는 파이썬 클래스, 함수 또는 단순하게 이름의 리스트가 들어 있을 수 있다.

각 모듈은 자신만의 유일한 namespace를 가지므로 동일한 모듈 내에서 동일한 이름을 가지는 클래스나 함수를 정의할 수 없다. 또한 모듈은 namespace가 다르기 때문에 독립적이어서 두 모듈은 동일한 이름을 갖는 클래스나 함수를 정의할 수 있다.

### 7.3.2 __main__ namespace

파이썬 인터프리터는 소스파일을 읽고, 그 안의 모든 코드를 실행하게 되기 때문에, 코드를 실행하기 전에 특정한 변수값을 정의한다. 그중 하나가 __name__이라는 변수를 __main__으로 지정한다.

python script.py와 같이 직접 shell에서 실행하는 경우에는 파이썬 인터프리터가 해당 script.py 모듈을 script라는 namespace가 아닌 __main__이라는 namespace로 간주한다.

따라서 if __name__ == "__main__" 문장은 '만약 이 파일이 인터프리터에 의해서 실행되는 경우라면'이라는 의미한다.

작성한 코드가 다른 파이썬 코드에 의해서 모듈로 import 될 경우도 있을 수 있고, 파이썬 인터프리터에 의해서 직접 실행될 경우도 있을 수 있는데, 위 코드는 인터프리터에 의해서 직접 실행될 경우에만 실행하도록 하고 싶은 코드 블록이 있는 경우에 사용한다.

```
>>> if __name__ == '__main__':
...     print ('이 프로그램은 제가 실행한 것 입니다!!')
... else:
...     print ('이 프로그램은 다른 모듈에서 import 된 것입니다!!')
...

이 프로그램은 제가 실행한 것 입니다!!
```

모듈이 외부로부터 불러들여졌을 때와 곧바로 실행되었을 때에 각각 다르게 처리하도록 할 수 있다. 이를 위해 name 속성을 사용한다.

**〈실습 7-7〉 import로 다른 모듈 호출 실습**

```
# module07.py
if __name__ == '__main__':
    print ('이 프로그램은 제가 실행한 것 입니다!!')
else:
    print ('이 프로그램은 다른 모듈에서 import 된 것입니다!!')
```

```
# 7-7.py
import module07
print('\nmodule07.py를 호출하였습니다')
print()
```

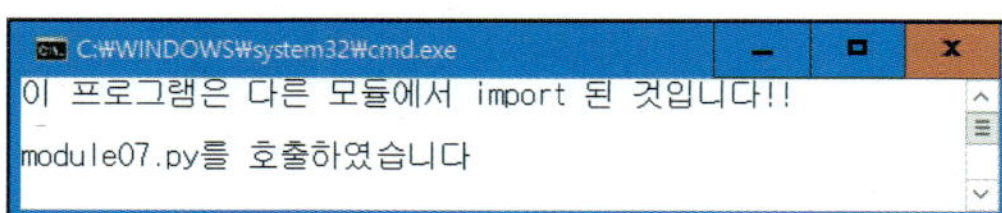


## 7.4 module namespace

모듈은 단순한 이름으로 구성됨 package로 이해할 수 있다. 기술적으로, 모듈은 일반적인 파일에 해당하며 Python은 모듈 파일에 할당된 모든 이름을 포함하는 모듈 객체를 작성한다. 모듈은 단순한 namespace로 해석하며, name과 객체의 매핑으로 파이썬 namespace는 대부분 dictnary로 되어 있으며 모듈에 있는 이름들은 속성(attribute)라고 한다.

### 7.4.1 파일 생성 namespace

모듈 파일의 함수 또는 클래스 본문에 중첩되지 않은 최상위 레벨에 값이 할당된 모든 이름은 해당 모듈의 속성이 된다. 모듈은 첫 번째 import에 의해 실행된다. 모듈을 시스템에서 처음으로 가져왔을 때, 새로운 모듈 객체를 생성하고 파일의 맨 위에서 맨 아래로 차례로 모듈 파일의 명령문을 차례로 실행한다. 최상위 수준 할당에서 모듈 속성을 생성하는 동안 이름을 할당하는 def 또는 class에 중첩되지 않은 파일의 최상위 수준에 있는 명령문( : =, def) 모듈 객체의 속성을 생성하고 할당된 이름은 모듈의 namespace에 저장된다.

```
globals() 및 locals() 함수는 호출된 위치에 따라 전역 및 로컬 namespace의 명칭을 반환하는 데
사용한다.
```

파이썬에는 namespace를 지역(local), 전역(Global), 내장빌드(build-in) 변수들을 관리하며, 이를 기반으로 변수 scope를 정하여 사용한다. 파이썬은 지역변수의 Scope 영역은 함수를 기준으로 하고 함수 범위를 벗어나면 전역변수를 사용하고 전역변수에 없으면 내장함수를 검색하여 매칭시키고 없으면 에러를 발생한다.

```
def printer():
   var = "지역 변수"
   print(var)
var = "전역 변수"
printer()
print(var)

# 지역 변수
# 전역 변수
```

전역 변수와 지역 변수를 구분하는 개념은 다음과 같다.

```
>>> gA = [1,2,3]  # 전역변수 선언
>>> def f() :
...     gA = [4,5,6] # 지역 변수 선언
...     print(locals())
...

# gA를 전역으로 사용한 경우는 [1,2,3]
>>> globals()
{'__name__': '__main__', '__doc__': None, '__package__': None, '__loader__': <class
'_frozen_importlib.BuiltinImporter'>, '__spec__': None, '__annotations__': {},
'__builtins__': <module 'builtins' (built-in)>, 'gA': [1, 2, 3], 'f': <function f at
0x0000023C3C47C378>}

# 함수에서 변수명이 같아도 동일 이름이 있을 경우 지역변수를 사용
>>> f()
{'gA': [4, 5, 6]}

#  함수에서 전역 변수 사용하기
>>> def f1() :
...     global gA
```

```
...     print(locals())
...     print(gA)
...
...
>>> f1()
{}       # local 변수에는 아무런 변수 정의가 없음
[1, 2, 3]  # 전역 변수로 정의된 값이 출력
```

**〈실습 7-8〉 모듈의 할당 및 속성 나타내기 실습**

```
# module08.py
print('module08.py 로딩 시작')
import sys
name = 42
def func(): pass
class klass: pass
print('module08.py 로딩 종료')
print()
```

```
# 7-8.py
import module08
print('module08.sys = ', module08.sys)
print('module08.name = ', module08.name)
print('module08.func = ', module08.func)
print('module08.klass = ', module08.klass)
print()
```

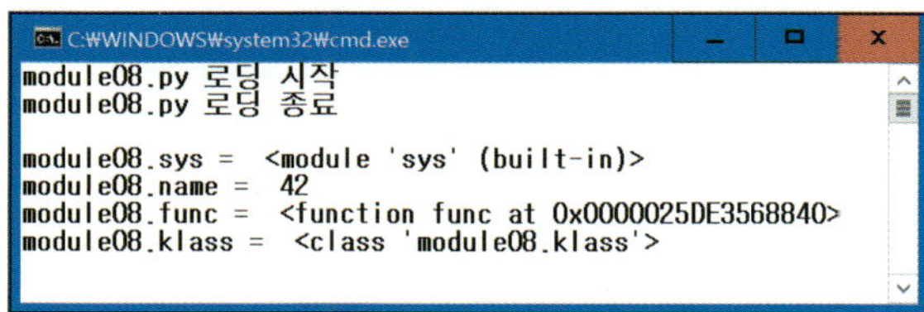


## 7.4.2 namespace 중첩

namespace를 사용하면 위쪽이 아닌 아래쪽으로 중첩된다. import 모듈은 속성 경로를 사용하여 파일 이름에 직접 액세스 할 수 없지만 임의로 중첩된 모듈로 가서 속성에 액세스 할 수 있다.

**〈실습 7-9〉 중첩된 변수의 값 출력 실습**

```
# module09_1.py
X = 3
```

```
# module09_2.py
X = 2
import module09_1
print('module09_2.X = ', X) # 09_2의 global X
print('module09_1.X = ', module09_1.X) # module09_1의 X
```

```
# 7_9.py
import module09_2
X = 1
print()
print('7_9.X = ', X) # 내 global X
print('module09_2.X = ', module09_2.X) # module09_2.X
print('module09_2.module09_1.X = ', end = '')
print(module09_2.module09_1.X) # 내포된 'module09_1의 X
print()
```

```
C:\WINDOWS\system32\cmd.exe
module09_2.X =  2
module09_1.X =  3

7_9.X =  1
module09_2.X =  2
module09_2.module09_1.X = 3
```

## 7·5 PYTHONPATH

PYTHONHOME은 현재 python 인터프리터의 위치이고, PYTHONPATH는 파이썬을 구동하기 위한 스크립트(모듈)들이 모여 있는 폴더이다.

PYTHONPATH는 파이썬 프로그래밍시 import 할 때의 모듈을 탐색하는 경로이고, PATH는 *.py 실행시 실행 프로그램 검색 경로이다. 즉, PATH에 파이썬 설치 경로를 수정 또는 추가하려면, cmd 창에서 다음 명령과 같이 지정할 수 있다.

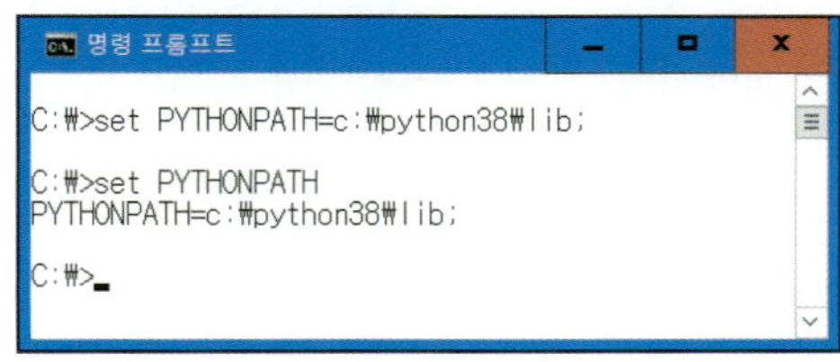

### 〈실습 7-10〉 파이썬 os 함수로 기본 경로 설정 및 목록 내용 확인

```
import os.path
os.chdir("c:\python38\lib")

folder = os.getcwd()
print('folder = ' , folder)
for filename in os.listdir(folder):
    fullname = os.path.join(folder,filename)
    print(fullname)
```

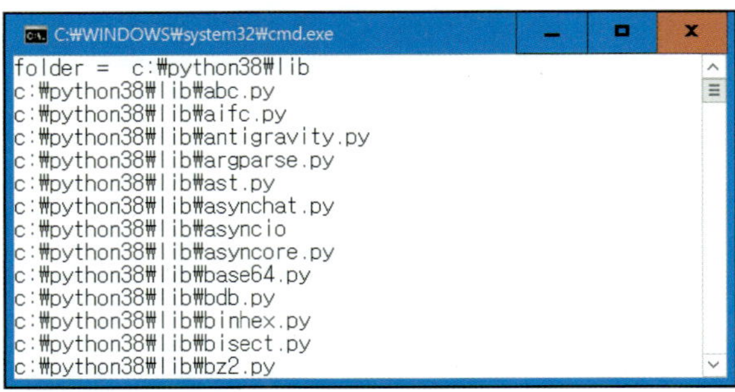


파이썬 코드들은 프로젝트를 작성하면 많은 코드를 작성한다. 이때 각각의 폴더로 구분하면 정리를 확실하게 할 수 있다. 우리가 파이썬 코드를 입력 할 경우 이미 지정된 기본 경로 안에 작성된다.

## 7.6 package

패키지(package)는 파이썬에서 복잡한 프로그램(소스코드)을 모듈(Mcdules)로 나누어 관리하는데, 이러한 모듈은 패키지(Packages)로 묶어서 관리할 수 있다. 패키지란 모듈을 디렉토리(폴더)로 구분하여 관리하는 것을 의미한다.

패키지는 "점으로 구분된 모듈 이름"을 사용하여 파이썬의 모듈 namespace 공간을 구조화하는 방법이다. 예를 들어, 모듈 이름 A.B는 A라는 이름의 패키지에 있는 B라는 이름의 서브 모듈을 가리킨다. 모듈의 사용이 다른 모듈의 개발자들이 상호간에 전역 변수 이름들을 쉽게 작성하는 것과 마찬가지로, 점(.)으로 구분된 모듈의 이름들은 상호 공유하도록 한다.

### 7.6.1 Package Import 기본

기본적인 package import는 간단하다. import문에서 간단한 파일명을 지정한 위치에서 대신 마침표로 구분된 이름 경로를 나열한다.

```
import dir1.dir2.mod # . 으로 연결된 mod.py의 계층구조 연결 경로
from dir1.dir2.mod import x
```

컴퓨터에 디렉토리 dir1과 dir2라는 하위 디렉토리가 선언되어 있고 그 안에 모듈 mod.py가 들어 있는 것을 나타낸다.

### 7.6.2 __init__.py 파일

__init__.py 파일은 패키지를 초기화하는 역할을 하며 특별하게 Python 3.3 이후의 버전에서는 __init__.py를 생략할 수 있다. 그러나 하위 버전의 호환성을 위해 내용이 없어도 __init__.py 파일을 남겨두는 것이 좋다.

```
dir0\ # 기준이 되는 폴더(PYTHONPATH 지정 모듈 아래 경로(c:\pathon38\lib)
    dir1\
        __init__.py
        dir2\
            __init__.py
            mod.py
```

__init__.py 파일은 일반 모듈 파일과 마찬가지로 파이썬 코드를 포함하여 초기에 directory를 import할 때 특별한 이름으로 코드가 실행되기 때문에 초기화 역할을 진행한다. 패키지가 필요한 단계에서 이 파일들은 비어 있을 수 있으며 때로는 별도 영역을 가질 수 있다. 위의 경로를 임의로 작성해서 만들고 일반적으로 c:\python38\lib; 폴더에 등록한 결과는 다음과 같다.

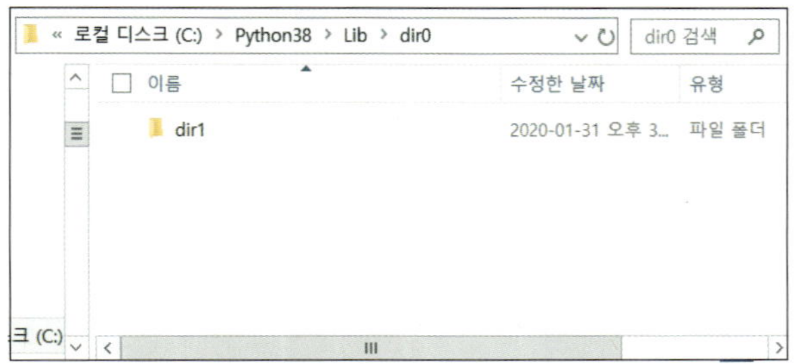

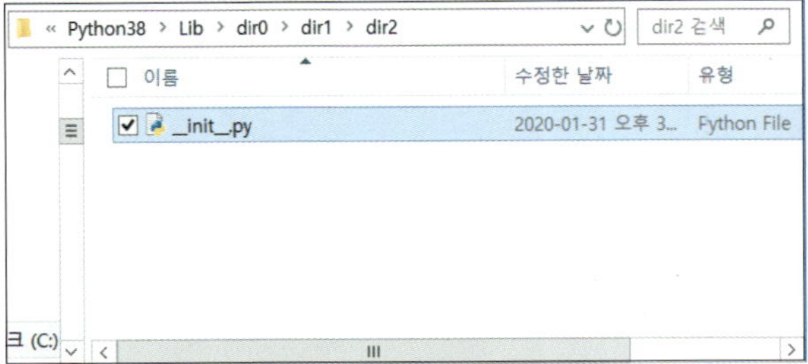

## <실습 7-11> package 구조 작성 및 호출 실습

\# 다음과 같이 c:\python38\lib 폴더에 경로 설정 및 파일 작성

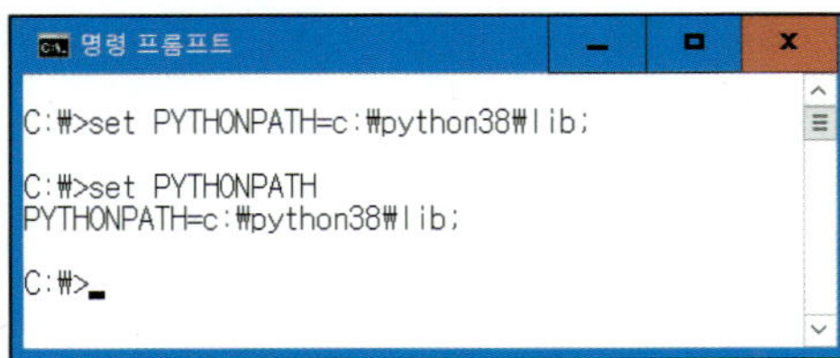


\# 명령 프롬프트에서 c:\>set PYTHONPATH=c:\python38\lib; 지정 및 확인

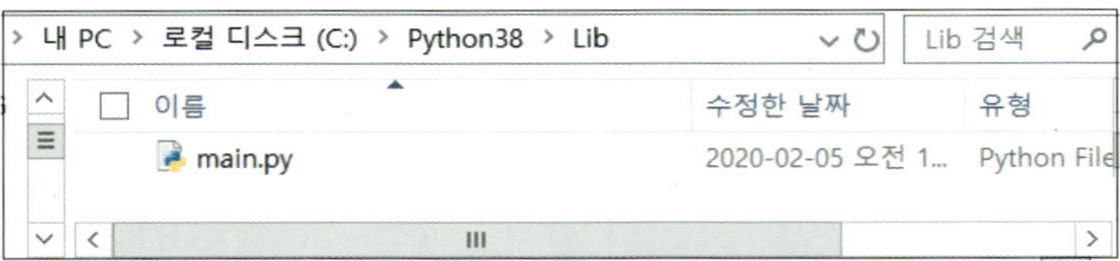


\# 윈도우 탐색기에서 main.py 파일 확인



\# 윈도우 탐색기에서 calc.py 파일 확인

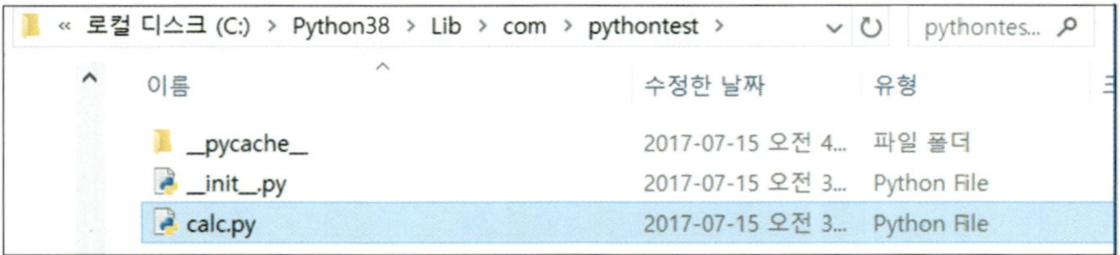

```
# calc.py
def plusValue(value1, value2):
      return value1 + value2
```

```
# 7-11.py
import sys

if __name__ == "__main__":
     sys.path.append(".")  # main.py가 들어 있는 현재 디렉토리를 지정

     import com.pythontest.calc
     print (com.pythontest.calc.plusValue(2, 1)) # 결과 : 3

     from com.pythontest.calc import plusValue
     print (plusValue(2, 2)) # 결과 : 4
print()
```

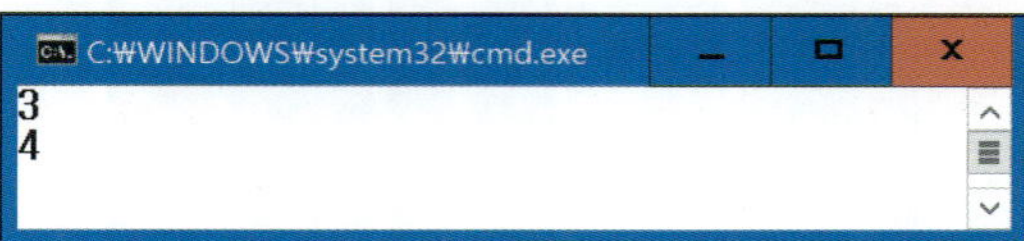

## 〈실습 7-12〉 함수 정의한 package 구조 작성 및 호출 실습

# 다음과 같이 c:\python38\lib 폴더에 경로 설정 및 파일 작성

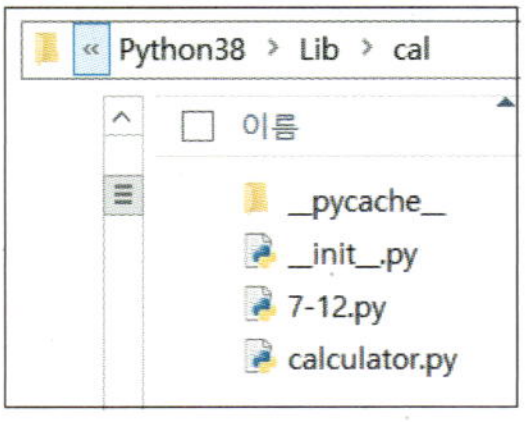


```
# calculator.py
def plus(a, b):
    return a + b

def minus(a, b):
    return a - b

def multiply(a, b):
    return a * b

def divide(a, b):
    return a / b
```

```python
# 7-12.py
import os.path
os.chdir('c:/python38/lib/cal') # 해당 폴더로 이동
print("현재 폴더 = ", os.getcwd()) # 해당 폴더
print()
# 폴더의 프로그램 연결
import cal.calculator
import cal.calculator as cal2
from cal.calculator import multiply, divide

print("cal.calculator.plus(5,4) = ", cal.calculator.plus(5,4))
print("cal.calculator.minus(5,4) = ", cal.calculator.minus(5,4))
print()
print("cal2.plus(5,4) = ", cal2.plus(5,4))
print("cal2.minus(5,4) = ", cal2.minus(5,4))
print()
print("multiply(6, 4) = ", multiply(6, 4))
print("divide(6, 4) = ", divide(6, 4))
print()
```

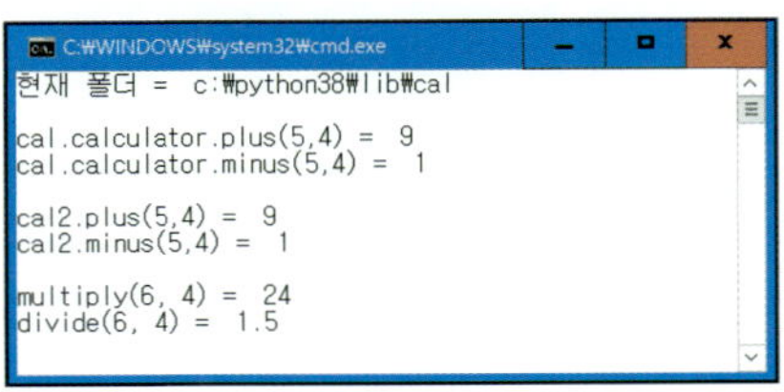


## 7·7 고급 모듈

모듈이 실행되는 환경의 개요는 다음과 같다.

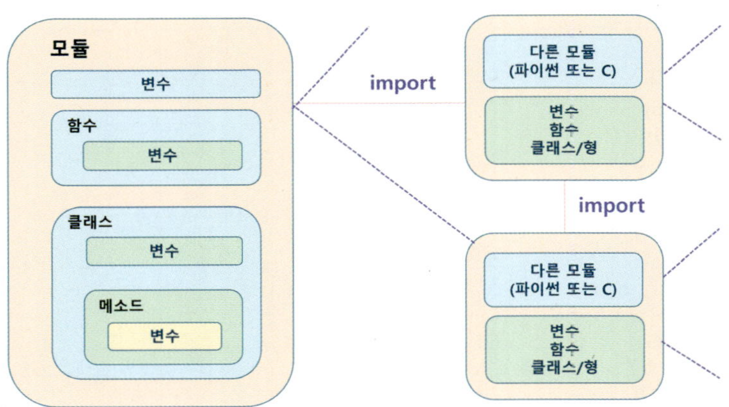

모듈에는 변수, 함수, 클래스 및 기타 모듈 (가져온 경우)이 포함된다. 함수는 클래스와 마찬가지로 자체의 지역변수를 가지고 있다.

함수도 중첩될 수 있지만 전체적으로 모든 모듈은 맨 위에 포함된다. 패키지란 모듈을 디렉토리(폴더)로 구분하여 관리하는 것을 의미한다.

모듈의 데이터 은닉을 위한 방법은 다양하다. 파이썬 모듈은 파일의 최상위 레벨에 할당된 모든 이름을 나타낸다. 어떤 이름을 모듈의 외부에서 볼 수 있어야 한다. 사실, 원하는 경우 클라이언트가 모듈 내부에서 이름을 변경하지 못하게 하는 방법은 없다.

파이썬에서 모듈에 숨어있는 데이터는 문법의 제한이 아니라 일반적이다. 파이썬이 캡슐화를 구현할 수 없기 때문에 데이터 은닉을 할 수 없기 때문에 파이썬에서 캡슐화는 제한보다 포장에 중점을 둔다.

### 7.7.1 * 위험의 최소화 : _x와 __all__

특별하게 클라이언트가 from *문으로 모듈의 이름을 선언할 때 이름을 밑줄(예 : _x)로 접두사로 붙이면 복사되지 않도록 할 수 있다. 이것은 실제로 이름 공간(namespace) 낭비를 최소화하기 위한 것이다. *로 모든 이름을 복사하기 때문에 importer는 importer의 이름을 overwrite한 이름을 포함하여 연결된 것 이상을 가져 올 수 있다.

밑줄은 private 선언이 아니므로 import문과 같은 다른 가져 오기 양식을 사용하여 이러한 이름을 보고 변경할 수 있다.

**〈실습 7-13〉 _x를 이용한 다른 모듈의 참조**

```
# unders.py
a, _b, c, _d = 1, 2, 3, 4
```

```
# 7-13.py
# unders.py
# a, _b, c, _d = 1, 2, 3, 4
from unders import * # _x 이름이 아닌 변수 로드
print('a = ',a , ' c = ', c)
import unders
print('unders._b = ', unders._b)
print('b = ', b) # 이지점에서 b는 정의가 되지 않았으므로 에러가 발생한다.
```

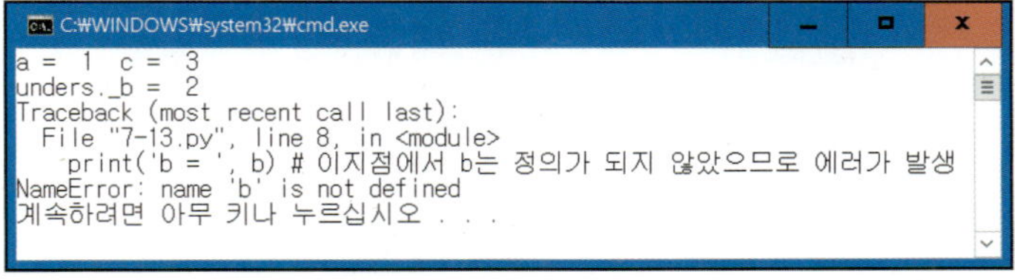

변수 이름 문자열 목록을 모듈의 최상위 수준에 있는 변수 __all__에 할당하여 _X 지정 규칙과 비슷한 은닉 효과를 얻을 수 있다.
이 기능을 사용하면 from *문은 __all__ 목록에 나열된 이름만 복사한다. 실제로 이것은 _X 규칙과 반대 기능을 가지고 있다. __all__은 복사할 이름을 식별하고 _X는 복사하지 않을 이름을 식별한다.

파이썬은 먼저 모듈에서 __all__리스트를 찾고 밑줄과 관계없이 이름을 복사한다. __all__이 정의되지 않은 경우 *는 맨 앞에 밑줄이 없는 모든 이름을 복사한다.

```
# alls.py
__all__ = ['a', '_c']
a, b, _c, _d = 1, 2, 3, 4

>>> from alls import * # Load __all__ 선언 변수만 로드
>>> a, _c
(1, 3)

>>> b  # b 변수는 로드가 안되서 호출하면 에러 발생
NameError: name 'b' is not defined
```

### 〈실습 7-14〉 __all__을 이용한 다른 모듈의 참조

```
# alls.py
__all__ = ['a', '_c']
a, b, _c, _d = 1, 2, 3, 4
```

```
# 7-14.py
# alls.py
# __all__ = ['a', '_c']
# a, b, _c, _d = 1, 2, 3, 4

from alls import * # Load __all__ 변수만 로드
print(' a = ', a , '\n_c = ', _c)

# from alls import a, b, _c, _d
from alls import a, b, _c, _d
print(' a = ', a)
print(' b = ', b)
print('_c = ', _c)
print('_d = ', _d)
print()

# import alls
import alls
print('alls.a = ', alls.a)
print('alls.b = ', alls.b)
print('alls._c = ', alls._c)
print('alls._d = ', alls._d)
print()
```

```
 a =  1
_c =  3
 a =  1
 b =  2
_c =  3
_d =  4

alls.a =  1
alls.b =  2
alls._c =  3
alls._d =  4
```

### 7.7.2 혼합 사용 모드 : __name__과 __main__

다음 모듈 관련 요령을 사용하면 파일을 모듈로 가져 와서 별도 프로그램으로 실행할 수 있으며 파이썬에서 널리 사용된다.

각 모듈에는 __name__이라는 내장 속성이 있으며, 다음과 같이 만들고 할당한다.

- 파일이 최상위 프로그램 파일로 실행되어 __name__은 시작하면 "__main__" 문자열로 설정된다.
- 대신 파일을 가져 오는 경우 __name__은 클라이언트가 알고 있는 모듈 이름으로 설정된다.

모듈이 자체 __name__을 검색하여 모듈이 존재여부를 결정할 수 있다. 실행 또는 가져 오기. 예를 들어, 다음과 같은 모듈 파일을 생성한다. runme.py 모듈이 포함된 파일을 사용하여 tester()라는 함수를 내보낸다.

```
# runme.py
def tester():
    print("안녕하세요 파이썬입니다!!")

if __name__ == '__main__': # 단지 실행만 처리
    tester() # import가 안될 경우
```

runme.py 파일이 들어 있는 디렉토리로 이동한다.

```
_name_ (내장 전역변수)를 이용하면 지금 사용하고 있는 모듈이 메인 모듈인지 하위 모듈인지 확인할
수 있다
    . 메인 모듈: _name_ ---> main이라고 나오고
    . 하위 모듈: _name_ ---> 모듈명으로 나온다
```

모듈의 __name__ 변수는 사용 모드 플래그로 사용되며 코드를 가져오기 위한 라이브러리와 최상위 코드로 활용할 수 있다. 또한 모듈에서 모듈의 내보내기를 테스트하는 코드를 패키지화 할 수 있다.

파일의 맨 아래에 있는 __name__ 테스트에 매핑하여 그 자체를 테스트하면 파일을 가져 와서 클라이언트에서 사용할 수 있으며 시스템에서 실행하여 쉘 또는 다른 시작 프로그램을 통해 실행할 수 있다.

### 7.7.3 __name__을 사용한 단위 테스트

__name__을 이용하여 자체 테스트 코드를 선언하고, 대화 형 명령 줄에서 실행할 때마다 모든 것을 다시 입력 할 필요없이 테스트할 수 있다. 그러나 현재 코딩된 방식의 문제점은 자체 테스트 호출 결과가 이 파일을 다른 파일에서 가져 와서 도구로 사용할 때마다 나타낼 수 있다.

```
>>> def minmax(test, *args):
...     res = args[0]
...     for arg in args[1:]:
...         if test(arg, res):
...             res = arg
...     return res
...
>>> def lessthan(x, y): return x < y
...
>>> def grtrthan(x, y): return x > y
...
>>> minmax(lessthan, 4, 2, 1, 5, 6, 3) # 자체 테스트 명령
1
>>> minmax(grtrthan, 4, 2, 1, 5, 6, 3)
6
```

__name__의 값을 부여해서 값을 추적할 수 있다. 파이썬은 파일로드가 실행되면 사용 모드 변수를 생성하고 할당한다.

이때 이 코드를 최상위 코드로 사용하는 경우 이름이 __main__으로 설정되므로 자체 테스트 코드가 자동으로 실행된다.

**〈실습 7-15〉 __name__과 __main__을 이용한 자체 모듈의 참조**

```
# 7-15.py

print('나는 : ', __name__)

def minmax(test, *args):  # minmax 함수
    res = args[0] # 인수값을 res 변수에 대입
    for arg in args[1:]:
        if test(arg, res):
            res = arg # 만일 첫번째 인수와 두번째 인수를 비교
    return res # 결과 값 반환

def lessthan(x, y): return x < y  # x와 y를 비교해서 최소값 산출
def grtrthan(x, y): return x > y  # x와 y를 비교해서 최대값 산출

if __name__ == '__main__':
    print('최소값 = ', minmax(lessthan, 4, 2, 1, 5, 6, 3)) # 자체 테스트 코드
    print('최대값 = ', minmax(grtrthan, 4, 2, 1, 5, 6, 3))
print()
```

```
C:\WINDOWS\system32\cmd.exe
나는 :  __main__
최소값 =  1
최대값 =  6
```

### 7.7.4 스크립트를 이용한 외부에서 데이터 입력하기

모듈은 파이썬 정의와 문장들을 담고 있는 파일로 파일의 이름은 모듈 이름에 확장자 .py를 붙이면 모듈 내에서, 모듈의 이름은 전역 변수 __name__으로 제공된다. 다음과 같이 fibodef.py라는 이름의 파일을 현재 디렉토리 또는 인터프리터에서 호출할 수 있는 c:\python38\lib 폴더에 작성 저장하고 다음과 같은 피보나치 수열 결과를 구하는 프로그램(fibodef.py)을 작성한다.

```
# Fibonacci 수열 모듈
def fib(n):    # 첫 번째 수열 정의
    a, b = 0, 1
    while a < n:
        print(a, end=' ')
        a, b = b, a+b
    print()

def fib2(n):   # 두 번째 수열 정의
    result = []
    a, b = 0, 1
    while a < n:
        result.append(a)
        a, b = b, a+b
    return result

if __name__ == "__main__":
    import sys
    fib(int(sys.argv[1]))
```

다음으로 파이썬 인터프리터에서 이 모듈을 다음과 같은 명령으로 import하고 인수를 부여하고 함수를 호출하면 그 결과가 곧바로 나타난다.

```
>>> import fibodef
>>> fibodef.fib(1000)
0 1 1 2 3 5 8 13 21 34 55 89 144 233 377 610 987
>>> fibodef.fib2(100)
[0, 1, 1, 2, 3, 5, 8, 13, 21, 34, 55, 89]
>>> fibodef.__name__
'fibodef'
>>> fib = fibodef.fib
>>> fib(500)
0 1 1 2 3 5 8 13 21 34 55 89 144 233 377
```

또한 command 창에서 c:\python38\lib 폴더로 이동한 다음 직접 인수를 부여해서 호출할 수도 있다.

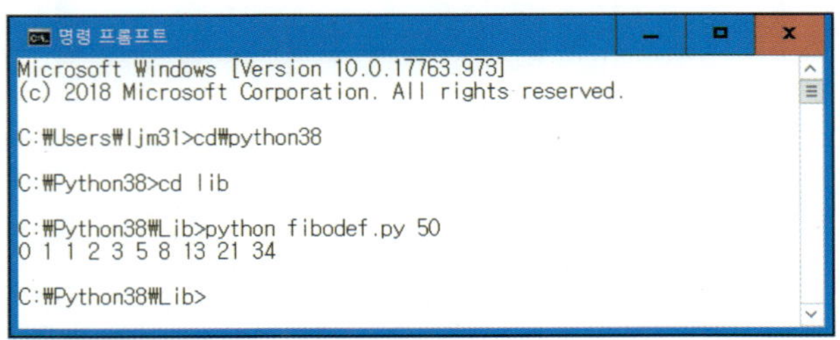

# 제8장 파일 처리

모든 프로그램은 입출력을 수행하기 위해 파일을 처리해야 한다. 파일 처리란 프로그램이 가지고 있는 또는 가지고 있지 않은 데이터를 외부(다른 프로그램)로 보내거나 가져오는 동작을 의미이다. 구체적으로 텍스트 및 이진 파일, 파일 인코딩 및 기타 관련 문제를 포함하여 여러 종류의 파일 작업에 대한 일반적인 관용구를 취급하며, 파일 이름과 디렉토리를 조작하는 기술도 처리한다.

## 8.1 스트림

스트림은 단방향 구조이다. 따라서 오로지 출발지와 목적지를 지정하면 한곳으로만 데이터가 전송된다. 서로 네트워크가 연결되면 Pipeline이 설정되어 보내고 받는 2개의 객체(통로)가 설정된다. 파일 io는 파이썬에 의해 사용됨으로 패키지명으로 사용할 수 없다.

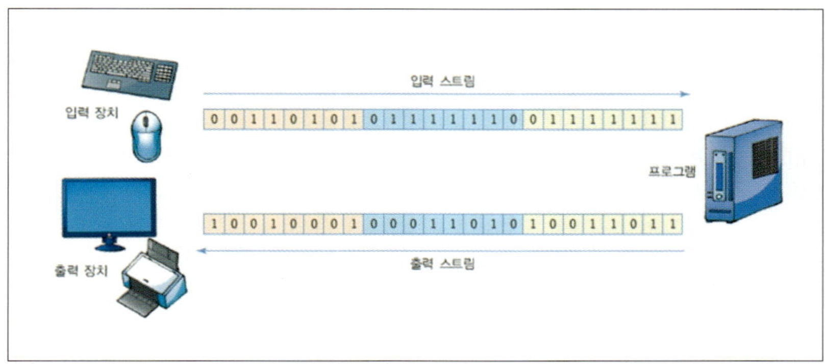


## 8.2 파일의 열기 및 닫기

어떤 파일에 대한 작업을 수행하기 위해 가장 먼저 해야 할 자연스러운 프로세스는 이미 작성되어 있는 파일을 여는 것이다. 파이썬은 기본적으로 파일을 조작하는 데 필요한 기본 함수와 메소드를 제공한다. 대부분의 파일 운영은 파일 객체를 사용하여 수행할 수 있다.

## 8.2.1 open()

파일을 읽거나 수록하려면 먼저 파이썬의 open() 함수를 사용하여 파일을 열어야 한다. 이 함수는 파일 객체를 생성하여 다른 객체를 호출하는 데 사용된다.

```
file 객체명 = open(파일명 [, 접근모드][, 버퍼링])

   파일명 : 파일명의 인수는 검색하는 파일의 이름을 포함한 문자열 값
   접근모드 : 파일을 여는 모드로 읽기, 쓰기, 추가 등을 결정한다.
              생략이 가능하며, 기본 파일 접근 모드는 읽기 r 이다.
   버퍼링 : 버퍼링 값이 0이면 버퍼링이 수행되지 않는다.
            버퍼링 값이 1이면 파일에 접근하는 동안 라인 버퍼링이 수행된다.
            버퍼링 값을 1보다 큰 정수로 지정하면 지정된 버퍼 크기로 버퍼링이
            수행된다. 음수 인 경우 버퍼 크기는 시스템 기본값으로 설정된다.
```

접근모드의 종류는 다음과 같다.

| 모드 | 설명 |
|---|---|
| r | 읽기 전용 파일 열기. 파일 포인터는 파일의 시작 부분에 위치(기본 값) |
| rb | 2진 형식으로 읽기 전용 열기. 파일 포인터는 파일의 시작 부분에 위치(기본 값) |
| r+ | 읽기 및 쓰기 파일 열기. 파일 포인터는 파일의 시작 부분에 위치 |
| rb+ | 이진 형식으로 읽기 및 쓰기 파일 열기 파일 포인터는 파일의 시작 부분에 위치 |
| w | 쓰기 전용 파일 열기. 파일이 있으면 파일을 덮어 씀. 파일이 없으면 쓰기용으로 새 파일 작성 |
| wb | 이진 형식 쓰기 위한 파일 열기. 파일이 있으면 파일을 덮어 씀. 파일이 없으면 쓰기용으로 새 파일을 작성 |
| w+ | 쓰기와 읽기 파일 열기. 파일이 있으면 파일을 덮어 씀. 파일이 없으면 읽기 쓰기용으로 새 파일을 작성 |
| wb+ | 2진 형식의 쓰기 및 읽기 파일 열기. 파일이 있는 경우 기존 파일을 덮어 씀. 파일이 없으면 읽기 및 쓰기로 새 파일을 작성. a 모드는 추가 할 파일 열기. 파일 포인터는 파일이 있는 경우 파일의 끝에 있음. 즉, 파일이 추가 모드에 있음. 파일이 없으면 쓰기용으로 새 파일을 작성. |
| ab | 2진 형식으로 추가 할 파일 열기. 파일 포인터는 파일이 있는 경우 파일의 끝에 위치. 즉, 파일이 추가 모드에 있음. 파일이 없으면 쓰기용으로 새 파일 작성 |
| a+ | 추가 및 읽기 파일 열기. 파일 포인터는 파일이 있는 경우 파일의 끝에 위치. 파일이 추가 모드로 열림. 파일이 없으면 읽기 및 쓰기로 새 파일 작성 |
| ab+ | 2진 형식으로 추가 및 읽기 파일 열기. 파일 포인터는 파일이 있는 경우 파일의 끝에 위치하여. 파일이 추가 모드로 열림. 파일이 없으면 읽기 및 쓰기 새 파일 작성 |

텍스트("8-1.txt") 파일을 메모장으로 작성하고 그 결과는 다음과 같다.

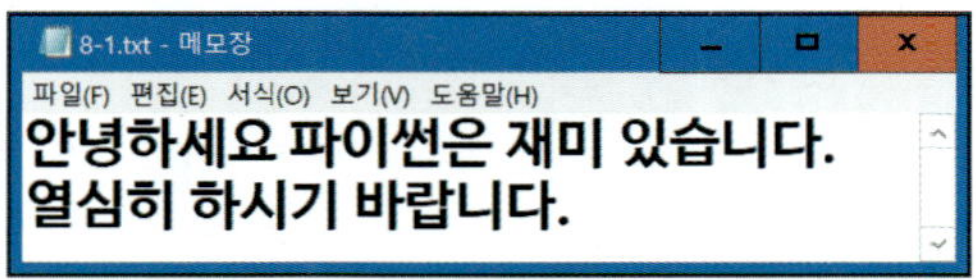

### 〈실습 8-1〉 텍스트 파일 열기

```
1. fo = open("8-1.txt")
2. print(fo)
3. print()
```

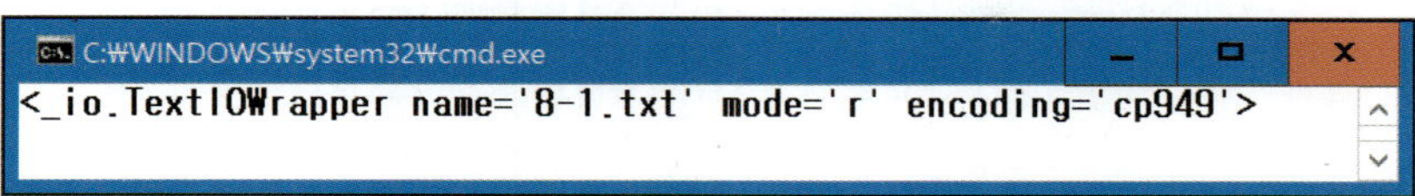


open() 명령과 비슷한 popen() 명령이 있다.

popen() 명령은 파이프의 개념으로 곧바로 외부 명령을 실행하거나 수록할 수 있다.

반환 값은 파이프에 연결된 열린 파일 객체이며, 모드가 'r'(기본값)인지 'w'인지에 따라 읽고 쓸 수 있다.

```
file 객체명 = popen(명령 [, 접근모드][, 버퍼링])

   명령 : DOS 명령어
   접근모드 : 파일을 여는 모드로 읽기, 쓰기, 추가 등을 결정
              생략이 가능하며, 기본 파일 접근 모드는 읽기 r
   버퍼링 : 버퍼링 값이 0이면 버퍼링이 수행되지 않음
            버퍼링 값이 1이면 파일에 접근하는 동안 라인 버퍼링이 수행
            버퍼링 값을 1보다 큰 정수로 지정하면 지정된 버퍼 크기로 버퍼링이
            수행된다. 음수 인 경우 버퍼 크기는 시스템 기본값으로 설정
```

Popen은 subprocess 모듈에서 사용되는 대부분의 함수 실행에 실질적으로 관여하는 함수이다.

다양한 옵션들을 통해 call, check_output 등 보다 유연하게 사용할 수 있다.

```
>>> import os
>>> #  'dir' 명령 사용
... a = 'dir'
>>> b = os.popen(a)
>>> print(b.read())
 C 드라이브의 볼륨에는 이름이 없습니다.
 볼륨 일련 번호: 00BA-6E9A
```

```
C 드라이브의 볼륨에는 이름이 없습니다.
볼륨 일련 번호: 9ED5-2084

C:₩Python38 디렉터리

2020-02-05  오전 06:53    <DIR>          .
2020-02-05  오전 06:53    <DIR>          ..
2020-02-05  오전 06:53    <DIR>          DLLs
2020-02-05  오전 06:53    <DIR>          Doc
2020-02-05  오전 06:52    <DIR>          include
2020-02-05  오전 06:53    <DIR>          Lib
2020-02-05  오전 06:53    <DIR>          libs
2019-12-18  오후 11:27            31,322 LICENSE.txt
2019-12-18  오후 11:27           879,215 NEWS.txt
2019-12-18  오후 11:27            99,912 python.exe
2019-12-18  오후 11:27            58,952 python3.dll
2019-12-18  오후 11:27         4,191,304 python38.dll
2019-12-18  오후 11:27            98,376 pythonw.exe
2020-02-05  오전 06:54    <DIR>          Scripts
2020-02-05  오전 06:53    <DIR>          tcl
2020-02-05  오전 06:53    <DIR>          Tools
2019-12-18  오후 11:27            89,752 vcruntime140.dll
               7개 파일           5,448,833 바이트
              10개 디렉터리  178,583,994,368 바이트 남음
```

### 8.2.2 파일 속성

파일이 열리고 하나의 파일 객체가 존재하면 파일과 관련된 다양한 정보를 얻을 수 있다.

파일 객체와 관련된 모든 속성 목록은 다음과 같다.

| 속성 | 설명 |
|---|---|
| file.closed | 파일이 닫히면 true를 반환하고, 그렇지 않으면 false를 반환 |
| file.mode | 파일이 열렸던 접근 모드를 반환 |
| file.name | 파일 이름을 반환 |

**〈실습 8-2〉 파일 속성 검사 실습**

```
fo = open("8-1.txt", "wb")
print("파일명 : ", fo.name)
print("닫힘 또는 안닫힘 : ", fo.closed)
print("열기 모드 : ", fo.mode)
fo.close()
```

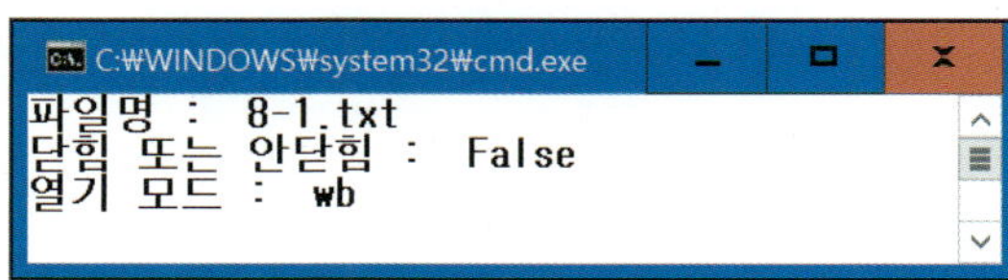

## 8.2.3 close() 메소드

close() 메소드는 수록되지 않은 정보를 버퍼에서 저장하고 파일 객체를 닫으며. 이후에는 더 이상 수록할 수 없다.

파이썬은 파일의 참조 객체가 다른 파일에 재 할당 될 경우 자동으로 파일을 닫는다. close() 메소드를 사용하여 파일을 닫는 것이 좋다.

```
파일객체.close()
```

### 〈실습 8-3〉 파일 닫기 실습

```
# 파일 열기
fo = open("8-1.txt", "wb")
print ("파일명 : ", fo.name)
print()
# 파일 닫기
fo.close()
```

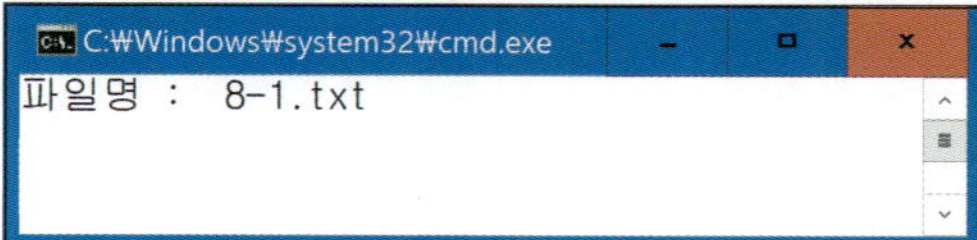

### 〈실습 8-4〉 DOS 명령 결과 수록

```
# DOS 명령 실행
import os
fo = os.popen('dir/w > dir.txt')
print(fo.read())
print("dir/w 명령 결과가 \ndir.txt 파일에 \n수록되었습니다!!")
print()
```

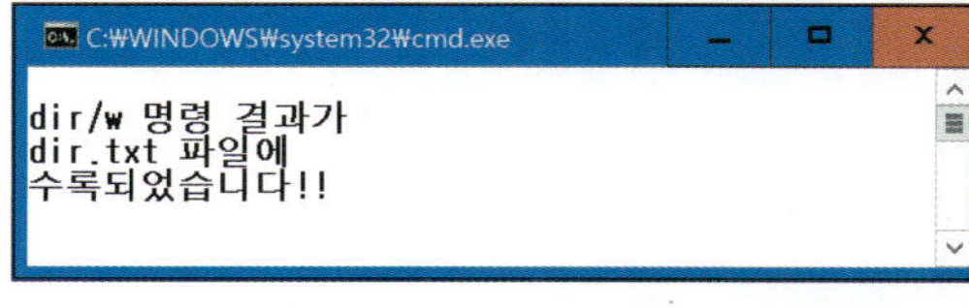


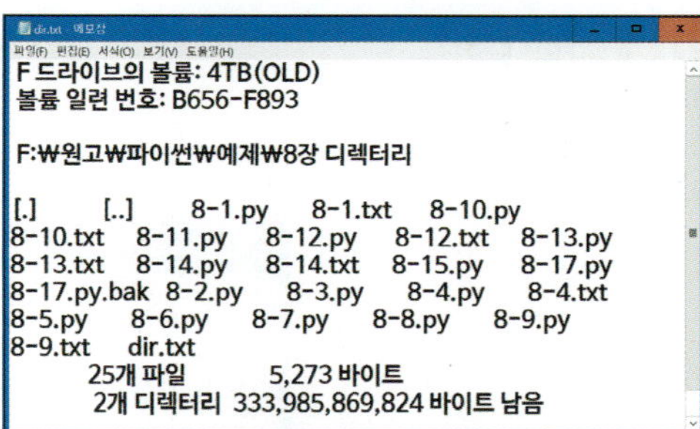
F 드라이브의 볼륨: 4TB(OLD)
볼륨 일련 번호: B656-F893

F:\원고\파이썬\예제\8장 디렉터리

[.]  [..]  8-1.py  8-1.txt  8-10.py
8-10.txt  8-11.py  8-12.py  8-12.txt  8-13.py
8-13.txt  8-14.py  8-14.txt  8-15.py  8-17.py
8-17.py.bak  8-2.py  8-3.py  8-4.py  8-4.txt
8-5.py  8-6.py  8-7.py  8-8.py  8-9.py
8-9.txt  dir.txt
25개 파일  5,273 바이트
2개 디렉터리  333,985,869,824 바이트 남음

# 8.3 파일 읽기 및 쓰기

파일에 데이터를 읽고 쓰기 위한 메소드로 read()와 write() 명령을 제공한다. 이 명령이 수행전과 후에는 반드시 open()과 close() 명령이 따라야 한다.

## 8.3.1 write()

write() 메소드는 열려있는 파일에 문자열을 수록한다. 파이썬 문자열은 텍스트가 아닌 2진 데이터를 가질 수 있다는 점에 유의해야 하며, write() 메소드는 줄 바꿈 문자( '\n')을 문자열 끝에 추가하지 않는다.

## 8.3.2 read()

read() 메소드는 열린 파일에서 문자열을 읽는다. 파이썬 문자열은 문자열 데이터와 별개로 2진 데이터를 가질 수 있다는 점에 유의해야 한다.

```
파일객체.read([count]); # count : 읽을 바이트 수
```

〈실습 8-5〉 write/read문 실습

```
# 파일 열기
fo = open("8-4.txt", "w")
content = "파이썬은 매우 좋은 프로그램입니다.\nPython is good!!\n"
fo.write(content)
print(content)
# 파일 닫기
fo.close()
print()
# 파일 열기
fo = open("8-5.txt", "r+")
str = fo.read(4)
print ("읽은 문자열 내용 : ", str)
print()
# 파일 닫기
fo.close()
```

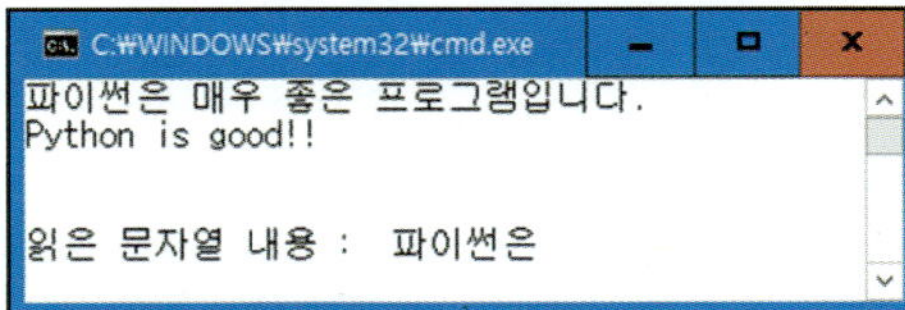

〈실습 8-6〉 2진 모드의 read() write() 실습

```
import array
f = open('8-6.bin', 'wb')
text = 'Hello World'
f.write(text.encode('utf-8')) # ascii 변환 수록
print('내용1 = ', text)
f.close()

nums = array.array('i', [1, 2, 3, 4])
f = open('8-6.bin','wb+')
f.write(nums)  # 2진으로 수록
f.close()

f = open('8-6.bin','rb')
data = f.read(11) # 2진 변환 수록
print('내용2 = ', data)
print()
f.close()
```

```
C:\Windows\system32\cmd.exe
내용1 =  Hello World
내용2 =  b'\x01\x00\x00\x00\x02\x00\x00\x00\x03\x00\x00'
```

## 8.3.3 기타 read 및 write 메소드

### (1) readline()

```
파일객체.readline(size);
```

파일에서 한 줄 전체를 읽는다. 마지막행 줄 바꿈 문자가 문자열에 수록된다. size 인수가 지정되면 음수가 아닌 경우, 마지막 행을 포함하는 최대 바이트 수를 반환한다. 빈 문자열은 EOF가 지정될 경우에 반환된다.

```
>>> import sys
>>> input3 = sys.stdin.readline()
abcdef^Z
>>> print(input3)
abcdef
```

### 〈실습 8-7〉 줄 단위 파일 읽기 실습

```
# 파일 열기
fo = open("8-4.txt", "r+")
print ("파일명 : ", fo.name)
print()
line = fo.readline()
print ("줄단위 문자열-1 : %s" % (line))
line = fo.readline(7)
print ("줄단위 문자열-2 : %s" % (line))
print()
# 파일 닫기
fo.close()
```

### (2) readlines()

```
파일객체.readlines(sizehint);
```

readlines() 메소드는 readline()을 사용하여 EOF(파일의 끝)를 읽고 해당 행을 포함하는 목록을 반환한다. 옵션에서 sizehint 인수가 있는 경우, EOF까지 읽는 대신, sizehint 바이트(내부 버퍼 크기까지 반올림)를 합친 전체 행을 읽는다.

```
8-9.txt - 메모장
파이썬은 매우 좋은 프로그램입니다.
Python is good!!
```

```
>>> import os.path
>>> os.chdir('c:/python38/lib') # 해당 폴더로 이동
>>> print("현재 폴더 = ", os.getcwd()) # 해당 폴더
현재 폴더 =  c:\python38\lib
>>> list = []
>>> f = open('8-9.txt','r+')
>>> for i in f.readlines():
...     i = i.rstrip('\n')
...     list.append(i)
...
>>>
>>> print(list)
['파이썬은 매우 좋은 프로그램입니다.', 'Python is good!!']
>>
```

### 〈실습 8-8〉 파일 전체 읽기 실습

```
# 파일 열기
fo = open("8-9.txt", "r+")
print ("파일명 : ", fo.name)
line = fo.readlines()
print ("읽은 내용-1 : %s" % (line))
line = fo.readlines(2)
print ("읽은 내용-2 : %s" % (line))
# 파일 닫기
fo.close()
print()
```

```
C:₩WINDOWS₩system32₩cmd.exe
파일명 :  8-9.txt
읽은 내용-1 : ['파이썬은 매우 좋은 프로그램입니다.₩n', 'Python is good!!₩n']
읽은 내용-2 : []
```

### (3) writelines()

```
파일객체.writelines(문장);
```

파일에 문자열들을 수록한다. 문장은 문자열을 생성하는 반복 가능한 객체이며 일반적으로 문자열 목록을 선언한다. 반환 값은 없다.

다음은 writelines를 이해하기 위한 file.txt 내용을 확인하는 예이다.

```
>>> import os.path
>>> folder = os.getcwd()
>>> print('folder = ' , folder)
folder =  C:\Python38
>>> f = open('file.txt', 'w')
>>> f.write('파일에 기록될 문자열입니다.\n')
16
>>> f.write('파일 기록하는거 참 쉽죠?!\n')
16
>>> f.close()
>>>
>>> f = open('file.txt', 'a')
>>> f.writelines(['하나', '둘', '셋', '넷', '다섯']) # 리스트를 전달
>>> f.write('\n')
1
>>> f.writelines('\n'.join(['여섯', '일곱', '여덟', '아홉', '열']))
>>> f.close()
```

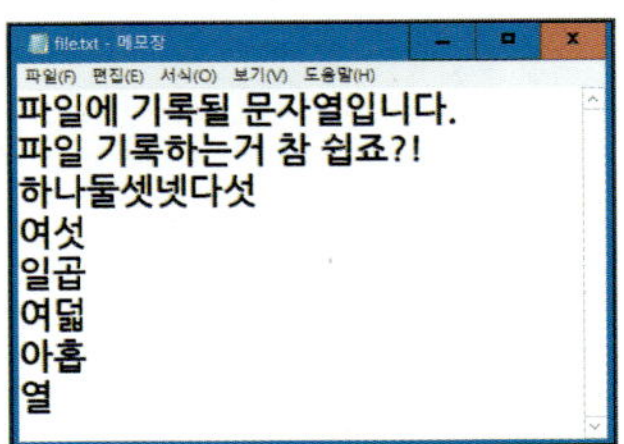

### 〈실습 8-9〉 writelines 명령 실습

```
f=open('8-9.txt', 'w')
f.write('안녕하세요 파이썬 입니다!\n')
a = """파이썬은 매우 재미 있습니다.
앞으로 더욱 연구하세요!!"""
f.writelines(a)
f.close()
print('writelines로 8-9.txt 파일을 작성했습니다')
print()
```

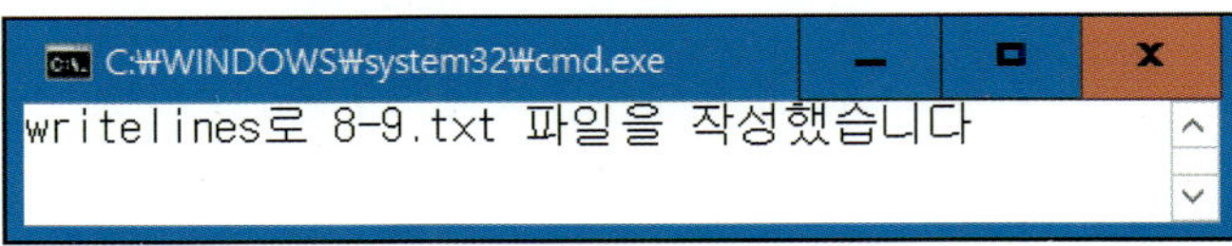


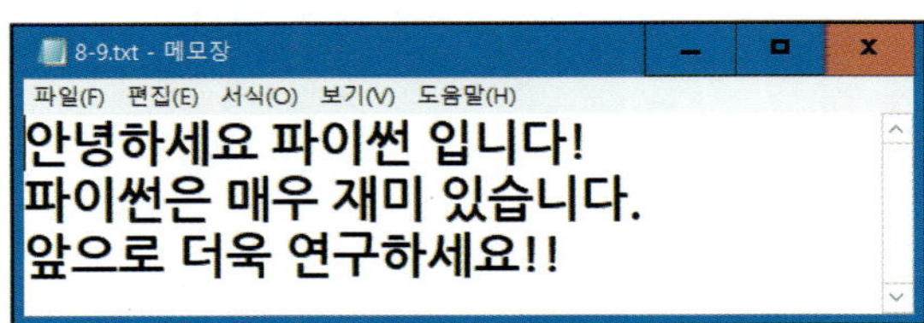


## 8.3.4 파일 위치 표시

### (1) tell()

tell() 메소드는 파일 내의 파일 읽기/쓰기 포인터의 현재 위치를 정수로 반환한다.

```
파일객체.tell()
```

### (2) seek()

seek (offset [, from]) 메소드는 현재 파일 위치를 변경한다.

```
seek (offset [, from])

  offset 인수 : 이동할 바이트 수를 나타내고 from 인수는 바이트가 이동할
               기준 위치를 지정
  from 인수 : 바이트가 이동할 기준 위치를 지정
```

from을 0으로 설정하면 파일의 시작 부분이 참조 위치로 사용된다. 1로 설정하면 현재 위치가 기준 위치로 사용되고, 2로 설정하면 파일의 끝이 참조 위치로 사용된다.

다음은 파일의 위치와 현재 내용을 간단히 알아보는 예이다.

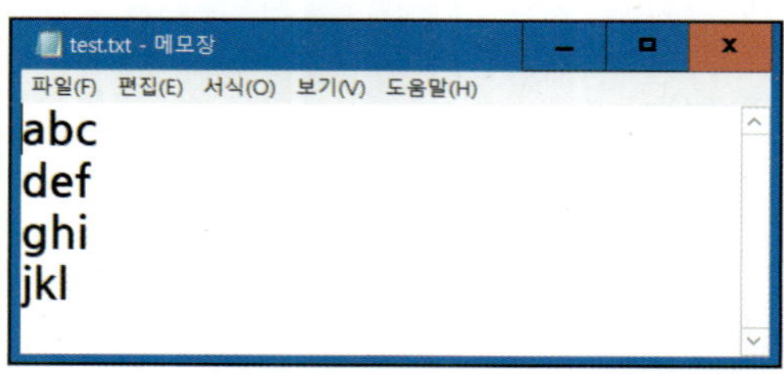


```
>>> import os.path
>>> folder = os.getcwd()
>>> print('folder = ' , folder)
folder =  C:\Python38
>>> f = open('test.txt', 'r')
>>> last_pos = f.tell()  # 파일의 현재 위치를 알려줌
>>> print("파일의 현재 위치 = ", last_pos)
파일의 현재 위치 =  0
>>> last_pos = last_pos + 1
>>> print("파일의 현재 위치 = ", last_pos)
파일의 현재 위치 =  1
>>> f.seek(last_pos) # 파일의 현재 위치를 바꿔줌
1
>>> print("f.seek(last_pos)  = ", f.seek(last_pos) )
f.seek(last_pos)  =  1
>>> text= f.readlines(last_pos)
>>> print("파일의 내용 = ", text)
파일의 내용 =  ['bc\n']
>>> text= f.readlines(last_pos)
>>> print("파일의 내용 = ", text)
파일의 내용 =  ['def\n']
>>> last_pos = last_pos + 1
>>> print("파일의 현재 위치 = ", last_pos)
파일의 현재 위치 =  2
>>> text= f.readlines(last_pos)
>>> print("파일의 내용 = ", text)
파일의 내용 =  ['ghi\n']
```

### 〈실습 8-10〉 tell과 seek를 이용한 파일에서 위치를 숫자로 표시 실습

```
fo = open("8-10.txt", "r+")
full = fo.read()
print ("전체 문자열 : ", full)
position = fo.seek(0, 0)
str = fo.read(10)
print ("읽은 문자열 : ", str)
# 현재 위치 체크
position = fo.tell()
print ("현재 파일 위치 : ", position)
print()
# 처음으로 다시 재지정
position = fo.seek(0, 0)
str = fo.read(19)
print ("다시 읽은 문자열 : ", str)
position = fo.tell()
print ("현재 파일 위치 : ", position)
print()
# 파일 닫기
fo.close()
```

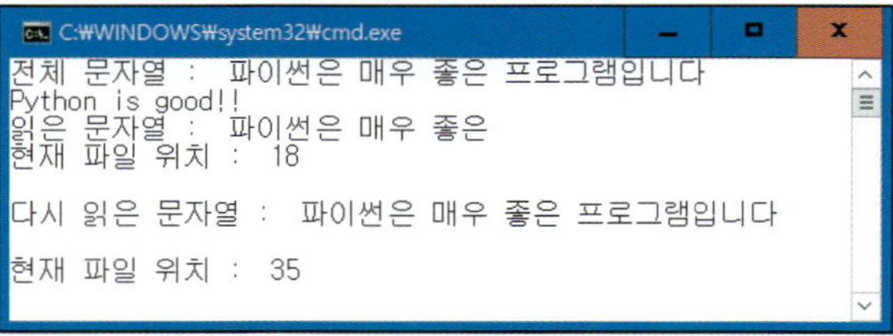

### 〈실습 8-11〉 seek를 이용한 파일에서 별도 레코드 자동 등록 실습

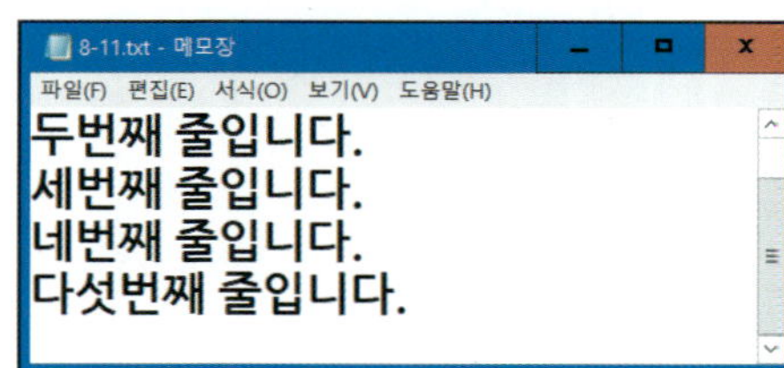

```
# read/write 모드로 파일 열기
fo = open("8-11.txt", "r+")
print ("파일명 : ", fo.name)
print()
seq = ["\n여섯번째 줄입니다.", "\n일곱번째 줄입니다."]
# 파일의 끝에 새로운 줄을 삽입
fo.seek(0, 2)
line = fo.writelines( seq )
# 파일의 처음에서 읽기 시작
fo.seek(0,0)
for index in range(7):
     line = next(fo)
     print ("줄번호 %d - %s" % (index, line))
# 파일 닫기
fo.close()
print()
```

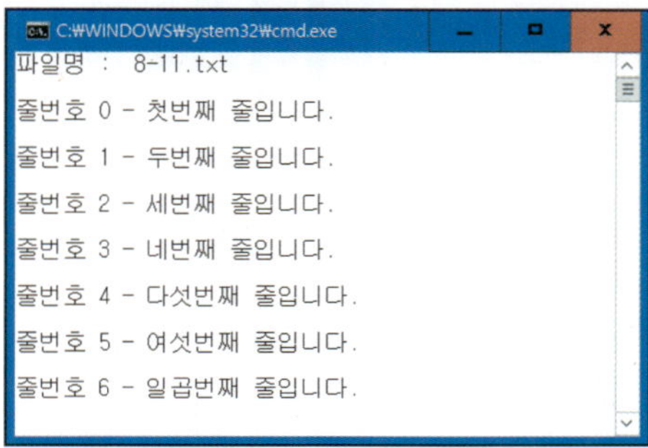


## 8.4 파일 관련 명령들

### 8.4.1 flush()

flush의 개념은 버퍼에 있는 데이터 내용을 파일로 수록 하기위해 이동하는 단계를 의미한다. stdio의 fflush와 같은 내부 버퍼를 flush한다. 내부 명령으로 수행되기 때문에 일부 파일과 비슷한 객체에 대해서는 아무런 작업이 보이지 않을 수 있다.

파이썬은 파일을 닫을 때 파일을 자동으로 비우기 때문에 파일을 닫기 전에 데이터를 플러시할 수 있다.

```
print(string, flush=True)
# string 목록을 버퍼로 밀어낸다.
```

〈실습 8-12〉 flush를 이용한 파일의 생성 실습

```
# 파일 열기
fo = open("8-12.txt", "wb")
print ("파일명 : ", fo.name)
# 여기서는 아무것도 할 수 있으나 읽기 명령은 할 수 있다.
# 비어 있는 파일 구조만 형성된다.
fo.flush()
# 파일 닫기
fo.close()
print()
```

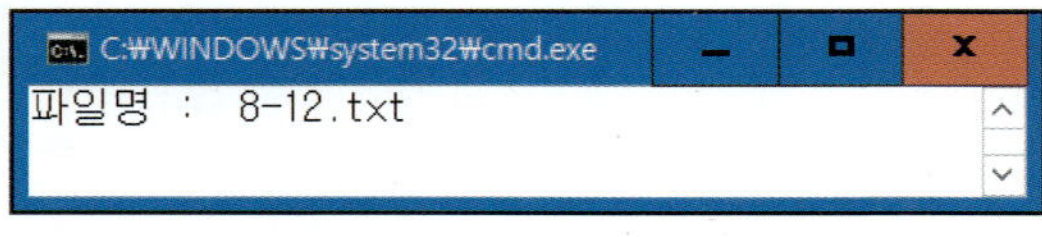


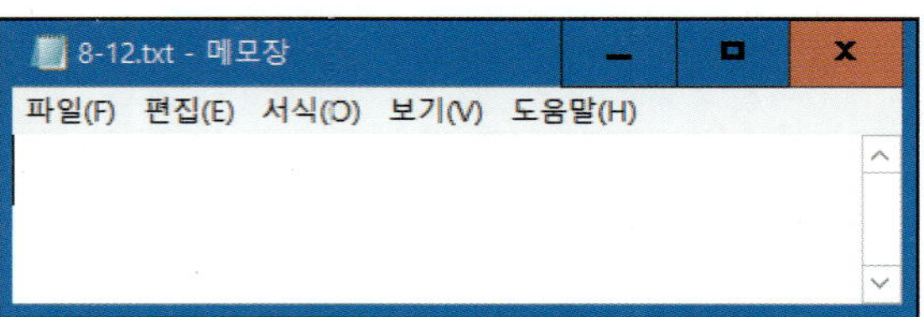


## 8.4.2 fileno()

기본적으로 구현되는 운영 체제에서 I/O 작업을 요청하는 데 사용되는 정수 파일 설명자를 반환한다. 호출할 때마다 파일 번호는 증가한다.

```
>>> import sys
>>> sys.stdin.fileno()
0
>>> sys.stdout.fileno()
1
>>> sys.stderr.fileno()
2
```

〈실습 8-13〉 fileno를 나타내는 실습

```
# 파일 열기
fo = open("8-13.txt", "wb")
print ("파일명 : ", fo.name)
fid = fo.fileno()
print ("파일 번호 : ", fid)
# 파일 닫기
fo.close()
print()
```

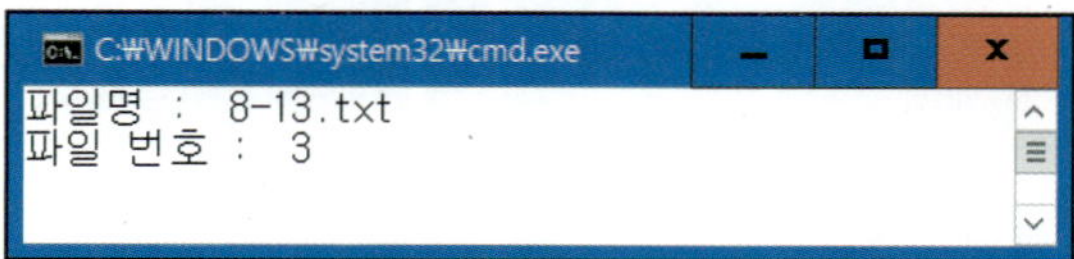


### 8.4.3 next()

기본적으로 구현되는 운영 체제에서 I/O 작업을 요청하는데 사용되는 정수 파일 설명자를 반환한다.

```
next(iterator[,default])

   iterator : 행을 읽기 위한 파일 객체
   default : 생성된 반복자가 0으로 지정되면 멈춘다.
```

next()를 사용해 한 번에 하나씩 탐색해 나가다가, StopIteration 예외가 발생하면 끝낸다.

```
>>> it = iter({'a':1, 'b':2, 'c':3})
>>> print(next(it))
a
>>> print(next(it))
b
>>> print(next(it))
c
>>> next(it)
Traceback (most recent call last):
  File "<stdin>", line 1, in <module>
StopIteration
```

〈실습 8-14〉 next 메소드로 행 번호를 나타내는 실습

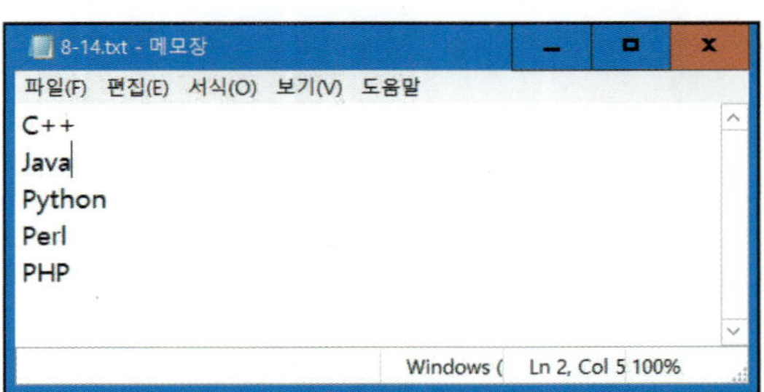

```
# 파일 열기
fo = open("8-14.txt", "r")
print ("파일 명: ", fo.name)
print()
for index in range(5):
     line = next(fo)
     print ("줄번호 %d - %s" % (index, line))
# 파일 닫기
fo.close()
print()
```

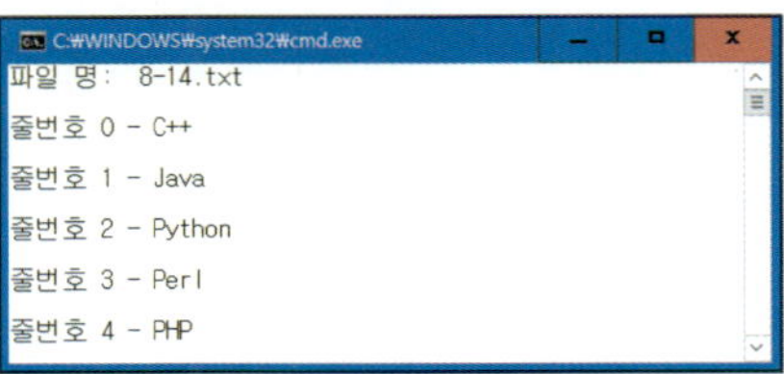


### 8.4.4 truncate()

truncate() 메소드는 지정된 파일에서 버퍼에 읽혀 들어온 크기를 자른다. size 인수가 있을 경우 파일은 그 크기만큼 제거하며, 크기의 기본값은 현재 위치를 나타낸다. 현재 파일 위치는 변경되지 않는다.

```
객체.truncate([크기])
```

〈실습 8-15〉 truncate 메소드로 파일의 일부를 제거하는 실습

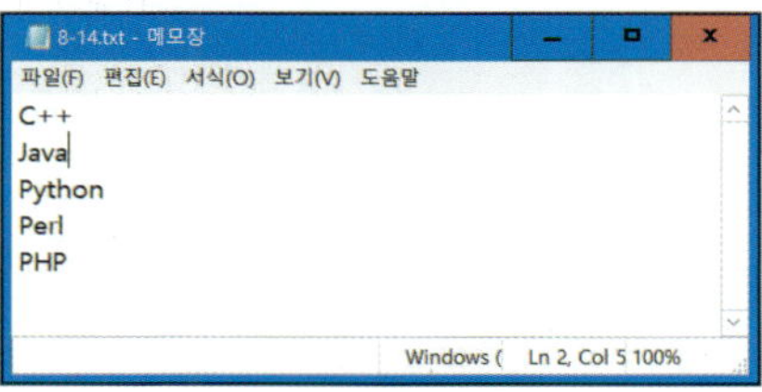


```
# 파일 열기
fo = open("8-14.txt", "r+")
print ("파일명 : ", fo.name)
print()
line = fo.readline() # 첫 번째 레코드를 읽음
print ("첫번째 데이터 내용 : %s" % (line))
fo.truncate() # 레코드 제거
line = fo.readlines() # 전체 파일 읽기
print ("전체 데이터 내용 : %s" % (line))
fo.close()
```

```
fo = open("8-14.txt", "w") # 파일을 출력용으로 열기
fo.writelines(line) 제거된 레코드 이외의 데이터 저장
print()
# 파일 닫기
fo.close()
```

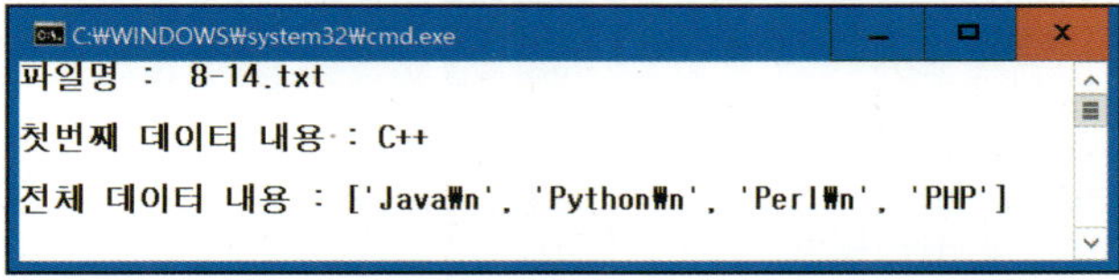


〈8-14.txt의 출력 결과〉

## 8.5 디렉토리 관련 명령들

### 8.5.1 chdir() / getcwd()

chdir() 메소드는 현재 작업 디렉토리를 주어진 경로로 변경하며, 모든 경우에 None을 반환한다. 그리고 getcwd()는 현재 디렉토리의 경로명을 반환한다. 이 명령들을 수행하기 전에 import os문을 반드시 선언해야 한다.

```
os.getcwd() # 현재 경로를 반환한다.

os.chdir(path)
   path : 이동할 경로를 지정한다.

# 사용 예
>>> import os
>>> os.getcwd()
'C:\\Python38'

>>> os.chdir("C:\WINDOWS")
>>> os.getcwd()
'C:\\WINDOWS'
```

### <실습 8-16> 디렉토리 변경과 체크 그리고 내용 출력 실습

```
import os
path = "G:\원고\Python\예제\8장" # 경로 변경
# 현재 디렉토리 경로 체크
retval = os.getcwd()
print ("현재 디렉토리 : %s" % retval)
print()
os.chdir("C:\python38")
# 현재 작업 디렉토리 체크
os.system("dir")  # dir 명령 결과
```

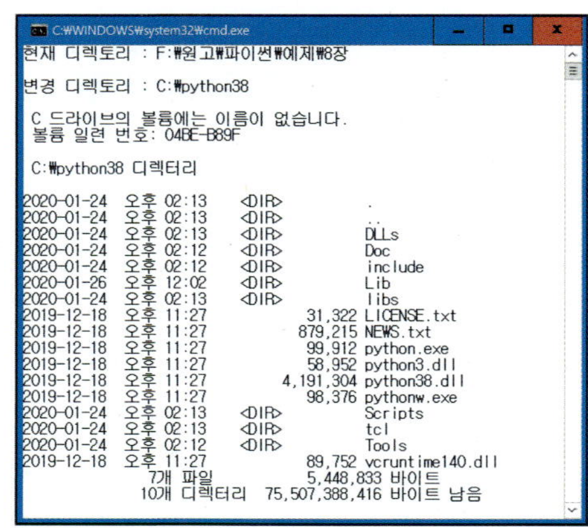


## 8.5.2 glob.glob(path)

디스크에 있는 파일의 목록을 보기 원하거나, 디렉토리의 파일 목록을 얻으려면 glob 모듈의 glob 함수를 사용하면 된다. 실행 결과로 파일 명의 리스트를 반환한다.

glob은 MS-DOS 명령어 중 ls, dir 명령어와 비슷한 기능을 한다. glob 명령어를 통해 손쉽게 파일이 속한 경로에 있는 모든 파일을 손쉽게 불러올 수 있게 된다.

- 와일드 카드 문자(?,*)도 지원한다.
- ?는 임의의 문자 1개와 매칭된다.
- *는 임의 개수(0개 포함)의 모든 문자와 매칭된다.
- [...]는 괄호 안의 임의의 1개 문자와 매칭된다.

```
>>> import glob
>>> import os
>>> glob.glob('*')
['2-7.py', 'DLLs', 'Doc', 'include', 'Lib', 'libs', 'LICENSE.txt', 'NEWS.txt',
'nwdir', 'python.exe', 'python3.dll', 'python38.dll', 'pythonw.exe', 'Scripts', 'tcl',
'Tools', 'vcruntime140.dll']
```

```
>>> glob.glob('*.exe')
['python.exe', 'pythonw.exe']
>>> from os.path import *
>>> glob.glob(abspath('.' + '\\*.exe'))
['C:\\Python38\\python.exe', 'C:\\Python38\\pythonw.exe']
```

### 〈실습 8-17〉 glob 함수를 이용한 경로 및 파일명 출력 실습

```
import glob
import os

ndir = nfile = 0
os.chdir("C:\Python38\Lib\com")
def pythonTreeTest(dir, depth) :
    global ndir, nfile
    for obj in glob.glob(dir + '/*'):
        if depth == 0:
            prefix = '|--'
        else :
            prefix = '|' + '   ' * depth + '|--'
        if os.path.isdir(obj):  # 디렉토리인 경우
            ndir += 1
            print(prefix + os.path.basename(obj))
            pythonTreeTest(obj, depth + 1)
        elif os.path.isfile(obj) :  # 파일인 경우
            nfile += 1
           print(prefix + os.path.basename(obj))
        else :  # 그외 경우 처리
            print(prefix + 'unkwon object : ' , obj )

if __name__ == '__main__':
    pythonTreeTest(".",0) # 처음에 현재 디렉토리로 지정
retval = os.getcwd()
print ("\n현재 디렉토리 : %s" % retval)
print()
print(ndir, '디렉토리', nfile, '파일') # 전체 합계 출력
print()
```

```
C:\WINDOWS\system32\cmd.exe
|--entities.py
|--parser.py
|--__init__.py
|--__pycache__
|    |--entities.cpython-38.opt-1.pyc
|    |--entities.cpython-38.opt-2.pyc
|    |--entities.cpython-38.pyc
|    |--parser.cpython-38.opt-1.pyc
|    |--parser.cpython-38.opt-2.pyc
|    |--parser.cpython-38.pyc
|    |--__init__.cpython-38.opt-1.pyc
|    |--__init__.cpython-38.opt-2.pyc
|    |--__init__.cpython-38.pyc

현재 디렉토리 : C:\Python38\Lib\html

1 디렉토리 12 파일
```

### 8.5.3 mkdir()

os 모듈의 mkdir() 메소드를 사용하여 현재 디렉토리에 새로운 디렉토리를 작성할 수 있다. 이때 이 메소드에 작성할 디렉토리의 이름이 들어 있는 인수를 제공해야 한다.

```
os.mkdir(path)

   path : 생성할 경로를 지정한다.
```

### 8.5.4 rmdir()

메소드에서 인수로 전달되는 디렉토리를 삭제한다. 디렉토리를 제거하기 전에 디렉토리의 모든 내용을 제거해야 한다.

```
os.rmdir(path)

   path : 제거할 경로를 지정한다.
```

**〈실습 8-18〉 새로운 디렉토리를 작성하고 제거하는 실습**

```
import os
path = "G:\원고\Python\예제\8장" # 경로 변경
# 현재 디렉토리 경로 체크
retval = os.getcwd()
print ("현재 디렉토리 : %s" % retval)
print()
# 현재 작업 디렉토리 체크

os.mkdir("newdir")
os.system("dir *.")  # dir 명령 결과
os.rmdir("newdir")
os.system("dir *.")  # dir 명령 결과
print()
```

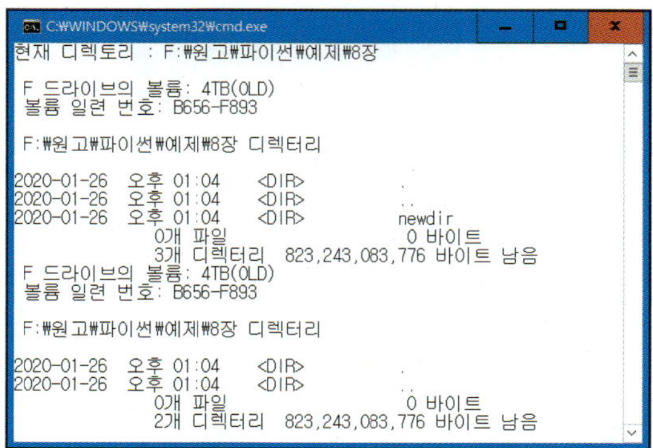

# 제9장 예외 처리

파이썬 실행 시 발생할 수 있는 대부분의 오류를 찾아내기는 하지만 프로그램을 실행하는 동안에 오류가 발생하여 더 이상 프로그램을 진행할 수 없을 경우를 **예외 상황(Exception)**이라고 한다.

문장이나 표현식이 문법적으로 올바르다 할지라도, 실행하려고 하면 에러를 일으킬 수 있다. 실행 중에 감지되는 에러들을 예외(Except)라고 부르고 무조건 치명적이지는 않다. 파이썬 프로그램에서 이것들을 어떻게 다루는지 이해해야 한다. 하지만 대부분의 예외는 프로그램이 처리하지 않아서, 다음과 같이 에러 메시지를 나타낸다.

```
>>> 10 * (1/0)
Traceback (most recent call last):
  File "<stdin>", line 1, in <module>
ZeroDivisionError: division by zero
>>> 4 + spam*3
Traceback (most recent call last):
  File "<stdin>", line 1, in <module>
NameError: name 'spam' is not defined
>>> '2' + 2
Traceback (most recent call last):
  File "<stdin>", line 1, in <module>
TypeError: Can't convert 'int' object to str implicitly
```

파이썬은 프로그램 실행 중 에러를 발견했을 때 즉각 예외(exception)를 발생(raise)시킨다. 개발자는 이 예외를 처리하거나 그냥 무시할 수 있다. 만약 예외를 무시한다면 파이썬의 기본 에러처리 방식으로 예외를 처리한다. 만약 이런 파이썬의 기본 에러처리 방식을 사용 안할려면 개발자가 별도로 예외를 처리할 수 있다. 그러면 파이썬은 파이썬의 기본 에러 처리 방식 대신 개발자가 작성한 예외 처리 코드를 실행한다. 그 코드에 프로그램을 정지시키는 명령어만 없다면 예외가 발생해도 파이썬은 프로그램을 정지시키지 않고 계속 실행할 것이다.

예외에서 사용되는 문장이 4가지가 있으며, 목록은 다음과 같다.

| 문장 | 설명 |
|---|---|
| try~except | 프로그램에서 발생한 예외를 감지하고 복구 |
| try~finally | 예외 발생 여부에 관계없이 finally 문장에서 코드를 실행 |
| raise | 코드에서 수동으로 예외를 실행 |
| assert | 코드에서 조건부로 예외를 실행 |

## 9.1 예외 처리

예외 처리는 프로그램을 보다 지속적으로 처리하기 위해 사용할 수 있는 고급 프로그래밍 기술이다. try~except 블록은 개발자가 제어할 수 없는 이유로 에러가 발생할 수 있는 코드를 지속적으로 실행하는 데 유용하다. 대부분의 응용 프로그램에서 코드는 결정적으로 에러가 발생할 수 있는 코드를 피할 수 있어야 한다.

try~except에 대한 일반적인 구조는 다음과 같다.

```
try:
   오류가 발생할 수 있는 영역
except ExceptionType1:
    ExceptionType1이 발생하면 실행할 코드
except ExceptionType2:
    ExceptionType2가 발생하면 실행할 코드
...
except:
    목록에 없는 예외 유형이 발생하는 경우 실행할 코드
[else:]
    오류가 발생하지 않고 정상적으로 진행 되었을 경우 수행할 코드
[finally:]
    오류 발생여부와 상관없이 마지막에 수행할 코드
```

선택한 예외를 처리하는 프로그램을 만드는 것이 가능하다. 다음 예를 보면, 올바를 정수가 입력될 때까지 사용자에게 입력을 요청하지만, 사용자가 프로그램을 인터럽트 하는 것을 허용한다. 인터럽트는 KeyboardInterrupt 예외를 일으키는 형태로 나타남에 유의해야 한다.

```
>>> while True:
...     try:
...         x = int(input("Please enter a number: "))
...         break
...     except ValueError:
...         print("숫자가 아닙니다!! 다시 처리하세요!!!!!")
...
```

try문은 다음과 같이 동작한다.

- 먼저, try문(try와 except 사이의 문장들)이 실행된다.
- 예외가 발생하지 않으면, except절을 건너뛰고 try문의 실행은 종료된다.
- try문을 실행하는 동안 예외가 발생하면, 문장의 남은 부분들을 건너뛴다. 그런 다음 형이 except 키워드 뒤에 오는 예외 이름과 매치되면, 그 except문이 실행되고, 그런 다음 실행은 try문 뒤로

이어진다.

- except절에 있는 예외 이름들과 매치되지 않는 예외가 발생하면, 외부에 있는 try문으로 전달된다. 처리기가 발견되지 않으면, 처리되지 않은 예외이고 위에서 보인 것과 같은 메시지를 출력하면서 실행이 멈춘다.

### 〈실습 9-1〉 기본적인 예외 발생 실습

```
text = ('a','1','54.1','43.a')
for t in text:
    try:
        temp = float(t)
        print(temp)
    except ValueError:
        print('float로 변환 할 수 없음!!')
```

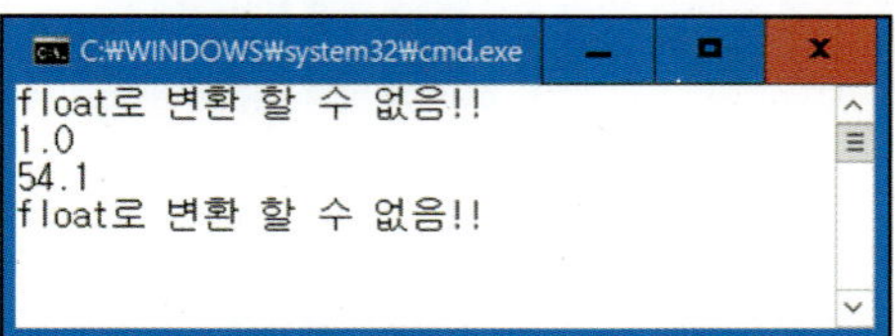

### 〈실습 9-2〉 다양한 예외 발생 실습

```
try: # 무조건 실행
    str = input("문자를 입력해주세요 >> ")
except EOFError: # 예외 1
    print("읽을 문자가 없습니다.")
except KeyboardInterrupt: # 예외 2
    print("입력이 취소되었습니다.")
else: # 예외상황이 아닐 경우 실행
    print("당신이 입력한 문자는 %s 입니다." % (str))
finally: # 예외상황이건 아니건 무조건 실행
    print("명령을 수행했습니다.")
```

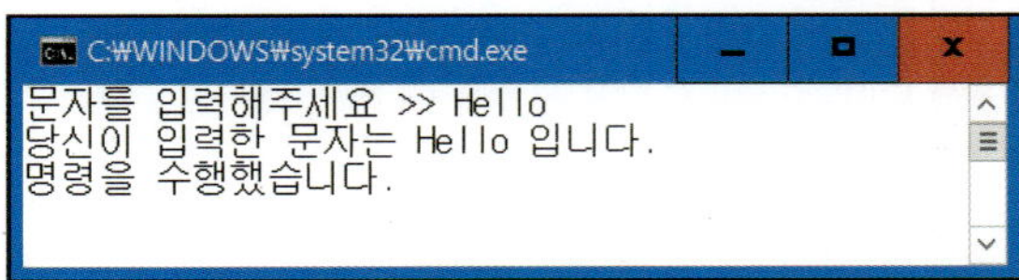


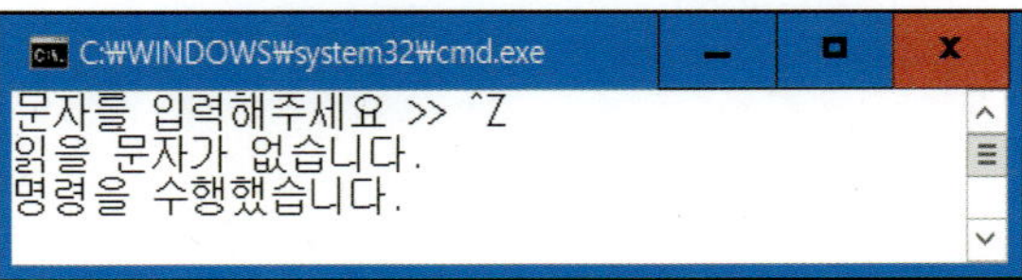

## 9.2 표준 예외

다음은 Python에서 사용할 수 있는 표준 예외 목록이다.

| 예외 이름 | 기능 설명 |
|---|---|
| Exception | 모든 예외에 대한 기본 클래스 |
| StopIteration | 반복자의 next() 메소드가 어떤 객체도 가리키지 않을 때 발생 |
| SystemExit | sys.exit() 함수에 의해 발생 |
| StandardError | StopIteration 및 SystemExit를 제외한 모든 기본 제공 예외에 대한 기본 클래스 |
| ArithmeticError | 수치 계산에 의해 발생하는 모든 오류에 대한 기본 클래스 |
| OverflowError | 연산결과 수치형의 최대 한도를 넘을 때 발생 |
| FloatingPointError | 부동 소수점 계산에 실패할 때 발생 |
| ZeroDivisonError | 모든 숫자 유형에 대해 나눗셈 또는 제로로 나누었을 때 발생 |
| AssertionError | Assert문에서 실패시 발생 |
| AttributeError | 속성 참조 또는 할당이 안됐을 경우 발생 |
| EOFError | raw_input() 또는 input() 함수에서 입력이 없거나 파일 끝에 도달했을 때 발생 |
| ImportError | import문이 적용 안 된 경우 발생 |
| KeyboardInterrupt | 사용자가 Ctrl+C를 눌러 프로그램 실행을 중단할 때 발생 |
| LookupError | 모든 조회 오류에 대한 기본 클래스 |
| IndexError | 순서에 색인이 없는 경우 발생 |
| KeyError | 미리 지정된 키가 없을 때 발생 |
| NameError | 식별자가 지역 또는 전역 이름 공간에서 발견되지 않을 때 발생 |
| UnboundLocalError | 함수 또는 메소드에서 지역 변수에 검색할 때 값이 할당되지 않은 경우 발생 |
| EnvironmentError | 파이썬 외부에서 발생하는 모든 예외에 대한 기본 클래스 |
| IOError | 존재하지 않는 파일을 열려고 할 때 print문이나 open() 함수와 같이 입출력 작업이 원활하지 않을 때 발생 |
| OSError | 운영 체제 관련 오류가 발생했을 때 |
| SyntaxError | 파이썬 구문에 오류가 있을 때 발생 |
| IndentationError | 들여 쓰기가 올바르게 지정되지 않은 경우 발생 |
| SystemError | 인터프리터가 내부 문제를 발견했을 때 발생하지만 오류가 발생하면 파이썬 인터프리터가 종료되지 않음 |
| SystemExit | sys.exit() 함수를 사용하여 파이썬 실행을 종료할 때 발생하며, 코드에서 처리되지 않으면 실행이 종료 |

### 〈실습 9-3〉 NameError 발생 실습

```
L = [1, 2, 3]
try:
    print(abc) # NameError 발생
    # print(L[7]) # IndexError 발생
    # number = 3 / 0 # ZeroDivisionError 발생
    int('abc') # ValueError 발생
except NameError:
     print('모르는 변수->NameError 발생')
except IndexError:
     print('IndexError')
except ZeroDivisionError:
     print('ZeroDivisionError')
except:
     print('모르는 에러!')
```

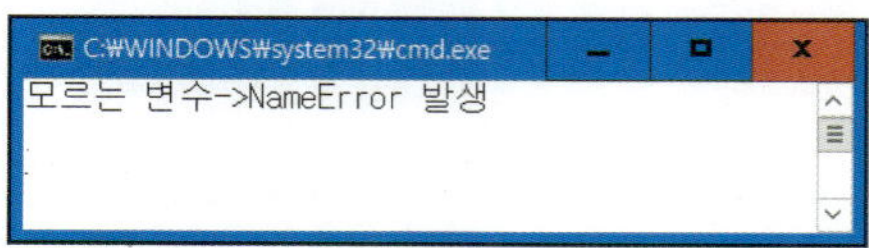

### 〈실습 9-4〉 IndexError 발생 실습

```
try :
    num1, num2 = map( int, input("두 수 입력 :").split() )
    result = num1 / num2
    print(result)
    #print(asdf)
    my_list = [1]
    print(my_list[num1]) # (2) 인덱스 초과

except ZeroDivisionError as e1 :  # 0으로 나눈 오류만 처리
    print(e1)
    print("0으로 나눌 수 없습니다!!")

except ValueError as e2 : # elif 사용과 비슷
    print(e2)
    print("숫자만 입력하세요!!")

except NameError as e3 :
    print(e3)
    print("없는 변수 사용!!")

except IndexError as e4 :
    print("인덱스 오류!!")

except : # else와 비슷한 느낌 (모든 에러에 대한 처리)
    print("알 수 없는 오류가 발생!!")
```

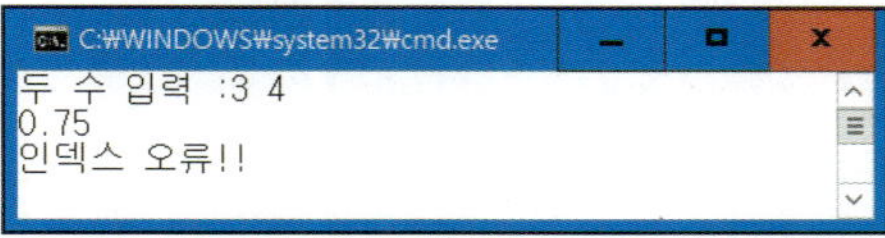

## 〈실습 9-5〉 KeyboardInterrupt 발생 실습

```
try:
    text = input('데이터 입력 --> ')
except EOFError:
    print ('EOF가 감지되었나요??')
except KeyboardInterrupt:
    print ('Ctrl+c가 눌려서 작동이 멈췄음!!->KeyboardInterrupt 발생!!')
else:
    print ('입력 데이터->{}'.format(text))
```

```
C:\WINDOWS\system32\cmd.exe
데이터 입력 --> Ctrl+c가 눌려서 작동이 멈췄음!!->KeyboardInterrupt 발생!!
일괄 작업을 끝내시겠습니까 (Y/N)?
```

## 〈실습 9-6〉 ZeroDivisionError 발생 실습

```
try:
    number = 3 / 0 # ZeroDivisionError 발생
    int('abc') # ValueError 발생
except NameError:
    print('NameError')
except IndexError:
    print('IndexError')
except ZeroDivisionError:
    print('0으로 나눴음->ZeroDivisionError')
except:
    print('모르는 에러!')
```

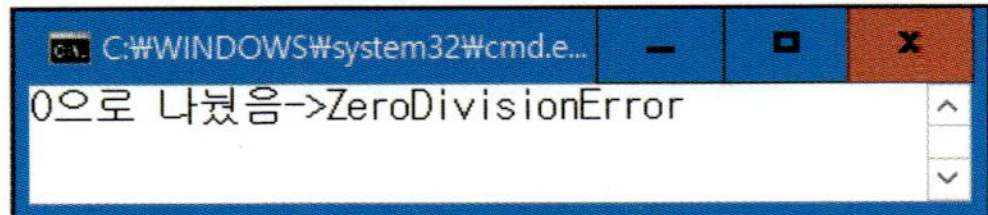

## 〈실습 9-7〉 ValueError 발생 실습

```
try:
    int('abc') # ValueError 발생
except NameError:
    print('NameError')
except IndexError:
    print('IndexError')
except ZeroDivisionError:
    print('ZeroDivisionError')
except ValueError:
    print('유형이 맞지 않음!!->ValueError')
except:
    print('모르는 에러!')
```

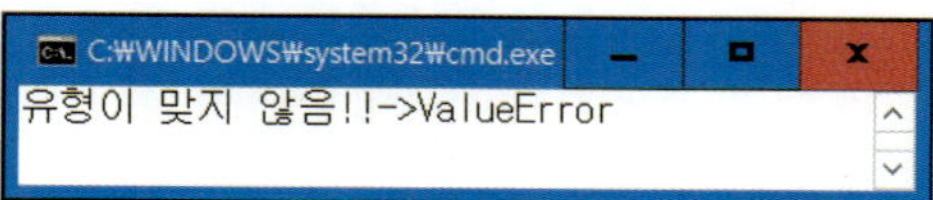

### 〈실습 9-8〉 Error 구분이 없는 실습

```
L = [1, 2, 3]
try:
    int('abc') # ValueError 발생
except NameError:
    print('NameError')
except IndexError:
    print('IndexError')
except ZeroDivisionError:
    print('ZeroDivisionError')
except:
    print('모르는 에러!!->error 구분이 없음!!')
```

## 9.2.1 변수명이 없는 경우

선언이 없는 변수명을 사용했으므로 NameError가 발생한다.

```
>>> test  = 'test'
>>> print(tast)
Traceback (most recent call last):
  File "<pyshell#1>", line 1, in <module>
    print(tast)
NameError: name 'tast' is not defined
>>>
```

## 9.2.2 읽으려는 파일이 존재하지 않는 경우

해당 경로에 존재하지 않는 파일을 읽으려 시도했을 경우 FileNotFoundError가 발생한다.

```
>>> f = open('존재하지 않는 파일', 'r')
Traceback (most recent call last):
  File "<pyshell#2>", line 1, in <module>
    f = open('존재하지 않는 파일', 'r')
FileNotFoundError: [Errno 2] No such file or directory: '존재하지 않는 파일'
>>>
```

### 9.2.3 리스트의 길이보다 큰 index 값을 호출 했을 경우

생성된 리스트의 길이는 3인데 3 index(4번째 index)를 지정하여 IndexError 발생한다.

```
>>> a = [1, 2, 3]
>>> a[3]
Traceback (most recent call last):
  File "<pyshell#4>", line 1, in <module>
    a[3]
IndexError: list index out of range
>>>
```

## 9.3 예외 역할

파이썬 프로그램에서 예외는 일반적으로 다양한 용도로 사용된다. 다음은 가장 일반적인 역할 중 기본적인 개념이다.

### 9.3.1 오류 처리(Error handling)

파이썬은 실행시 프로그램의 오류를 감지 할 때마다 예외를 발생시킨다. 코드의 오류를 찾아서 응답하거나 발생한 예외를 무시할 수 있으며, 오류가 무시되면 파이썬의 기본 예외 처리 동작이 시작되어 프로그램을 중지하고 오류 메시지를 출력한다.

이 기본 동작을 원하지 않으면 try문을 작성하여 예외를 감지하여 예외 처리 문장을 선언해야 한다. 오류가 감지될 때 마다 try 핸들러로 이동하고 try 후 실행을 계속한다.

```
# IndexError
>>> list = []
>>> list[0]
IndexError: list index out of range

# ValueError
>>> text = 'abc'
>>> number = int(text)
ValueError: invalid literal for int() with base 10: 'abc'
```

### 9.3.2 이벤트 알림(Event notification)

예외는 결과 상태를 프로그램에 전달하거나 명시적으로 테스트하지 않고도 유효한 조건을 알릴 수 있다. 예를 들어, 검색 함수에서 정수 결과를 반환하는 대신 실패하면 예외를 발생시킬 수 있으며 코드가 유효한 결과가 되지 않도록 해야 한다.

## 9.3.3 특별한 처리(Special-case handling)

때로는 조건이 너무 단순해서 코드를 여러 곳에서 처리하도록 코드를 복잡하게 하는 것이 어렵다. 프로그램의 상위 레벨에 있는 예외 처리기에서 비정상적인 경우를 처리하여 특별한 코드를 제거할 수 있다. assert문을 사용하여 개발 중에 조건이 잘 유지되는지 확인할 수 있다.

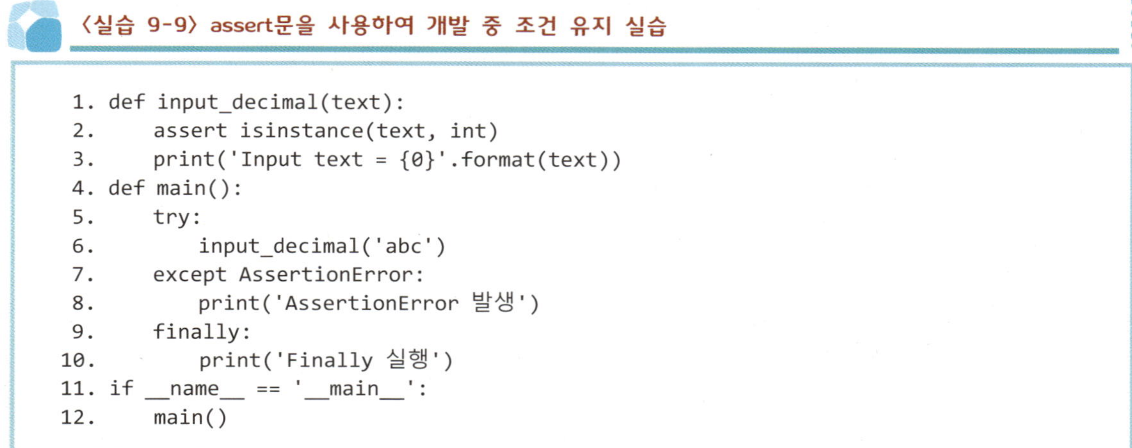

〈실습 9-9〉 assert문을 사용하여 개발 중 조건 유지 실습

```
def input_decimal(text):
    assert isinstance(text, int)
    print('Input text = {0}'.format(text))
def main():
    try:
        input_decimal('abc')
    except AssertionError:
        print('AssertionError 발생')
    finally:
        print('Finally 실행')
if __name__ == '__main__':
    main()
```

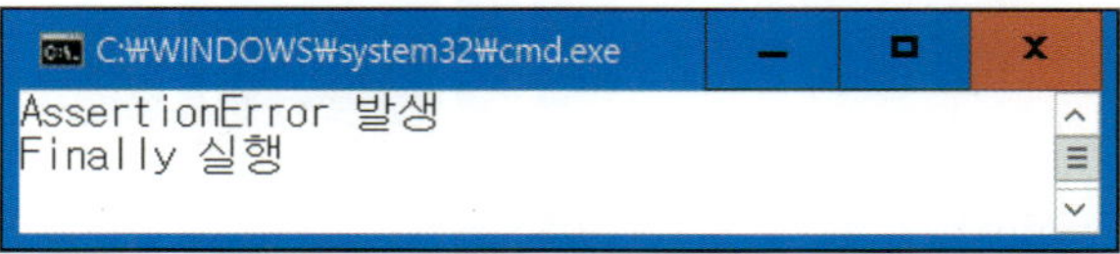


## 9.3.4 종료 처리(Termination actions)

try~finally문을 사용하여 프로그램에서 예외가 있는지 여부에 관계없이 필요한 finally 작업을 수행할 수 있다. with문은 이 finally 영역에서 이를 지원하는 객체에 대한 솔루션을 제공한다.

```
>>> try:
...     f = open('test.txt', mode='wt', encoding='utf-8')
...     f.write('파이썬으로 파일을 작성하고 있습니다.')
...     f.write('newline 문자로 개행해봅니다.\n')
...     f.write('개행이 잘되었나요?')
... finally:
...     f.close()
...
20  # 수록 레코드의 글자 수
20
10
>>>
```

### 9.3.5 비정상적인 제어 흐름(Unusual control flows)

예외는 일종의 상위 레벨 및 블록 이동간에 제어 흐름을 바꾸기 위해 예외를 사용할 수 있다. 파이썬에서 "go to"문이 없지만 예외를 사용해서 비슷한 역할을 한다. raise문을 이용해서 여러 블록을 건너뛰기 위해 사용될 수 있다.

```
>>> try:
...     raise ZeroDivisionError('0으로 나눌 수 없음')
... except ZeroDivisionError:
...     print('0으로 나누는 예외가 발생했습니다.')
...
0으로 나누는 예외가 발생했습니다.
```

## 9.4 try문

try문은 파이썬의 예외 처리 공식을 제공하며, 두 가지 형식 중 하나를 선택할 수 있는 복합 명령문이다.

- 1개 이상의 except문(및 선택적인 하나의 else문)이 뒤에 오는 try문
- try문 다음에 하나의 finally문을 나타낼 수 있다.

### 9.4.1 try~except문

```
try:
    문장들
except [수식 [as 변수]:]
    문장들
[else:
    문장들)]
```

이 try문의 형식은 하나 이상의 except문과 선택적인 else문을 포함한다. except문은 예외 처리기라고 한다. except문의 수식이 try문에서 발생되는 예외 객체와 일치할 때 코드가 실행된다.

수식은 블록으로 해당 블록중 하나 또는 해당 하위 블록의 출처를 찾는다. 선택적으로 선언된 대상 [as 변수]은 예외 처리기가 실행되기 전에 예외 객체에 바인딩하는 변수의 이름을 지정하는 식별자이다.

```
>>> try:
>>> try:
...     1/0
... except ZeroDivisionError:
...     print('divide-by-0 시도')
...
divide-by-0 시도
>>>
```

try문에 여러 개의 except문이 있으면 exception－확대 공식에 따라 except문을 순서대로 테스트한다. 표현식이 예외 객체와 일치하는 첫 번째 except문이 핸들러로 실행된다.

### 〈실습 9-10〉 예외가 있을 때와 없을 때 차이 실습

```
try:
    print('<----- 예외가 있을 때 ----->')
    number = 3 / 0 # 0으로 나누면 ZeroDivisionError 예외가 발생
    print('다음 코드들...')
except:
    print('except 블록')
else:
    print('else 블록')

print()

try:
    print('<----- 예외가 없을 때 ----->')
    number = 3 / 3
    print('다음 코드들...')
except:
    print('except 블록')
else:
    print('else 블록')
print()
```

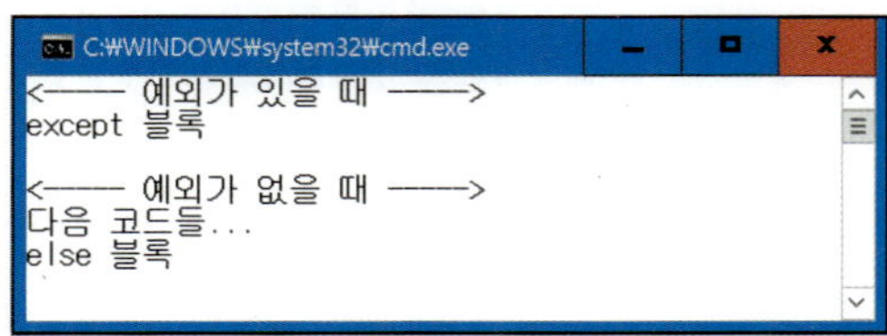


예외 점프는 예외 블록과 수식이 일치하는 핸들러를 찾으면 종료된다. try문이 다른 try문의 try문에서 중첩되면 점프할 때에 먼저 내부 try에 의해 설정된 처리기에서 먼저 예외를 처리한다.

### 〈실습 9-11〉 중첩 예외 처리 실습

```
value = 'a'
print(repr(value), '는 ', end=' ')
try:
    value + 0
except TypeError:
    # 숫자가 아닌 문자?
    try:
        value + ''
    except TypeError:
        print('숫자도 아니고 문자열도 아니다.')
    else:
        print('어떤 종류의 문자열')
else:
    print('어떤 종류의 수')
```

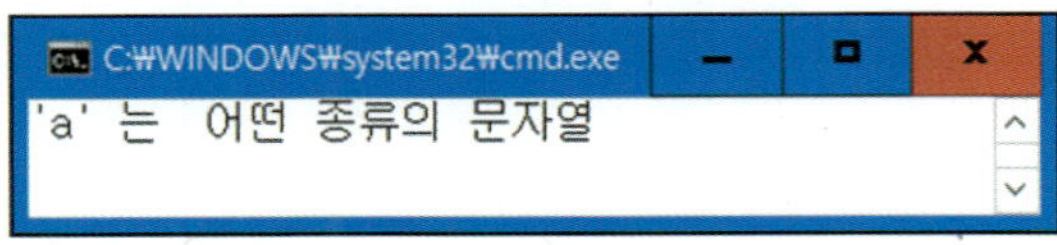


[except 발생오류 as 변수:]를 사용한 경우 보면 'as e'를 추가하여 에러메세지를 e라는 변수에 담았고 수행할 문장에서 print(e)로 해당 메시지를 출력하도록 코딩을 한다.
결과를 보면 "[Errno 2] No such file or directory : '존재하지 않는 파일'"이라는 발생한 에러 메시지가 출력된 것을 확인할 수 있다.

```
>>> try:
        f = open('존재하지 않는 파일', 'r')
except FileNotFoundError as e:
        print(e)
        print('존재하지 않음')

[Errno 2] No such file or directory: '존재하지 않는 파일'
존재하지 않음
>>>
```

### 〈실습 9-12〉 as문을 이용한 try 실습

```
try:
    a = 1
    b = 0
    c = a / b
except ZeroDivisionError as err:
    print('0으로 나눌 수 없음! {0}'.format(err))
except Exceptipn as err:
    print(err)
print()
print('끝')
print()
```

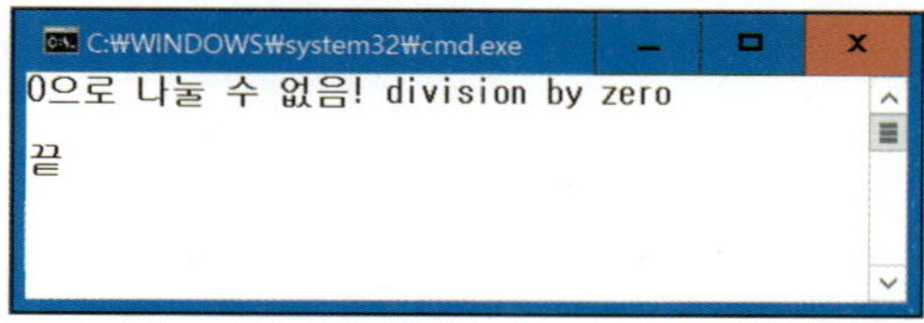


### 9.4.2 try~else

파이썬에서는 예외가 발생하지 않은 경우에 실행되는 else절을 지원하며, 이 else절은 반드시 except 절 다음에 위치해야 한다.

#### (1) 오류코드 발생

다음은 실제 리스트의 크기를 넘어선 index 호출하여 IndexError가 발생한다.

```
>>> try:
      a = [1, 2, 3]
      print(a[4])
except IndexError as e:
      print(e)
else:
      print('정상적으로 실행')

list index out of range
>>>
```

print(a[4])에서 IndexError가 발생하여 print(a[4])와 else절의 print('정상적으로 실행') 문장이 출력되지 않고 에러 메시지를 출력한 것을 확인할 수 있다.

#### (2) 정상코드 발생

다음은 리스트의 정상 범위내의 index 호출하였다.

```
>>> try:
      a = [1, 2, 3]
      print(a[2])
except IndexError as e:
      print(e)
else:
      print('정상적으로 실행')

3
정상적으로 실행
>>>
```

print(a[2])가 정상이므로 정상 출력된(3) 후 else절 문장이 수행되어 '정상적으로 실행'이라는 문장이 출력된다.

### 〈실습 9-13〉 다양한 else문의 실습

```
sep = '-' * 45 + '\n'
print(sep + 'EXCEPTION RAISED 발생')
try:
    x = 'spam'[99]
except IndexError:
    print('except 실행')
print('실행 후')

print(sep + 'EXCEPTION RAISED 발생 안함')
try:
    x = 'spam'[3]
except IndexError:
    print('except 실행')
print('실행 후')

print(sep + 'NO EXCEPTION RAISED, ELSE 추가')
try:
    x = 'spam'[3]
except IndexError:
    print('except 실행')
else:
    print('else 실행')
print('실행 후')

print(sep + 'EXCEPTION RAISED 단지 발생 안함')
try:
    x = 1 / 0
except IndexError:
    print('except 실행')
print('실행 후')
```

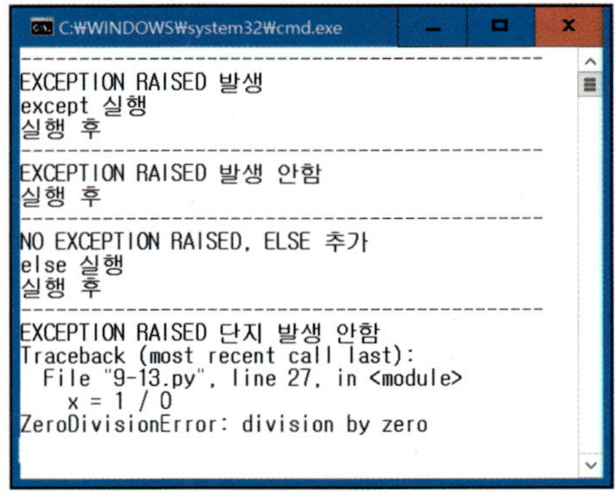

### 9.4.3 try~finally

finally절은 오류 발생여부와 상관없이 try진행이 완료된 후 마지막에 수행된다. 보통 finally절은 사용한 프로그램을 close해야 할 경우 많이 사용된다.

#### (1) 정상 종료

다음은 파일 처리 후 finally문의 사용 예이다.

```
>>> try:
        f = open('test.txt', 'w')
        f.write('test')
except:
        print('오류 발생')
finally:
        print('try문 종료')
        f.close()


4   # 발생 파일 코드 번호
try문 종료
>>>
```

finally문은 예외의 발생 여부와 관계 없이 무조건 수행한다.

#### (2) 정상코드 발생

다음은 리스트의 정상 범위내의 index 호출하였다.

```
>>> try:
        f = open('test.txt', 'r')
except FileNotFoundError:
        print('오류 발생')
finally:
        print('try문 종료')

오류 발생
try문 종료
>>>
```

파일을 찾지 못한 경우 except가 발생하고 다음으로 finally문을 수행한다.

### 〈실습 9-14〉 finally 발생 실습

```
sep = '-' * 45 + '\n'
print(sep + 'EXCEPTION RAISED 발생')
try:
    x = 'spam'[99]
except IndexError:
    print('except 실행')
finally:
    print('finally 실행')
print('실행 후')

print(sep + 'EXCEPTION RAISED 발생 안함')
try:
    x = 'spam'[3]
except IndexError:
    print('except 실행')
finally:
    print('finally 실행')
print('실행 후')

print(sep + 'NO EXCEPTION RAISED, ELSE 추가')
try:
    x = 'spam'[3]
except IndexError:
    print('except 실행')
else:
    print('else 실행')
finally:
    print('finally 실행')
print('실행 후')

print(sep + 'EXCEPTION RAISED 단지 발생 안함')
try:
    x = 1 / 0
except IndexError:
    print('except 실행')
finally:
    print('finally 실행')
print('실행 후')
```

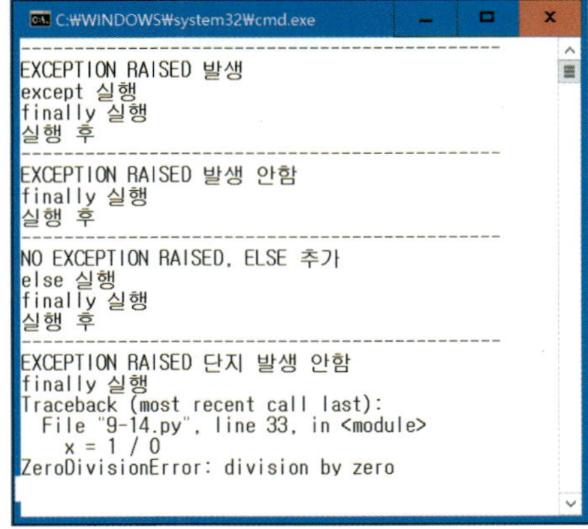

### 〈실습 9-15〉 예외가 있을 때와 없을 때의 실습

```
try:
    print('===== 예외가 있을 때 =====')
    number = 3 / 0 # 0으로 나누면 ZeroDivisionError 예외가 발생
    print('다음 코드들...')
except:
    print('except 블록')
else:
    print('else 블록')
finally:
    print('finally 블록')

print()

try:
    print('===== 예외가 없을 때 =====')
    number = 3 / 3
    print('다음 코드들...')
except:
    print('except 블록')
else:
    print('else 블록')
finally:
    print('finally 블록')
```

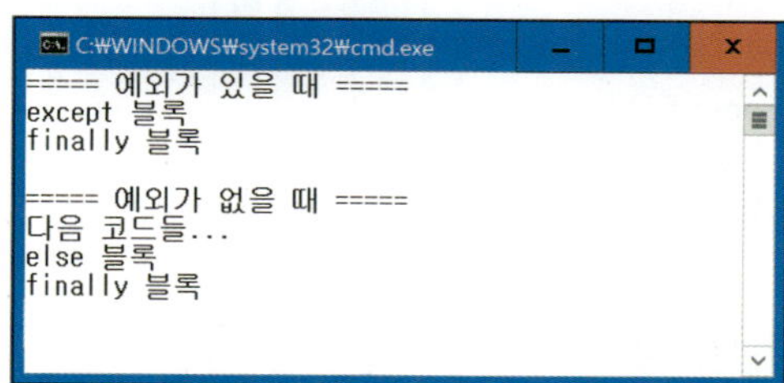


## 9.5 예외 전파

예외가 발생하면 예외 전파 핸들러가 제어를 받는다. 프로그램의 정상적인 제어 흐름이 멈추고 파이썬은 적절한 예외 처리기를 찾는다. 파이썬의 try문은 except절을 통해 예외 처리기를 설정한다.

핸들러는 try절의 본문에서 발생한 예외와 해당 코드에서 호출하는 함수에서 직접 또는 간접적으로 전파되는 예외를 처리하며, 적용 가능한 예외 처리기가 있는 try절 내에서 예외가 발생하면 try절이 종료되고 처리기가 실행된다. 핸들러가 끝나면 try문 다음의 명령문으로 실행이 계속된다.

해당 예외를 발생시키는 문이 해당 처리기가 있는 try절 내에 있지 않으면 해당 문을 포함하는 함수가 종료되고 예외는 함수 호출 스택을 따라 함수를 호출한 문으로 "위쪽으로" 전파된다.

종료된 함수에 대한 호출이 해당 핸들러가 있는 try절 내에 있으면 해당 try절이 종료되고 핸들러가 실행되며, 그렇지 않으면 호출을 포함하는 함수가 종료되고 전파 프로세스가 반복되어 적용 가능한 핸들러가 발견될 때까지 함수 호출 스택이 해제된다.

```
try:
    예외가 발생할 수 있는 코드 블록
    ...
except 예외종류:
    예외종류에 해당하는 예외가 발생했을 때 실행할 코드 블록
    ...

(필요에 따라 except 절을 추가로 작성)
```

### 〈실습 9-16〉 함수의 예외 전파 실습

```
def f():
    print('in f, before 1/0')
    1/0    #  ZeroDivisionError 예외 발생
    print('in f, after 1/0')

def g():
    print('in g, before f()')
    f()
    print('in g, after f()')

def h():
    print('in h, before g()')
    try:
        g()
        print('in h, after g()')
    except ZeroDivisionError:
        print('ZD exception 발생')
    print('함수 h 종료')

print(h())
print()
```

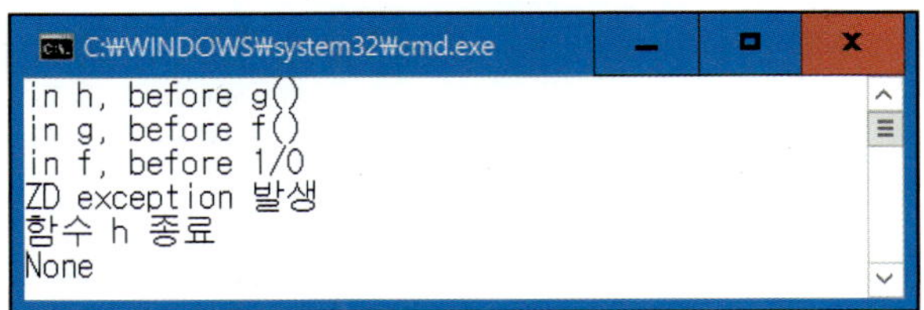

"after" print문은 실행되지 않으며, 예외 전파의 흐름이 차단한다. 함수 h()는 try문을 설정하고 try문 내에서 g() 함수를 호출한다. g()는 차례로 0으로 나눗셈을 수행하는 f()를 호출하여 클래스 ZeroDivisionError의 예외를 발생시킨다. 예외는 h()의 except문으로 다시 전달된다.

함수 f() 및 g()는 예외 전파 단계에서 종료되므로 "after" 메시지가 인쇄되지 않는다. h()의 try문의 실행은 예외 전파 단계에서 종료되기 때문에 "after" 메시지도 인쇄되지 않는다. 실행은 h()의 try~except 블록의 끝에서 처리기 다음으로 계속된다.

## 9.6 오류 회피(pass)

에러가 발생했을 경우 pass를 이용하여 오류를 무시할 수 있다.

```
>>> try:
      a = [1, 2, 3]
      print(b)
except NameError:
      pass # 예외를 지나친다

>>> print('try 종료 후 출력')
try 종료 후 출력
>>>
```

NameError 오류가 발생했지만 pass를 만나서 통과되고 try문 이후의 문장이 정상적으로 수행되어 'try 종료 후 출력' 메시지가 출력되었다.

**〈실습 9-17〉 간단한 예외 pass 실습**

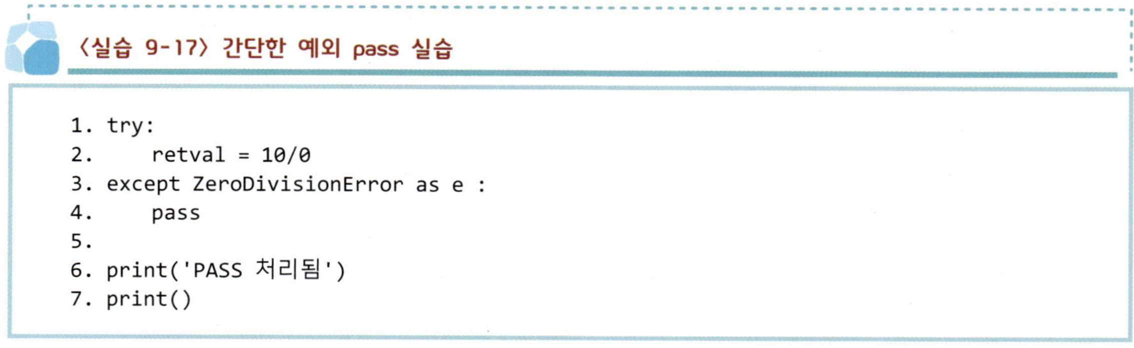

```
try:
    retval = 10/0
except ZeroDivisionError as e :
    pass

print('PASS 처리됨')
print()
```

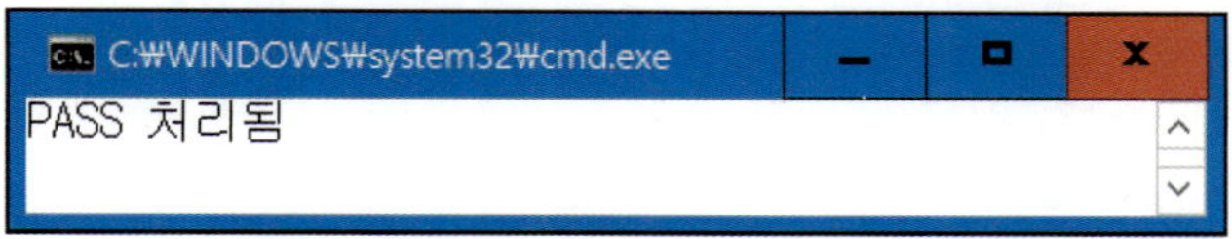

## 〈실습 9-18〉 다양한 예외에서 pass문 실습

```
sep = '-' * 45 + '\n'
print(sep + 'EXCEPTION RAISED 발생')
try:
    print('except IndexError pass 통과')
    x = 'spam'[99]
except IndexError:
     pass
finally:
    print('finally 실행')
print('실행 후')

print(sep + 'EXCEPTION RAISED 발생 안함')
try:
    x = 'spam'[3]
except IndexError:
    print('except 실행')
finally:
    print('finally 실행')
print('실행 후')

print(sep + 'NO EXCEPTION RAISED, ELSE 추가')
try:
    print('except else pass 통과')
    x = 'spam'[3]
except IndexError:
    print('except 실행')
else:
    pass
finally:
    print('finally 실행')
print('실행 후')
print()
```

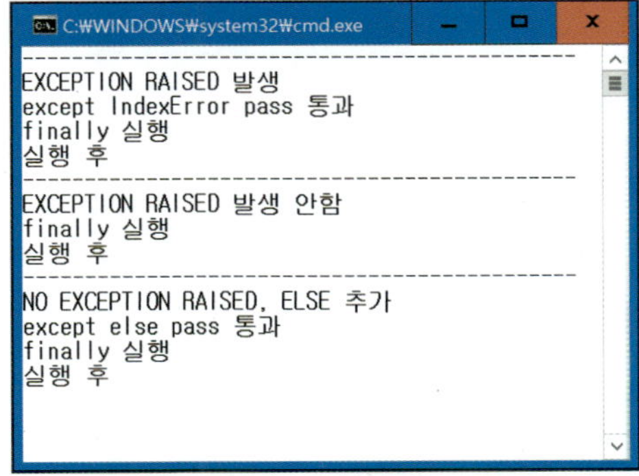

## 9.7 오류 강제 발생(raise)

raise문에 오류/예외의 이름을 넘겨주는 것을 통해 예외를 직접 발생(raise) 시킬 수 있으며 예외 객체가 throw 된다. 이때 발생시킬 수 있는 오류나 예외는 반드시 직접적이거나 간접적이거나 Exception 클래스에서 파생된 클래스이어야 한다.

예외는 문자열, 클래스 또는 객체가 될 수 있다. 파이썬 핵심이 제기하는 대부분의 예외는 클래스의 객체 인수와 함께 클래스이다. 새로운 예외를 정의하는 것은 매우 쉽고 다음과 같이 정의할 수 있다.

```
def functionName( level ):
    if level < 1:
        raise Exception(level)
         # 강제로 예외가 발생하면 이영역의 코드는 실행되지 않는다
return level
```

### 〈실습 9-19〉 간단한 raise 예외 발생 실습

```
while True:
   test = input("정수로 변환할 숫자 입력 : ")
    for i in test:
        if i not in "0123456789":
            raise ValueError("숫자를 입력하세요!!")
    print(int(test))
print('프로그램 종료')
```

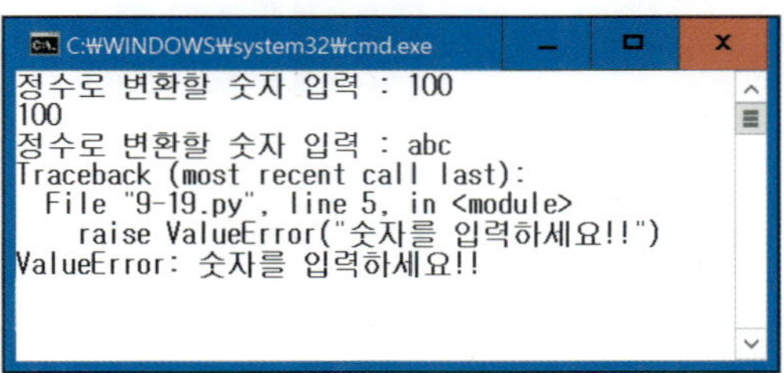

### 〈실습 9-20〉 raise 예외 발생 실습

```
def functionName( level ):
     if level < 1:
        raise Exception(level)
        # 강제로 예외가 발생하면 이 영역의 코드는 실행되지 않는다
     return level
try:
    l = functionName(-10)
    print ("level = ",l)
except Exception as e:
    print ("레벨 인수 에러 = ",e.args[0])
print()
```

```
C:\WINDOWS\system32\cmd.exe
레벨 인수 에러 =  -10
```

Phone이라는 클래스가 존재하고 이 클래스를 상속받을 경우 call이라는 함수를 꼭 강제로 구현하도록 하고 선언 및 실행하고 싶을 경우 Phone 클래스의 call 함수를 다음과 같이 코딩한다.

### 〈실습 9-21〉 class에서 raise 예외 발생 실습

```
class Phone:
   def call(self):
       raise NotImplementedError

class CameraPhone(Phone):
   def photo(self):
       print('사진')

   def call(self):
       print('전화')

cp = CameraPhone()
cp.call()
print()
```

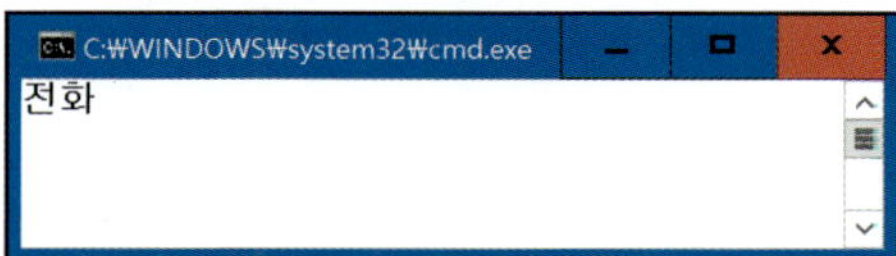

## 9.8 assert문

assert문은 어떤 조건이 참인지 확실하게 짚고 넘어가고 싶을 때 사용된다.

예를 들어

```
a=0
assert a>1
```

위의 문장을 수행하면 a는 false 발생하여 AssertionError가 출력된다.

Debugging 도구로서 활용하기 좋은 문장이다.

또한 리스트에 적어도 한 개의 항목이 담겨 있어야 하는 상황에서 그렇지 않은 경우 오류 메시지를 발생시키고 싶을 경우와 같을 때 assert문을 유용하게 사용할 수 있다. 조건이 참이 아닌 경우, AssertionError가 발생된다.

```
>>> mylist = ['item']
>>> assert len(mylist) >= 1
>>> mylist.pop()
'item'
>>> assert len(mylist) >= 1
Traceback (most recent call last):
File "<stdin>", line 1, in <module>
AssertionError
```

```
>>> x = "hello"
>>> assert x == "goodbye", "x should be 'hello'"
Traceback (most recent call last):
  File "<pyshell#1>", line 1, in <module>
    assert x == "goodbye", "x should be 'hello'"
AssertionError: x should be 'hello'
>>>
```

**〈실습 9-22〉 assert문 실습**

```
def KelvinToFahrenheit(Temperature):
    assert (Temperature >= 0), '0도 보다 추운 경우'
    return ((Temperature-273)*1.8)+32

print(KelvinToFahrenheit(273))
print(int(KelvinToFahrenheit(505.78)))
print(KelvinToFahrenheit(-5))
print()
```

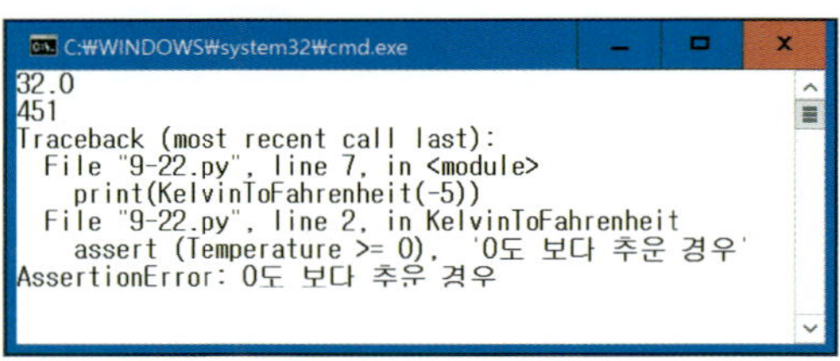


## 9.9 예외 인수

예외에는 추가 정보를 제공하는 값인 인수가 발생할 수 있다. 예외 원인 발생 여부에 의해 인수의 내용은 예외에 따라 다르다.

```
try:
   실행문의 정의 장소...
......................
except 예외 유형 as 인수:
   여기에 인수 값을 출력 할 수 있다...
```

단일 예외를 처리하는 코드를 작성하는 경우 변수의 이름을 기준으로 처리할 수 있다. except문의 다중 예외 처리를 할 경우 변수는 예외의 튜플을 따르도록 해야 한다.

```
>>> try:
    print(param) # param 변수가 정의되지 않았음
except Exception as e:
    print(e) # 에러 미시지 출력

name 'param' is not defined  # 출력된 에러 메시지
>>>
```

except문의 예외 사항 여러 예외를 설정하는 경우, 예외의 튜플에 변수를 지정할 수 있다. 이 변수는 대부분 예외의 원인을 포함하는 예외의 값을 할당 받는다. 변수는 단일 값 또는 튜플 형태의 여러 값을 할당받을 수 있다.

이 튜플은 대개 오류 문자열, 오류 번호 및 오류 위치를 의미한다.

**〈실습 9-23〉 예외 인수 실습**

```
# 함수 정의
def temp_convert(var):
    try:
        return int(var)
    except ValueError as Argument:
        print("인수는 숫자를 포함하지 않음!!\n",Argument)

# 여기서 함수 호출
temp_convert("안녕 파이썬!!")
print()
```

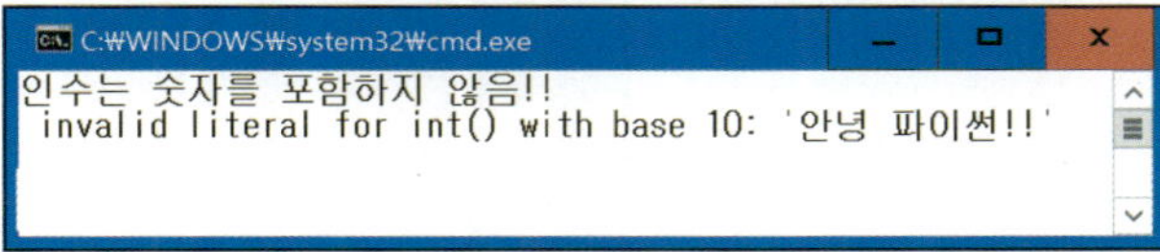


## 9.10 중첩 예외 처리기

지금까지 예외 처리는 한 번만 실행했지만, 하나의 try 문장에서 다른 try 문장 내부로 코드를 통한 제어 흐름을 통해 중첩될 수 있다. 중첩은 상위의 제어 문장까지 예외를 전파하는 것으로 프로그램 실행 흐름의 초기에 입력된 명령문을 간단하게 정의하여 처리할 수 있다.

### 9.10.1 중첩 try-except

첫 번째로 except문을 포함한 try문에서 중첩될 때 발생하는 예외 처리의 흐름을 나타낸다. try 블록 안에서 발생하는 동일한 예외에 대해 다른 코드를 호출하기 위한 함수 호출을 포함할 수 있다.

예외가 발생하면, 파이썬은 가장 최근에 입력된 try문으로 돌아가서 그 예외의 이름을 나타내며, 그 명령에 포함된 except문을 실행한 다음, try 문장 다음에 실행한다.

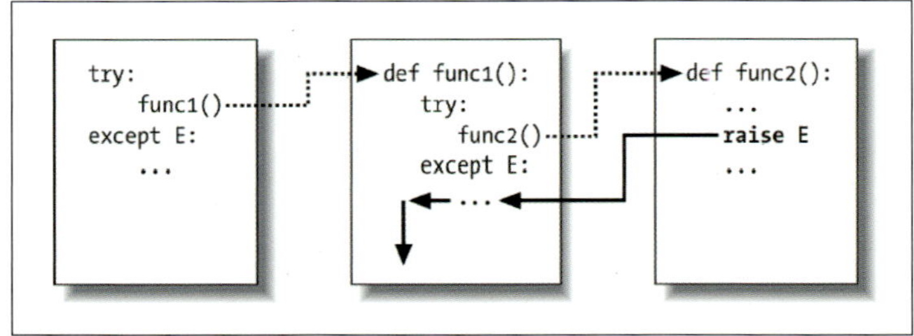


func2 함수의 raise문은 func1의 함수로 제어를 보내고 func1 내에서 실행이 계속된다.

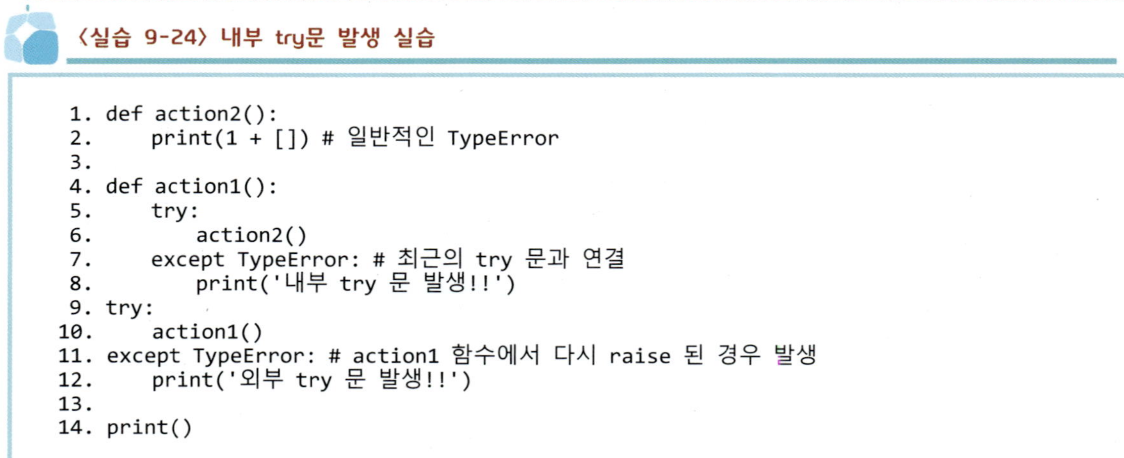

〈실습 9-24〉 내부 try문 발생 실습

```
def action2():
    print(1 + []) # 일반적인 TypeError

def action1():
    try:
        action2()
    except TypeError: # 최근의 try 문과 연결
        print('내부 try 문 발생!!')
try:
    action1()
except TypeError: # action1 함수에서 다시 raise 된 경우 발생
    print('외부 try 문 발생!!')

print()
```

```
C:\WINDOWS\system32\cmd.exe
내부 try 문 발생!!
```

## 9.10.2 중첩 try−finary

두 번째로 finally절을 포함한 중첩된 try문의 예외가 발생하면 각 finally 블록이 순서대로 실행된다. Python은 예외를 다른 try로 연속하여 전달하며 finally문은 예외를 중지하지 않고, 예외 전파가 진행된 동안 각 try에서 빠져 나갈 때 코드가 실행되도록 지정한다.

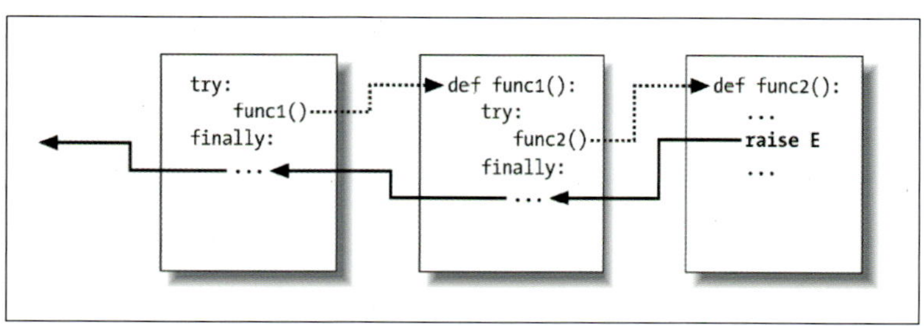

예외가 발생할 때 제어는 finally문을 실행하기 위해 가장 최근에 입력 한 try로 되돌아가지만 예외는 모든 활성화된 try문에서 모든 finally로 전달되어 결국 최상위 수준 처리기에 도착하고, 여기서 오류 메시지가 출력된다. finally문은 예외를 가로 채며 “진행 중”으로 수행 할 작업을 처리하기 위한 것이다.

〈실습 9-25〉 try-finally문 발생 실습

```
def raise1():
     raise IndexError

def noraise():
     return

def raise2():
     raise SyntaxError

for func in (raise1, noraise, raise2):
    print('<%s>' % func.__name__)
    try:
        try:
            func()
        except IndexError:
            print('IndexError 발생')
    finally:
        print('finally 실행')
    print('..............')

print()
```

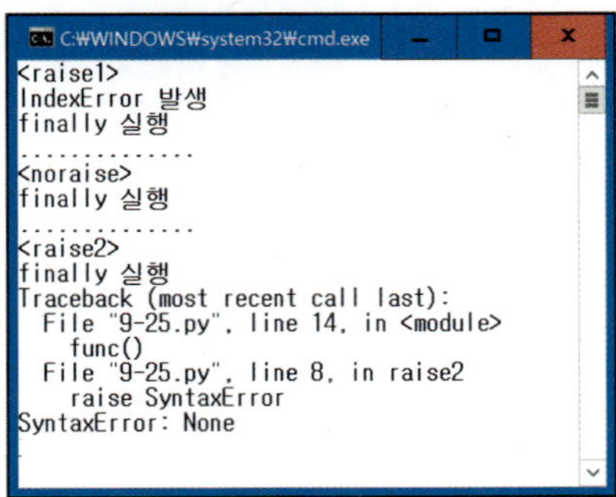


### 9.10.3 중첩 블록에서 특정 이동

예외는 go to문과 같은 역할을 수행하여 좀 더 예외적인 제어 전달 방법으로 사용될 수 있다. 그러나 예외는 중첩된 코드의 특정 블록으로 점프하기 위한 옵션을 제공한다.

여기서 raise문은 go to문과 같으며 예외 조건과 예외 이름은 레이블 대신 사용하여 지정된 문장으로 이동할 수 있다. 그러나 "go to"문은 코드를 이해하고 유지하는 것을 매우 어렵게 만들 수 있다. 예를 들어, 파이썬의 break문은 하나의 가장 가까운 블록을 끝내지만, 필요할 경우 예외를 사용하여 둘 이상의 블록 단위에서 빠져나갈 수 있다.

### 〈실습 9-26〉 중첩문에서 pass문으로 탈출 실습

```
class Exitloop(Exception): pass

try:
    while True:
        while True:
            for i in range(10):
                if i > 3: raise Exitloop # 첫 번째 레벨에서 탈출
                print('loop3: %s' % i)
            print('loop2')
        print('loop1')
except Exitloop:
    print('\n계속 진행!!') # pass문에 의해 이 위치로 이동

print('\n i = ', i)
print()
```

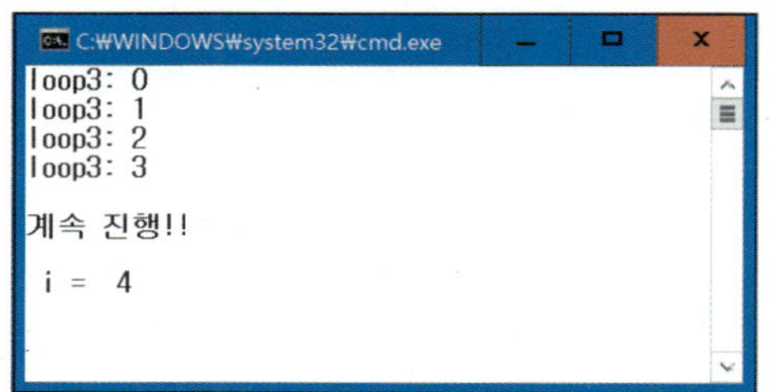

# 제10장 객체지향 프로그래밍

객체(object)란 무엇인가? 객체는 실세계를 표현하고 프로그램 내에서 작업을 용이하도록 만들어 주는 프로그래밍 구조를 의미한다. 객체는 행위(behavior)를 포함해야 하며 다른 객체와 구분되는 고유한 식별자(identifier)를 가져야 한다. 객체를 이용하여 프로그램을 더욱더 규격화하는 것이 가능하다.

객체 지향(Object-Oriented)이란 무엇인가? 오브젝트(객체) 지향이란 실세계의 시스템을 모델링하기 위한 기법이다. 오브젝트(객체) 지향 언어란 프로그래머가 객체, 클래스(class), 상속(inheritance) 등을 사용햐여 프로그램을 효과적으로 작성할 수 있도록 하는 프로그래밍 언어를 의미한다.

객체 지향 프로그래밍에서는 클래스(class)와 객체(object)라는 두 가지 중요한 개념이 있다. 클래스는 새로운 형식을 정의하는 것이며, 객체는 클래스의 인스턴스(instance)를 의미하는 것이다. 이것을 다시 표현하면 int라는 형식의 변수를 작성하는 것으로, 이것은 정수형 변수를 int 클래스의 인스턴스(객체)를 변수에 할당하는 개념이다.

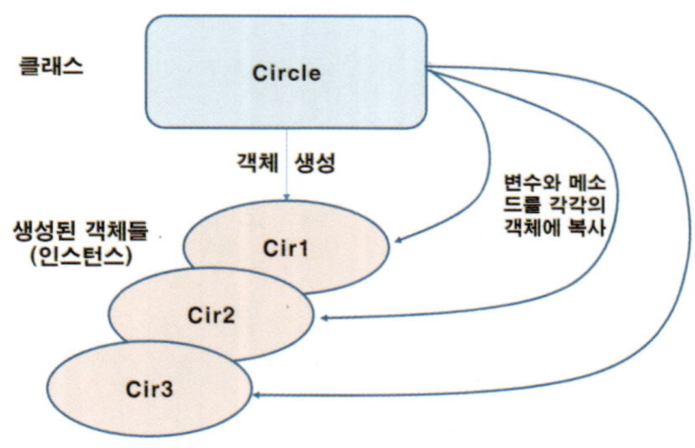


클래스와 객체의 관계

## 10.1 객체 지향 프로그래밍에 대한 용어의 개요

| 클래스 | 클래스는 객체를 생성하여 속성 집합을 정의하는 객체에 대한 사용자 정의 형식으로 속성은 점(.) 다음으로 나타나는 데이터 멤버(클래스 변수 및 인스턴스 변수) 및 메소드 |
|---|---|
| 클래스 변수 | 클래스의 모든 인스턴스에서 공유하는 변수이다. 클래스 변수는 클래스 내에서 정의되지만 클래스의 메소드 외부에 정의되고, 클래스 변수는 객체 변수만큼 자주 사용되지 않음 |

| 데이터 멤버 | 클래스 및 해당 객체와 관련된 데이터를 가지고 있는 클래스 변수 또는 객체 변수 |
|---|---|
| 함수 오버로딩 | 함수에서 두개 이상의 동작 할당을 의미하며, 운영방식은 연관 객체 또는 인수의 유형에 따름 |
| 객체 변수 | 메소드 안에서 정의되고 클래스의 현재 객체에 속하는 변수 |
| 상속 | 현재 클래스의 특성을 그 클래스에서 상속된 다른 클래스로 복사 |
| 객체 | 특정 클래스에서 작성된 객체. 예를 들어 Circle 클래스에 속한 객체 obj는 Circle 클래스의 인스턴스 |
| 객체화 | 클래스에서 객체의 생성 |
| 메소드 | 클래스에 정의된 특별한 종류의 함수 |
| 객체 | 해당 클래스에 의해 정의되는 데이터 구조의 고유 인스턴스. 객체는 데이터 멤버(클래스 변수와 객체 변수)와 메소드를 모두 포함 |
| 연산자 오버로딩 | 특정 연산자에 둘 이상의 함수를 할당하는 것을 의미 |

## 10.2 class의 선언

클래스는 class 키워드를 통해 생성된다. class문은 새 클래스를 정의한다. 클래스의 이름은 키워드 class 바로 다음에 정의되어야 하며 마지막에는 콜론(:)을 나타내야 한다.

```
class 클래스 이름:
   '선언된 클래스 문서에 대한 문자열을 나타낼 수 있음'

   클래스 멤버, 데이터 속성 및 함수를 정의하는 모든 문장으로 구성됨
```

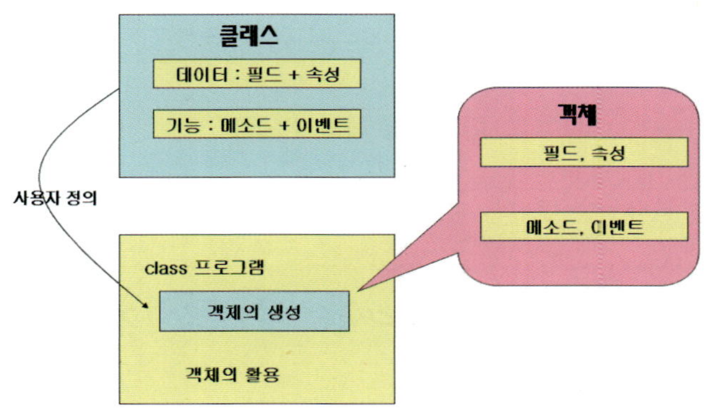


클래스의 구성요소

〈실습 10-1〉 비어 있는 클래스의 선언 실습

```
class Person:
    pass # 비어 있는 블록
p = Person()
print(p)  # 객체의 메모리 주소 출력
print()
```

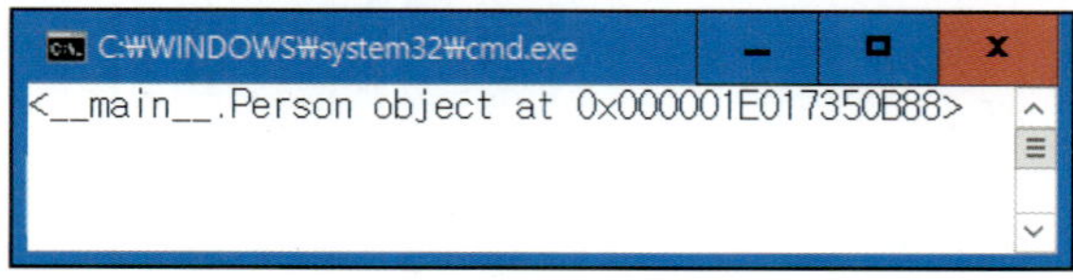


### 10.2.1 필드와 속성

클래스의 구성요소에서 데이터 측면에서는 필드와 속성을 선언하고, 기능 측면에서는 메소드와 이벤트를 선언한다.

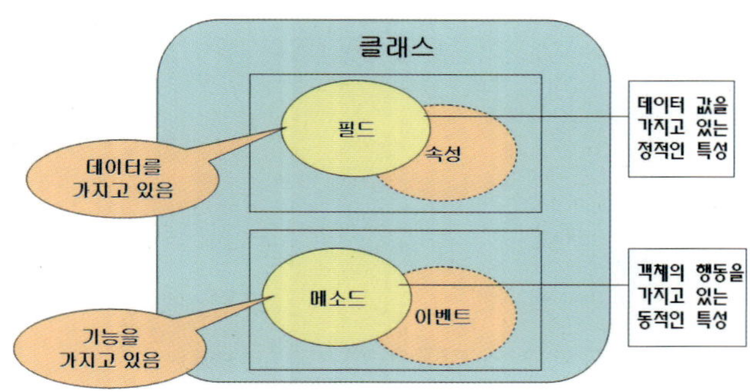


클래스 안에서 필드와 속성

필드는 속성의 개념으로 클래스나 클래스의 객체에 속하는 데이터이며, 그 클래스와 객체의 상태를 정의하는 것이고, 메소드는 이러한 필드의 상태를 조작하기 위한 실행문(Statement)들로 구성되며, 이벤트가 포함될 수 있다.

### 10.2.2 메소드와 self

클래스와 객체는 메소드를 가질 수 있으며, 메소드는 추가된 self 변수를 제외하고 함수와 같다. self는 메소드 선언시 어떠한 매개 변수도 넘겨받지 않아도 함수 정의에 self를 선언해야 한다.

파이썬의 self는 C++의 this 포인터와 같은 것이며, Java와 C#의 this 참조와 같다.

```
>>> class Pair:
        def __init__(self, x, y):
                self.x = x
                self.y = y
>>> p = Pair(3, 4)
>>> p
<__main__.Pair object at 0x000001EBF81062B0>
```

클래스 메소드는 일반적인 함수와 다른 점이 있는데, 그것은 메소드의 경우 매개 변수의 목록에 항상 한 개의 변수가 맨 앞에 추가되어야 한다. 또한 메소드를 호출할 때 이 변수에는 우리가 직접 값을 넘겨주지 않으며, 대신 파이썬이 자동으로 값을 할당한다.

이 변수에는 현재 객체 자신의 참조가 할당되며, 일반적으로 self라고 선언한다. 이 변수의 이름은 마음대로 작성할 수 있지만, self라는 이름을 사용하는 것이 편리하다.

**〈실습 10-2〉 간단한 메소드 처리 실습**

```
class Person1:
    def say_hi(self):
        print('안녕하세요 파이썬!!')

p = Person1()
p.say_hi()
print()

class Person2:
    def __init__(self, name):
        self.name = name

    def say_hi(self):
        print ('안녕하세요!! 저의 이름은 ', self.name)
p = Person2('홍길동')
p.say_hi()
print()
```

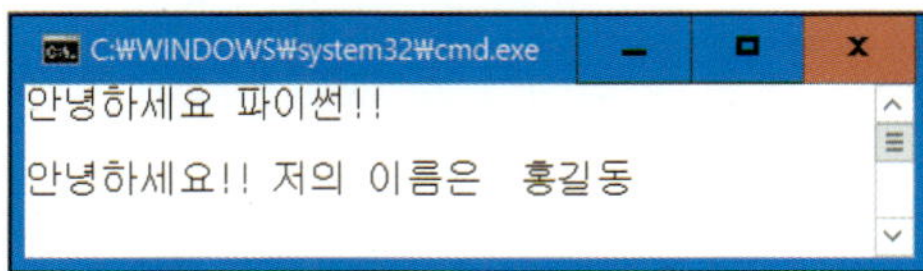


## 10.2.3 __init__ 메소드

init 메소드는 클래스를 인스턴스화 될 때 호출된다. 따라서 이 메소드는 객체가 생성될 때 여러 가지 초기화 명령들이 필요할 때 유용하게 사용되며, 여기서 init의 앞과 뒤에 있는 밑줄은 두 번씩 입력해서 나타내야 한다.

```
class Person:
    def __init__(self, name):
        self.name = name
    def say_hi(self):
        print ('안녕하세요!! 저의 이름은 ', self.name)
p = Person('홍길동')
p.say_hi()

# 출력 --> 안녕하세요!! 저의 이름은 홍길동
```

먼저 매개변수 name을 넘겨받는 init 메소드를 self를 포함하여 정의하고, name이라는 필드를 생성한다. 이때 두 다른 변수의 이름으로 'name'이라는 동일한 이름을 지정해 주었으며, 하나는 self라고 선언된 객체에 내장된 것으로 self.name의 형태로 사용되며, 또 하나의 name은 지역 변수를 의미하는 것으로 사용된다.

init 메소드를 직접 호출해 주지 않고 클래스로부터 인스턴스를 생성할 때 괄호 안에 인수를 함께 넘겨주었기 때문에 메소드가 좀 특별하게 처리되며, sayHi 메소드에서 객체 내부에 self.name 필드를 사용할 수 있다.

### 〈실습 10-3〉 클래스의 선언과 객체 생성 및 출력 실습

```
class Employee:
    empCount = 0 # 클래스 변수의 선언

    def __init__(self, name, salary): # 객체 생성 메소드의 선언
        self.name = name
        self.salary = salary
        Employee.empCount += 1

    def displayEmployee(self): # 객체 출력 메소드의 선언
         print ("이름 : ", self.name, ", 급여 : ", self.salary)
         print ("현재 종업원 수 = %d" % Employee.empCount)

# 첫 번째 클래스에서 객체의 선언"
emp1 = Employee("홍길동", 2000000)
emp1.displayEmployee()
print()
# 두 번째 클래스에서 객체의 선언"
emp2= Employee("이순신", 5000000)
emp2.displayEmployee()

# 클래스 변수 출력
print ("\n전체 종업원 수 = %d" % Employee.empCount)
print()
```

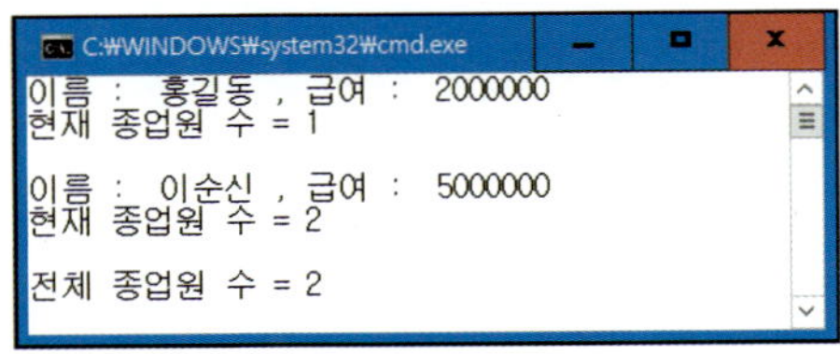


### 10.2.4 정적 메소드

self 파라미터를 갖지 않고 인스턴스 변수에 엑세스할 수 없으며, 보통 객체 필드와 독립적이지만 클래스에 포함되는 메소드에 사용된다. 정적 메소드는 메소드 앞에 @staticmethod라는 Decorator를 표시하여 해당 메소드가 정적 메소드임을 표시한다.

첫 인수로 self를 받지 않고, 인스턴스 변수를 참조할 수 없다.

```
# 정적 메소드 구현

class 클래스이름:
    @staticmethod
    # 정적 메소드를 나타내어주는 표시자
    def 정적 메소드이름(매개변수):
```

### 10.2.5 클래스 메소드

메소드 앞에 @classmethod라는 Decorator를 표시하여 해당 메소드가 클래스 메소드임을 표시한다. 정적 메소드와 비슷하며 객체 인스턴스를 의미하는 self 대신 cls라는 클래스를 의미하는 파라미터를 전달 받는다.

전달받은 cls 파라미터를 통해 클래스 변수 등을 엑세스하는 가능을 가지고 있다.

```
# 클래스 메소드 구현

class 클래스이름:
    @classmethod
    # 클래스 메소드를 나타내어 주는 표시자
    def 클래스 메소드이름(cls):
```

**〈실습 10-4〉 정적 메소드와 클래스 메소드의 실습**

```
class Rectangle:
    count = 0 # 클래스 변수

    def __init__(self, width, height):
        self.width = width
        self.height = height
```

```
        Rectangle.count += 1

    # 객체 메소드
    def calcArea(self):
        area = self.width * self.height
        return area

    # 정적 메소드
    @staticmethod
    def isSquare(rectWidth, rectHeight):
        return rectWidth == rectHeight
    # 클래스 메소드
    @classmethod
    def printCount(cls):
        print(cls.count)

# 본문
square = Rectangle.isSquare(5, 5)
print(square)  # True

rect1 = Rectangle(5, 5)
rect2 = Rectangle(2, 5)
rect1.printCount()  # 2
print()
```

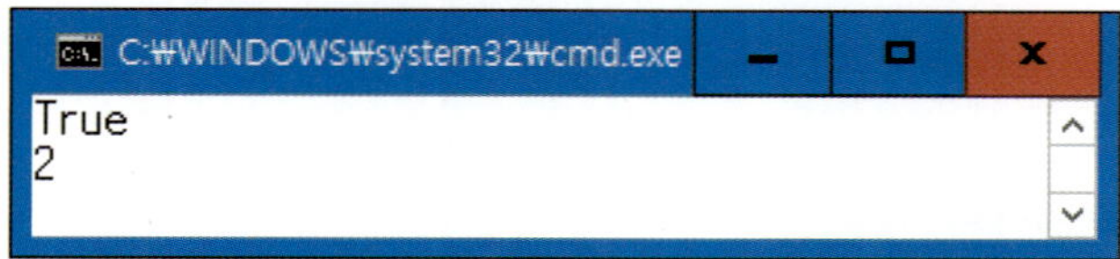


## 10.2.6 속성

속성은 객체와 함께. 연산자를 사용하여 객체의 속성에 접근한다.

```
class Point:
  def __init__(self, x=0, y=0): # self.x와 self.y의  변수가 초기화
    self.x = x
    self.y = y
  # 객체 __init__ () 메소드는 호출되지 않는다.

  def distance_from_origin(self):
    return math.hypot(self.x, self.y)
  # 객체의 변수를 기반으로 계산을 수행하는 일반적인 방법이다.

  def __eq__(self, other):
    return self.x == other.x and self.y == other.y

  def __repr__(self):
    return "Point({0.x!r}, {0.y!r})".format(self)

  def __str__(self):
    return "({0.x!r}, {0.y!r})".format(self)
```

### 〈실습 10-5〉 객체의 속성 선언 실습

```
class my_collection():
    def __init__(self):
        self.init_books()

    def init_books(self):
        self.books = [ 'Python', '파이썬 프로그래밍' ]

    def init_toys(self):
        self.toys = [ '레고', '사각형 장난감' ]

    def print_object(self, dest):
        try:
            if dest == 'Python':
                print ('서적', self.books)
            elif dest == '레고':
                print ('장난감', self.toys)
        except AttributeError:
                print ('존재하지 않음!!')

if __name__ == "__main__":
    c = my_collection()
    c.print_object('Python')
    c.print_object('장난감')
    c.init_toys()
    print ('초기화 장난감...')
    print ()

    c.print_object('장난감')
```

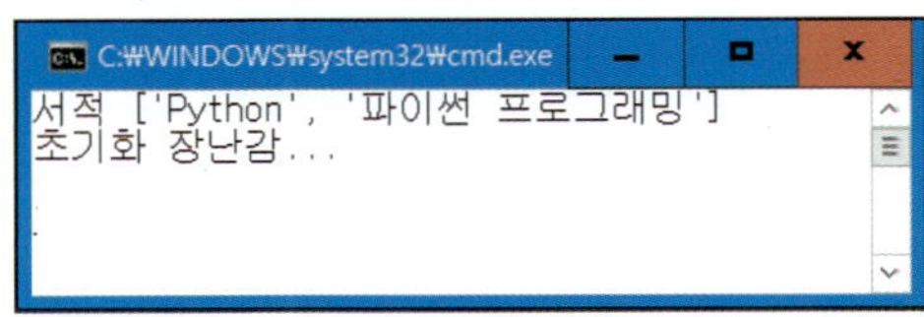


속성에 접근하기 위해 일반 명령문을 사용하는 대신 다음과 같은 함수를 사용할 수 있다.

```
- getattr(객체, 이름[, default]) : 객체의 속성에 접근
- hasattr(객체, 이름) : 속성이 있는지 여부를 확인
- setattr(객체, 이름, 값): 속성을 설정하며 존재하지 않으면 생성
- delattr(obj, name): 속성의 제거
```

속성 값에 대한 예제는 다음과 같다.

```
>>> class foobar():
...     data = [1,2,3,4]
...     def __init__(self, val):
...             self.val = val
...
```

```
>>> x = foobar
>>> y = foobar(['a', 'b'])
>>> z = foobar([1, 2])
>>> hasattr(x, 'data')
True
>>> hasattr(x, 'val')
False
>>> delattr(x, 'data')
>>> hasattr(x, 'data')
False
>>> hasattr(y, 'data')
False
>>> hasattr(y, 'val')
True
>>>
```

## 10.2.7 클래스 속성의 구축

모든 Python 클래스는 다음과 같은 내장 속성을 가지고 있으며, 다음 속성을 사용하여 접근할 수 있다.

```
__dict__: 클래스의 네임 스페이스를 포함
__doc__: 클래스 이름의 문자열 또는 정의되지 않은 경우는 없음
__name__: 클래스 이름
__module__: 클래스가 정의된 모듈 이름으로 대화식 모드에서 "__main__" 지정
__bases__: 기본 클래스 목록에 발생 순서대로 기본 클래스를 포함하는 빈 튜플
```

### 〈실습 10-6〉 클래스 속성 실습

```
class Employee:
    empCount = 0

    def __init__(self, name, salary):
       self.name = name
       self.salary = salary
       Employee.empCount += 1

    def displayCount(self):
       print ("직원 수 = " , Employee.empCount)

    def displayEmployee(self):
        print ("이름 : ", self.name, ",급여 : ", self.salary)

emp1 = Employee("강감찬", 2000000)
emp2 = Employee("이순신", 5000000)

print ("Employee.__doc__:", Employee.__doc__)
print ("Employee.__name__:", Employee.__name__)
print ("Employee.__module__:", Employee.__module__)
print ("Employee.__bases__:", Employee.__bases__)
print()
print ("Employee.__dict__:", Employee.__dict__ )
print()
```

```
C:\WINDOWS\system32\cmd.exe
Employee.__doc__: None
Employee.__name__: Employee
Employee.__module__: __main__
Employee.__bases__: (<class 'object'>,)

Employee.__dict__: {'__module__': '__main__', 'empCount': 2, '__init__': <function E
mployee.__init__ at 0x000001D1C94D73A8>, 'displayCount': <function Employee.displayC
ount at 0x000001D1C94D7438>, 'displayEmployee': <function Employee.displayEmployee a
t 0x000001D1C94D74C8>, '__dict__': <attribute '__dict__' of 'Employee' objects>, '__
weakref__': <attribute '__weakref__' of 'Employee' objects>, '__doc__': None}
```

## 10.3 생성자 및 소멸자

### 10.3.1 생성자

생성자는 생성되는 객체의 인스턴스 변수를 초기화하는 역할을 하며 자동으로 호출되며 생략이 가능하다.

```
class 클래스명:
    ...
    def    __init__(self):
        문장
        ...
```

생성자는 __init__라는 이름으로 미리 정의해야 한다. 이 생성자를 통해서 객체가 생성될 때 어떤 변수의 값을 설정하는 등 여러 가지 작업이 가능하다.

단, 생성자와 소멸자의 __init__의 __은 2개 연속적으로 사용하며 앞뒤에 '__'가 붙은 경우에는 특별한 용도로 사용하기 위해 미리 정의한 것이다.

```
>>> class Book:
    def  init (self, bookName):
        self.name = bookName
        print("객체가 생성!!. 책의 이름은 "
              + bookName + " 입니다.")

>>> objectBook = Book("파이썬 프로그래밍 ")
객체가 생성되었습니다. 책의 이름은 파이썬 프로그래밍입니다
```

Book 클래스가 정의되고 나서 이 Book 클래스의 내부를 살펴보면 생성자가 정의되어 있으며, bookName이란 인수를 받는다. bookName으로 클래스 내부의 name 변수의 값을 초기화하여 객체가 생성되었음을 알려주고 책의 이름을 출력한다.

생성자와 메소드의 호출 예는 다음과 같다.

```
class Student:
    def __init__(self, name, age):
        self.name = name
        self.age = age
    def aboutMe(self):
        print("제 이름은 " + self.name + "이며, 제 나이는 "
                          + str(self.age) + "세 입니다.")

objectStudent = Student("홍길동", 28)
objectStudent.aboutMe()

# 제 이름은 홍길동이며, 제 나이는 28세 입니다.
```

### 10.3.2 소멸자

소멸자도 객체가 메모리에서 소멸할 때 자동으로 호출되며 생략이 가능하다.

```
class 클래스명:
    ...
    def    __del__(self):
        문장
        ...
```

객체가 생성될 때 호출되는 생성자가 있다면, 반대로 객체가 소멸할 때 호출되는 소멸자가 존재한다. 생성자와 마찬가지로 파이썬에서는 __del__이라는 이름으로 소멸자가 미리 정의되어 있다.

이 소멸자는 리소스 해제 등의 종료 작업을 위해 사용된다.

**〈실습 10-7〉 생성자와 소멸자 실습**

```
class CreatDel:
    def __init__(self):
        self.count = 0
        print('객체가 메모리에 생성되었습니다.')

    def __del__(self):
        print('객체가 메모리에서 소멸되었습니다.')

    def getNation(self, code):
        self.count = self.count + 1
        str1 = ""  # 지역 변수

        if code == "KOR":
            str1 = "한국"
        elif code == "JAP":
            str1 = "일본"
```

```
        elif code == "CHA":
            str1 = "중국"
        return str1

    def getGDP(self, code):
        self.count = self.count + 1
        gdp = 0   # 지역 변수

        if code == "KOR":
            gdp = 28738
        elif code == "JAP":
            gdp = 37539
        elif code == "CHA":
            gdp = 6747
        return gdp

creatdel = CreatDel();
print('count: ' + str(creatdel.count))
print(creatdel.getNation("KOR"))
print(creatdel.getNation("JAP"))
print(creatdel.getNation("CHA"))
print('count: ' + str(creatdel.count))
print()

print(creatdel.getGDP("KOR"))
print(creatdel.getGDP("JAP"))
print(creatdel.getGDP("CHA"))
print('count: ' + str(creatdel.count))

del creatdel  # 소멸자 호출
print()
```

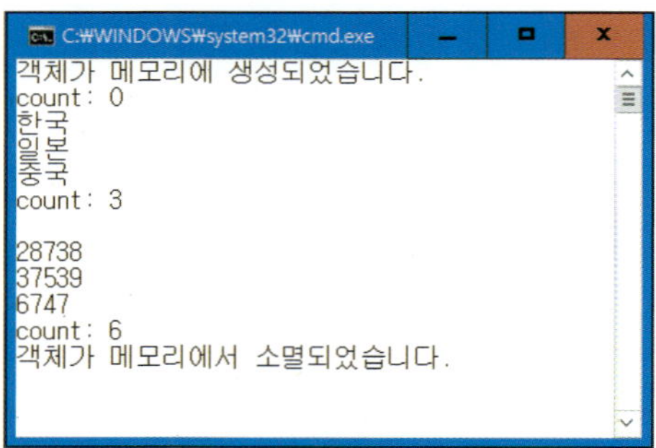


## 10.4 객체의 소멸

파이썬은 불필요한 객체를 자동으로 삭제한다. 파이썬이 정기적으로 메모리 블록을 회수하는 프로세스 등이 더 이상 사용되지 않는 것을 garbage collection이라고 한다.

파이썬의 가비지 컬렉터는 프로그램 실행 중에 작동되며, 개체의 참조 횟수가 0에 도달했을 때 개체의 참조 횟수가 숫자로 변경된다. 개체의 참조 횟수는 새 이름이 지정되거나 개체와 연관된 컨테이너(list, tuple 또는 dictionary)가 해당되며, 객체의 참조 카운트가 감소하면 참조가 다시 할당되거나 해당 참조가 범위를 벗어난다. 이때 객체의 참조 카운트가 0에 도달하면, 파이썬은 그것을 자동으로 수집한다.

```
a = 40 # 객체의 생성 <40>
b = a  # 참조의 증가.  <40>
c = [b] # 참조의 증가. <40>
del a   # 참조의 감소. <40>
b = 100 # 참조의 감소 <40>
c[0] = -1 # 참조의 감소 <40>
```

가비지 컬렉터가 객체를 소멸하는 순간은 일반적으로 알 수 없으며, 메모리 공간을 되찾는다. 그러나 클래스는 특별한 메소드 _del_ 함수를 이용하여 그 시점을 지정할 수 있다.
객체가 소멸될 때 호출되는 소멸자(destructor)를 호출하며, 이 메소드는 객체에서 사용하는 리소스를 정리하는 데 사용한다.

### 〈실습 10-8〉 객체의 소멸 실습

```
class Point:
   def __init( self, x=0, y=0):
      self.x = x
      self.y = y

   def __del__(self):
      class_name = self.__class__.__name__
      print (class_name, "소멸됨")

pt1 = Point()
pt2 = pt1
pt3 = pt1

print (id(pt1), id(pt2), id(pt3)) # 객체의 주소 출력

del pt1
del pt2
del pt3

print ("3개의 객체가 소멸됨!!")
print()
```

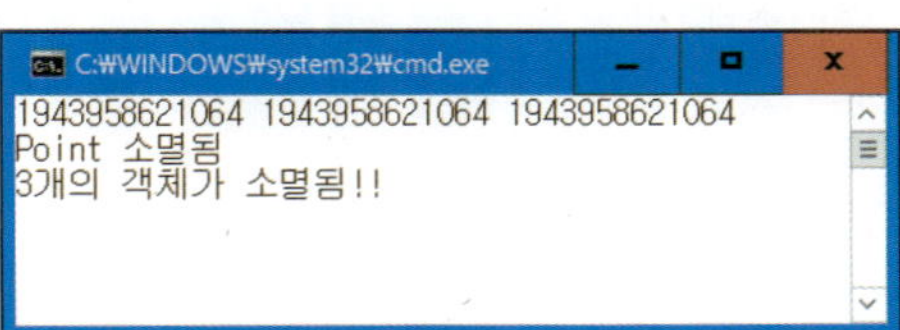

# 10.5 클래스 상속

객체 지향 프로그래밍의 장점은 코드를 재사용할 수 있다는 것인데 이를 위한 한 가지 방법으로 상속이 사용된다. 상속은 클래스 간의 형식과 세부 형식을 구현하는 것이라고 볼 수 있다.

## 10.5.1 상속의 선언

기존 클래스에서 클래스를 파생시켜 새로운 클래스를 만들 수 있다. 새 클래스 이름 다음에 괄호 안에 부모 클래스를 선언하여 상속 관계를 나타내고, 자식 클래스는 부모 클래스의 특성을 상속받으며 이러한 특성을 사용할 수 있다

마치 메소드 또는 속성을 자식 클래스에 정의된 것처럼 할 수 있으며, 자식 클래스는 데이터 멤버 변수 또는 메소드를 재정의 할 수도 있고, 부모 클래스의 메소드를 사용할 수 있다.

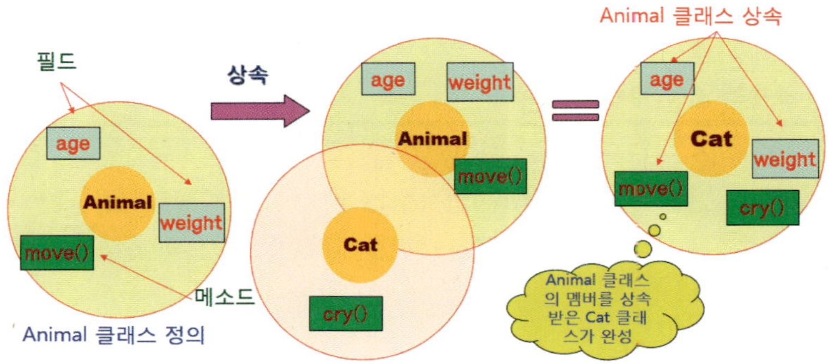


클래스간의 상속과 변수 및 메소드 호출

```
class SubClassName (ParentClass1[, ParentClass2, ...]):
  class_블록
```

### 〈실습 10-9〉 클래스 상속 실습

```
class Parent: # 부모 클래스 정의
   parentAttr = 100
   def __init__(self):
      print ("부모 설계자 호출")

```

```
    def parentMethod(self):
        print ('부모 메소드 호출')

    def setAttr(self, attr):
        Parent.parentAttr = attr

    def getAttr(self):
        print ("부모 속성 : ", Parent.parentAttr)

class Child(Parent): # 자식 클래스 정의
    print ("자식 설계자 호출")
    def childMethod(self):
        print ('자식 메소드 호출')

c = Child() # 자식의 객체
c.childMethod() # 자식 메소드 호출
c.parentMethod() # 부모 메소드 호출
c.setAttr(200) # 다시 부모 메소드 호출
c.getAttr() # 다시 자식 메소드 호출
print()
```

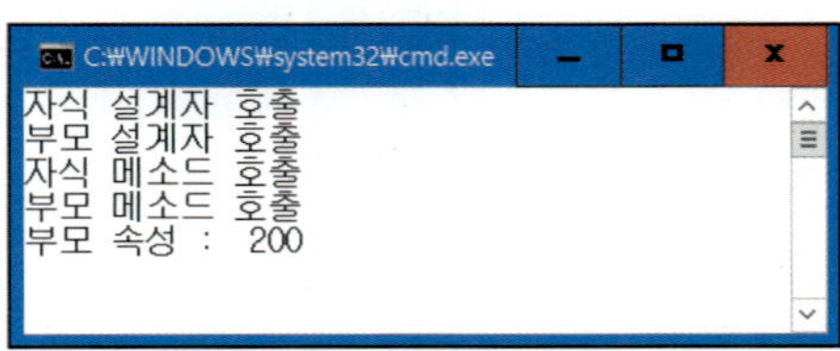

### 〈실습 10-10〉 클래스 상속2 실습

```
class Phone:
    phone_name = "모토롤라"

    def tel(self):
        print("전화 기능")

    def sms(self):
        print("문자 기능")


class PDA(Phone):
    pda_name = "Sumgsung"

    def mms(self):
        print("멀티미디어 메시지")

class Smart(PDA):
    smart_name = "Android"

```

```
    def internet(self):
        print("인터넷")

phone = Phone();
print(phone.phone_name)

phone.tel();
phone.sms();
print("------------------")

pda = PDA()
print(pda.pda_name)

pda.tel()
pda.sms()
pda.mms()
print("------------------")

smart = Smart()
print(smart.smart_name)

smart.tel()
smart.sms()
smart.mms()
smart.internet()
print()
```

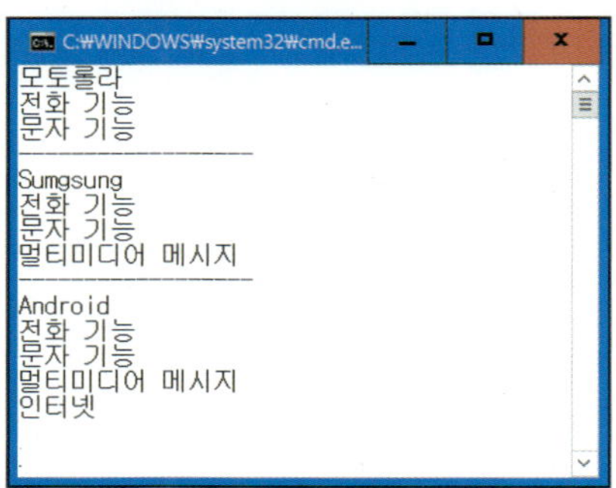


### 10.5.2 다중 상속

비슷한 방법으로 다음과 같이 여러 개의 상위 클래스에서 하나의 클래스를 상속할 수 있다.

```
class A: #  class A 정의
.....
class B: #  calss B 정의
.....
class C(A, B): # A 와 B의 자식 클래스
.....
```

## 〈실습 10-11〉 클래스 다중 상속 실습

```
class ParentBase:
    a = 3

class ParentOne(ParentBase):
    def func(self):
        print("ParentOne 호출.. " + str(ParentBase.a))

class ParentTwo(ParentBase):
    def func(self):
        print("ParentTwo 호출.. " + str(ParentBase.a))

    def printA(self):
        print("A = " + str(ParentBase.a))

class Child(ParentOne, ParentTwo):
    def childFunc(self):
        ParentBase.a = 2
        ParentOne.a = 4
        ParentTwo.a = 5

        ParentOne.func(self)
        ParentTwo.func(self)

objectChild = Child()
objectChild.childFunc()

objectChild.func()

print(objectChild.a)

objectChild.a = 10
objectChild.printA()
print()
```

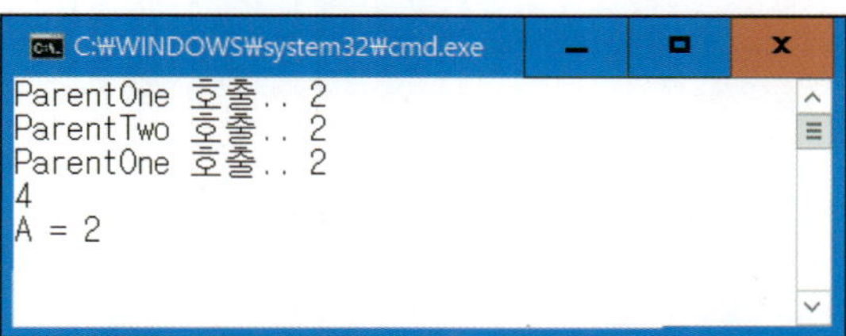

### 〈실습 10-12〉 클래스 다중 상속2 실습

```
class Phone:
    phone_name = "모토롤라"

    def tel(self):
        print("전화 기능")

    def sms(self):
        print("문자 기능")


class PDA(Phone):
    pda_name = "Sumgsung"

    def mms(self):
        print("멀티미디어 메시지")

class Smart(PDA):
    smart_name = "Android"

    def internet(self):
        print("인터넷")

phone = Phone();
print(phone.phone_name)

phone.tel();
phone.sms();
print("------------------")

pda = PDA()
print(pda.pda_name)

pda.tel()
pda.sms()
pda.mms()
print("------------------")

smart = Smart()
print(smart.smart_name)

smart.tel()
smart.sms()
smart.mms()
smart.internet()
print()
```

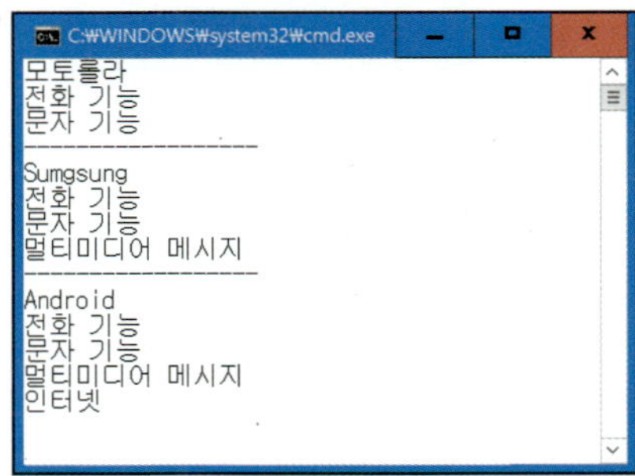

### 10.5.3 상속 관계 여부 조사

issubclass() 또는 isinstance() 함수를 사용하여 두 클래스와 객체의 관계를 확인할 수 있다.

```
 issubclass (sub, sup)
   - 자식 클래스 sub는 부모 클래스 sup의 서브 클래스인 경우 True를 반환

isinstance (obj, Class)
   - obj가 Class의 객체인 경우 True를 반환
```

**〈실습 10-13〉 클래스와 객체 관계 확인 실습**

```
class fooboo(object):
    def __init__(self, val):
        self.val = val

class gooboo(fooboo):
    def __init__(self, val, val2):
        self.val = val
        self.val2 = val2

print (issubclass(gooboo, fooboo))
print (issubclass(fooboo, gooboo))
print (issubclass(fooboo, object))
print()

class Persion: pass
a = Persion()
result = isinstance(a, Persion)

print(result)
print()
```

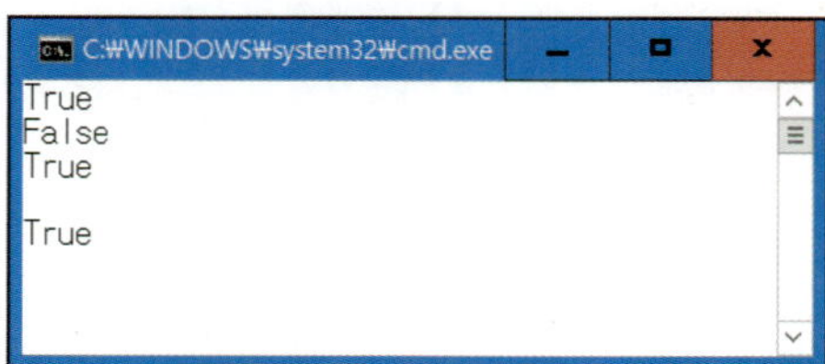


## 10.6 메소드 오버라이딩

오버라이딩이란 부모 클래스에 존재하는 필드나 메소드를 자식 클래스에서 재정의하여 사용할 수 있다. 오버라이딩은 오버로딩과 유사하게 수행되는데 부모 클래스에 존재하는 메소드들이 자식 클래

스에 다른 작업을 수행할 수 있도록 동일한 함수명으로 재 정의하는 것이다. 즉, 클래스의 상속관계에 관련하는 것이다.

또한 파생된 클래스의 작성자(constructor) 내에 부모 클래스의 작성자(constructor)를 호출하는 경우에도 사용한다. 작성자(constructor)는 파생된 클래스를 객체로 작성하는 경우, 자동적으로 호출되는 메소드로 클래스명과 같은 이름의 메소드이다.

```
issubclass (sub, sup)
  - 자식 클래스 sub는 부모 클래스 sup의 서브 클래스인 경우 True를 반환

isinstance (obj, Class)
  - obj가 Class의 객체인 경우 True를 반환
```

### 〈실습 10-14〉 메소드 오버라이드 실습

```
class Parent: # 부모 클래스 정의
    def myMethod(self):
         print ('부모 메소드 호출!!')

class Child(Parent): # 자식 클래스 정의
    def myMethod(self):
        print ('자식 메소드 호출!!')

c = Child() # 자식의 객체 생성
c.myMethod() # 자식의 오버라이드 호출
print()

class C1:
    def m(self):
        return '부모 클래스'

#super() 메소드를 통해 부모 클래스를 호출 가능
class C2(C1):
    def m(self):
    #여기서 super()는 부모 클래스를 호출
        return super().m() + ' 자식 클래스'

#pass 키워드를 통해 빈 클래스를 작성
class C3(object):
     pass
c = C2()
print(c.m())
print()
```

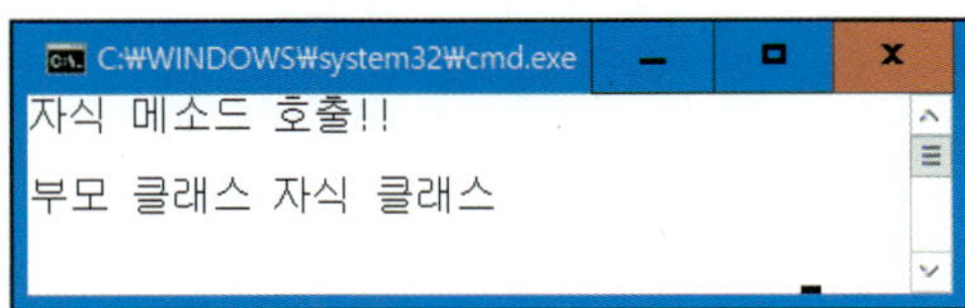

## 10.7 기본적인 오버로딩 메소드

자신의 클래스에서 재정의할 수 있는 일반적인 기능은 다음과 같다.

| 번호 | 기본 메소드 기능과 선언 예 |
|---|---|
| 1 | **__init__ (self [,인수...])**<br>생성자(인수는 옵션)<br>(예) *obj = className(args)* |
| 2 | **__del__ (self)**<br>소멸자, 객체를 제거<br>(예) *del obj* |
| 3 | **__repr__(self)**<br>연산 가능한 문자열 선언<br>(예) *repr(obj)* |
| 4 | **__str__(self)**<br>출력 가능한 문자열 표현<br>(예) Call *str(obj)* |
| 5 | **__cmp__ (self, x)**<br>객체의 비교<br>(예) *cmp(obj, x)* |
| 6 | **__sub__ (self, x)**<br>객체의 연산<br>(예) sub(*obj, x*) |

### 〈실습 10-15〉 기본 메소드 오버로딩 실습

```
class Pair:
    def __init__(self, x, y):
        self.x = x
        self.y = y

    def __repr__(self):
        return 'Pair({0.x!r}, {0.y!r})'.format(self)

    def __str__(self):
        return '({0.x!s}, {0.y!s})'.format(self)

p = Pair(3, 4)
print('p = ', p)
print('p = {0!r}'.format(p))
print('p = {0}'.format(p))
print()
```

```
C:\WINDOWS\system32\cmd.exe
p =  (3, 4)
p = Pair(3, 4)
p = (3, 4)
```

### 〈실습 10-16〉 기본 메소드 오버로딩 실습

```
class Number:
    def __init__(self, start):
        self.data = start

    def __sub__(self, other):
        return Number(self.data - other)

X = Number(5) # Number.__init__(X, 5)
Y = X - 2  # Number.__sub__(X, 2)
print (' Number.__sub__(X, 2) = ', Y.data)
print()
```

```
C:\WINDOWS\system32\cmd.exe
Number.__sub__(X, 2) =  3
```

## 10.8 연산자 오버로딩

오버로딩이란 같은 클래스 내에 같은 이름의 생성자나 메소드를 사용하는 행위를 의미하며, 매개변수의 개수와 유형이 달라도 상관없다.

연산자 오버로딩은 클래스의 메소드안에서 내장 연산을 대신 처리하는 것을 의미한다. 클래스의 객체가 내장 연산에 선언되었을 때 파이썬은 자동으로 메소드를 호출하고 메소드의 반환 값으로 해당 연산의 결과를 나타낸다.

오버로딩의 핵심 기능은 다음과 같다.

- 연산자 오버로딩을 통해 클래스는 일반적인 파이썬 연산을 대신 처리한다.
- 클래스는 모든 파이썬 표현 연산자를 오버로드할 수 있다.

- 클래스는 인쇄, 함수 호출, 속성 검색등과 같은 내장 연산을 오버로드 할 수도 있다.
- 오버로드로 인해 클래스 객체가 기본 유형처럼 실행된다.
- 오버로드는 클래스에 특별히 지정된 메소드를 제공하여 구현된다.

즉, 특정 메소드가 클래스에 제공되면 해당 클래스의 객세가 연결된 표현식에 나타날 때 자동으로 해당 메소드를 호출한다. 클래스는 생성된 객체에 대해 해당 모듈을 제공한다.

연산자 오버로딩 메소드는 절대로 필요하지 않으며 일반적으로 기본값을 갖지 않는다. 프로그램을 작성하거나 상속되지 않으면 클래스가 해당 작업을 지원하지 않는다는 의미이다.

그러나 연산자 오버로딩 메소드를 사용하면 클래스가 내장 객체의 인터페이스를 이용하므로 일관성 있게 나타낼 수 있다.

**〈실습 10-17〉 연산자 오버로딩 실습**

```
class Vector:
    def __init__(self, a, b):
        self.a = a
        self.b = b

    def __str__(self):
        return 'Vector (%d, %d)' % (self.a, self.b)

   def __add__(self,other):
        return Vector(self.a + other.a, self.b + other.b)

v1 = Vector(2,10)
v2 = Vector(5,-2)

print (v1 + v2)
print()
```

## 10.8.1 공통 연산자 오버로딩 메소드

number 및 list와 같은 내장 객체에 대해 수행할 수 있는 모든 작업에 대하여 클래스에서 오버로드를 위해 특별히 지정된 메소드들은 다음과 같다.

| 메소드 | 기능 | 호출 방법 |
|---|---|---|
| __init__ 1 | 생성자 | 객체 생성 X = Class(args) |
| __del__ | 소멸자 | 객체 X의 제거 |
| __add__ | 연산자 + | 만약 __iadd__가 아니면<br>X + Y, X += Y |
| __or__ | 연산자 \| (bitwise OR) | 만약 __ior__가 아니면 X \| Y, X \|= Y |
| __repr__, __str__ | 출력, 변환 | print(X), repr(X), str(X) |
| __call__ | 함수 호출 | X(*args, **kargs) |
| __getattr__ | 속성 검색 | X.undefined |
| __setattr__ | 속성 할당 | X.any = value |
| __delattr__ | 속성 제거 | del X.any |
| __getattribute__ | 속성 검색 | X.any |
| __getitem__ | 색인 생성, 분할, 반복 | X [key], X [ij], 루프가 없는 경우 루프 및 기타 반복 |
| __setitem__ | 색인 및 분할 영역 할당 | X[key] = 값, X[i:j] = 반복 |
| __delitem__ | 색인 및 슬라이스 제거 | del X[key], del X[ij] |
| __len__ | 길이 | len(X), __bool__이 없다면 true 테스트 |
| __bool__ | 부울 테스트 | bool(X), true 테스트 |
| __lt__, __gt__, __le__,<br>__ge__, __eq__, __ne__ | 비교 | X < Y, X > Y, X <= Y, X >= Y, X == Y, X != Y |
| __radd__ | 오른쪽 연산자 | Other + X |
| __iadd__ | 현재 위치의 확장 연산자 | X += Y(or 또는 __add__) |
| __iter__, __next__ | 반복 컨텍스트 | I=iter(X), next(I); for 루프가 없다면,<br>__contains__, 모든 번역, map (F, X) |
| __contains__ | Membership 테스트 | X의 항목 (반복 가능) |
| __index__ | 정수값 | hex(X), bin(X), oct(X), O[X], O[X] |
| __enter__, __exit__ | 문맥 관리자 | var가 obj인 경우 |
| __get__, __set__,<br>__delete__ | 속성 기술 | X.attr, X.attr = 값, del X.attr |
| __new__ | 생성 | __init__ 이전의 객체 생성 |

### 10.8.2 색인 및 분할 : __getitem__과 __setitem__

첫 번째 메소드는 클래스가 순서와 매핑의 일부 동작을 따르도록 허용한다.

클래스에 정의되었거나 상속된 경우 객체 인덱싱 작업을 위해 __getitem__ 메소드가 자동으로 호출되고, 객체 X가 X[i]와 같은 색인 표현식에 나타날 때, 객체에 상속된 __getitem__ 메소드를 호출한다.

그리고 X를 첫 번째 인수에 전달하고 괄호 안의 색인을 두 번째 인수에 전달한다.

### 〈실습 10-18〉 __getitem__과 __setitem__ 실습

```
class Indexer:
    def __getitem__(self, index):
        return index ** 2

X = Indexer()
print('X[2] = ', X[2])  # X[i] 는 X.__getitem__(i) 호출

for i in range(5):
    print(X[i], end=' ') # 항상 __getitem __ (X, i)를 실행

print('\n')
```

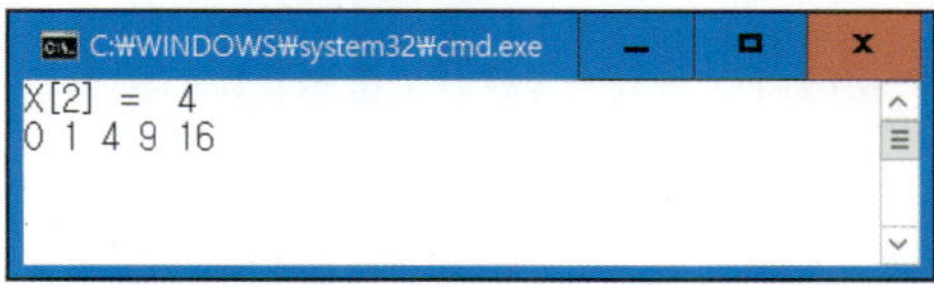


## 10.8.3 색인이 필요없는 __index__

이 메소드는 인덱스 검색을 위해  객체의 정수 값을 반환한다. 필요한 경우 숫자 문자열로 변환하는 내장 함수에서 사용된다.

### 〈실습 10-19〉 __index__ 실습

```
class C:
    def __index__(self):
        return 255

X = C()
print('hex(x) = ', hex(X)) # 정수 값
print('bin(x) = ', bin(X))
print('ocx(x) = ', oct(X))
print()
print("('C' * 256)[255] = ", ('C' * 256)[255])
print("('C' * 256)[X] = ",  ('C' * 256)[X] )
print("('C' * 256)[X:] = ",  ('C' * 256)[X:])
print()
```

```
C:₩WINDOWS₩system32₩cmd.exe
hex(x) =  0xff
bin(x) =  0b11111111
ocx(x) =  0o377

('C' * 256)[255] =  C
('C' * 256)[X] =  C
('C' * 256)[X:] =  C
```

## 10.8.4 인텍스 반복 : __getitem__

__getitem__은 오버로드 반복을 하며, for문에서 클래스의 __getitem__을 여러 번 호출한다.

〈실습 10-20〉 __getitem__ 실습

```
class StepperIndex:
    def __getitem__(self, i):
        return self.data[i]

X = StepperIndex() # StepperIndex 객체는 X
X.data = "Spam"

print('x = ', X[1]) # 인덱스는 __getitem__ 을 호출

for item in X: # for 문에서 __getitem__ 호출
   print(item, end=' ') # for 인덱스 항목 0..N

print(" 'p' in X = ", 'p' in X) # 모든 __getitem__ 호출
print("[c for c in X] = ", [c for c in X]) # List 형태 표현
print("list(map(str.upper, X)) = ", list(map(str.upper, X))) # map 호출

(a, b, c, d) = X # 순서 지정
print("a, c, d = ", a, c, d)
print()
```

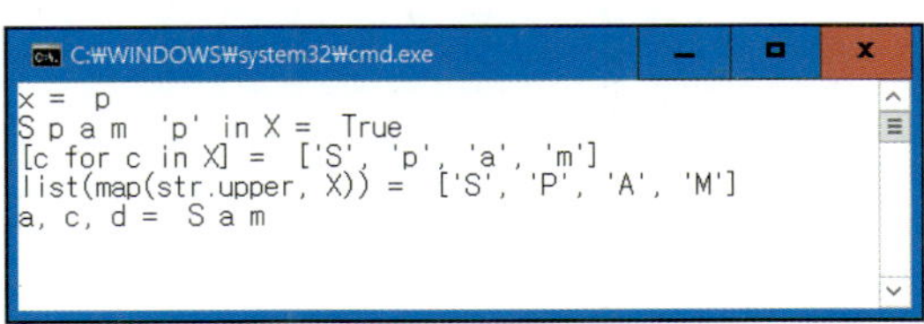


## 10.8.5 반복 가능한 객체들 : __iter__과 __next__

반복문은 반복 가능한 객체를 iter 내장 함수에 전달하여 반복 가능한 객체를 반환하는 __iter__ 메소드를 호출하여 실행한다. 아울러 반복자 객체 __next__ 메소드를 반복적으로 호출하여 멈춤 예외가 발생할 때까지 항목을 생성한다.

〈실습 10-21〉 __iter__과 __next__ 실습

```
class Squares:
    def __init__(self, start, stop): # 생성 될 때 상태 저장
        self.value = start - 1
        self.stop = stop

```

```
    def __iter__(self): # iterator 객체를 iter에서 가져옴
        return self

    def __next__(self): # 반복할 때 마다 제곱을 반환
        if self.value == self.stop: # 내장 함수를 호출
            raise StopIteration
        self.value += 1
        return self.value ** 2

for i in Squares(1, 5): #
    print(i, end=' ') # 반복할 때 마다 __next__ 호출

print('\n')
```

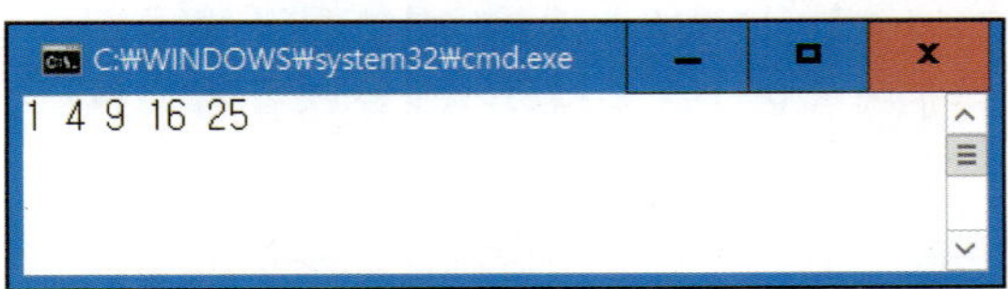


### 〈실습 10-22〉 __iter__과 __next__ 실습2

```
class SkipObject:
    def __init__(self, wrapped): # 사용되는 항목의 저장
        self.wrapped = wrapped

    def __iter__(self):
        return SkipIterator(self.wrapped) # 매번 새로운 반복자

class SkipIterator:
    def __init__(self, wrapped):
        self.wrapped = wrapped # 반복자 상태 정보
        self.offset = 0

    def __next__(self):
        if self.offset >= len(self.wrapped): # 반복 종료
            raise StopIteration
        else:
            item = self.wrapped[self.offset] # 그렇지 않으면 돌아가서 점프
            self.offset += 2
            return item

if __name__ == '__main__':
    alpha = 'abcdef'
    skipper = SkipObject(alpha) # 컨테이너 객체 생성
    I = iter(skipper) # 반복자 작성
    print(next(I), next(I), next(I)) # 오프셋 0, 2, 4 참조

    for x in skipper: # 자동으로 __iter__에 대한 호출
        for y in skipper: # 중첩 된 for 문은 매번 __iter__를 호출
            print(x + y, end=' ') # 각 반복자는 자체 상태, 오프셋 출력

print('\n')
```

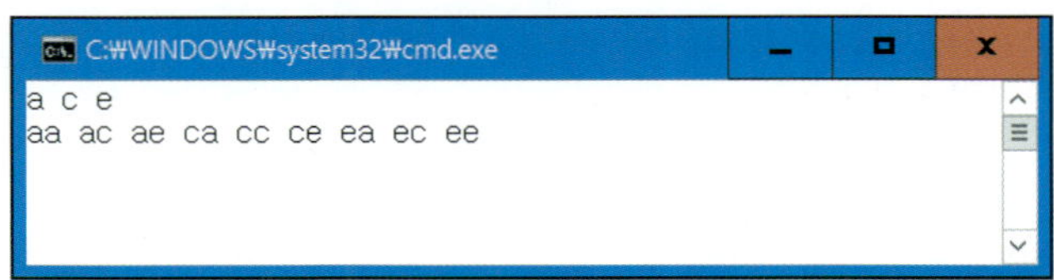


### 10.8.6 속성 검색: __getattr__과 __setattr__

__getattr__ 메소드는 속성 참조를 가져온다. 정의되지 않은 속성 이름으로 객체를 제한할 때마다 속성 이름을 문자열로 호출한다.

__setattr__은 모든 속성 할당을 가져온다. 이 경우 메소드가 정의되거나 상속되면 self.attr = value는 self로 지정된다. setattr __('attr', value). __getattr__과 마찬가지로 클래스를 사용하여 속성 변경 사항을 참조하고 원하는 대로 유효성을 검사하거나 변경할 수 있다. 그러나 이 방법은 사용하기가 약간 난해하다.

왜냐하면 __setattr__ 안에 있는 자체 속성에 할당되면 __setattr__이 다시 호출되어 잠재적으로 무한 재귀 루프가 발생할 수 있기 때문이다.

**〈실습 10-23〉 __getattr__과 __setattr__ 실습**

```
class Empty:
    def __getattr__(self, attrname): #  self.undefined
        if attrname == 'age':
            return 40
        else:
            raise AttributeError(attrname)

X = Empty()
print('X.age = ', X.age)
print()

class Accesscontrol:
    def __setattr__(self, attr, value):
        if attr == 'age':
            self.__dict__[attr] = value + 10
        else:
             raise AttributeError(attr + ' 허용되지 않음')

X = Accesscontrol()
X.age = 40 # __setattr__ 호출
print('X.age = ', X.age)
print()
```

```
C:\WINDOWS\system32\cmd.exe
X.age =  40

X.age =  50
```

### 10.8.7 문자열 표현 : __repr__과 __str__

상속 문자열 표현 메소드를 사용하면 출력을 위한 사용자 정의를 할 수 있다. 이 객체는 하위 객체에 문자열 표현을 반환하는 __repr__ 메소드를 정의한다.

__repr__은 대화식 repr 함수 및 중첩상태에서 __str__이 없으면 print 및 str에 대한 다른 모든 문장에서 사용된다.

__str__은 출력처리에서 str 내장 함수보다 먼저 진행된다.

〈실습 10-24〉 __repr__과 __str__ 실습

```
class adder:
    def __init__(self, value=0):
        self.data = value # 데이터 초기화

    def __add__(self, other):
        self.data += other # 다른 장소에 추가

x = adder() # 기본 디스플레이
print('x 주소 = ', x)
print()

class addboth(adder):
    def __str__(self):
        return '[값 : %s]' % self.data # 사용자 친화적인 문자열

    def __repr__(self):
        return 'addboth(%s)' % self.data #

x = addboth(4)
x + 1
x #  __repr__ 실행
addboth(5)

print('x = ', x) #  __str__ 실행
print('str(x) = ', str(x))
print('repr(x) = ', repr(x))
print()
```

```
C:\WINDOWS\system32\cmd.exe
x 주소 =  <__main__.adder object at 0x0000023F7153A608>

x =  [값 : 5]
str(x) =  [값 : 5]
repr(x) =  addboth(5)
```

### 10.8.8 오른쪽 및 내부 사용: __radd__과 __iadd__

오버로드 메소드 명령에는 __add__ 및 __sub__(+ 및 -)에 대한 이진 연산자 메소드를 사용하였으며, __add__ 보다 일반적인 표현식을 나타내기 위해 교환 가능한 연산자로 __radd__ 메소드가 있다.

파이썬에서 + 오른쪽의 객체는 클래스 객체이지만, 왼쪽의 객체가 클래스의 객체가 아닌 경우에만 __radd__를 사용할 수 있다.

〈실습 10-25〉 __add__와 __radd__ 실습

```
class Commuter5:
    def __init__(self, val):
        self.val = val

    def __add__(self, other):
        if isinstance(other, Commuter5):
            other = other.val
            return Commuter5(self.val + other)

    def __radd__(self, other):
        return Commuter5(other + self.val)

    def __str__(self):
        return '<Commuter5: %s>' % self.val

x = Commuter5(88)
y = Commuter5(99)

print(10 + y)
z = x + y
print(z)
print(z + z)
print()
```

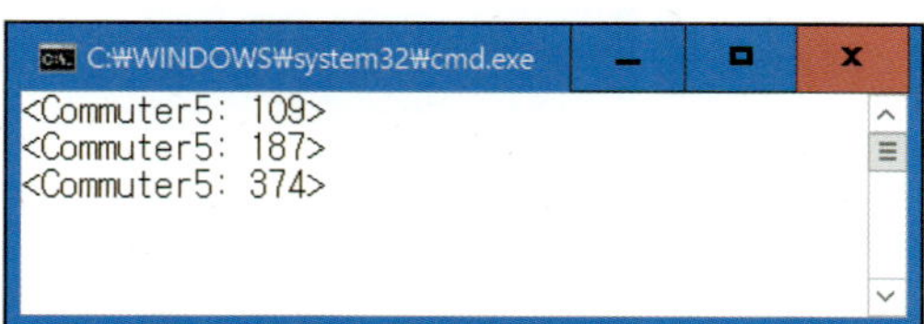


+= 반대 인수 연산을 나타내려면 __iadd__ 또는 __add__ 중 하나를 선언하면 += 를 지원하므로 __add__을 실행하고 수동으로 결과를 반환한다.

### 〈실습 10-26〉 __add__와 __iadd__ 실습

```
class Number:
    def __init__(self, val):
        self.val = val

    def __iadd__(self, other): # __iadd__ explicit: x += y
        self.val += other
        return self

x = Number(5)
x += 1
x += 1
print('x.val = ', x.val)

y = Number([1])
y += [2]
y += [3]
print('y.val = ', y.val)
print()
```

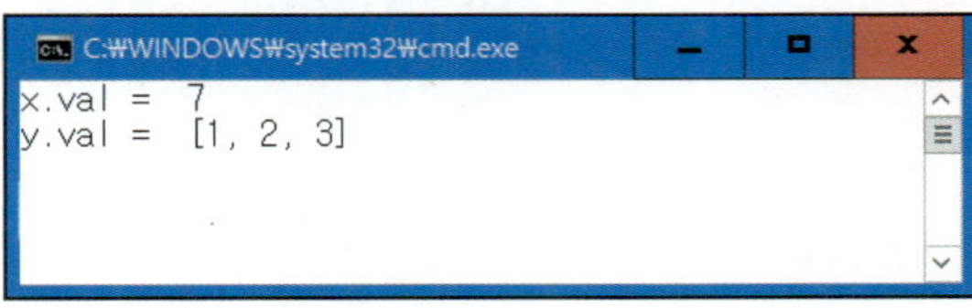


## 10.8.9 수식 호출 : __call__

__call__ 메소드는 객체가 불리울 때 호출된다. 이것은 원형 정의가 된 경우 객체에 적용된 함수 호출식에 대해 __call__ 메소드를 실행하고 전송된 위치 또는 키워드 인수를 전달한다.

### 〈실습 10-27〉 __call__ 실습

```
class Prod:
    def __init__(self, value): # 한 개의 인수를 받음
        self.value = value

    def __call__(self, other):
        return self.value * other

    def comp(self, other):
        return self.value * other

x = Prod(2) # "Remembers" 2 in state
```

```
print(x(3)) # 3 (passed) * 2 (state)
print(x(4))
print()

x = Prod(3)
print(x.comp(3))
print(x.comp(4))
print()
```

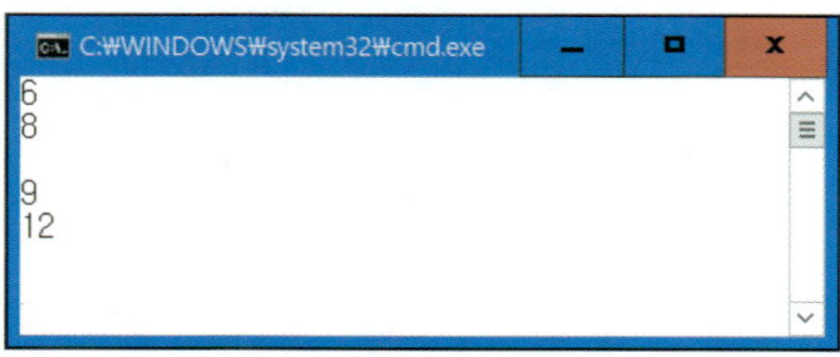


## 10.8.10 부울 테스트 : __bool__과 __len__

Boolean 내용에서 먼저 직접 부울 값을 얻기 위해 __bool__을 처리한다.

만약 bool 메소드가 없다면, __len__을 이용하여 객체의 길이로부터 진리 값을 발췌한다.

**〈실습 10-28〉 __bool__과 __len__ 실습**

```
class Truth:
    def __bool__(self): return True
    def __len__(self): return 0

X = Truth()
if X: print('yes!')

print(bool(X))

if not X: print('no!')
print()

class Truth2:
    pass

X = Truth2()
print(bool(X))
print()
```

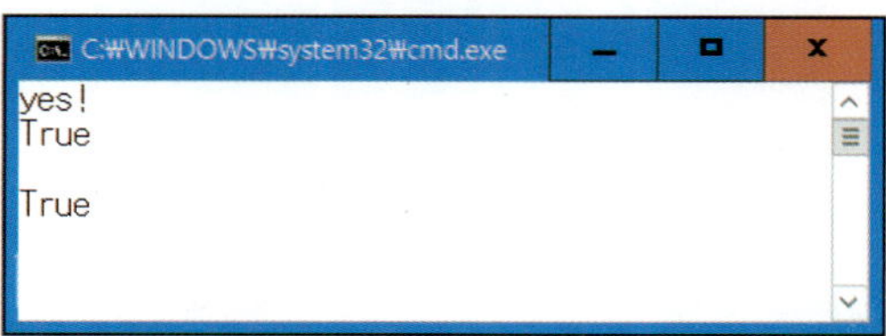


## 10.9 데이터 은닉

객체의 속성은 클래스 정의 영역을 기준으로 외부에 표시되거나 표시되지 않을 수 있다. 속성에 이름을 두 개의 밑줄 접두사(__)로 지정해야 하며 그 속성은 외부에서 직접 확인할 수 없다.

### 〈실습 10-29〉 데이터 은닉 실습

```
class JustCounter:
    __secretCount = 0 # 은닉 변수 초기화

    def count(self):
        self.__secretCount += 1
        print (self.__secretCount)

counter = JustCounter() # 객체 생성
counter.count() # 메소드 실행으로 증가
counter.count() # 메소드 실행으로 증가

print (counter._JustCounter__secretCount) # 은닉 변수 출력
print (counter.__secretCount) # 은닉 변수 출력 에러 발생
```

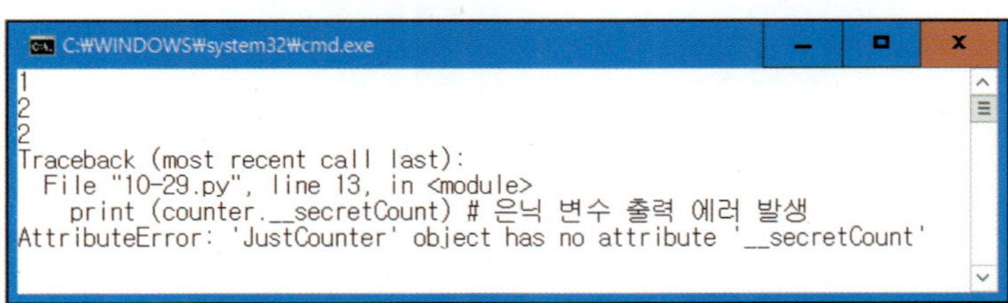

# 제11장 GUI 프로그래밍

지금까지 파이썬을 통해서 만든 모든 프로그램은 TUI(Text-based User Interface) 기반에서 동작했다. TUI란 콘솔 창에서 텍스트 기반으로 프로그램이 실행되는 것을 의미한다. 이와 달리 GUI (Graphical User Interface)란 버튼이나 윈도우 창과 같은 그래픽 요소를 통해 사용자와 컴퓨터 간에 인터페이스 구현한 방식이다.

파이썬으로 GUI 프로그래밍을 하려면 wxPython(http://www.wxpython.org/), PyQt(https://riverbankcomputing.com/), Tkinter 등과 같은 패키지를 사용한다.

그 중 Tkinter는 파이썬의 공식적인 GUI 패키지로 추가적인 프로그램 설치 없이도 바로 사용할 수 있다. 즉, 파이썬은 UI 라이브러리를 내장하고 있으며, TK라는 것으로 내장 라이브러리이기 때문에 따로 설치과정 없이 바로 사용할 수 있는 것이다.

## 11.1 Tkinter

Tkinter 또는 tkinter는 Tcl/Tk에 대한 파이썬 Wrapper로서 Tcl/Tk를 파이썬에 사용할 수 있도록 한 Lightweight GUI 모듈이다. 즉, tkinter는 예전부터 유닉스 계열에서 사용되던 Tcl/Tk 위에 객체 지향 계층을 도입한 것이다. Tk는 John Ousterhout에 의하여 Tcl 스크립팅 언어를 위한 GUI 확장으로 개발되었으며, 파이썬에서 그래픽 사용자 인터페이스(GUI : Graphical User Interface)를 개발할 때 필요한 모듈이다.

Tcl은 Tool Command Language의 약자로서 일종의 프로그래밍 언어이며, Tk는 크로스 플랫폼에 사용되는 일종의 GUI 툴킷이다. Tkinter는 타 GUI 프레임워크나 툴킷에 비해 지원되는 위젯들이 부족하고 UI도 그렇게 예쁘지 않다는 단점이 있지만, Python 설치시 기본적으로 내장되어 있는 파이썬 표준 라이브러리이기 때문에 쉽고 간단한 GUI 프로그램을 만들 때 활용될 수 있다.

### 11.1.1 tkinter 특징

파이썬이 사실 표준 휴대용 GUI 툴킷으로 지정하고 있는 것에는 실용적인 이유가 있다. 그 중에서도 tkinter의 접근성, 이식성, 가용성, 문서화 및 확장 기능을 통해 가장 널리 사용되는 파이썬 GUI 솔루션으로 인식되고 있다.

### (1) 접근성

tkinter는 일반적으로 가벼운 툴킷으로 현재 사용하는 간단한 파이썬용 GUI 솔루션 중의 하나이다. 큰 프레임 워크와는 달리, 더 큰 클래스 상호 작용 모델없이 tkinter를 바로 시작할 수 있다.

개발자는 몇 줄의 파이썬 코드로 간단한 tkinter GUI를 작성할 수 있다. tkinter API는 기본이지만 추가 위젯을 코딩하거나 Pmw, Tix 및 ttk와 같은 확장 패키지다운 받아 설치할 수 있다.

### (2) 이식성

tkinter로 GUI를 구현하는 파이썬 스크립트는 모든 주요 윈도우 플랫폼에서 소스 코드가 변경되지 않고 Microsoft Windows, XWindows(Unix 및 Linux) 및 Macintosh OS X에서 실행된다. 또한, 같은 스크립트는 사용자에게 기본 룩앤필을 제공한다.

파이썬 tkinter는 Windows에서 Windows 프로그램처럼 나타난다. Unix와 Linux에서는 동일한 상호 작용을 제공하지만 XWindows 사용자에게 익숙한 모양을 유지하고 Mac에서는 Mac 프로그램처럼 나타난다.

### (3) 유효성

tkinter는 인터프리터와 함께 제공되는 파이썬라이브러리의 표준 모듈로 tkinter 모듈을 사용하도록 작성된 스크립트는 대부분의 Python에서 즉시 실행된다. tkinter는 일반적으로 지원이 잘되어서 기본 Tk 라이브러리는 Tcl 및 Perl 프로그래밍 언어에서도 사용되기 때문에 사용 가능한 다른 툴킷보다 많은 개발 리소스를 받을 수 있다.

## 11.1.2 tkinter의 기본

### (1) 문장 처리 순서

tkinter는 파이썬에 기본 내장되어 있어서 PyQt처럼 별도로 설치할 필요가 없기 때문에 tkinter를 사용하기 위해서는 먼저 tkinter 모듈을 다음과 같이 import 해야 한다.

tkinter 모듈을 import한 다음에는 Tk 클래스 객체(root)를 생성하고, 이 객체의 mainloop() 메소드를 호출한다.

다음 코드는 tkinter의 기본 문장들을 수행하여, 빈 다이얼로그가 화면에 표시된다.

```
>>>from tkinter import *
>>>root = Tk()
>>>root.mainloop()
```

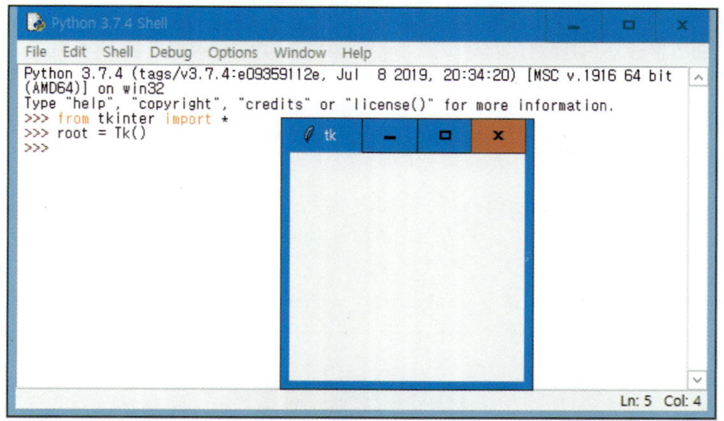


mainloop()는 이벤트 메시지 루프로서 키보드나 마우스 혹은 화면 Redraw와 같은 다양한 이벤트로부터 오는 메시지를 받고 전달하는 역할을 한다.

### (2) 간단한 다이얼로그

tkinter를 이용하여 간단한 다이얼로그를 작성한다. 이 다이얼로그에는 하나의 레이블, 하나의 텍스트박스, 하나의 버튼이 있다고 가정한다. 이러한 위젯들은 보통 root 객체 생성(root = Tk())과 root.mainloop() 사이에 생성하게 된다.

다음은 "성명"이라는 레이블(Label 위젯)과 중간에 텍스트박스(Entry 위젯), 그리고 맨 아래 OK 버튼(Button 위젯)을 나타내기 위한 예이다.

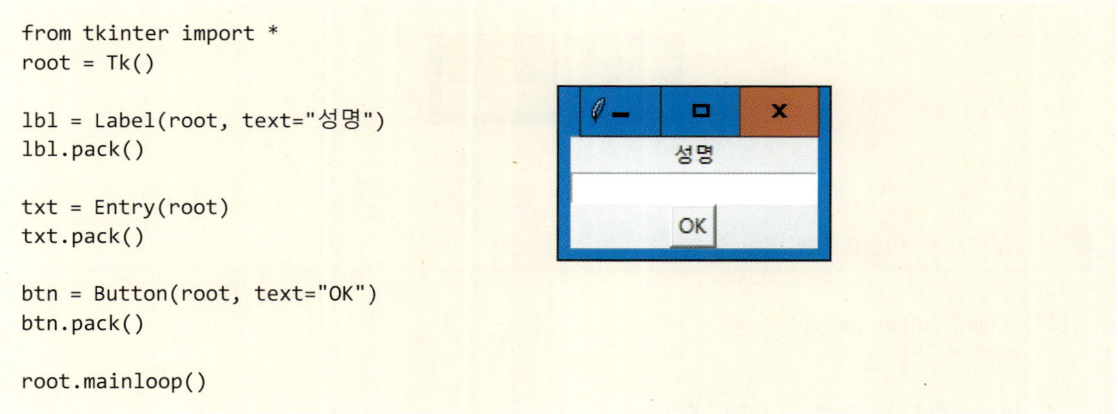

```
from tkinter import *
root = Tk()

lbl = Label(root, text="성명")
lbl.pack()

txt = Entry(root)
txt.pack()

btn = Button(root, text="OK")
btn.pack()

root.mainloop()
```

### 〈실습 11-1〉 레이블을 나타내는 실습

```
from tkinter import *
root = Tk()

lbl = Label(root, text="성명")
lbl.pack()

root.mainloop()
```

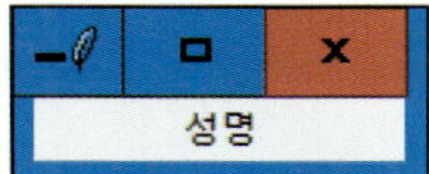

### 〈실습 11-2〉 텍스트박스를 나타내는 실습

```
from tkinter import *
root = Tk()

txt = Entry(root)
txt.pack()

root.mainloop()
```

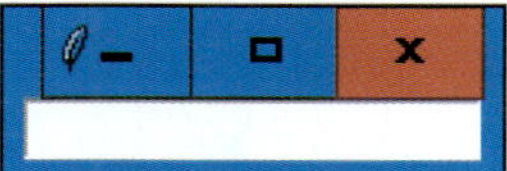

### 〈실습 11-3〉 버튼을 나타내는 실습

```
from tkinter import *
root = Tk()

btn = Button(root, text="OK")
btn.pack()

root.mainloop()
```

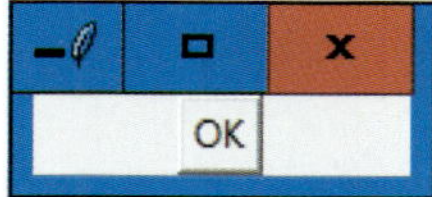

**〈실습 11-4〉 종합적으로 나타내는 실습**

```
from tkinter import *
w=Tk()

label=Label(w,text='환영합니다.')
button=Button(w,text='확인')

label.pack()
button.pack()
w.mainloop()
```

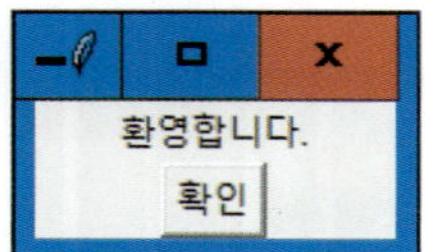


### 11.1.3 tkinter의 배치 관리자

tkinter에서 위젯들을 화면에 배치하는 방식에는 다음과 같은 3가지 방식이 있으며, 배치 관리자는 컴포넌트의 위치와 크기를 자동으로 결정한다.

① 절대(place) 배치 관리자
위젯을 위치를 **절대 좌표**로 정하는 것으로, 윈도우 크기 변경에 따라 위젯들이 변경되지 않으므로 많이 사용되지 않는다. 이 방식은 위젯.place() 메소드를 사용한다.

② 압축(pack) 배치 관리자
위젯들을 부모 위젯에 모두 패킹하여 불필요한 공간을 없앤다. 위젯.pack() 메소드를 사용한다.

③ 격자(grid) 배치 관리자
위젯들을 테이블 레이아웃에 배치하는 것으로 지정된 row, column에 위젯을 놓는다. 위젯.grid() 메소드를 사용한다.

위에서는 pack 방식을 사용하여 위젯들을 상하(디폴트)로 패킹하였으며, 다음은 grid 방식으로 위젯을 배치하는 예이다. grid() 메소드에서 row와 column을 정해 주면, 해당 위치에 위젯이 지정된다.

### 〈실습 11-5〉 특정 위치에 위젯 지정 실습

```
from tkinter import*

window=Tk()

w=Label(window,text="색상변환1",bg="red",fg="white")
w.place(x=0,y=0)
w=Label(window,text="색상변환2",bg="green",fg="black")
w.place(x=20,y=20)

window.mainloop()
```

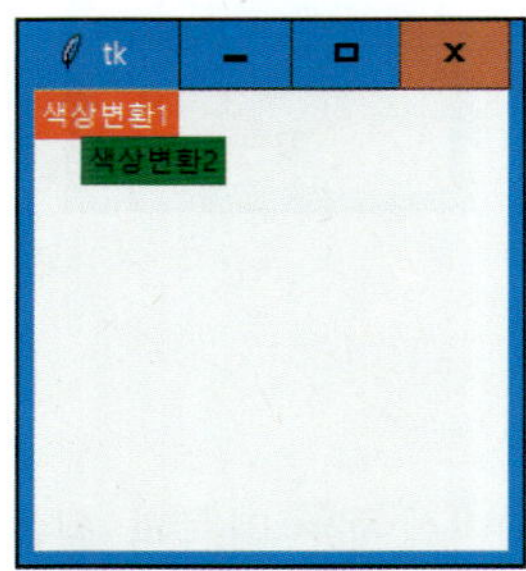

### 〈실습 11-6〉 버튼에 색상 지정하고 이벤트 발생 실습

```
from tkinter import *

def procOk():
     print('ok')

def procCancel():
     print('cancel')

w=Tk()
btOk=Button(w,text='ok',command=procOk,fg='red',bg='yellow')
btCancel=Button(w,text='cancel',command=procCancel,fg='blue',bg='pink')
btOk.pack()
btCancel.pack()
w.mainloop()
```

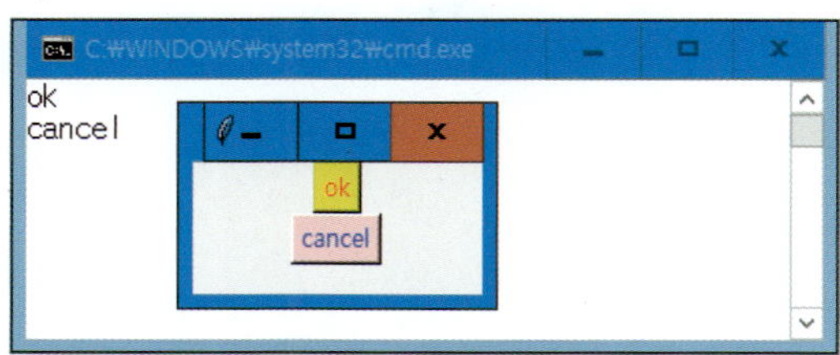

### 〈실습 11-7〉 클래스를 이용한 버튼 클릭하고 이벤트 발생 실습

```
from tkinter import *

class ProButton:

    def __init__(self):
        w=Tk()
        btok=Button(w,text='ok', fg='red',command=self.ok)
        btcancel=Button(w,text='cancel',fg='blue',command=self.cancel)
        btok.pack()
        btcancel.pack()
        w.mainloop()

    def ok(self):
        print('ok')
    def cancel(self):
        print('cancel')

ProButton()
```

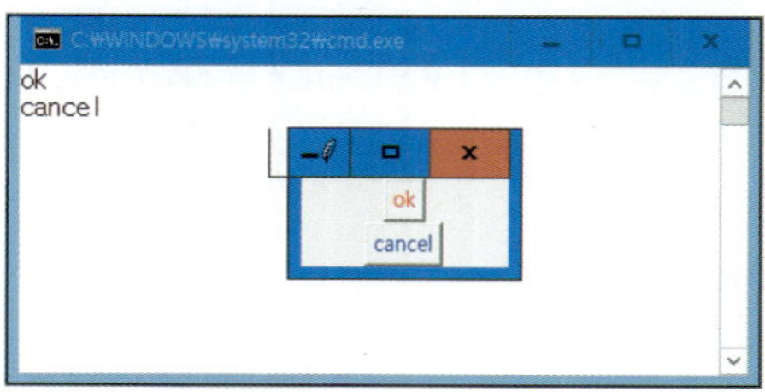

### 〈실습 11-8〉 버튼 위에 놓으면 커서가 원으로 바뀌는 이벤트 발생 실습

```
from tkinter import *

class ProButton:

    def __init__(self):
        w=Tk()
        btok=Button(w)
        btok['text']='ok'
        btok['fg']='red'
        btok['bg']='yellow'
        btok['command']=self.ok
        btok['cursor']='circle'#plus,cross,circle
        btok['justify']=LEFT
        btok.pack()

        w.mainloop()

    def ok(self):
        print('ok')

ProButton()
```

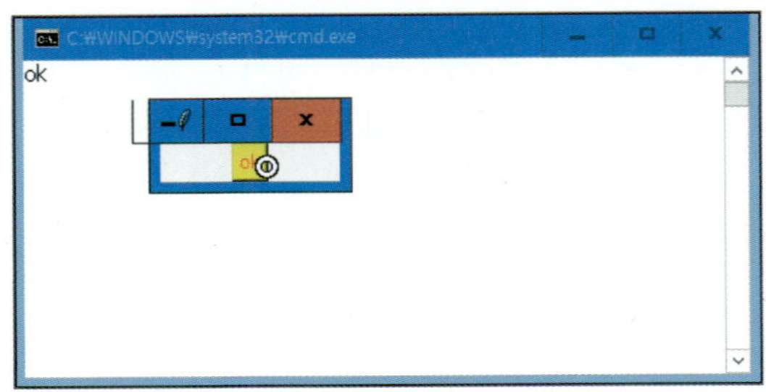


### 11.1.4 tkinter 위젯

tkinter는 제한된(Limited) 핵심 위젯들만 제공하고 있으며, 다음과 같이 위젯은 단순 위젯과 컨테이너 위젯으로 구분한다.

① 단순 위젯
Button, Canavs, Checkbutton, Entry, Label, Message 등이 여기에 속한다.

② 컨테이너 컴포넌트
다른 컴포넌트를 안에 포함할 수 있는 컴포넌트로서 Frame, Toplevel, LabelFrame, Paned Window 등이 여기에 속한다.

#### (1) 위젯과 관련 자주 나오는 tkinter 설명

① from tkinter import *
tkinter 모듈에 있는 모든 함수를 포함시키라는 의미이다.

② window = Tk()
제일 먼저 최상위 윈도우를 생성해야 하므로 tkinter 모듈 안에 있는 Tk 클래스가 하나의 윈도우를 나타낸다. Tk 클래스는 제목을 가지고 있는 일반적인 윈도우이며, Tk 클래스의 객체를 생성하면 화면에 하나의 윈도우가 생성되므로 이 윈도우 안에 여러 가지 위젯을 추가할 수 있다.

③ button = Button(window, text="클릭하세요!")
Button()은 클래스로 버튼 위젯을 생성하며, Button()의 첫 번째 매개 변수로 최상위 윈도우 객체인 window가 전달되고 두 번째 매개 변수에는 버튼에 표시되는 텍스트가 전달된다.

④ button.pack()
버튼에 대하여 pack() 메소드가 호출되고 pack()은 버튼을 최대한 압축하여 윈도우에 표시하라는 의미이다. 또한, 버튼을 생성하더라도 pack() 함수를 호출하지 않으면 화면에 버튼이 나타나지 않는다.

⑤ window.mainloop()
윈도우에서 발생하는 여러 가지 이벤트를 처리하는 함수로 이벤트 루프는 사용자로부터 오는 마우스나 키보드 이벤트뿐만 아니라 윈도우 시스템에서 오는 여러 가지 이벤트도 함께 처리한다.

⑥ Entry(window)

한 줄의 텍스트를 입력받는 Entry(window)와 같이 엔트리 위젯을 생성할 때 window 변수를 주는 이유는 window 변수가 가리키는 최상위 윈도우 안에 엔트리 위젯을 생성하라는 의미이다.

### (2) 위젯의 모양과 종류

위젯의 모양은 다음과 같다.

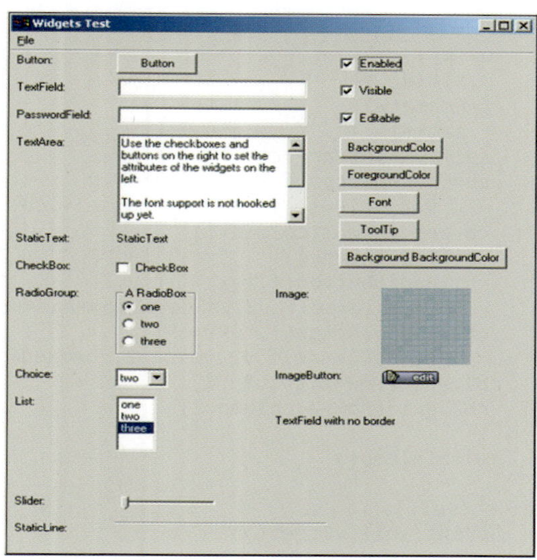


위젯의 종류는 다음과 같다.

| 위젯 | 설명 |
|---|---|
| Button | 간단한 버튼으로 명령을 수행할 때 사용 |
| Canvas | 화면에 무엇인가를 그릴 때 사용 |
| Checkbutton | 2가지의 구별되는 값을 가지는 변수를 표현 |
| Entry | 한 줄의 텍스트를 입력받는 필드 |
| Frame | 컨테이너 클래스. 프레임은 경계선과 배경을 가지고 있으며, 다른 위젯들을 그룹핑하는데 사용 |
| Label | 텍스트나 이미지를 표시 |
| Listbox | 선택사항을 표시 |
| Menu | 메뉴를 표시. 풀다운 메뉴 또는 팝업 메뉴가 가능 |
| Menubutton | 메뉴 버튼. 풀다운 메뉴가 가능 |
| Message | 텍스트를 표시. 레이블 위젯과 비슷. 하지만 자동으로 주어진 크기로 텍스트를 축소 가능 |
| Radiobutton | 여러 값을 가질 수 있는 변수를 표시 |
| Scale | 슬라이더를 끌어서 수치를 입력하는데 사용 |
| Scrollbar | 캔버스, 엔트리, 리스트 박스, 텍스트 위젯을 위한 스크롤 바를 제공 |
| Text | 형식을 가지는 텍스트를 표시. 여러 가지 스타일과 속성으로 텍스트를 표시 가능 |
| Toplevel | 아래에서 상위 윈도우로 표시되는 독립적인 컨테이너 위젯 |
| LabelFrame | 경계선과 제목을 가지는 프레임 위젯의 변형 |
| PanelWindow | 자식 위젯 등을 크기조정이 가능한 패널로 관리하는 컨테이너 위젯 |
| Spinbox | 특정한 범위에서 값을 선택하는 엔트리 위젯의 변형 |

### 〈실습 11-9〉 체크박스와 라디오 버튼 이벤트 실습

```
from tkinter import *

class Wiget:

    def __init__(self):
        w=Tk()
        w.title('위젯')
        f=Frame(w)
        f.pack()
        self.v1=IntVar()
        cb=Checkbutton(f,text='진하게',
            variable=self.v1,command=self.cb)
        cb.grid(row=1,column=1)
        self.v2=IntVar()
        rb1=Radiobutton(f,text='남',
           variable=self.v2,value=1,command=self.rb)
        rb2=Radiobutton(f,text='여',
            variable=self.v2,value=2,command=self.rb)
        rb1.grid(row=2,column=1)
        rb2.grid(row=2,column=2)

        w.mainloop()

    def cb(self):
        print(self.v1.get())

    def rb(self):
        print(self.v2.get())

Wiget()
```

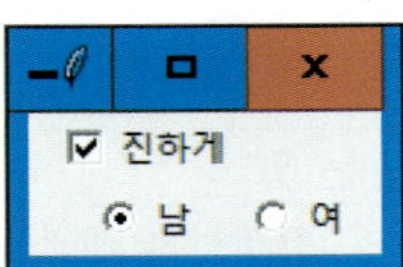

### 〈실습 11-10〉 레이블과 엔트리 위젯 버튼 실습

```
from tkinter import *

window  = Tk()

l1 = Label(window, text="화씨")
l2 = Label(window, text="섭씨")
l1.pack()
l2.pack()

e1 = Entry(window)
e2 = Entry(window)
e1.pack()
e2.pack()

```

```
b1 = Button(window, text="화씨->섭씨")
b2 = Button(window, text="섭씨->화씨")
b1.pack()
b2.pack()
window.mainloop( )
```

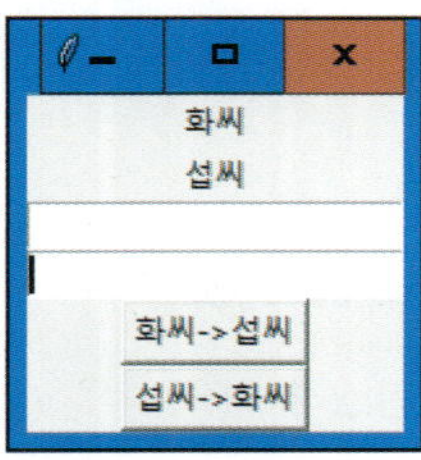


다음 pack()메소드를 좌표를 나타내는 grid() 메소드로 변경하면 위젯들이 다음과 같은 번지 형태의 격자로 나타난다.

| (0,0) | (0,1) |
|---|---|
| (1,0) | (1,1) |
| (2,0) | (2,1) |

### 〈실습 11-11〉 레이블과 엔트리 위젯의 그리드 모양 실습

```
from tkinter import *
window  = Tk()
l1 = Label(window, text="화씨")
l2 = Label(window, text="섭씨")
l1.grid(row=0, column=0)
l2.grid(row=1, column=0)
e1 = Entry(window)
e2 = Entry(window)
e1.grid(row=0, column=1)
e2.grid(row=1, column=1)
b1 = Button(window, text="화씨->섭씨")
b2 = Button(window, text="섭씨->화씨")
b1.grid(row=2, column=0)
b2.grid(row=2, column=1)
window.mainloop( )
```

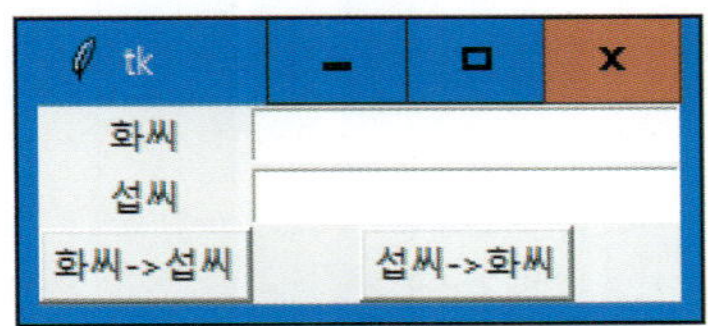

위젯은 객체를 생성하여 필요한 속성들을 지정하여 사용하며, 위젯은 부모 컨테이너와 연관하여 어떤 상대적 위치에 놓이게 되는데, 배치관리자를 사용하여 각 위젯의 위치를 정하게 된다.

### 〈실습 11-12〉 레이블 안에 이미지를 넣고 화면에 보여주는 실습

```
from tkinter import *

class MyFrame(Frame):
    def __init__(self, master):
        img = PhotoImage(file='flower.png')
        lbl = Label(image=img)
        lbl.image = img  # 레퍼런스 추가
        lbl.place(x=0, y=0)

def main():
    root = Tk()
    root.title('이미지 보기')
    root.geometry('500x400+10+10')
    myframe = MyFrame(root)
    root.mainloop()

if __name__ == '__main__':
    main()
```

### 〈실습 11-13〉 위젯 종합 실습

```
from tkinter import *

class Wiget:

    def __init__(self):
        w=Tk()
        w.title('위젯')
        f=Frame(w)
        f.pack()
```

```
        self.v1=IntVar()
         cb=Checkbutton(f,text='진하게', variable=self.v1,command=self.cb)
        cb.grid(row=1,column=1)
        self.v2=IntVar()
        rb1=Radiobutton(f,text='남', variable=self.v2,
                value=1,command=self.rb)
        rb2=Radiobutton(f,text='여', variable=self.v2,
                value=2,command=self.rb)
        rb1.grid(row=2,column=1)
        rb2.grid(row=2,column=2)
        f2=Frame(w)
        f2.pack()

        label=Label(f2,text='이름:')
        label.grid(row=1,column=1)

        self.name=StringVar()
        entry=Entry(f2,textvariable=self.name)
        entry.grid(row=1,column=2)
        button=Button(f2,text='확인',command=self.ok)
        button.grid(row=1,column=3)
        message=Message(f2,text='메시지')
        message.grid(row=1,column=4)

        t=Text(w)
        t.pack()
        t.insert(END,'1234\n')
        t.insert(END,'5678\n')
        t.insert(END,'910')

        w.mainloop()

    def cb(self):
        print(self.v1.get())

    def rb(self):
        print(self.v2.get())

    def ok(self):
        print(self.name.get())
        self.name.set('')

Wiget()

```

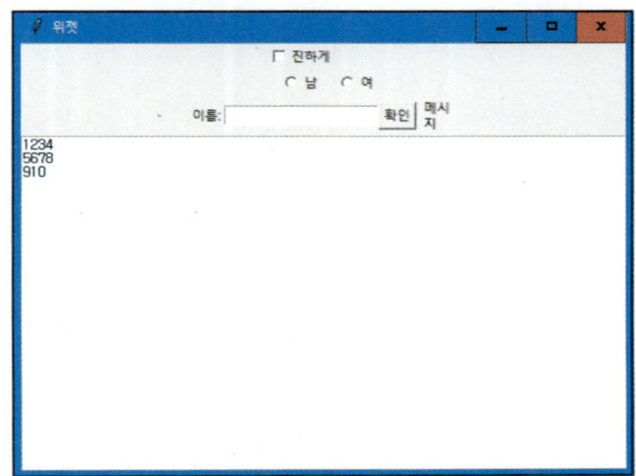

## 11.1.5 tkinter 이벤트

### (1) 이벤트 핸들링

tkinter 위젯들은 종종 버튼 클릭이나 메뉴 클릭과 같은 기본적인 이벤트 처리를 위한 속성을 제공하고 있다.

예를 들어, 버튼이나 메뉴 클릭을 핸들링 위해 "command=" 옵션을 사용할 수 있다. 즉, 이벤트를 처리하기 위해서는 함수가 필요(사용자가 임의로 정의)하며, 버튼을 생성할 때 매개 변수로 command를 추가하고 여기에 정의한 함수를 정의(....command=함수명)하여 이벤트를 처리한다.

```
from tkinter import *

def process(): # 이벤트로 처리할 함수 정의
        print("안녕하세요?")

window = Tk()
button = Button(window, text="클릭하세요!", command=process)
# 버튼 클래스의 매개 변수인
# command를 통하여 전달된 함수(process)를 호출하기 위해
# 파이썬에게 알려주는 것이다.
button.pack()
window.mainloop()
```

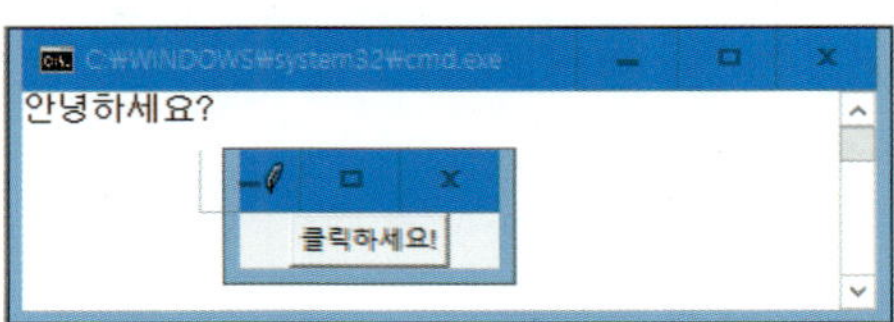


위 코드를 실행하면 윈도우 창이 표시되며, 버튼(클릭하세요)을 클릭하면 "command=process"에 의해 **이벤트가 동작**한다.

**〈실습 11-14〉 버튼을 누르면 프로그램 종료 실습**

```
import sys
from tkinter import *

widget = Button(None, text='버튼 클릭(종료)', command=sys.exit)
widget.pack()

widget.mainloop()
```

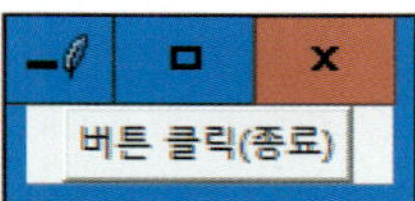

### 〈실습 11-15〉 사용자 정의 함수로 버튼을 누르면 프로그램 종료 실습

```
import sys
from tkinter import *

def quit(): # 종료처리 함수
    print('버튼이 종료되었습니다...') #윈도우가 사라짐
    sys.exit()

widget = Button(None, text='버튼 클릭', command=quit)
widget.pack()

widget.mainloop()
```

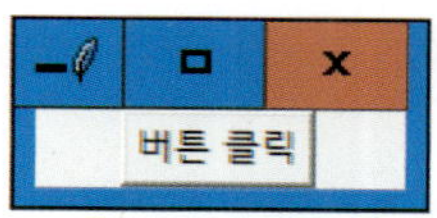

파이썬 람다식을 이용해서 이름이 지정되지 않은 새 함수 객체를 생성할 수 있다. 핸들러 함수에 추가 데이터가 필요하면 람다 식을 등록하여 실제 처리기 함수에 대한 호출을 지연하고 필요한 추가 데이터를 지정할 수 있다.

### 〈실습 11-16〉 람다 함수로 버튼을 누르면 프로그램 종료 실습

```
import sys
from tkinter import * # lambda 함수
widget = Button(None,   text='버튼 클릭',
    command=(lambda: print('버튼이 종료되었습니다...') or sys.exit()) )
widget.pack()

widget.mainloop()
```

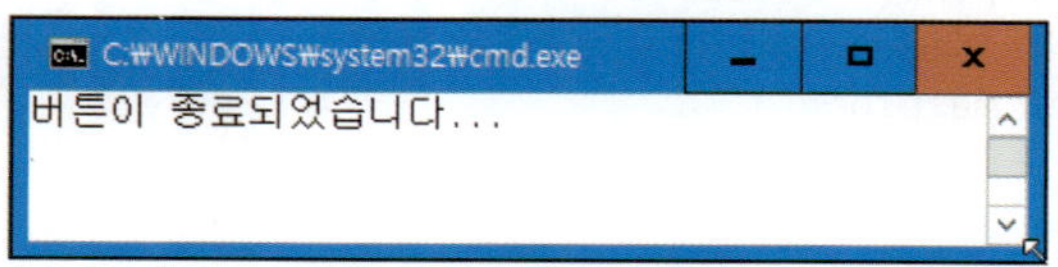


클래스를 이용해서 모듈을 작성하고 메소드를 호출할 수 있다.

### 〈실습 11-17〉 클래스 호출 프로그램 종료 실습

```
import sys
from tkinter import *

class HelloClass:
    def __init__(self):
        widget = Button(None, text='버튼 클릭', command=self.quit)
        widget.pack()
    def quit(self):
        print('버튼이 종료되었습니다...') # bound 메소드 이용 종료
        sys.exit() # 자체 종료 쌍을 유지

HelloClass()

mainloop()
```

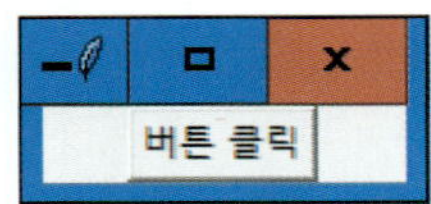

버튼 이벤트를 선언해서 좀 더 다양하게 호출할 수 있다.

### 〈실습 11-18〉 버튼 이벤트로 발생하고, 더블클릭으로 종료 실습

```
import sys
from tkinter import *

def hello(event):
    print('클릭이 한번 눌러졌습니다!!') #한번 클릭

def quit(event): # 더블 클릭 이벤트 함수
    print('더블 클릭에 의해 종료되었습니다...')

widget = Button(None, text='클릭 하세요!!')
widget.pack()
widget.bind('<Button-1>', hello) # 왼쪽 버튼 클릭
widget.bind('<Double-1>', quit) # 더블 클릭

widget.mainloop()
```

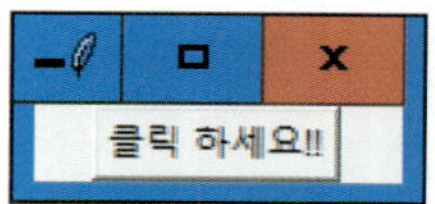


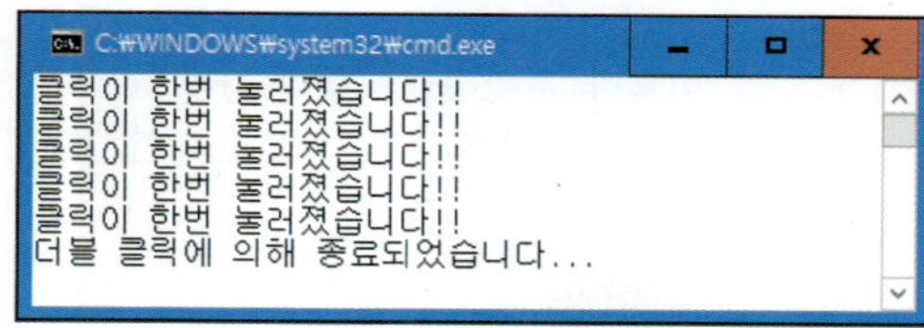

### 〈실습 11-19〉 OK 버튼이 클릭, okClick() 함수 실행 실습

```
from tkinter import *
from tkinter import messagebox

root = Tk()

# 버튼 클릭 이벤트 핸들러
def okClick():
    name = txt.get()
    messagebox.showinfo("이름", name)

lbl = Label(root, text="이름")
lbl.grid(row=0, column=0)
txt = Entry(root)
txt.grid(row=0, column=1)

   # 버튼 클릭 이벤트와 핸들러 정의
btn = Button(root, text="OK", command=okClick)

btn.grid(row=1, column=1)

root.mainloop()
```

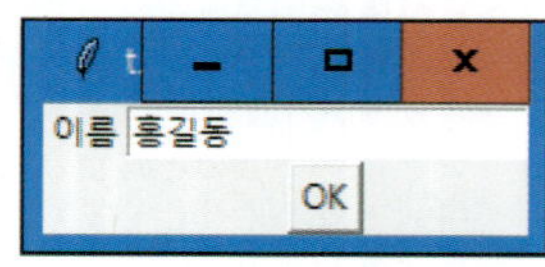


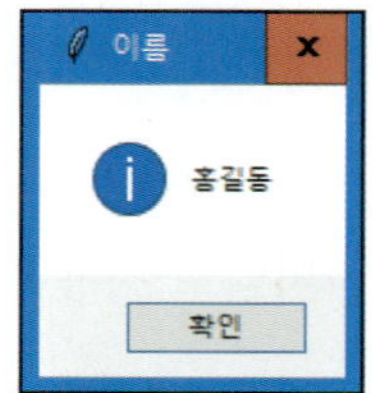


## (2) 이벤트 바인딩

tkinter 위젯에는 기본적인 이벤트 핸들링 외에도 보다 다양한 이벤트를 처리할 수 있도록 이벤트 바인딩 기능을 제공하고 있으며, 이벤트(event)와 이벤트 핸들러(메소드 혹은 함수)를 연결하는 bind() 메소드를 가지고 있다.

즉, bind() 메소드는 이벤트와 핸들러를 쌍으로 연결시는 역할을 한다. 만약 해당 위젯에 그 이벤트가 발생하면 쌍으로 연결된 이벤트 핸들러(=이벤트 콜백)가 실행하게 된다.

```
위젯.bind(event, handler)
```

### 〈실습 11-20〉 bind를 이용한 클릭 좌표 표시 실습

```
from tkinter import *
root = Tk()

def click(event):
    print("클릭위치", event.x, event.y)

frame = Frame(root, width=300, height=300)

#왼쪽 마우스 버튼 바인딩
frame.bind("<Button-1>", click)

frame.pack()
root.mainloop()
```

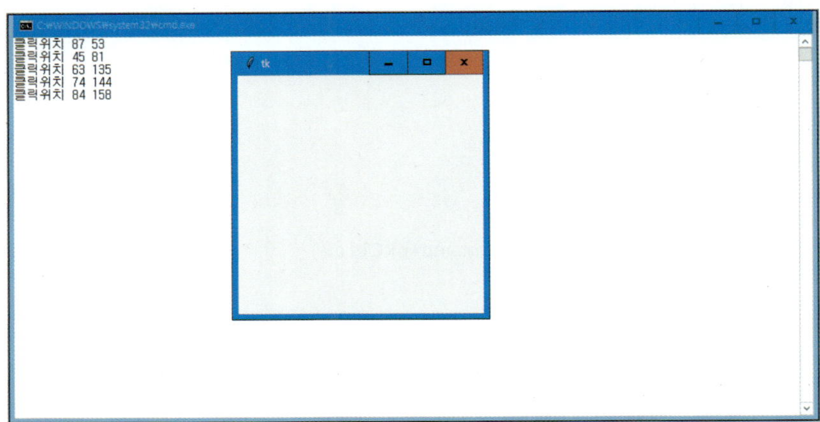


### (3) 이벤트명

bind() 메소드의 첫 번째 파라미터로 사용하는 이벤트명은 문자열로서 <이벤트명>과 같이 앵글 브래킷으로 묶여 있다.

다음은 자주 사용되는 이벤트명을 예시한 것이다.

① <Button-1> 마우스 왼쪽 버튼 클릭

② <Button-2> 마우스 중간 버튼 클릭

③ <Button-3> 마우스 오른쪽 버튼 클릭

④ <Double-Button-1> 왼쪽 버튼 더블클릭

⑤ <Return> Enter 키 눌려짐

⑥ <Key> 키가 눌려짐

### (4) 이벤트 객체

이벤트 핸들러(이벤트 콜백)는 event라는 하나의 파라미터를 갖는데, 이는 tkinter Event Object로서 다음과 같은 속성(attribute)들을 갖는다.

① char 키보트 이벤트에서 발생하는 문자하나 출력

② keysym 키보트 이벤트에서 발생하는 키의 심볼명

③ num 마우스 이벤트의 버튼 번호. 왼쪽부터 1, 2, 3

④ x, y 위젯의 왼쪽 상단으로부터의 상대적 마우스 위치

⑤ x_root, y_root 화면 왼쪽 상단으로 부터의 상대적 마우스 위치

⑥ Key 이벤트가 발생한 위젯

#### 〈실습 11-21〉 key event 실습

```
from tkinter import *

def keyPressed(event):
 # 키보드 문자하나 출력
    print(event.char)

root = Tk()

frame = Frame(root, width=100, height=100)
# Key 이벤트 바인딩
frame.bind('<Key>', keyPressed)
frame.place(x=0, y=0)

# 키보드 포커를 갖게 한다.
frame.focus_set()

root.mainloop()
```

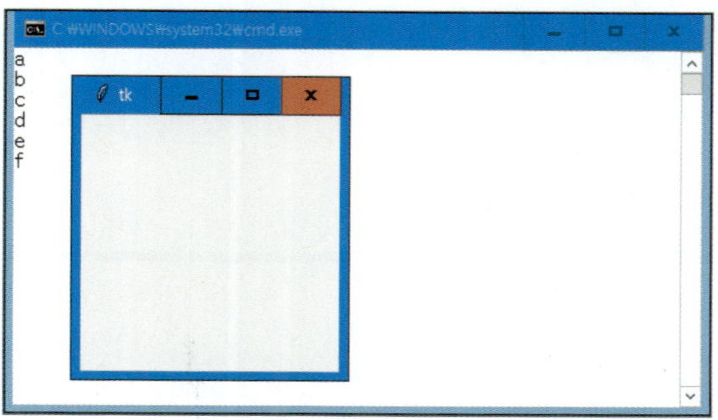

### 〈실습 11-22〉 데이터 입력 후 [확인]을 누르는 실습

```
from tkinter import *

class Proc:

    def __init__(self):
        w=Tk()
        f=Frame(w)
        label=Label(f,text='이름')
        button1=Button(f,text='확인',fg='blue',command=self.btok)
        button2=Button(f,text='취소',bg='red',command=self.btcancel)
        self.name=StringVar()
        self.e=Entry(f,textvariable=self.name)
        label.grid(row=1,column=1)
        self.e.grid(row=1,column=2)
        button1.grid(row=1,column=3)
        button2.grid(row=1,column=4)
        f.pack()
        self.t=Text(w)
        self.t.pack()
        w.mainloop()

    def btok(self):
        self.t.insert(END,self.name.get()+'\n')
        self.name.set('')

    def btcancel(self):
        self.name.set('')

Proc()
```

## 11.2 PyQt5

### 11.2.1 PyQt5의 개요

지금까지 파이썬을 통해 만든 프로그램은 TUI(검정 콘솔창의 텍스트 기반으로 프로그램이 실행)를 기반으로 동작했었다. 이와 달리 GUI는 버튼이나 윈도우 창과 같은 그래픽 요소를 통해 사용자와 컴퓨터 간의 인터페이스 구현하는 방식을 의미한다.

PyQt는 GUI 프레임워크인 파이썬 바인딩으로 미리 만들어놓은 것을 사용하면 되는 것이다.

### 11.2.2 PyQt5의 설치

파이썬에서 관련 패키지 설치는 매우 쉽다. pip3를 사용하면 된다. pip은 파이썬으로 작성된 소프트웨어로 패키지 설치 관리 시스템이다. pip의 약어 의미는 "Pip Installs Packages" 또는 "Pip Installs Python"을 나타낼 수 있는 재귀적 약어이다.

윈도우 Python3에서 pip3의 위치는 C:\Python38\Scripts이나 파이썬 프로그램을 설치할 때 path로 연결되어 있기 때문에 아무 곳에서 설치해도 상관없다.

- PyQt5 : Python3에서 GUI개발 가능하게 해주는 Frameworks.

- Qt Designer : PyQt에서 UI 디자인을 코딩이 아닌 비주얼베이직처럼 보이는
  위지위그(WYSIWYG: What You See Is What You Get)방식의 툴.

#### (1) Python3에서 PyQt5 설치 방법

C:\Python38\Scripts> pip3 install pyqt5

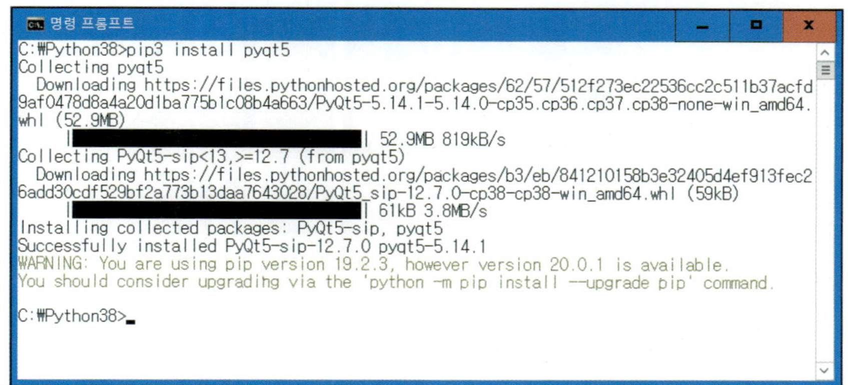

## (2) Python3에서 Qt Designer 설치 방법

C:\Python38\Scripts>pip3 install pyqt5-tools

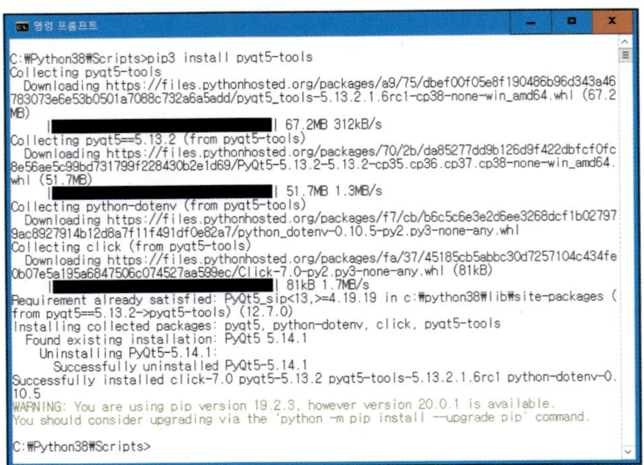


PyQt5를 파이썬 코드에서 사용하기 위해 'from PyQt5.QtWidgets import *'와 같은 방식은 PyQt5라는 디렉터리의 QtWidgets 파일에 있는 모든 것 (*)을 import하라는 의미이므로 해당 모듈(QtCore)에 정의된 변수, 함수, 클래스를 모듈 이름을 통해 접근할 필요 없이 바로 사용할 수 있다.

### 〈실습 11-23〉 pyqt5 기본 화면 나타내기 실습

```
import sys
from PyQt5.QtWidgets import *

app = QApplication(sys.argv)
label = QLabel("Hello PyQt")
label.show()
app.exec_()
```

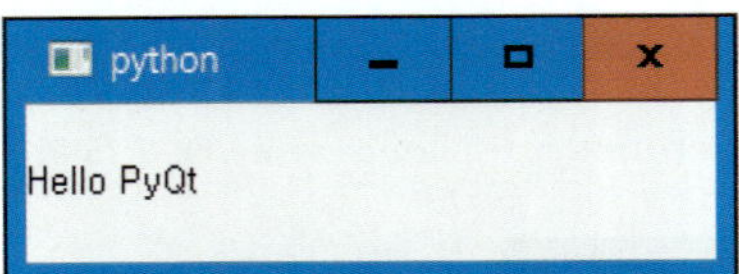

PyQt5에서 기본 입력 화면 나타내기 코드는 다음과 같다.

```
import sys

from PyQt5.QtWidgets \
  import (QWidget, QPushButton, QLineEdit, QInputDialog, QApplication)

app = QApplication([])
dialog = QInputDialog()
dialog.show()
app.exec_()
```

윈도우 창 생성과 직접 관련된 4줄의 코드에 대한 실행 흐름을 그림으로 나타내면 다음 그림과 같다.

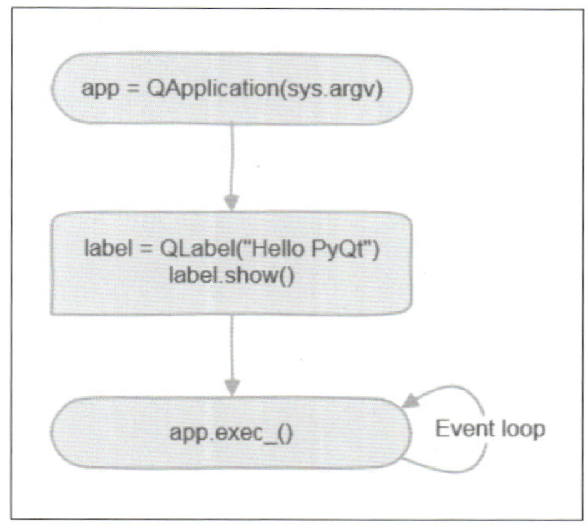


먼저 QApplication 클래스에 대한 인스턴스를 생성하고 이를 app라는 변수로 바인딩한다. app를 통해 exec_() 메소드를 호출하면 프로그램은 이벤트 루프(event loop)에 진입한다. 이벤트 루프란, 무한 반복하면서 이벤트를 처리하는 상태를 의미한다.

TUI 기반의 프로그램들은 프로그램이 실행된 후 종료되었지만 GUI 프로그램은 사용자가 윈도우 창을 닫기 전까지는 계속 실행된 상태로 남아 있다. 이처럼 프로그램이 종료되지 않고 실행 상태로 계속 남아 있을 수 있는 이유가 바로 이벤트 루프 때문이다.

이벤트 루프는 기본적으로 무한 루프 구조이며 무한 루프 상태에서 사용자가 발생한 이벤트를 그때그때 처리해준다. 예를 들어 사용자가 윈도우 창을 클릭하면 '클릭 이벤트'가 발생하는데 이때 이벤트 루프에서 '클릭 이벤트'에 대한 처리를 해주는 것이다.

위의 그림에서 중간에 위치하는 네모 박스는 윈도우 창을 만들고 이를 화면에 보이게 하는 파이썬 코드로 구성되어 있다.

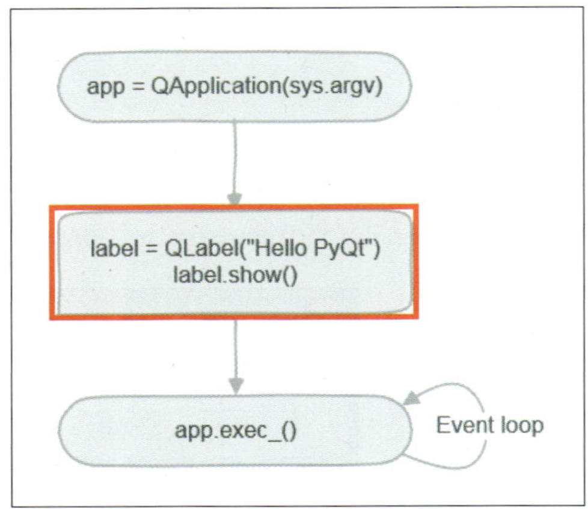


QApplication 클래스의 인스턴스가 GUI 프로그램에 대한 전반적인 컨트롤을 담당하는 역할을 한다면, 네모 박스 부분은 UI 구성을 담당하는 부분이다.

네모 박스 위치에 해당하는 코드에서 QLabel 클래스에 대한 인스턴스를 만들고 해당 인스턴스의 show() 메소드를 호출함으로써 화면에 QLabel 위젯이 출력되는 것이다. 만약 네모 박스 위치에 해당하는 코드를 수정하면 다른 형태의 윈도우 창이 출력되도록 할 수 있다.

**〈실습 11-24〉 윈도우 창에 버튼 출력**

```
import sys
from PyQt5.QtWidgets import *

app = QApplication(sys.argv)
label = QPushButton("종료")
label.show()

app.exec_()
```

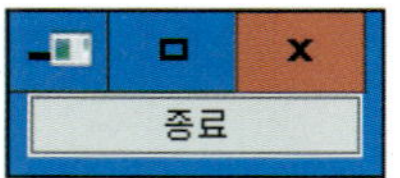


PyQt에서 위젯(widget)은 유저 인터페이스를 구성하는 가장 기본적인 부품 역할을 한다. 예를 들어 다음 그림과 같은 유저 인터페이스를 만들기 위해 QGroupBox, QLabel, QTextEdit, QDateEdit, QTimeEdit, QLineEdit와 같은 다양한 위젯들이 사용되었다.

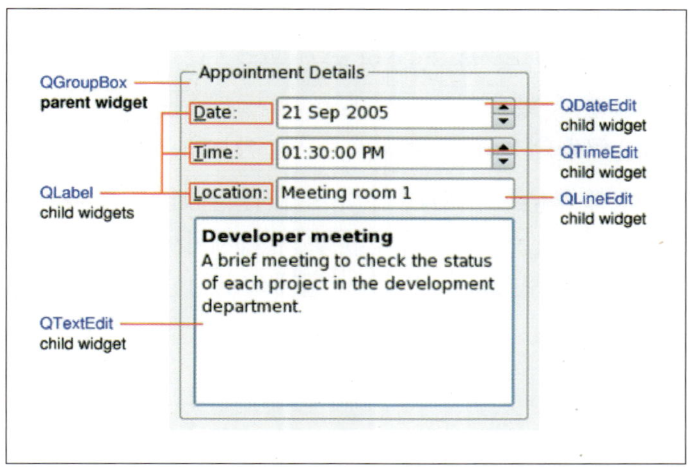


위 그림을 참조하여, 한 위젯은 다른 위젯에 포함될 수도 있다. PyQt에서는 다른 위젯에 포함되지 않은 최상위 위젯을 특별히 윈도우(window)라고 부른다. 참고로 PyQt에서는 윈도우를 생성하기 위한 클래스로 QMainWindow나 QDialog 클래스가 일반적으로 사용된다.

### 〈실습 11-25〉 QMainWindow 클래스를 사용하여 윈도우창 출력

```
import sys
from PyQt5.QtWidgets import *

class MyWindow(QMainWindow):
    def __init__(self):
        super().__init__()
        self.setWindowTitle("PyStock")
        self.setGeometry(300, 300, 300, 400) # x/y 좌표, 가로/세로 크기

if __name__ == "__main__":
    app = QApplication(sys.argv)
    mywindow = MyWindow()
    mywindow.show()
    app.exec_()
```

MyWindow라는 클래스를 정의하는 부분을 살펴보면 MyWindow는 QMainWindow를 상속받는 것을 확인할 수 있는 것 처럼 클래스를 상속받으면 자식 클래스는 부모 클래스에 구현된 모든 속성이나 메소드들을 그대로 사용할 수 있게 되므로 MyWindow 클래스는 PyQt가 제공하는 QMainWindow 클래스를 단지 상속받음으로써 QMainWindow와 동등한 기능을 가지게 된다.

MyWindow 클래스의 생성자 부분을 살펴보면 먼저 super().__init__()을 호출하는데 이는 부모 클래스에 정의된 __init__()을 호출하는 것을 의미하며, 이 예제에서는 MyWindow 클래스가 QMainWindow 클래스를 상속받았으므로 QMainWindow 클래스의 생성자인 __init__()을 호출하게 된다.

GUI 프로그램은 기본적으로 사용자의 이벤트에 따라 동작한다.

### 〈실습 11-26〉 버튼을 클릭하면 메시지를 출력하는 실습

```
import sys
from PyQt5.QtWidgets import *
from PyQt5.QtCore import *

class MyWindow(QMainWindow):
    def __init__(self):
        super().__init__()
        self.setWindowTitle("PyStock")
        self.setGeometry(300, 300, 300, 400)

        btn1 = QPushButton("버튼 클릭", self)
        btn1.move(20, 20)
        btn1.clicked.connect(self.btn1_clicked)

    def btn1_clicked(self):
        QMessageBox.about(self, "message", "클릭되었습니다!!")

if __name__ == "__main__":
    app = QApplication(sys.argv)
    myWindow = MyWindow()
    myWindow.show()
    app.exec_()
```

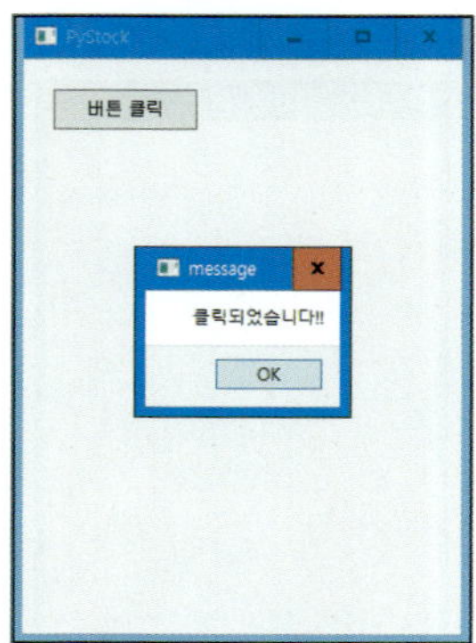

위의 코드를 비교해보면 다음과 같이 윈도우 창에 버튼을 생성하는 부분과 버튼에서 발생하는 클릭 이벤트를 처리하는 함수가 추가되었다.

```
btn1 = QPushButton("Button Click", self)
    btn1.move(20, 20)
    btn1.clicked.connect(self.btn1_clicked)

def btn1_clicked(self):
    QMessageBox.about(self, "message", "clicked")
```

먼저 윈도우 창에 버튼을 추가하기 위해 MyWindow 클래스의 생성자 부분에서 QPushButton 클래스의 인스턴스를 생성해 주고 버튼의 출력 위치를 move 메소드를 사용하여 조절해 준다.

```
    btn1 = QPushButton("버튼 클릭", self)
    btn1.move(20, 20)
    btn1.clicked.connect(self.btn1_clicked)

def btn1_clicked(self):
    QMessageBox.about(self, "message", "클릭되었습니다!!")
```

사용자가 버튼을 클릭하면 '클릭되었습니다!!'라는 이벤트가 발생하는데, 먼저 이벤트를 처리할 메소드를 구현한다.

```
def btn1_clicked(self):
    QMessageBox.about(self, "message", "클릭되었습니다!!")
```

이벤트 처리를 위한 메소드를 구현했다면 이벤트와 이벤트를 처리할 메소드를 connect라는 메소드를 사용하여 연결한다. 해당 코드는 MyWindow 클래스의 생성자에 구현해준다.

```
def __init__(self):
    # 코드 생략
    btn1.clicked.connect(self.btn1_clicked)
```

위와 같이 이벤트와 이벤트 처리 함수를 연결해두면 버튼이 클릭 되어 'clicked'라는 이벤트가 발생하면 QApplication의 이벤트 루프는 'clicked' 이벤트에 연결된 btn1_clicked 메소드를 호출한다. 호출된 btn1_clicked 메소드는 QMessageBox 클래스를 사용하여 화면에 간단히 메시지 박스를 출력한다.

## 11.2.3 PyQt5 GUI Application의 구성

GUI Application 요소는 다음과 같이 구성된다.

| 구성 요소 | 기능 설명 |
|---|---|
| 윈도우 | 프로그램을 실행시키면 나타나는 사각형 영역 |
| 메뉴, 상태바, 툴바 | 애플리케이션이 제공하는 다양한 기능들을 사용자에게 효과적으로 제공 |
| 다이얼로그 | 작업 선택 |
| 레이아웃 | 위젯들을 배치 |
| 위젯 | 윈도우에 배치되어 사용자와의 상호작용을 할 수 있는 요소로 그림, 버튼, 슬라이더 등 다양한 모양과 기능을 제공 |
| 이벤트 | 사용자의 입력에 따라 발생 |

### (1) 윈도우

QT에서 QMainWindow로 메인 윈도우를 나타내며, QT의 모든 클래스는 Q를 프리픽스로 사용하고 있다.

**〈실습 11-27〉 QT의 main window 출력하는 실습**

```
import sys
# PyQt를 이용하기 위하여 모듈을 로드하며, Qt에서 화면에 표시되는 것들은 QtWidgets에 포함되어 있다.
# QApplication은 GUI 프로그램 전체를 관리하며, 한 Application에서는 하나의 QApplication 객체가 있다.
# 시작과 종료를 관리한다.

from PyQt5.QtWidgets import QMainWindow, QAction, QApplication

class HelloWindow(QMainWindow): # QMainWindow를 상속받아 메인 윈도우의 속성을 변경한다.
    def __init__(self):
        super().__init__()

        # UI 초기화
        self.initUI()

    def initUI(self):
        self.setGeometry(300, 300, 300, 200) # 윈도우가 위치할 곳 지정(x,y,가로크기, 세로크기)
        self.setWindowTitle('HelloWindow')      # 윈도우 제목
        self.show()                               # 윈도우를 화면에 표시

if __name__ == '__main__':
    app = QApplication(sys.argv)
    ex = HelloWindow()                  # 객체 생성
    sys.exit(app.exec_())
```

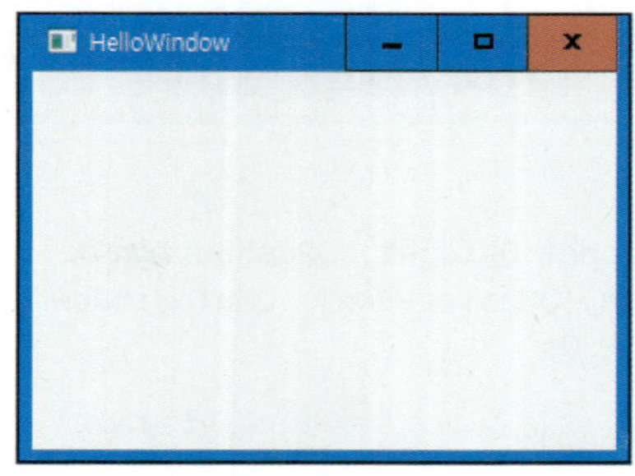


### (2) 위젯

위젯이란 버튼이나 체크박스 같은 것들을 의미하며, 필요한 정보를 표시하기도 하고 받기도 한다.

즉, 사용자가 데이터를 입력하거나 어떤 동작을 하면 위젯에서 이벤트가 생성되고 이것을 핸들러에서 처리한다.

위젯을 사용하기 위해서는 다음과 같은 일을 해주어야 한다.

- 위젯 생성 및 배치
- 콜백 함수 생성
- 이벤트 등록
- 버튼

위젯 종류는 다음과 같다.

| 위젯 | 의미 |
|---|---|
| 버튼 | 버튼, 토글 버튼으로 사용 |
| 체크박스 | on/off를 선택할 수 있는 위젯 |
| 프레임 | 색을 지정할 수 있는 영역 제공 |
| 슬라이더 | 일정 범위 영역 사이의 값을 입력받을 때 사용 |
| 라벨 | 문자열 표시 |
| 프로그레스바 | 진행 사항 표시 |
| 달력 | 달력 표시 |
| 라인에디터 | 한 줄짜리 문자열 입력 |
| 텍스트박스 | 두 줄 이상 데이터 문자열 입력 |
| 스플릿터 | 위젯의 영역을 나눌 때 사용. UI상으로 크기 변경 가능 |

버튼은 가장 간단한 위젯으로 어떤 동작들이 일어난다.

### 〈실습 11-28〉 위젯을 생성하고 핸들러와 이벤트를 연결하는 실습

```
import sys
from PyQt5.QtWidgets import QWidget, QPushButton \
          , QApplication, QMessageBox,  QMainWindow
from PyQt5.QtCore import Qt

class MyWindow(QMainWindow):

    def __init__(self):
        super().__init__()

        button = QPushButton('클릭', self)    # 버튼 생성
        button.move(10, 10)
    # connect() 메소드를 이용하여 객체와 연결한다.
    # 클래스의 메소드이면 클래스 인스턴스가 연결되고  함수이면 함수가 호출된다.
        button.clicked.connect(self.message) # clicked 이벤트에 핸들러 연결
        button.clicked.connect(message2)   #

        self.show()

    def message(self):        # 버튼이 클릭되면 호출되는 핸들러
        msg = QMessageBox(self)
        msg.setText("클릭되었습니다!!")
        msg.show()

def message2():
    print("클릭합니다")

if __name__ == '__main__':
    app = QApplication(sys.argv)
    ex = MyWindow()
    sys.exit(app.exec_())
```

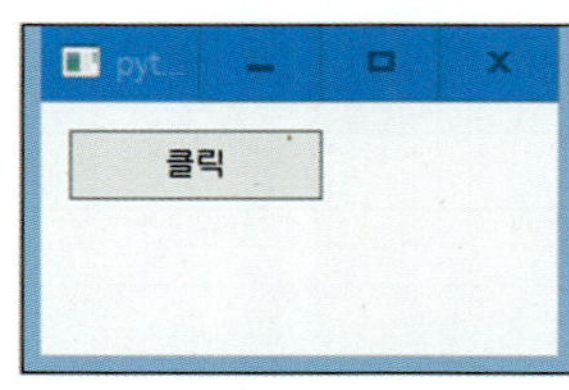


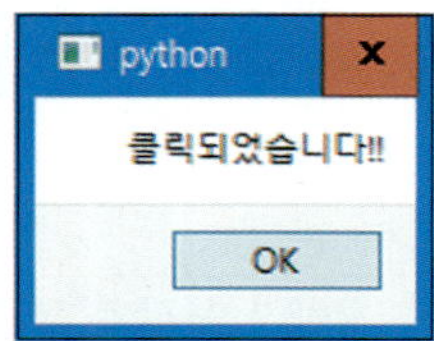


### (3) 레이아웃

윈도우에서 작업을 하기 위해 윈도우에 필요한 위젯들을 추가하고 임무를 부여해준다. 만약, 모든 작업을 수작업으로 해야 한다면

① 수많은 위젯들의 위치를 정해주어야 하고

② 위젯들의 정렬을 맞추어 주어야 하며

③ 윈도우의 크기가 변경되면 계산을 다시 해주어야 한다.

가장 많이 사용되는 레이아웃으로는

① QHBoxLayout : 위젯들을 가로로 배치

② QVBoxLayout : 위젯들을 세로로 배치

③ QGridLayout : 화면을 일정한 크기의 격자로 나누고 그 안에 배치

QT5는 위 레이아웃 외에 다양한 레이아웃들이 있으며, QXXXXXLayout이라는 이름을 가지고 있다.

### 〈실습 11-29〉 레이아웃을 사용하지 않은 실습

```
import sys
from PyQt5.QtWidgets import QMainWindow, QLabel, QApplication

class LayoutExample1(QMainWindow):

    def __init__(self):
        super().__init__()

        # 윈도우 레이아웃을 사용하지 않고 위젯을 생성하고 위치를 지정한다.
        # 이때 윈도우 인스턴스(self)를 지정하여야 하는데, 이는 위젯의
        # 위치를 잡을 때 윈도우 기준으로 위치가 결정된다.
        lbl1 = QLabel('이것은', self)
        lbl1.move(20, 60)  # move 메서드를 사용하여 위젯 위치 직접 지정

        lbl2 = QLabel('레이아웃 미사용', self)
        lbl2.move(60, 80)  # move 메서드를 사용하여 위젯 위치 직접 지정

        self.setGeometry(300, 300, 300, 200)
        self.setWindowTitle('Layout 예제')
        self.show()

if __name__ == '__main__':
    app = QApplication(sys.argv)
    ex = LayoutExample1()
    sys.exit(app.exec_())

    sys.exit(app.exec_())
```

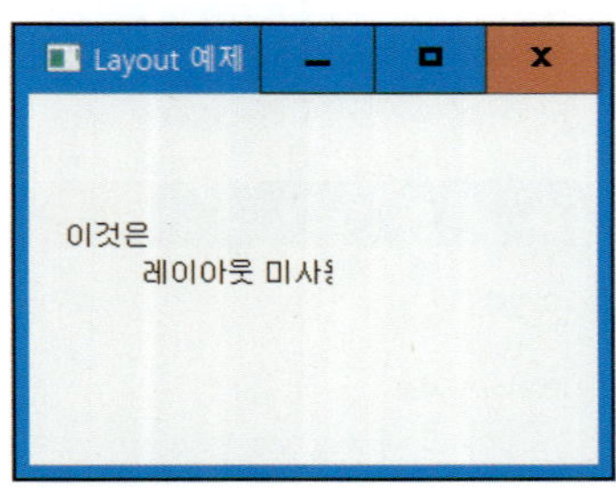

레이아웃 사용으로 move 메서드를 사용하여 위젯의 위치를 직접 지정하지 않아도 되며, 모두 레이아웃에서 처리해주므로 위젯들을 배치할 수 있는 힌트만 주면 된다.

### 〈실습 11-30〉 레이아웃을 사용한 실습

```
import sys
from PyQt5.QtWidgets import ( QWidget, QMainWindow,
       QLabel,QApplication, QPushButton, QHBoxLayout, QVBoxLayout )

class LayoutExample2(QMainWindow):

    def __init__(self):
        super().__init__()

        # 사용한 위젯들을 생성
        lbl1 = QLabel('이것은')          #
        lbl2 = QLabel('레이아웃 사용')

        okButton = QPushButton("OK")
        cancelButton = QPushButton("Cancel")

        hbox = QHBoxLayout()      # 위젯 가로 배치
        hbox.addStretch(1)        # 위젯 추가
        hbox.addWidget(okButton)  # 위젯 추가
        hbox.addWidget(cancelButton)  # 위젯 추가

        vbox = QVBoxLayout()      # 위젯 세로 배치
        vbox.addWidget(lbl1)      # 위젯 추가
        vbox.addWidget(lbl2)      # 위젯 추가
        vbox.addLayout(hbox)
     # vbox에 hbox를 추가한다. 즉, 레이아웃에 다른 레이아웃을 추가할 수 있다.

        # MainWindow에는 구조상 중심 위젯이 있으며,
        # 이 위젯에 vbox를 넣어야 하는데,
        # 바로 들어가지 않기 때문에 중간에 QWidget()을 하나 만들어서 넣는다.
       window = QWidget()
        window.setLayout(vbox)
        self.setCentralWidget(window)

        self.setGeometry(300, 300, 300, 150)
        self.setWindowTitle('Layout예제')
        self.show()


if __name__ == '__main__':
    app = QApplication(sys.argv)
    ex = LayoutExample2()
   sys.exit(app.exec_())
```

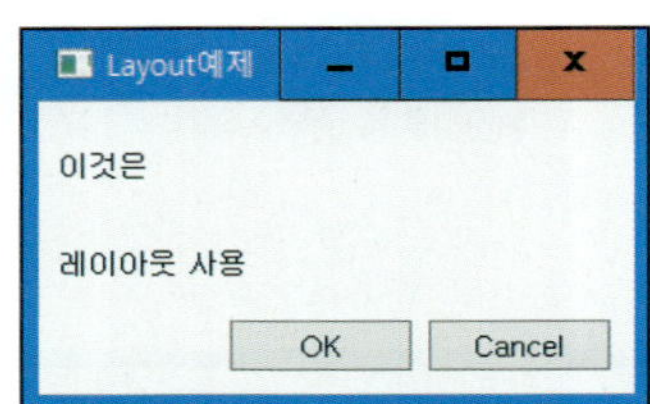

### 〈실습 11-31〉 위젯을 배치한 실습

```python
import sys
from PyQt5.QtWidgets import (QMainWindow, QWidget, QLabel, QLineEdit, QTextEdit,
QPushButton,QGridLayout, QApplication)


class GridExample(QMainWindow):

    def __init__(self):
        super().__init__()

        # 라벨들
        title   = QLabel('제목')
        writer  = QLabel('저자')
        comment = QLabel('내용')

        # 데이터를 입력하는 위젯들
        titleEdit   = QLineEdit()
        writerEdit  = QLineEdit()
        commentEdit = QTextEdit()

        # 버튼
        confirm     = QPushButton("실행")

        # Layout
        grid = QGridLayout()   # 그리드 레이아웃 객체 생성
         # 기존 QHBoxLayout, QVBoxLayout을 이용할 경우 여러 개의 레이아웃 클래스를 사용
         # Gride를 이용하면 쉽게 여러 개의 레이아웃을 지정할 수 있다.
        grid.setSpacing(10)                 # 셀(위젯) 간격 지정

        grid.addWidget(title, 0, 0)         # 그리드의 (0,0) 위치에 위젯 위치
        grid.addWidget(titleEdit, 0, 1)       # 그리드의 (0,1) 위치에 위젯 위치

        grid.addWidget(writer, 1, 0)
        grid.addWidget(writerEdit, 1, 1)

        grid.addWidget(comment, 2, 0)
        grid.addWidget(commentEdit, 2, 1, 4, 1) # 그리드의 (2,1),(4,1)

        grid.addWidget(confirm, 6,0)

        window = QWidget()
        window.setLayout(grid)
        self.setCentralWidget(window)

        self.setGeometry(300, 300, 350, 300)
        self.setWindowTitle('Review')
        self.show()

if __name__ == '__main__':
    app = QApplication(sys.argv)
    ex = GridExample()
    sys.exit(app.exec_())
```

### (4) 이벤트

이벤트를 만들기 위해 pyQtSignal() 함수를 이용하며, 이 함수는 QtCore에 정의되어 있다.

#### 〈실습 11-32〉 이벤트 발생 실습

```
import sys

from PyQt5.QtCore import pyqtSignal, QObject
from PyQt5.QtWidgets import QMainWindow, QApplication

class MyWindow(QMainWindow):
    # 데이터가 없는 시그널 하나를 만든다.
    closeApp = pyqtSignal()  # pyqtSignal() 호출하며 시그널 객체를 만든다.

    def __init__(self):
        super().__init__()

        # 이벤트에 핸들러 등록
        # 앱 종료
        self.closeApp.connect(self.close)  # closeApp 시그널에 종료 메서드 연결
                                           # 즉, closeApp 시그널이 발생하면
                                           # self.close() 메소드가 호출된다.

        self.setGeometry(300, 300, 290, 150)
        self.setWindowTitle('Emit signal')
        self.show()

    # 마우스를 누르면 closeApp 이벤트 발생
    def mousePressEvent(self, event):  # <----- 3
        self.closeApp.emit()  # closeApp 시그널 객체에 emit() 메소드 호출
                              # 즉, emit은 이벤트를 발생시킨다는 의미이다.

if __name__ == '__main__':
    app = QApplication(sys.argv)
    ex = MyWindow()
    sys.exit(app.exec_())
```

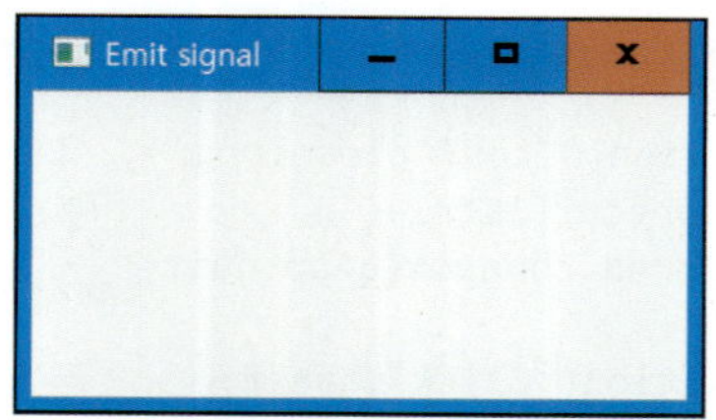


### (5) 메뉴, 툴바, 상태바

애플리케이션의 주요 정보를 표시하기 위해 상태 바를 사용하고 애플리케이션에서 사용할 수 있는 기능을 표시하기 위해 메뉴와 툴바를 사용한다.

**〈실습 11-33〉 메뉴와 툴바 사용 실습**

```
import sys
from PyQt5.QtWidgets import (QMainWindow, QAction, qApp,
                             QApplication, QFileDialog)
from PyQt5.QtGui import QIcon

class Example(QMainWindow):
    def __init__(self):
        super().__init__()

        self.click_count = 0  # <---- 1

        # Menu
        self.init_menu()  # 메뉴 초기화
        self.init_toolbar()

        self.print_on_statusbar('.')

        self.setGeometry(300, 300, 300, 200)
        self.setWindowTitle('Example')
        self.show()

    def init_menu(self):  # <---- 3
        openFile = QAction(QIcon('open.png'), 'Open', self)  # Action 생성

        # Action에는 메뉴 이름, 아이콘, 툴팁과 같은 정보가 들어간다.

        openFile.setShortcut('Ctrl+O')  # <---- 5
        openFile.setStatusTip('Open new File')  # <---- 6
        openFile.triggered.connect(self.onShowDialog)  # <---- 7

        # menuBar에 메뉴 등록
        menubar = self.menuBar()
        fileMenu = menubar.addMenu('&File')
        fileMenu.addAction(openFile)

```

```
    def init_toolbar(self):
        # 툴바 아이템 생성
        exitAction = QAction(QIcon('close.png'), 'Exit', self)
        exitAction.setShortcut('Ctrl+Q')
        exitAction.triggered.connect(qApp.quit)

        printAction = QAction('Click', self)
        printAction.triggered.connect(self.onClickButton)

        # 툴바를 하나 생성하여 Action에 등록
        self.toolbar = self.addToolBar('Exit')
        self.toolbar.addAction(exitAction)
        self.toolbar.addAction(printAction)

    def print_on_statusbar(self, text):
        self.statusBar().showMessage(text)

    def onClickButton(self):
        self.click_count += 1
        self.statusBar().showMessage("clicked : {}".format(self.click_count))

    def onShowDialog(self):
        fname = QFileDialog.getOpenFileName(self, 'Open file', '/home')
        if fname[0]:
            f = open(fname[0], 'r')
            self.print_on_statusbar('trying file : {}'.format(fname[0]))

if __name__ == '__main__':
    app = QApplication(sys.argv)
    ex = Example()
    sys.exit(app.exec_())
```

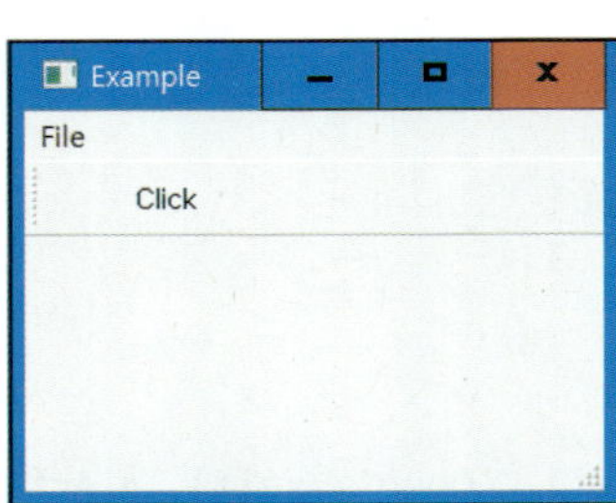


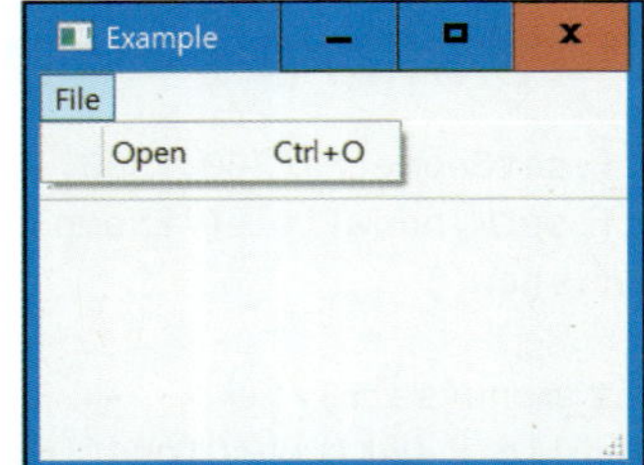


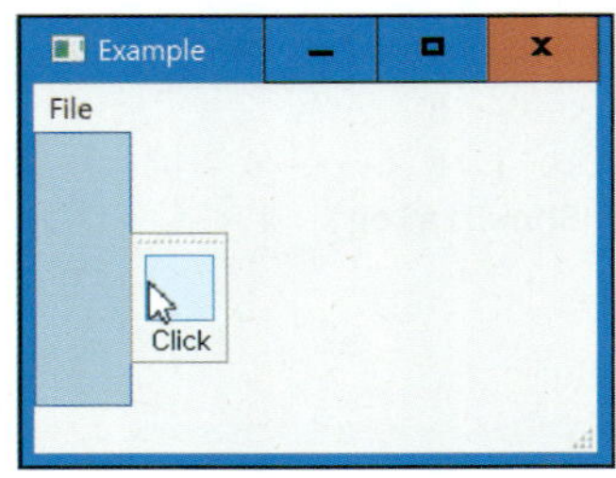


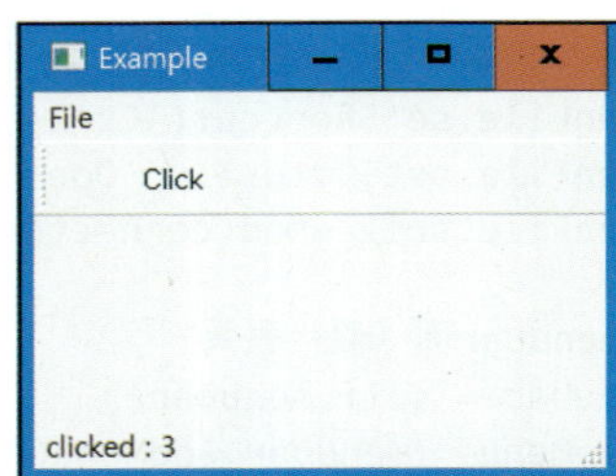

### (6) 다이얼로그

파일을 열고 색상을 선택하는 등의 일반적인 작업을 표준화해서 놓은 것을 말한다.

**〈실습 11-34〉 다이얼로그 작성 후 Dialog 버튼을 클릭하여 파일 탐색기 실습**

```
import sys
from PyQt5.QtWidgets import (QWidget, QPushButton,
        QTextEdit, QFileDialog,  QApplication)

class Example(QWidget):
    def __init__(self):
        super().__init__()

        self.btn = QPushButton('Dialog', self)  # 위젯(버튼) 표시
        self.btn.move(20, 20)
        self.btn.clicked.connect(self.showDialog)

        self.textEdit = QTextEdit(self)  # 위젯(TextEdit) 표시
        self.textEdit.setGeometry(20, 60, 450, 180)

        self.setGeometry(300, 300, 500, 300)
        self.setWindowTitle('Dialog')
        self.show()

    def showDialog(self):

        # 버튼을 누르면 FileDialog 표시
        fname = QFileDialog.getOpenFileName(self, 'Open file', '.')
        # return : ('<filename>', '')
        if fname[0]:  # <---- 5
            with open(fname[0], 'r') as f:
                data = f.read()
                self.textEdit.setText(data)

if __name__ == '__main__':
    app = QApplication(sys.argv)
    ex = Example()
    sys.exit(app.exec_())
```

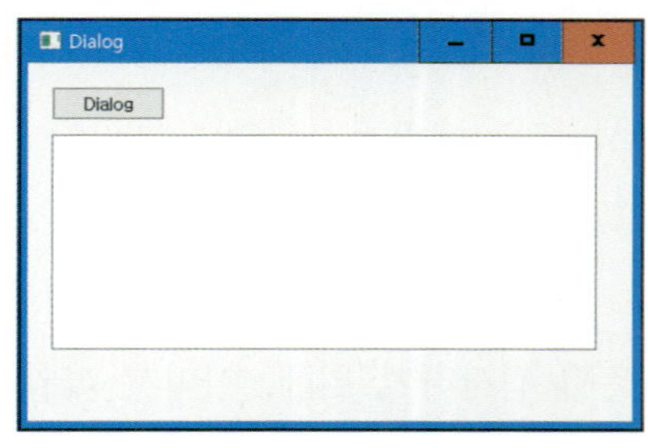


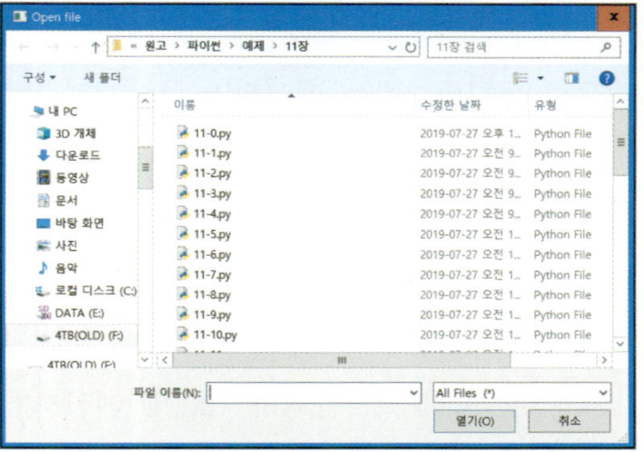

## 11.3 pillow

대표적인 영상 처리 라이브러리인 필로우를 사용하여 이미지를 활용하고 포토샵과 같이 이미지를 처리할 수 있는 기법을 활용하여 영상 처리 프로그램을 구현한다.

### 11.3.1 pillow 라이브러리 설치

대표적인 영상 처리 라이브러리인 필로우를 사용하여 이미지를 활용하고 포토샵과 같이 이미지를 처리할 수 있는 기법을 활용하여 영상 처리 프로그램을 구현한다.

① pip3을 이용하여 pillow 프로그램 라이브러리를 설치하기 위해 c:\python38 폴더로 이동한다.

② 프롬프트에서 "pip3 install pillow"를 입력하면 다음과 같이 설치가 진행된다.

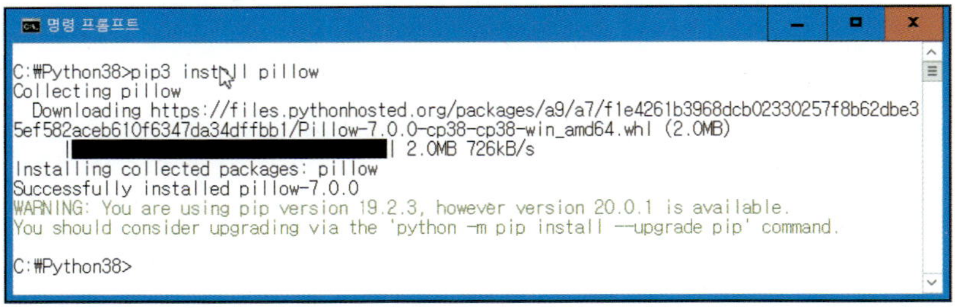


③ 성공적으로 설치되었다는 메시지와 pip 최신 버전을 표시한다.

### 11.3.2 pillow를 이용한 영상 표시

Pillow 라이브러리를 설치한 후 Pillow가 올바르게 동작하는지 검사하기 위해, 이미지 파일을 하나 읽어서 tkinter를 이용하여 표시하고 Pillow 자신의 영상 형식을 tkinter 형식으로 변환하여 준다.

Pillow는 BMP, EPS(전자출판), GIF, IM(웹 메신저), JPEG, MSP(방송영상), PCX, PNG, PPM(신호영

상), TIFF(표준 파일영상), WebP(JPEG 대체영상), ICO(위성영상), PSD(포토샵 전용영상), PDF 등의 형식을 지원한다.

### 〈실습 11-35〉 pillow를 이용한 이미지 처리 실습

```
from PIL import Image, ImageTk # PIL 모듈에서 몇 개의 클래스를 포함

import tkinter as tk # tkinter 모듈을 포함
#주의할점 : tkinter 모듈을 포함시킬 때는 위와 같이 처리
# 즉, 이제까지 "from tkinter impoer *"와 같이 하면 여러 가지 클래스 이름이
# 중복(tkinter 모듈과 PIL 모듈 안에 있는 클래스 충돌)되어 문제가 발생

window = tk.Tk() # 윈도우\를 생성
canvas = tk.Canvas(window, width=500, height=500) # 윈도우 안에 캔버스 생성
canvas.pack() #캔버스 배치

img = Image.open('flower.png') # 이미지 파일을 읽기
tk_img = ImageTk.PhotoImage(img) # tk 형식으로 영상을 변환
canvas.create_image(250, 250, image=tk_img) # tkinter의 캔버스에 영상을 표시
window.mainloop()
```

### 〈실습 11-36〉 pillow를 이용한 이미지 회전 실습

```
from PIL import Image, ImageTk
import tkinter as tk

window = tk.Tk()
canvas = tk.Canvas(window, width=500, height=500)
canvas.pack()

im = Image.open("flower.jpg") # 영상 파일 열기
out = im.rotate(45) # 영상을 45도 회전
```

```
tk_img = ImageTk.PhotoImage(out) # 영상을 tkinter 형식으로 변환

canvas.create_image(250, 250, image=tk_img) # 영상을 tkinter에서 화면에 표시
window.mainloop()
```

### 〈실습 11-37〉 pillow를 이용한 blur(흐리게) 실습

```
from PIL import Image, ImageTk, ImageFilter
import tkinter as tk

window = tk.Tk()
canvas = tk.Canvas(window, width=500, height=500)
canvas.pack()

im = Image.open("flower.jpg") # 영상 파일 열기
out = im.filter(ImageFilter.BLUR) # 영상을 흐리게
tk_img = ImageTk.PhotoImage(out) # 영상을 tkinter 형식으로 변환

canvas.create_image(250, 250, image=tk_img) # 영상을 tkinter에서 화면에 표시
window.mainloop()
```

# 제12장 데이터베이스

파이썬에서 데이터베이스를 처리하기 위한 한 방법으로 Python DB API를 사용한다. 파이썬 DB API도 여러 가지 데이터베이스를 검색하는 표준 API로서 여러 DB 액세스 모듈에서 API 인터페이스 표준을 준수하고 있다. 표준 API는 일반적으로 데이터베이스를 연결하고, SQL문을 실행하고, 연결을 닫는 등의 기본적인 데이터베이스 작업과 관련된 기능들을 정의하고 있다.

파이썬에서 지원하는 데이터베이스는 여러 가지가 있어서 각각의 데이터베이스를 사용하기 위해서는 각각의 DB에 상응하는 별도의 프로그램을 다운받아야 한다. 그러나 sqlite3는 파이썬 버전 2.5 이상에서 기본 내장되어 있기 때문에 곧바로 사용할 수 있다.

전통적으로 많이 사용하는 DB의 종류 중 RDB(관계형 데이터베이스로 불리며, 데이터를 단순한 표(table) 형태로 표현하는 데이터베이스로, 계층구조보다 사용자와 프로그래머간의 의사소통을 원활하게 할 수 있는 구조가 대표적이며, RDB와 경쟁하는 DB로는 오라클의 Oracle DB 또는 MySQL, 마이크로소프트의 MSSQL 등이 있고 오픈 소스로 Maria DB가 있다.

## 12.1 Sqlite

파이썬에서 기본적으로 사용하는 SQLite도 RDB 중 하나이며, 파일을 사용하는 DB이다(SQLite3라고도 한다.).

작은 데이터를 보관하거나 개인이 사용할 목적일 경우 간단한 SQLite를 사용하는 것이 편리하고 라이선스도 퍼블릭 라이선스이기 때문에 어떤 목적으로도 사용할 수 있다.

또한, 파일 사이즈가 작기 때문에 모바일의 데이터 저장용으로 사용되고 있으며, 파이썬은 SQLite를 사용할 수 있는 모듈을 갖추고 있으며, SQLite는 데이터베이스 관리 시스템(Database Management System : DBMS)으로 DBMS는 다음 그림과 같이 여러 사용자 또는 응용 프로그램이 데이터를 저장하거나 조회할 수 있도록 도와주는 시스템 또는 소프트웨어이다.

SQLite는 Oracle이나 PostgreSQL과 같은 큰 규모의 DBMS와 달리 서버 설치와 설정 면에서 가벼운 DBMS이다. SQLite는 응용 프로그램에서 내부 데이터를 저장할 때도 사용하기 적합해서 안드로이드폰이나 아이폰에서 많이 사용되고 있으며, 우선 SQLite를 통해서 DBMS 사용법을 익힌 후에 개발하는 시스템의 규모에 따라 PostgreSQL, MySQL 등을 사용하는 편이 좋은 방법이다.

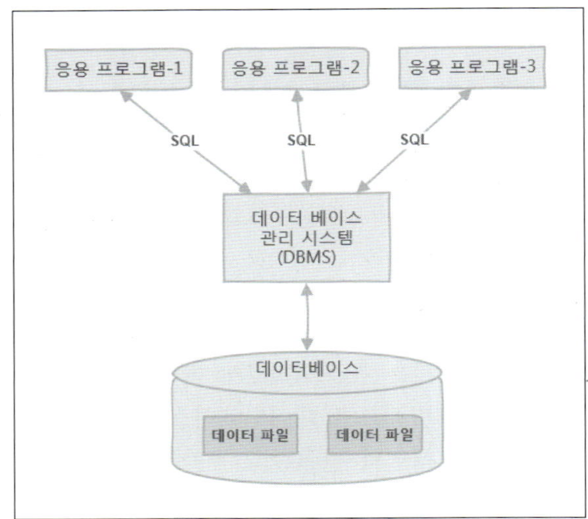


즉, SQLite는 별도의 DB 서버가 필요 없이 DB 파일에 기초하여 데이터베이스 처리를 구현한 Embedded SQL DB 엔진으로 SQLite는 별도의 복잡한 서버 설치가 필요 없고, 쉽고 편리하게 사용할 수 있다.

만약 시스템에 내장되어 있지 않는 경우는 http://www.sqlite.org 에서 다운받아 설치할 수 있으며, SQLite는 기본적으로 SQLite DB 엔진과 "sqlite3"라는 Command line tool을 갖고 있다.

파이썬에서 SQLite를 사용하는 일반적인 절차는 다음과 같다.

① sqlite3 모듈을 import

② sqlite3.connect() 메소드를 사용하여 SQLite에 Connect

③ 접속할 DB 파일명을 파라미터로 지정

④ DB 접속이 성공하면, Connection 객체로부터 cursor() 메서드를 호출

⑤ Cursor 객체의 메서드를 통해 SQLite 서버와 작업 관리

⑥ Cursor 객체의 execute() 메서드를 사용하여 SQL 문장을 DB 서버로 전송

⑦ SQL 쿼리의 경우 Cursor 객체의 fetchall(), fetchone(), fetchmany() 등의 메서드를 사용

⑧ 데이터를 서버로부터 가져온 후, Fetch된 데이터를 사용

⑨ Insert, Update, Delete 등의 DML(Data Manipulation Language) 문장을 실행

⑩ Connection 객체 commit()은 실제로 DML 문장을 서버에 실제 실행

⑪ Connection 객체 rollback() 실행으로 DML 문장 취소

⑫ Connection 객체의 close() 메서드를 사용하여 DB 연결 닫기

### 12.1.1 sqlite 연결

SQLite 모듈에서 디스크(파일) 또는 메모리(임시)에 데이터를 저장하며, 어떤 방법을 사용할지는

Connection 객체를 만들 때 입력하는 파일명으로 결정된다. 즉, 파일명을 입력하면 디스크(파일)에 저장하고 ":memory:"로 입력하면 메모리(임시)에 DB가 생성된다.

또한, Connection 객체는 저장매체와의 연결을 주로 처리하고 실제로 데이터를 저장하고 조회하는 것은 Cursor 객체에서 담당한다. 즉, API들은 대부분 Cursor API이고 Cursor를 통해서 SQL문을 수행하고 결과를 가져온다.

sqlite를 import하기 위해서는 다음과 같이 "import sqlite3"를 사용한다.

```
>>> import sqlite3
>>> sqlite3.version
'2.6.0'
>>> conn = sqlite3.connect('dbase1') # 다른 곳의 파일에 대한 전체 경로 사용
```

### 12.1.2 데이터베이스와 테이블 작성

SQLite는 데이터를 엑셀처럼 생긴 테이블에 저장하므로 데이터를 저장하기 위해서는 테이블을 먼저 만들어야 한다.

테이블 형식은 다음과 같다.

```
CREATE TABLE Table-name (컬럼이름 데이터 타입, .........)
```

[Table 생성 예] student라는 테이블을 생성하고 컬럼 이름으로 name, no, address를 선언하고 각각 자료형(대문자)으로 TEXT, INTEGER, TEXT를 설정한다.

```
CREATE TABLE student (name TEXT, no INTEGER, address TEXT)
```

테이블을 생성하기 위해서는 SQL문을 만들고 execute() API를 사용한다.

필드의 데이터 타입을 선언해야 하며, SQLite에서 사용할 수 있는 데이터 타입은 5가지이다.

| SQLite3 자료형 | 파이썬 자료형 | 용도 | 비고 |
|---|---|---|---|
| TEXT | str,<br>bytes | 문자열 | 다른 DB에서는 크기를 지정하지만 SQLite는 없다. |
| INTEGER | int | 정수형 | |
| REAL | float | 실수형 | |
| NUMERIC | - | 숫자형 | 숫자로 표현될 다른 데이터 즉, 날짜, 시간 등 |
| BLOB | buffer | 임의의 데이터 | 바이너리 데이터 저장 용도로 사용 |
| NULL | None | 공백 개념 | |

SQL문을 데이터베이스 서버에 처리하기 위해 첫 번째 테이블을 만들려면 다음과 같이 작성한다.

```
>>> curs = conn.cursor()
>>>>
>>> tblcmd = 'create table people (name char(30), job char(10), pay int(4))'
>>> curs.execute(tblcmd)
<sqlite3.Cursor object at 0x00000168714BF5E0>
```

### 12.1.3 테이블에 레코드 추가

테이블에 데이터를 입력하는 방법으로 형식은 다음과 같다.

```
INSERT INTO Table-name VALUES (값, .........)

INSERT INTO student VALUES ("홍길동“, 123, ”전국구“)
```

문자데이터는 반드시 “ ” 사용해야 하며, 데이터를 넣기 위해서는 SQL문을 만들고 execute() API를 사용한다. 몇 개의 레코드를 생성하기 위해 한 번에 한 행씩 삽입하거나 단일 호출문이나 반복문으로 여러 행을 삽입할 수 있다.

```
>>> curs.execute('insert into people values (?, ?, ?)', ('이순신', '장군', 5000))
>>> curs.rowcount
1
>>> sqlite3.paramstyle
'qmark’
>>> curs.executemany('insert into people values (?, ?, ?)',
                    [ ('강감찬', '장군', '70000'),
                      ('홍길동', '의적', '60000')])
<sqlite3.Cursor object at 0x00000168714BF5E0>
>>> curs.rowcount
2
```

파이썬 루프를 사용하여 한 번에 한 행을 삽입하면 불편하므로 여러 개를 다음과 같이 처리하여 저장할 수 있다.

```
>>> rows = [['곽재우', '의병', 100000],
        ['임꺽정', '의적', 30000],
        ['유성룡', '재상', 90000]]
>>> for row in rows:
        curs.execute('insert into people values (? , ?, ?)', row)
<sqlite3.Cursor object at 0x00000168714BF5E0>
<sqlite3.Cursor object at 0x00000168714BF5E0>
<sqlite3.Cursor object at 0x00000168714BF5E0>
>>> conn.commit()
```

### 12.1.4 쿼리의 실행

테이블에 입력한 데이터를 조회하는 기능으로 Cursor 객체에 fetchone 또는 fetchmany, fetchall 등을 사용한다. 즉, fetchone는 하나의 데이터를 가져오며, fetchmany는 일정 개수의 데이터를 리스트로 리턴한다. 또한, fetchall은 모든 데이터를 가져온다.

데이터베이스 테이블에 여섯 개의 레코드를 추가하고, 확인을 위해 SQL 질의를 실행한다.

```
>>> curs.execute('select * from people')
<sqlite3.Cursor object at 0x00000168714BF5E0>
>>> curs.fetchall()
[('이순신', '장군', 5000), ('강감찬', '장군', 70000), ('홍길동', '의적', 60000), ('곽재우
', '의병', 100000), ('임꺽정', '의적', 30000), ('유성룡', '재상', 90000)]
```

커서 개체를 이용해서 SQL select문을 실행하여 모든 행을 나타내고 커서의 fetchall 함수를 호출하여 검색한다.

〈실습 12-1〉 sqlite로 다양한 형태의 검색 실습

```
import sqlite3
conn = sqlite3.connect('dbase1') # 다른 곳의 파일에 대한 전체 경로 사용
curs = conn.cursor()
tblcmd = 'create table people (name char(30), job char(10), pay int(4))'
# curs.execute(tblcmd)

curs.execute('insert into people values (?, ?, ?)', ('이순신', '장군', 5000))
curs.executemany('insert into people values (?, ?, ?)',
      [ ('강감찬', '장군', '70000'),
        ('홍길동', '의적', '60000')])
rows = [['곽재우', '의병', 100000], ['임꺽정', '의적', 30000], ['유성룡', '재상', 90000]]
print(rows)
print()
for row in rows:
     curs.execute('insert into people values (? , ?, ?)', row)

conn.commit()
curs.execute('select * from people')
print(curs.fetchall())
print()
curs.execute('select * from people')
for row in curs.fetchall():
     print(row)

print()
curs.execute('select * from people')
for (name, job, pay) in curs.fetchall():
     print(name, ':', pay)
```

## 12.1.5 sqlite 기능별 설명

### (1) 데이터베이스 함수의 정리

| 함수 | 의미 |
|---|---|
| connect() | 데이터베이스의 연결을 작성. 즉, 이 함수는 사용자 이름, 비밀번호, 서버 주소 등의 인자를 포함 |
| cursor() | 질의를 관리하기 위한 커서 객체를 작성 |
| execute(), executemany() | 데이터베이스에 하나 이상의 SQL 명령을 실행 |
| fetchone(), fetchmany(), fetchall() | 실행 결과를 얻음 |

### (2) SQLite3 모듈 로드 및 DB 구축

sqlite3 모듈을 로드하고 connection 객체를 생성하고 DB를 생성한 후 데이터를 입력한다. Connection 객체를 이용하여 객체를 만들고 이 커서를 이용하여 SQL문을 실행한다.

cursor 객체에 execute를 통해서 SQL문을 실행하고 원래 DB는 SQL 명령으로 모든 것을 수행하는데, 파이썬의 SQLite 모듈은 DB에 전달할 SQL문을 만들어 전달하는 역할을 한다.

#### 〈실습 12-2〉 sqlite로 새로운 DB 구축 실습

```
import sqlite3
conn = sqlite3.connect('student.db')

sql = '''
  CREATE TABLE student
     (
         name   text,
         no     integer,
```

```
            addr   text
        )
'''
c = conn.cursor()   # 객체 생성
c.execute(sql)
c.close()
conn.commit()
print('student.db 가 구축되었습니다!!')
print()
```

### (3) 테이블 작성 및 데이터 입력

테이블에 원하는 데이터를 입력하려면 SQL문을 사용하며, SQL문은 문자열로 되어 있다. 또한, 이러한 문자열을 안전하게 만들기 위해 특별한 방식을 사용하는데, SQL 데이터가 들어가 자리에 "?"를 넣고 나중에 실행할 때 데이터를 넣는 방식이다.

데이터는 반드시 듀플 또는 리스트 타입 형태의 데이터이어야 하며, execute로 하나의 데이터만 들어가는데, executemany를 이용하면 다수의 데이터를 입력할 수 있다.

#### 〈실습 12-3〉 테이블 작성 및 3개 레코드 입력 실습

```
import sqlite3
conn = sqlite3.connect('student.db')
sql = '''
        INSERT INTO student VALUES
                (?, ?, ?)
      '''
c = conn.cursor()   # 객체 생성
c.execute(sql, ('학생2', 2, '서울'))

data = [
          ('학생3', 3, '강원'),
          ('학생4', 4, '경기'),
          ('학생5', 5, '충청'),
      ]
c.executemany(sql, data)
c.close()
conn.commit()
print('테이블을 작성하고 데이터가 입력 되었습니다!!')
print()
```

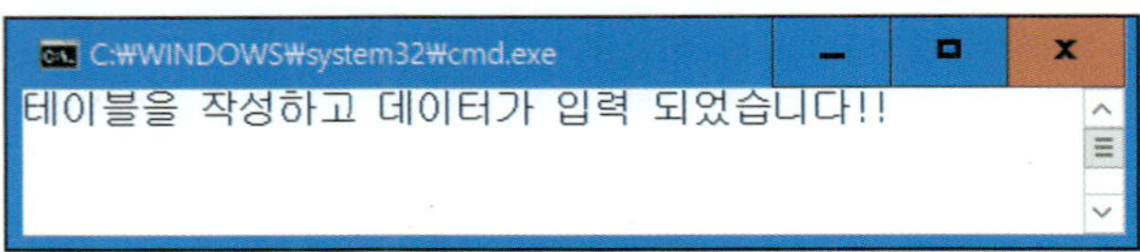


### (4) 데이터 조회

fetchone()을 호출할 때마다 하나씩 데이터를 가져오며, cursor 객체에는 조회한 데이터의 위치를 가지고 있기 때문에 다음 데이터를 가져올 수 있으며 데이터가 없을 경우 None을 반환한다.

fetchmany()과 fetchall()는 주어진 개수만큼 가져오고 없으면 []을 리턴해서 더 이상 없으면 반환한다.

#### 〈실습 12-4〉 데이터 조회 실습

```
import sqlite3
conn = sqlite3.connect('student.db')

sql = 'select * from student'
c = conn.cursor()
c.execute(sql)

# 하나의 데이터
print('한개 데이터 : ', c.fetchone())
print()

# 2개의 데이터
print('2개 데이터 ')
for s in c.fetchmany(2):
    print(s)

# 모든 데이터
sql = 'select * from student'
c = conn.cursor()
c.execute(sql)
print('\n모든 데이터 ')
for s in c.fetchall():
    print(s)
print()
```

```
C:\WINDOWS\system32\cmd.exe
한개 데이터 :  ('학생2', 2, '서울')

2개 데이터
('학생3', 3, '강원')
('학생4', 4, '경기')

모든 데이터
('학생2', 2, '서울')
('학생3', 3, '강원')
('학생4', 4, '경기')
('학생5', 5, '충청')
```

### 〈실습 12-5〉 메모리에 전체 데이터베이스 실습

```
import sqlite3

con = sqlite3.connect(':memory:')
query = """CREATE TABLE sample
          (commodity VARCHAR(10),
          product VARCHAR(20),
          amount INTEGER(5),
          date DATE);"""
con.execute(query)
# execute() 함수를 사용하여 query 변수에 들어 있는 SQL 명령어를 실행한다.
# 이 명령어를 실행하면 인메모리 데이터베이스 내에 sample 테이블을 만든다.
con.commit()

# sample 테이블에 데이터를 삽입한다. 즉, 튜플로 이루어진 리스트를 만들어 data라는 변수에 할당한다.
data = [('JAVA', 'Program', 123, '2016-12-10'),
       ('Python', 'Script', 54321, '2017-10-15'),
       ('Oracle', 'Database', 35263, '2017-04-29'),
       ('Spring', 'Framework', 12123, '2015-10-30'),
       ('Sqlite', 'Database', 45453, '2017-05-05'),
       ('Node', 'Script', 21323, '2016-09-08'),
       ('Android', 'Mobile', 8172, '2017-03-01'),
       ('Servlet', 'Progragm', 41312, '2016-07-18')]


statement = "INSERT INTO sample VALUES(?, ?, ?, ?)"
con.executemany(statement, data)
# 연결 객체의 executemany() 함수를 이용하여 data에
# 포함된 모든 튜플 데이터에 대해 statement에 있는
# SQL 명령어를 실행한다. data에는 8개의 튜플이
# 있으므로 executemany() 함수는 8번의 INSERT 명령을
# 실행하여 sample 테이블에 8 행의 데이터를 삽입한다.
con.commit()

# sample 테이블에 질의한다.
cursor = con.execute("SELECT * FROM sample")
# 한 줄의 SQL 명령어를 실행하려면
# execute 함수를 이용한다.
rows = cursor.fetchall()
# fetchall() 함수를 이용하여 모든 결과 데이터를 반환한다.

# 출력될 데이터의 수를 계산한다.
row_counter = 0
for row in rows:
    print(row)
    row_counter += 1
print('\n 레코드 개수 : {}'.format(row_counter))
print()
```

```
C:\WINDOWS\system32\cmd.exe
('JAVA', 'Program', 123, '2016-12-10')
('Python', 'Script', 54321, '2017-10-15')
('Oracle', 'Database', 35263, '2017-04-29')
('Spring', 'Framework', 12123, '2015-10-30')
('Sqlite', 'Database', 45453, '2017-05-05')
('Node', 'Script', 21323, '2016-09-08')
('Android', 'Mobile', 8172, '2017-03-01')
('Servlet', 'Progragm', 41312, '2016-07-18')

 레코드 개수 : 8
```

## 12.1.6 sqlite을 이용한 DATABASE 활용

데이터베이스 테이블을 만들고 데이터를 삽입하고 출력될 데이터의 수를 합치고 계산하기 위해 메모리에 SQLite3 데이터베이스를 만들고 4가지 속성(commodity, product, amount, date)을 가지는 sample 테이블을 작성한다.

**〈실습 12-6〉 sample 테이블을 작성 및 출력**

```
import sqlite3

con = sqlite3.connect(':memory:')
query = """CREATE TABLE sample
          (commodity VARCHAR(10),
          product VARCHAR(20),
          amount INTEGER(5),
          date DATE);"""
con.execute(query)
# execute() 함수를 사용하여 query 변수에 들어 있는 SQL 명령어를 실행한다.
# 이 명령어를 실행하면 인메모리 데이터베이스 내에 sample 테이블을 만든다.
con.commit()

# sample 테이블에 데이터를 삽입한다. 즉, 튜플로 이루어진 리스트를 만들어 data라는 변수에 할당한다.
data = [('JAVA', 'Program', 123, '2016-12-10'),
       ('Python', 'Script', 54321, '2017-10-15'),
       ('Oracle', 'Database', 35263, '2017-04-29'),
       ('Spring', 'Framework', 12123, '2015-10-30'),
       ('Sqlite', 'Database', 45453, '2017-05-05'),
       ('Node', 'Script', 21323, '2016-09-08'),
       ('Android', 'Mobile', 8172, '2017-03-01'),
       ('Servlet', 'Prograqm', 41312, '2016-07-18')]


statement = "INSERT INTO sample VALUES(?, ?, ?, ?)"
con.executemany(statement, data)
# 연결 객체의 executemany() 함수를 이용하여 data에
# 포함된 모든 튜플 데이터에 대해 statement에 있는
# SQL 명령어를 실행한다. data에는 8개의 튜플이
# 있으므로 executemany() 함수는 8번의 INSERT 명령을
# 실행하여 sample 테이블에 8 행의 데이터를 삽입한다.
con.commit()

# sample 테이블에 질의한다.
cursor = con.execute("SELECT * FROM sample")
# 한 줄의 SQL 명령어를 실행하려면
# execute 함수를 이용한다.
rows = cursor.fetchall() # fetchall() 함수를 이용하여 모든 결과 데이터를 반환한다.

print("Memory 데이터베이스에 데이터가 수록되었습니다!!")
print()

# 출력될 데이터의 수를 계산한다.
row_counter = 0
for row in rows:
    print(row_counter + 1," : ", row)
    row_counter += 1
print()
print('레코드의 개수 : {}'.format(row_counter))
print()
```

```
Memory 데이터베이스에 데이터가 수록되었습니다!!

1  :  ('JAVA', 'Program', 123, '2016-12-10')
2  :  ('Python', 'Script', 54321, '2017-10-15')
3  :  ('Oracle', 'Database', 35263, '2017-04-29')
4  :  ('Spring', 'Framework', 12123, '2015-10-30')
5  :  ('Sqlite', 'Database', 45453, '2017-05-05')
6  :  ('Node', 'Script', 21323, '2016-09-08')
7  :  ('Android', 'Mobile', 8172, '2017-03-01')
8  :  ('Servlet', 'Prograqm', 41312, '2016-07-18')

레코드의 개수 : 8
```

## 12.2 CSV

테이블에 데이터를 입력하기 위해 기본적인 방법을 사용하였는데, 입력할 변수들을 직접 작성해야 한다는 한계가 있다.

즉, 많은 데이터들을 테이블에 입력해야 할 경우 상당히 번거롭고 불편하다.

대부분의 경우, 데이터베이스 테이블에 입력해야 할 데이터는 데이터베이스 쿼리 결과물이거나 이미 만들어진 하나 이상의 엑셀 또는 CSV 파일로 존재한다.

중요한 모든 데이터베이스들에서 쿼리 결과물을 CSV 파일로 내보내는 것은 상대적으로 쉽다. 많은 데이터를 처리하기 위해서는 먼저 CSV 파일에 대해 이해해야 한다.

## 12.3 MySQL 사용

MySQL은 관계형 데이터베이스 관리 시스템(RDBMS)으로, 데이터베이스를 관리하거나 자료를 관리하기 위한 GUI 관리 툴은 내장되어 있지 않다.

따라서 이용자들은 명령 줄 인터페이스 도구들을 이용하거나 또는 데이터베이스를 만들고, 관리하며, 데이터를 백업하고, 상태를 검사하기 위한, 데이터베이스 구조를 생성하고 데이터 레코더를 작성하는데 있어서 MySQL 프론트엔드 데스크톱 소프트웨어 웹 애플리케이션을 사용해야 한다.

공식적인 MySQL은 오라클에 의해 개발되었으며, 자유롭게 사용할 수 있다.

Python에서도 MySQL을 사용하기 위해서는 우선적으로 MySQL을 설치해서 MySQL 명령 라인을 이용한 클라이언트에 접속할 수 있다.

## 12.3.1 MySql 설치

① http://dev.mysql.com/downloads 사이트로 접속하여, [MySQL Community Server]에서 [DOWNLOAD]를 클릭한다.

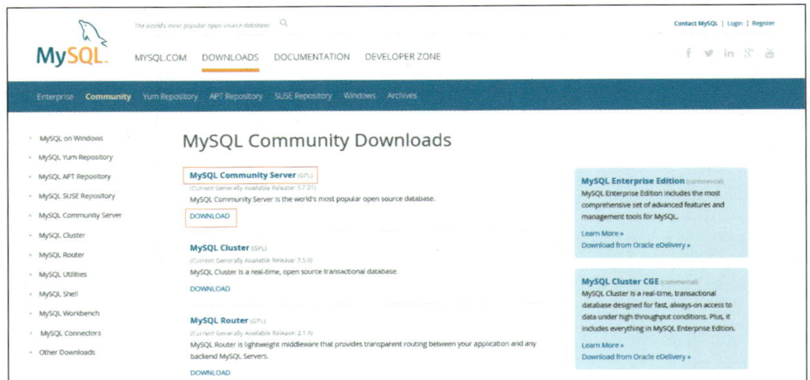


② 다운로드 화면이 다음과 같이 나타나고 [Go to Download page]를 클릭하면 다운로드 페이지가 나타난다.

③ Download MySQL Installer 화면 아래로 이동하여, "Windows(x86, 32-bit & 64-bit), MSI Installer"를 선택하고 [Download]를 클릭한다.

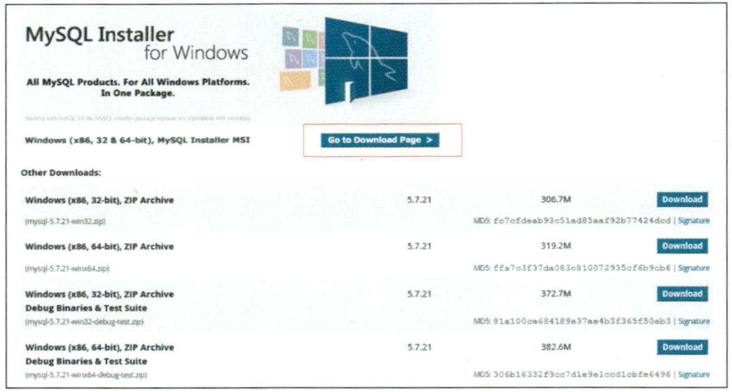

④ “Begin Your Download” 화면에서 [No thanks, just start my downloads]를 클릭하면 등록 절차 없이 바로 설치 프로그램을 다운로드 받을 수 있다.

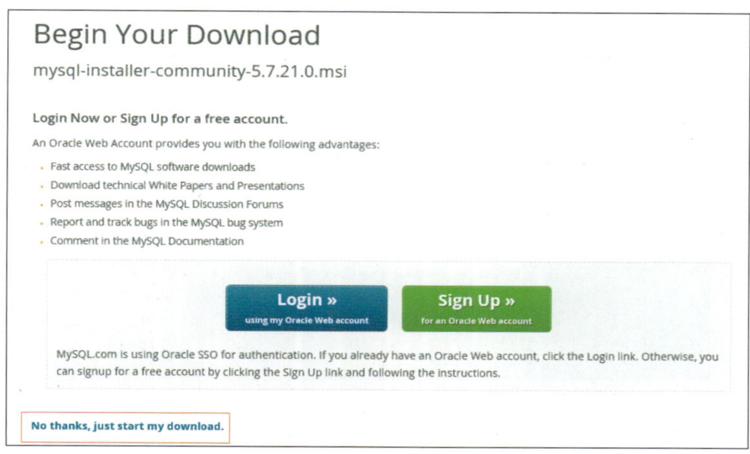


⑤ 실행 또는 저장 버튼을 사용하여 MySQL을 다운받아 실행한다.

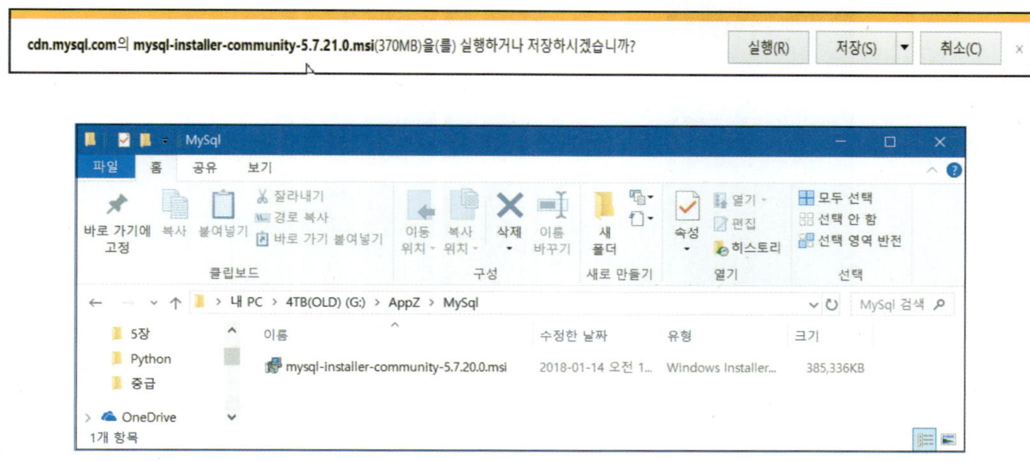


⑥ MySql 파일을 더블클릭하면 다음과 같이 설치가 진행된다.

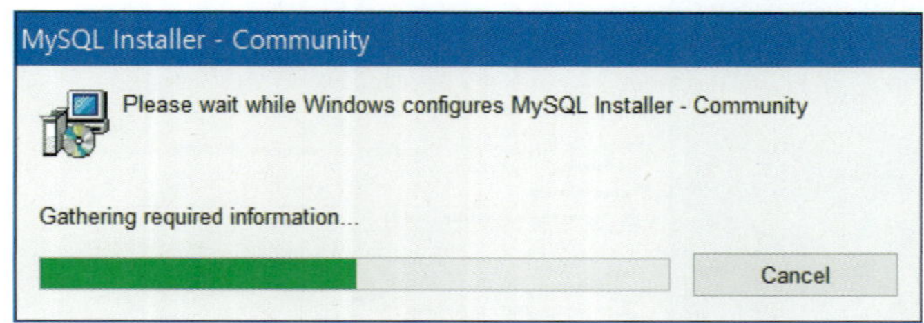

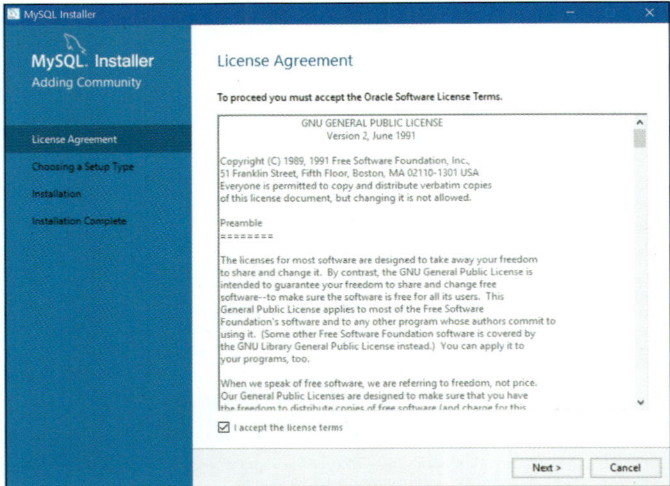
MySQL Installer
MySQL. Installer
Adding Community
License Agreement
Choosing a Setup Type
Installation
Installation Complete
License Agreement
To proceed you must accept the Oracle Software License Terms.
GNU GENERAL PUBLIC LICENSE
Version 2, June 1991
Copyright (C) 1989, 1991 Free Software Foundation, Inc.,
51 Franklin Street, Fifth Floor, Boston, MA 02110-1301 USA
Everyone is permitted to copy and distribute verbatim copies
of this license document, but changing it is not allowed.
Preamble
========
The licenses for most software are designed to take away your freedom
to share and change it. By contrast, the GNU General Public License is
intended to guarantee your freedom to share and change free
software--to make sure the software is free for all its users. This
General Public License applies to most of the Free Software
Foundation's software and to any other program whose authors commit to
using it. (Some other Free Software Foundation software is covered by
the GNU Library General Public License instead.) You can apply it to
your programs, too.
When we speak of free software, we are referring to freedom, not price.
Our General Public Licenses are designed to make sure that you have
I accept the license terms
Next >
Cancel

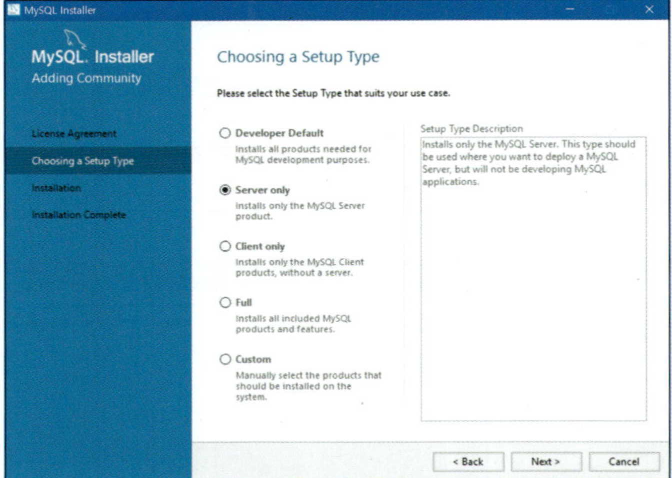
MySQL Installer
MySQL. Installer
Adding Community
License Agreement
Choosing a Setup Type
Installation
Installation Complete
Choosing a Setup Type
Please select the Setup Type that suits your use case.
Developer Default
Installs all products needed for MySQL development purposes.
Server only
Installs only the MySQL Server product.
Client only
Installs only the MySQL Client products, without a server.
Full
Installs all included MySQL products and features.
Custom
Manually select the products that should be installed on the system.
Setup Type Description
Installs only the MySQL Server. This type should be used where you want to deploy a MySQL Server, but will not be developing MySQL applications.
< Back
Next >
Cancel

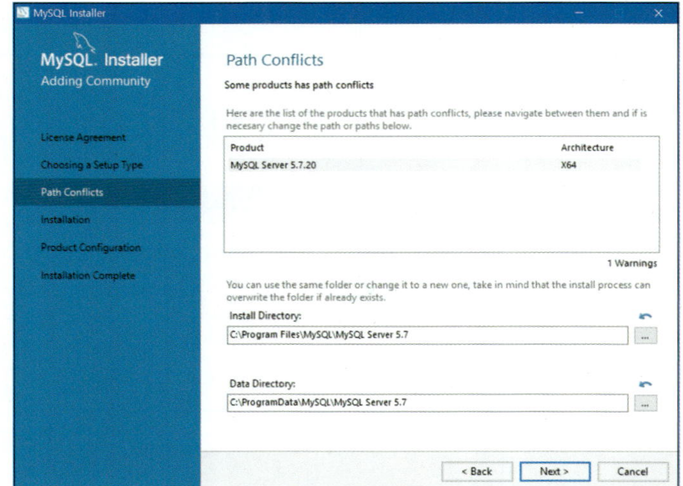
MySQL Installer
MySQL. Installer
Adding Community
License Agreement
Choosing a Setup Type
Path Conflicts
Installation
Product Configuration
Installation Complete
Path Conflicts
Some products has path conflicts
Here are the list of the products that has path conflicts, please navigate between them and if is necesary change the path or paths below.
Product
Architecture
MySQL Server 5.7.20
X64
1 Warnings
You can use the same folder or change it to a new one, take in mind that the install process can overwrite the folder if already exists.
Install Directory:
C:\Program Files\MySQL\MySQL Server 5.7
Data Directory:
C:\ProgramData\MySQL\MySQL Server 5.7
< Back
Next >
Cancel

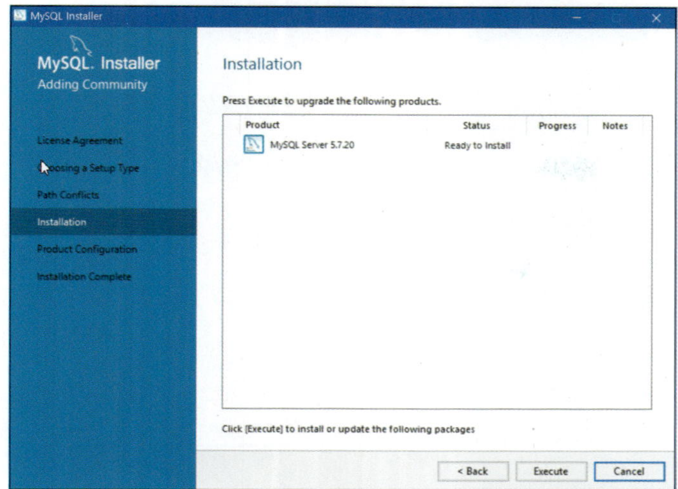
MySQL Installer
MySQL. Installer
Adding Community
License Agreement
Choosing a Setup Type
Path Conflicts
Installation
Product Configuration
Installation Complete
Installation
Press Execute to upgrade the following products.
Product
Status
Progress
Notes
MySQL Server 5.7.20
Ready to Install
Click [Execute] to install or update the following packages
< Back
Execute
Cancel

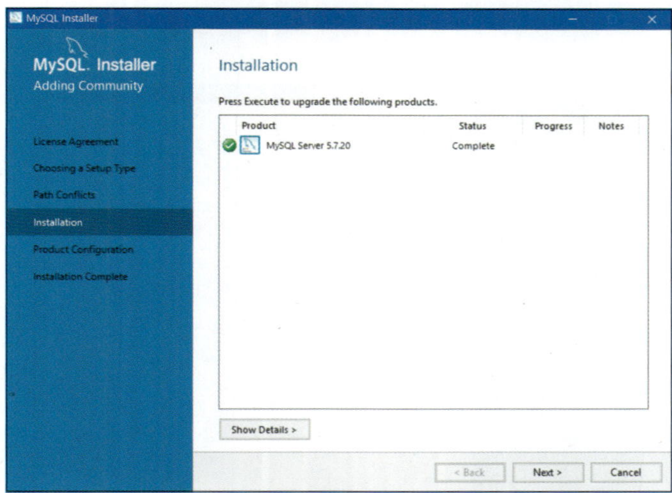
MySQL Installer
MySQL. Installer
Adding Community
License Agreement
Choosing a Setup Type
Path Conflicts
Installation
Product Configuration
Installation Complete
Installation
Press Execute to upgrade the following products.
Product
Status
Progress
Notes
MySQL Server 5.7.20
Complete
Show Details >
< Back
Next >
Cancel

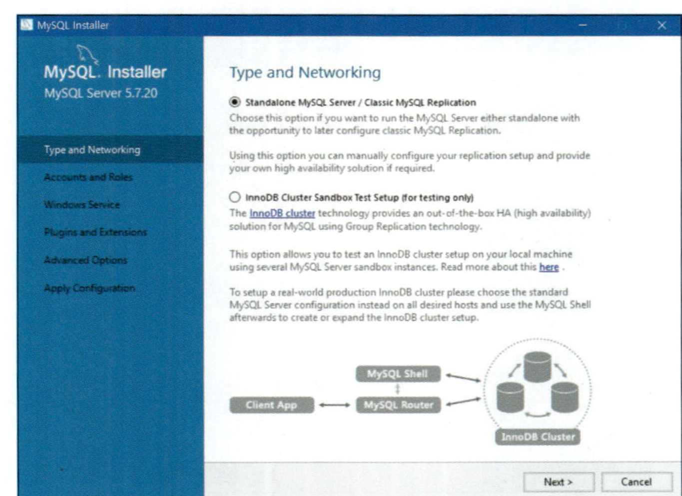
MySQL Installer
MySQL. Installer
MySQL Server 5.7.20
Type and Networking
Accounts and Roles
Windows Service
Plugins and Extensions
Advanced Options
Apply Configuration
Type and Networking
Standalone MySQL Server / Classic MySQL Replication
Choose this option if you want to run the MySQL Server either standalone with the opportunity to later configure classic MySQL Replication.
Using this option you can manually configure your replication setup and provide your own high availability solution if required.
InnoDB Cluster Sandbox Test Setup (for testing only)
The InnoDB cluster technology provides an out-of-the-box HA (high availability) solution for MySQL using Group Replication technology.
This option allows you to test an InnoDB cluster setup on your local machine using several MySQL Server sandbox instances. Read more about this here .
To setup a real-world production InnoDB cluster please choose the standard MySQL Server configuration instead on all desired hosts and use the MySQL Shell afterwards to create or expand the InnoDB cluster setup.
MySQL Shell
Client App
MySQL Router
InnoDB Cluster
Next >
Cancel

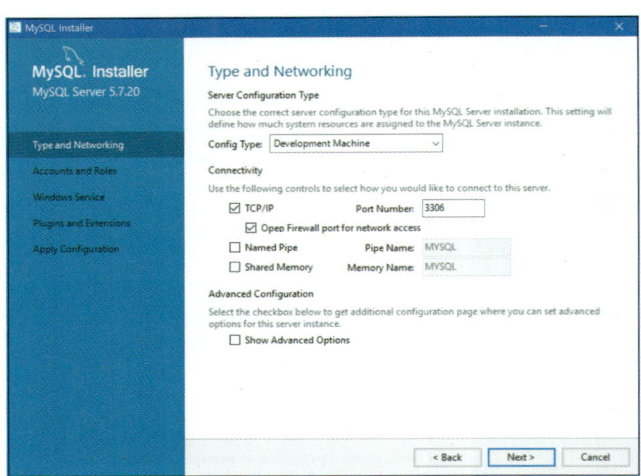


⑦ 설치가 진행되는 과정을 확인하면서 기본 값으로 설치를 진행하며, root password 계정에서 사용자만 알 수 있는 Password를 두 번 입력하여 설치를 진행한다.

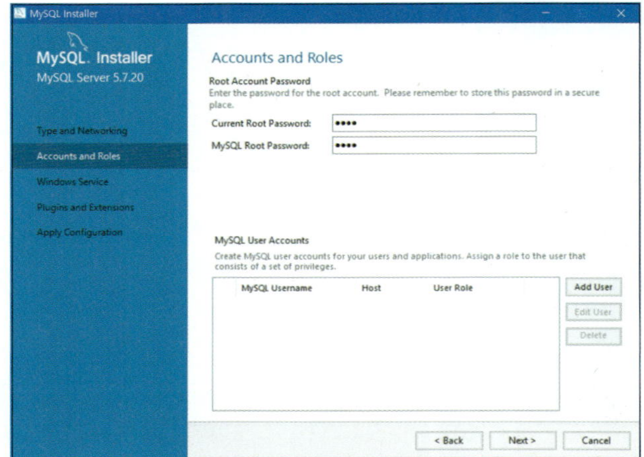


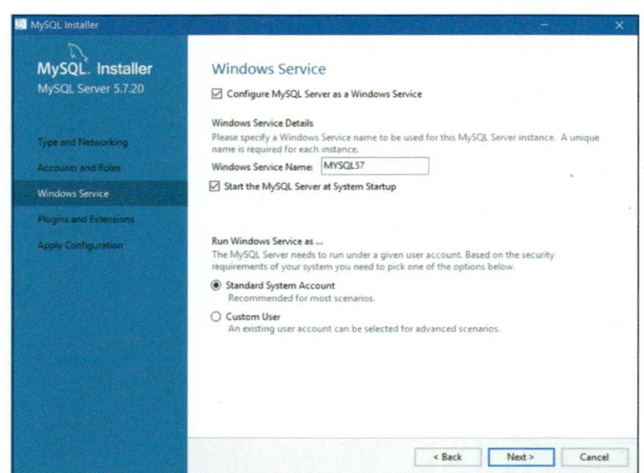

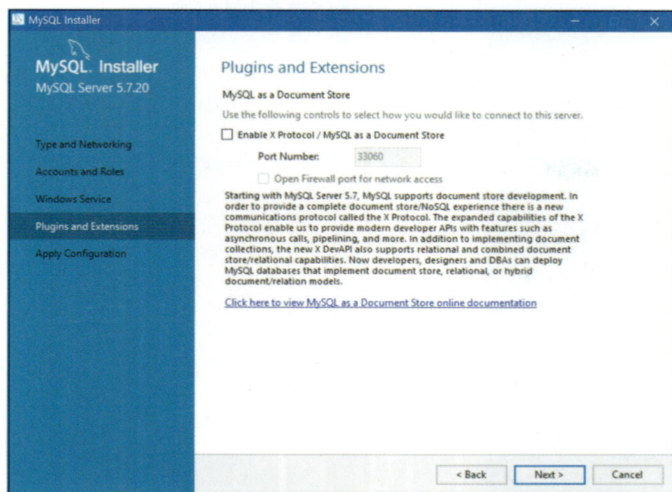
MySQL Installer
MySQL. Installer
MySQL Server 5.7.20
Type and Networking
Accounts and Roles
Windows Service
Plugins and Extensions
Apply Configuration
Plugins and Extensions
MySQL as a Document Store
Use the following controls to select how you would like to connect to this server.
Enable X Protocol / MySQL as a Document Store
Port Number:
33060
Open Firewall port for network access
Starting with MySQL Server 5.7, MySQL supports document store development. In order to provide a complete document store/NoSQL experience there is a new communications protocol called the X Protocol. The expanded capabilities of the X Protocol enable us to provide modern developer APIs with features such as asynchronous calls, pipelining, and more. In addition to implementing document collections, the new X DevAPI also supports relational and combined document store/relational capabilities. Now developers, designers and DBAs can deploy MySQL databases that implement document store, relational, or hybrid document/relation models.
Click here to view MySQL as a Document Store online documentation
< Back
Next >
Cancel

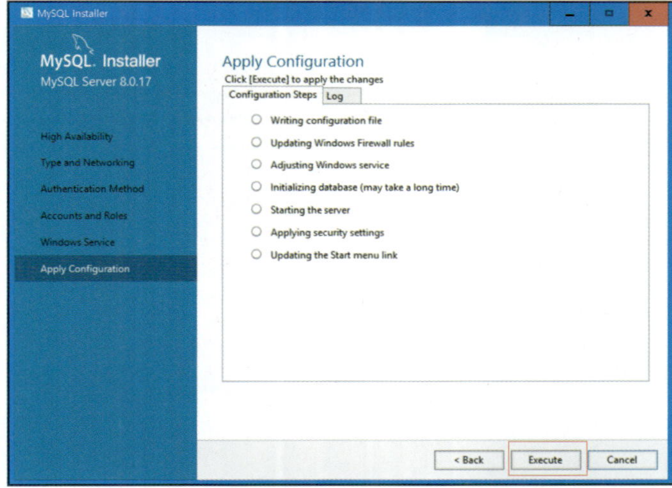
MySQL Installer
MySQL. Installer
MySQL Server 8.0.17
High Availability
Type and Networking
Authentication Method
Accounts and Roles
Windows Service
Apply Configuration
Apply Configuration
Click [Execute] to apply the changes
Configuration Steps
Log
Writing configuration file
Updating Windows Firewall rules
Adjusting Windows service
Initializing database (may take a long time)
Starting the server
Applying security settings
Updating the Start menu link
< Back
Execute
Cancel

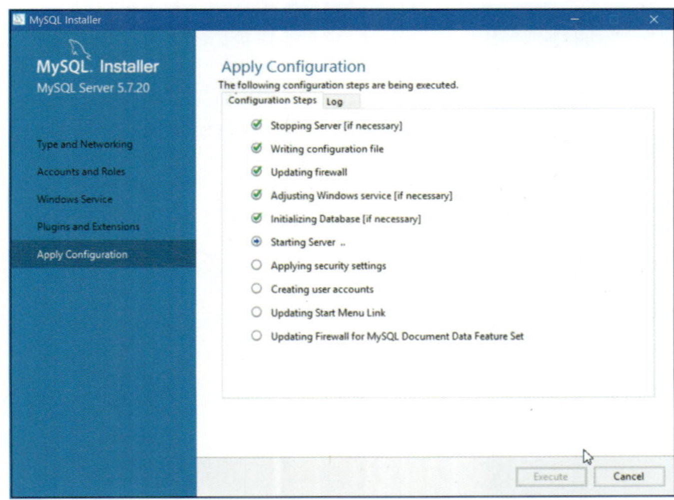
MySQL Installer
MySQL. Installer
MySQL Server 5.7.20
Type and Networking
Accounts and Roles
Windows Service
Plugins and Extensions
Apply Configuration
Apply Configuration
The following configuration steps are being executed.
Configuration Steps
Log
Stopping Server [if necessary]
Writing configuration file
Updating firewall
Adjusting Windows service [if necessary]
Initializing Database [if necessary]
Starting Server ..
Applying security settings
Creating user accounts
Updating Start Menu Link
Updating Firewall for MySQL Document Data Feature Set
Execute
Cancel

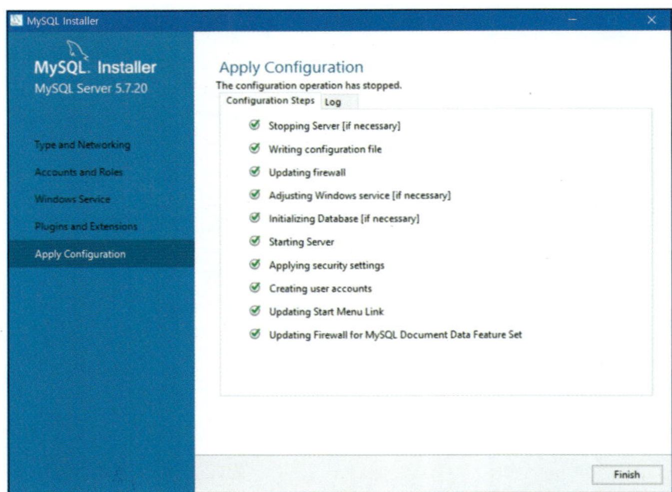
MySQL Installer
MySQL. Installer
MySQL Server 5.7.20
Type and Networking
Accounts and Roles
Windows Service
Plugins and Extensions
Apply Configuration
Apply Configuration
The configuration operation has stopped.
Configuration Steps
Log
Stopping Server [if necessary]
Writing configuration file
Updating firewall
Adjusting Windows service [if necessary]
Initializing Database [if necessary]
Starting Server
Applying security settings
Creating user accounts
Updating Start Menu Link
Updating Firewall for MySQL Document Data Feature Set
Finish

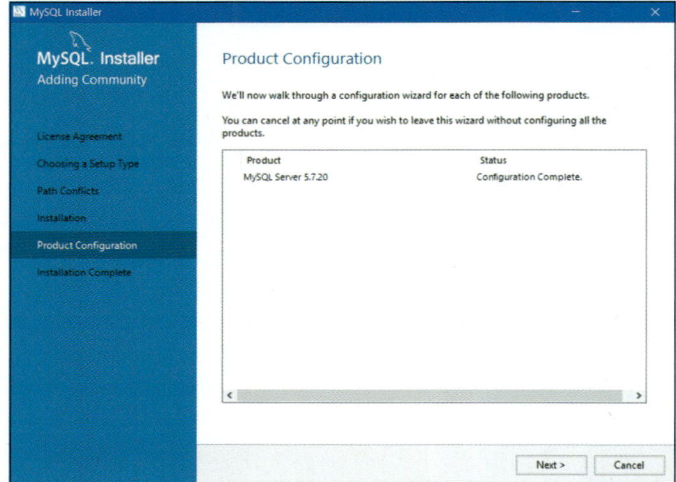
MySQL Installer
MySQL. Installer
Adding Community
License Agreement
Choosing a Setup Type
Path Conflicts
Installation
Product Configuration
Installation Complete
Product Configuration
We'll now walk through a configuration wizard for each of the following products.
You can cancel at any point if you wish to leave this wizard without configuring all the products.
Product
Status
MySQL Server 5.7.20
Configuration Complete.
Next >
Cancel

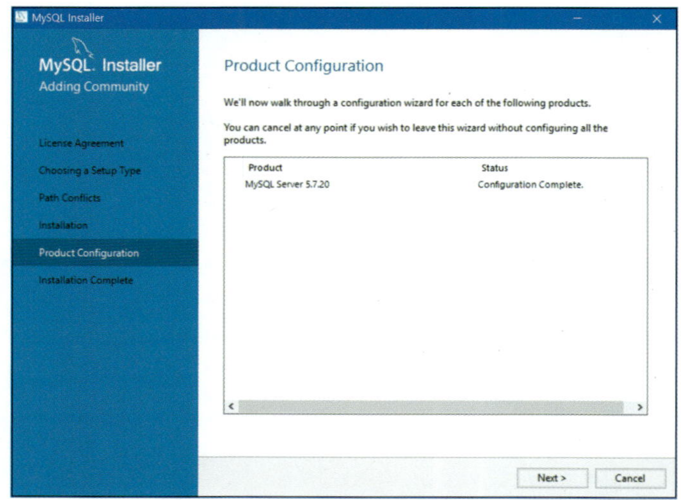
MySQL Installer
MySQL. Installer
Adding Community
License Agreement
Choosing a Setup Type
Path Conflicts
Installation
Product Configuration
Installation Complete
Product Configuration
We'll now walk through a configuration wizard for each of the following products.
You can cancel at any point if you wish to leave this wizard without configuring all the products.
Product
Status
MySQL Server 5.7.20
Configuration Complete.
Next >
Cancel

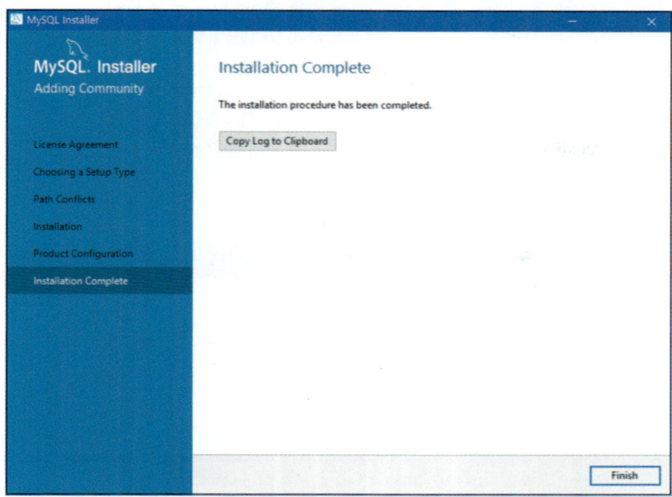


⑧ 설치가 끝나면 [시작]→[설정]→[제어판]→[관리도구]→[서비스]에서 Mysql의 서비스가 시작된 것을 다음과 같이 확인한다.

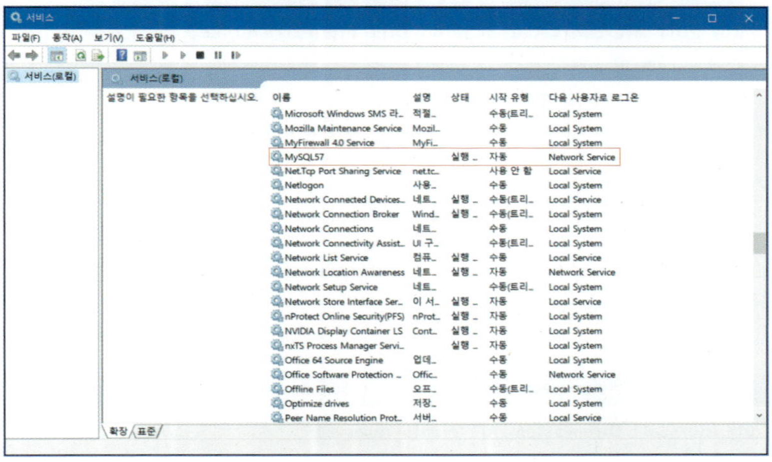


## 12.3.2 MySql 접속

설치가 완료되면 MySql에 직접 접속하여 본다.

① [시작]→[실행]에서 cmd 입력 후 [확인]하여 다음 화면을 나타낸다.

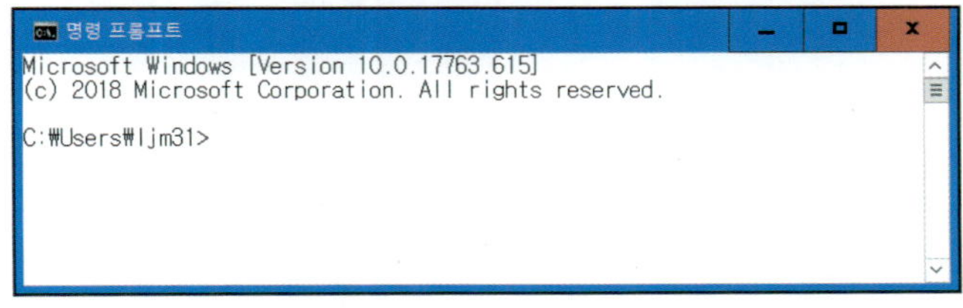

② 명령 프롬프트가 표시되면 우선적으로 c:\ 폴더 위치로 이동하고, MySQL 설치 폴더로 이동한다.

```
cd \
cd C:\Program Files\MySQL\MySQL Server 5.7\bin
```

③ 아직 계정이 만들어지지 않았으니 root 계정으로 MySQL에 접속하기 위해 명령 프롬프트 창에서 "mysql -u root -p"라고 입력하여 root 계정으로 접속한다.

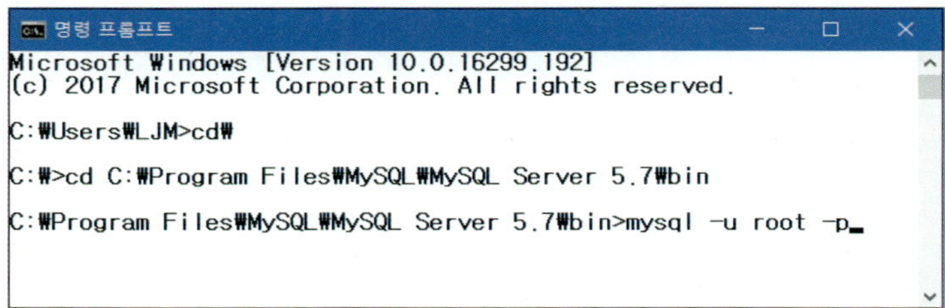


④ Enter password: 항목에서 설치시 입력했던 password를 입력하면 다음과 같이 MySQL에 연결되어 프롬프트 모양이 mysql>으로 바뀐다.

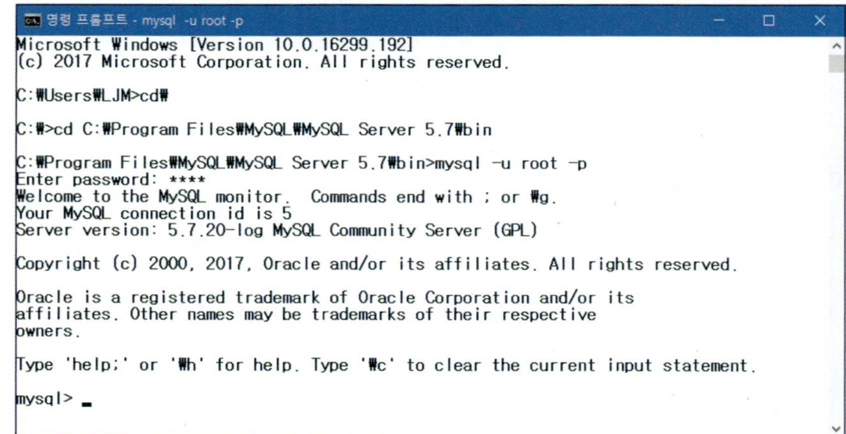

⑤ MySQL에서 기본적으로 제공하는 데이터베이스를 확인하기 위해 SHOW DATABASES;라고 입력하여 확인한다.

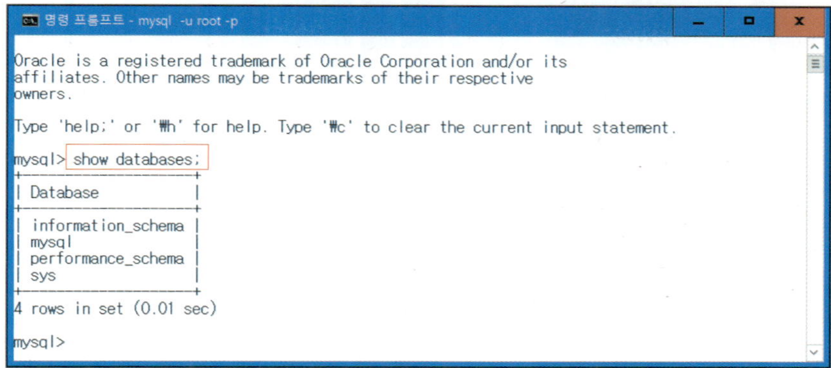


⑥ 데이터베이스를 다음과 같이 생성한다.

```
CREATE DATABASE my_suppliers;
```

⑦ 작성한 my_suppliers라는 데이터베이스가 생성되었는지 SHOW DATABASES;로 확인한다.

```
명령 프롬프트 - mysql -u root -p
Oracle is a registered trademark of Oracle Corporation and/or its
affiliates. Other names may be trademarks of their respective
owners.

Type 'help;' or '\h' for help. Type '\c' to clear the current input statement.

mysql> show databases;
+--------------------+
| Database           |
+--------------------+
| information_schema |
| mysql              |
| performance_schema |
| sys                |
+--------------------+
4 rows in set (0.01 sec)

mysql> CREATE DATABASE my_suppliers;
Query OK, 1 row affected (0.01 sec)

mysql> show databases;
+--------------------+
| Database           |
+--------------------+
| information_schema |
| my_suppliers       |
| mysql              |
| performance_schema |
| sys                |
+--------------------+
5 rows in set (0.00 sec)

mysql>
```

⑧ 생성한 데이터베이스를 사용하려면 다음과 같이 USE 명령으로 열어줘야 한다.

```
USE my_suppliers;
```

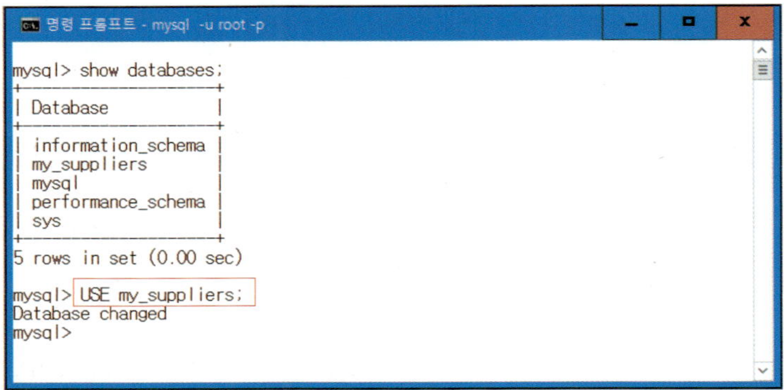


⑨ 다음과 같이 my_suppliers 데이터베이스 안에 Suppliers라는 테이블을 생성한다.

```
CREATE TABLE IF NOT EXISTS Suppliers
        (Supplier_Name VARCHAR(20),
         Invoice_Number VARCHAR(20),
         Part_Number VARCHAR(20),
         Cost FLOAT,
         Purchase_Date DATE);
```

```
명령 프롬프트 - mysql -u root -p
mysql> USE my_suppliers;
Database changed

mysql> CREATE TABLE IF NOT EXISTS Suppliers
    ->      (Supplier_Name VARCHAR(20),
    ->       Invoice_Number VARCHAR(20),
    ->       Part_Number VARCHAR(20),
    ->       Cost FLOAT,
    ->       Purchase_Date DATE);
Query OK, 0 rows affected (0.06 sec)

mysql>
```

⑩ 데이터베이스에 테이블이 만들어졌는지 DESC 명령을 사용하여 확인한다.

```
DESC Suppliers;
```

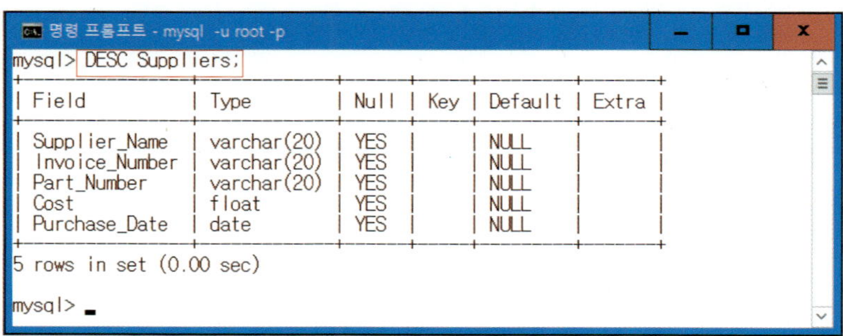
명령 프롬프트 - mysql -u root -p

mysql> DESC Suppliers;

| Field | Type | Null | Key | Default | Extra |
|---|---|---|---|---|---|
| Supplier_Name | varchar(20) | YES | | NULL | |
| Invoice_Number | varchar(20) | YES | | NULL | |
| Part_Number | varchar(20) | YES | | NULL | |
| Cost | float | YES | | NULL | |
| Purchase_Date | date | YES | | NULL | |

5 rows in set (0.00 sec)

mysql>

⑪ 새로운 사용자를 만들고 사용자에게 데이터베이스와 테이블 간에 상호작용할 수 있도록 권한을 부여한다. 즉, 테이블에 데이터를 입력하거나 특정 레코드를 수정하거나 쿼리를 실행시켜야 하기 때문에 권한이 필요하다.

⑫ 먼저 사용자를 생성한다.

```
CREATE USER '사용자명'@ 'localhost' IDENTIFIED BY '자신만 알 수 있는 비밀번호';
예) create user 'clinton'@'localhost' identified by 'seoul';
```

⑬ 사용자 생성 후 앞서 생성한 my_suppliers 데이터베이스의 모든 권한을 clinton 사용자에게 부여한다.

```
GRANT ALL PRIVILEGES ON my_suppliers.* TO '사용자명'@'localhost';
예) GRANT ALL PRIVILEGES ON my_suppliers.* TO 'clinton'@'localhost';
```

⑭ 위와 같은 과정 후 사용자는 로컬호스트(본인 컴퓨터)의 my_suppliers 데이터베이스에 있는 Suppliers 테이블과 상호 작용할 수 있다.

```
mysql> flush privileges;
Query OK, 0 rows affected (0.02 sec)
mysql>exit
Bye
```

### 12.3.3 PyMySql 접속

설치가 완료되면 MySql에 직접 접속하여 본다. 데이터를 저장하기 위한 데이터베이스와 테이블을 생성하였으므로 파이썬으로 테이블에 데이터를 입력한다.

그러나, 파이썬은 기본적으로 많은 내장 라이브러리들을 지원하고 있지만 안타깝게도 MySQL 관련 라이브러리는 없기 때문에 사용자가 직접 라이브러리를 pip를 이용하여 간단하게 설치한다.

파이썬에서 mysql을 사용하기 위한 패키지는 여러 가지가 있지만 그중에서 pymysql 패키지를 사용해야 하므로 다음과 같이 설치한다.

① CMD 명령으로 프롬프트 창을 실행한 후 CD 명령을 사용하여 파이썬이 설치된 폴더 하위의 Scripts 폴더로 이동한다.

```
cd C:\python38\Scripts
```

② 패키지 설치 명령인 pip 명령을 사용하여 pymysql을 설치한다.

```
pip3 install pymysql
```

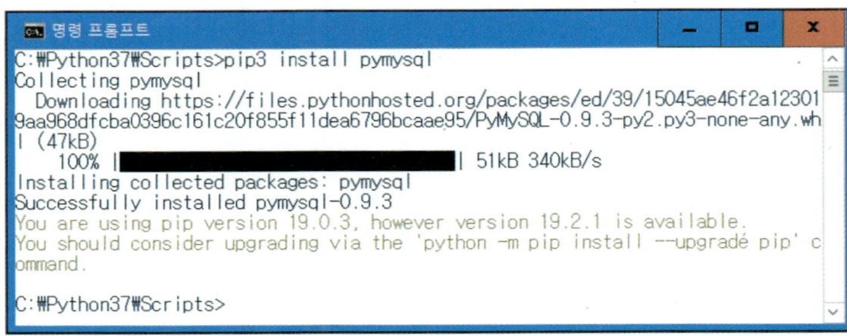


③ 설치 완료를 확인하기 위해 Python IDLE를 실행한 후 쉘 프롬프트에 다음과 같이 입력하여 확인한다.

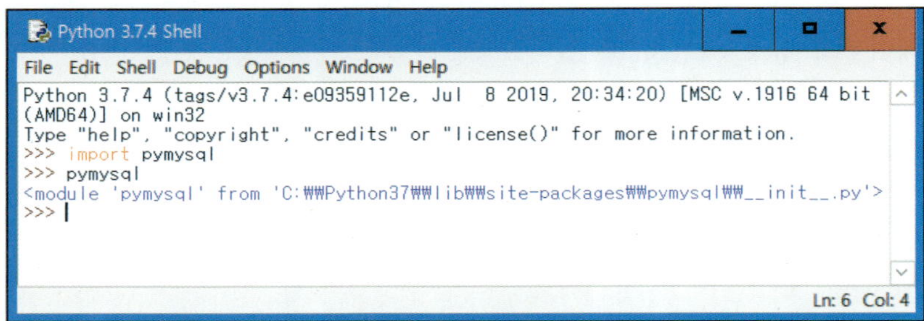


④ 정상적으로 설치가 되면 위와 같은 메시지가 나타나고, 만약 설치가 잘못된 경우 빨간색으로 오류 메시지가 표시된다.

⑤ Python에서 SQL 질의를 통하여 Python과 MySQL이 정상적으로 연동되었는지 다음과 같은 명령을 작성하고 확인한다.

**〈실습 12-7〉 데이터베이스 연결 확인 실습**

```
import pymysql

# MySQL Connection 연결
conn = pymysql.connect(host='localhost', user='clinton',
   password='seoul', db='my_suppliers', charset='utf8',
     cursorclass=pymysql.cursors.DictCursor)
     # cursorclass=pymysql.cursors.DictCursor는 딕셔너리 형태로 출력
     # 이 부분을 생략하면 결과가 튜플 형태로 출력

```

```
# Connection 으로부터 Cursor 생성
curs = conn.cursor()

# SQL문 실행
sql = "select * from Suppliers"
curs.execute(sql)

# 데이터 Fetch
rows = curs.fetchall()
#row = curs.fetchone()

#print(row) #전체 내용 출력

for row in rows:
      #print(row)
      print(row)

# Connection 닫기
print("파이썬 데이터베이스가 연결되었습니다!!")
print()
conn.close()
```

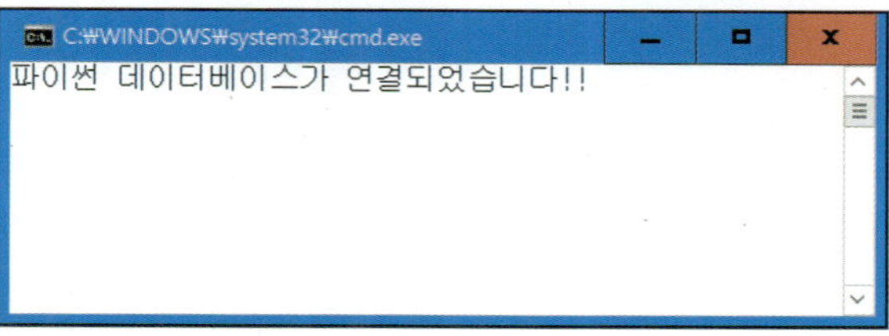


⑥ 다음과 같이 mysql 프롬프트에서 데이터를 입력하고 테이블을 확인한다.

```
mysql>  INSERT INTO Suppliers VALUES('Supplier X',
          '001-1001', '2341', '500', '2017-12-10');

mysql> SELECT  * FROM Suppliers;
```

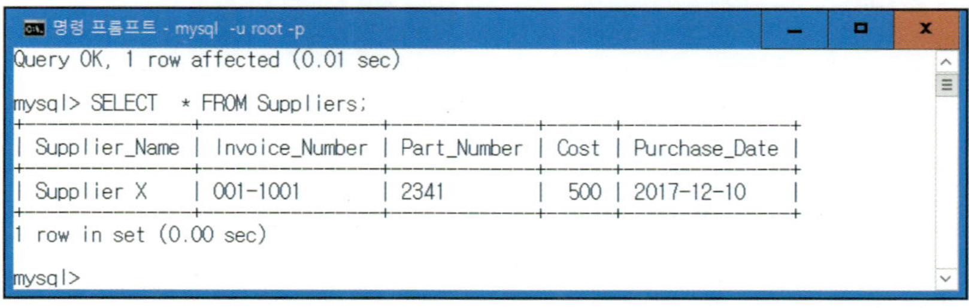

## 12.3.4 PyMySql을 이용한 데이터베이스 운영

### (1) MySql에서 데이터베이스 구축

PyMySql을 이용한 데이터베이스 운영에 앞서 MySql에서 기본적으로 데이터베이스를 다음과 같이 구축해야 한다.

```
C:\Program Files\MySQL\MySQL Server 5.7\bin>mysql -u root -p
Enter password: ****
Welcome to the MySQL monitor.  Commands end with ; or \g.
Your MySQL connection id is 7
Server version: 5.7.20-log MySQL Community Server (GPL)

Copyright (c) 2000, 2017, Oracle and/or its affiliates. All rights reserved.

Oracle is a registered trademark of Oracle Corporation and/or its
affiliates. Other names may be trademarks of their respective
owners.

Type 'help;' or '\h' for help. Type '\c' to clear the current input statement.

mysql>

mysql> CREATE DATABASE TESTDB;
Query OK, 1 row affected (0.00 sec)

mysql> show databases;
+--------------------+
| Database           |
+--------------------+
| information_schema |
| my_suppliers       |
| mysql              |
| performance_schema |
| sys                |
| test               |
| testdb             |
+--------------------+
7 rows in set (0.00 sec)

mysql> use TESTDB;
Database changed
mysql> create user 'testuser'@'localhost' identified by 'test123';
Query OK, 0 rows affected (0.01 sec)

mysql> GRANT ALL PRIVILEGES ON TESTDB.* TO 'testuser'@'localhost';
Query OK, 0 rows affected (0.00 sec)

mysql> flush privileges;
Query OK, 0 rows affected (0.01 sec)

mysql>
```

### (2) PyMySql에서 데이터베이스 연결

PyMySQL 데이터베이스에 연결하기 전에 다음 사항을 확인한다.

- 데이터베이스 TESTDB의 작성 여부를 확인한다.
- TESTDB에서 사원 EMPLOYEE를 작성할 예정이다.
- 이 테이블에는 FIRST_NAME, LAST_NAME, AGE, SEX 및 INCOME 필드를 설정한다.
- 사용자 ID “testuser” 및 암호 “test123”이 TESTDB에 적용되도록 설정한다.
- Python 모듈 PyMySQL이 사전에 설치되어 있어야 한다.

**〈실습 12-8〉 데이터베이스 연결 및 버전 확인 실습**

```
import pymysql
# 데이터베이스 연결
db = pymysql.connect("localhost","testuser","test123","TESTDB", charset='utf8'  )

# cursor () 메소드를 사용하여 커서 객체를 준비
cursor = db.cursor()

# execute () 메소드를 이용하여 SQL 질의를 수행
cursor.execute("SELECT VERSION()")

# fetchone () 메서드를 사용하여 단일 행을 가져오기
data = cursor.fetchone()

print ("데이터베이스 버전 : %s " % data)
print()

# 서버와 연결 끊기
db.close()
```

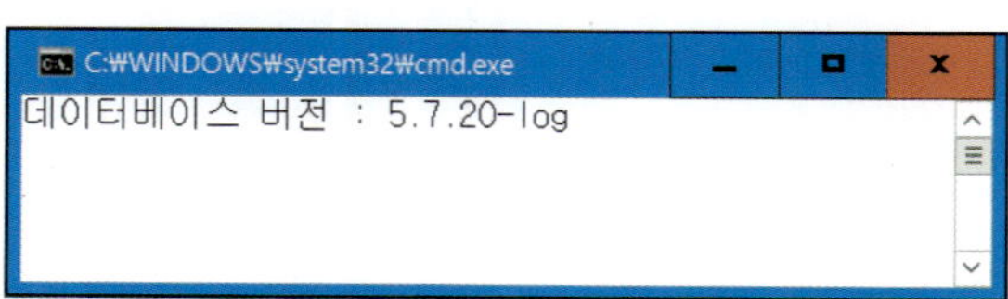


### (3) PyMySql에서 데이터베이스 테이블 작성

데이터베이스 연결이 설정되면 create 명령에 의해 테이블을 구성하고, 작성된 커서의 execute 메소드를 사용하여 데이터베이스 테이블에 테이블 또는 레코드를 작성할 준비가 된다.

### 〈실습 12-9〉 데이터베이스에서 테이블 작성 실습

```
import pymysql

# 데이터베이스 연결
db = pymysql.connect("localhost","testuser","test123","TESTDB", charset='utf8' )

# cursor () 메소드를 사용하여 커서 객체를 준비
cursor = db.cursor()

# execute () 메소드를 사용하여 이미 존재하는 EMPLOYEE 테이블을 삭제
cursor.execute("DROP TABLE  EMPLOYEE")

# EMPLOYEE 테이블 작성
sql = """CREATE TABLE EMPLOYEE (
            FIRST_NAME CHAR(20) NOT NULL,
            LAST_NAME CHAR(20),
            AGE INT,
            SEX CHAR(1),
            INCOME FLOAT )"""
cursor.execute(sql)
db.commit()

print(" EMPLOYEE 테이블이 구축되었습니다!!")
print()

# 서버와의 연결 해제
db.close()
```

### (4) PyMySql에서 INSERT 명령

테이블에 데이터를 입력하려면 INSERT 명령을 실행해야 한다.

### 〈실습 12-10〉 테이블에 데이터 수록 실습

```
import pymysql

# 데이터베이스 연결
db = pymysql.connect("localhost","testuser","test123","TESTDB", charset='utf8' )

# cursor () 메소드를 사용하여 커서 객체를 준비
cursor = db.cursor()

# 데이터베이스에 레코드를 INSERT하기 위한 SQL 쿼리를 준비
sql = """INSERT INTO EMPLOYEE(FIRST_NAME,
            LAST_NAME, AGE, SEX, INCOME)
            VALUES ('홍', '길동', 20, 'M', 2000)"""
```

```
try:
    # SQL 명령 실행
    cursor.execute(sql)

    # 데이터베이스에서 변경 내용 수록
    db.commit()

except:
    # 오류가 있는 경우 롤백
    db.rollback()

print("1건의 레코드가 삽입되었습니다!!")
print()

# 서버와의 연결 해제
db.close()
```

### (5) PyMySql에서 레코드 읽기 명령

모든 데이터베이스에서의 읽기 작업은 해당 데이터베이스에서 유용한 정보를 가져 오는 것을 의미한다. 데이터베이스가 연결되면 select 쿼리를 사용하여 데이터를 나타낼 수 있다.

fetchone() 메소드를 사용하여 단일 레코드를 가져올 수 있고, fetchall() 메소드를 사용하여 데이터베이스 테이블에서 여러 값을 가져올 수 있다.

#### 〈실습 12-11〉 테이블에 데이터 검색 실습

```
import pymysql

# 데이터베이스 연결
db
  = pymysql.connect("localhost","testuser","test123","TESTDB", charset='utf8')

# cursor () 메소드를 사용하여 커서 객체를 준비
cursor = db.cursor()

# 데이터 검색
sql = "SELECT * FROM EMPLOYEE  WHERE INCOME > '%d'" % (1000)

try:
    # SQL 실행
    cursor.execute(sql)

    # 목록의 모든 행을 가져오기
    results = cursor.fetchall()
    for row in results:
        fname = row[0]
        lname = row[1]
```

```
        age = row[2]
        sex = row[3]
        income = row[4]
        # 검색 결과 출력
        print ("fname=%s,lname=%s,age=%d,sex=%s,income=%d" % \
                    (fname, lname, age, sex, income ))
except:
    print ("에러 : 데이터를 검색할 수 없습니다!!")
print()

# 서버 연결 닫기
db.close()
```

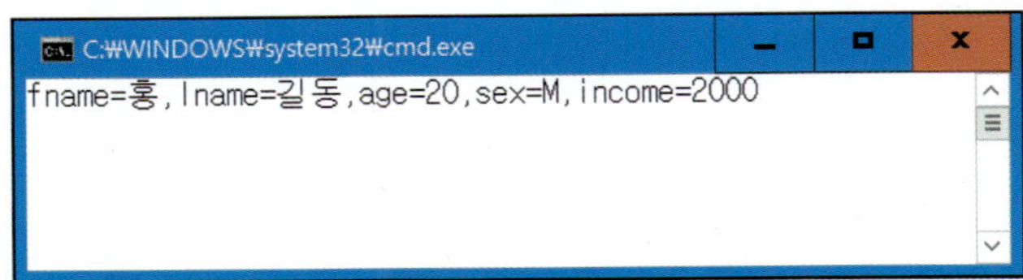


### (6) PyMySql에서 레코드 수정 명령

UPDATE 작업은 데이터베이스에서 사용 가능한 하나 이상의 레코드를 수정하는 것을 의미한다. 다음 예제는 성별이 'M'인 모든 레코드를 수정한다. 여기서 모든 남성의 나이를 1년까지 증가시킨다.

#### 〈실습 12-12〉 테이블에 데이터 수정 실습

```
import pymysql

# 데이터베이스 연결
db = pymysql.connect("localhost","testuser","test123","TESTDB", charset='utf8')

# cursor () 메소드를 사용하여 커서 객체를 준비
cursor = db.cursor()

# 데이터 수정
sql = "UPDATE EMPLOYEE SET AGE = AGE + 1 WHERE SEX = '%c'" % ('M')

try:
    # SQL 실행
    cursor.execute(sql)

    # 변환된 데이터베이스 적용
    db.commit()
    print ("데이터베이스가 수정되었습니다!!")

except:
    # 오류가있는 경우 롤백
    db.rollback()
    print ("에러 : 데이터를 수정할 수 없습니다!!")
print()

# 서버 연결 닫기
db.close()
```

```
C:\WINDOWS\system32\cmd.exe
데이터베이스가 수정되었습니다!!
```

### (7) PyMySql에서 레코드 삭제 명령

데이터베이스에서 일부 레코드를 삭제하려면 DELETE 작업이 필요하다. 다음은 나이가 20보다 더 많은 EMPLOYEE에서 모든 레코드를 삭제하는 절차이다.

#### <실습 12-13> 테이블에 데이터 삭제 실습

```
import pymysql

# 데이터베이스 연결
db = pymysql.connect("localhost","testuser","test123","TESTDB", charset='utf8')

# cursor () 메소드를 사용하여 커서 객체를 준비
cursor = db.cursor()

# 데이터 삭제
sql = "DELETE FROM EMPLOYEE WHERE AGE > '%d'" % (20)

try:
   # SQL 실행
    cursor.execute(sql)

    # 변환된 데이터베이스 적용
    db.commit()
    print ("레코드가 삭제되었습니다!!")

except:
     # 오류가있는 경우 롤백
    db.rollback()
    print ("에러 : 데이터를 삭제할 수 없습니다!!")
print()

# 서버 연결 닫기
db.close()
```

### (8) 트랜잭션 수행

트랜잭션은 데이터 일관성을 보장하는 구조로 종류로는 다음 네 가지 속성이 있다.

- 반응 : 트랜잭션이 완료되거나 아무 일도 일어나지 않는다.
- 일관성 : 트랜잭션은 일관된 상태에서 시작하고 시스템을 일관된 상태로 유지한다.
- 격리 : 트랜잭션의 중간 결과는 현재 트랜잭션 외부에서 볼 수 없다.
- 내구성 : 트랜잭션이 commit된 후에도 시스템 장애가 발생한 후에도 효과는 지속된다.

### (9) Commit 수행

Commit은 변경 사항을 완료하기 위해 데이터베이스에 지시를 하는 작업이며, 이 작업 후에 변경 사항을 되돌릴 수 없다.

### (10) Rollback 수행

하나 이상의 변경 사항이 처리되지 않았을 경우 해당 변경 사항을 완전히 되돌리려면 rollback() 메소드를 사용해야 한다.

### (11) Handling Errors

많은 오류의 원인이 발생할 수 있다. 예를 들면 실행된 SQL문의 구문 오류, 연결 실패 또는 이미 취소되었거나 완료된 명령문 핸들에 대한 fetch() 메소드 호출 등이 있다. DB API는 각 데이터베이스 모듈에 존재하는 많은 오류를 정의한다.

다음 표는 이러한 예외를 나타내는 종류이다.

| 예외 | 설명 |
|---|---|
| Warning | 치명적이지 않은 문제에 사용되며, 표준 에러 서브 클래스 |
| Error | 오류의 기본 클래스이며, 표준 에러 서브 클래스 |
| InterfaceError | 데이터베이스 자체가 아닌 데이터베이스 모듈의 오류에 사용 |
| DatabaseError | 데이터베이스의 오류에 사용 |
| DataError | 데이터의 오류를 참조하는 DatabaseError의 하위 클래스 |
| OperationalError | 데이터베이스에 대한 연결 장애와 같은 오류를 나타내는 DatabaseError의 서브 클래스로 이러한 오류는 일반적으로 파이썬 스크립터를 제어하지 못함 |
| IntegrityError | 고유 제한 조건 또는 외부 키와 같은 관계형 설정을 손상시키는 상황에 대한 DatabaseError의 서브 클래스 |
| InternalError | 커서가 더 이상 활성화되지 않는 등의 데이터베이스 모듈 내부 오류를 나타내는 DatabaseError의 서브 클래스 |
| ProgrammingError | 잘못된 테이블 이름 및 안전하지 않는 오류를 나타내는 DatabaseError의 하위 클래스 |
| NotSupportedError | 지원되지 않는 기능을 호출하는 DatabaseError의 하위 클래스 |

# 제13장 외부 라이브러리

파이썬은 방대한 외부 라이브러리를 서드 파티에서 제공하고 있으며, 파이썬의 외부 라이브러리를 설치하여 사용하는 경우가 많다. 이에 중요한 라이브러리를 설치하여 사용하는 방법을 알아보기로 한다.

## 13.1 PIP

파이썬 언어의 여러 장점 중 하나인 다양한 라이브러리를 설치, 삭제, 업데이트를 할 수 있도록 도와주는 것이 pip이다. pip 대신 pip3를 사용해도 상관없다.

Python Package Index에 다양하게 많은 Python 패키지가 등록되어 있으며, 해당 pip를 통해서 다운로드받아 직접 사용하면 된다. 파이썬 2.7.9 버전과 파이썬 3.x의 이후 버전들은 기본적으로 pip를 포함하고 있다.

설치는 다양한 방식으로 진행되는데 가장 기본적인 설치방법은 다음과 같다.

```
pip install PackageName
```

PackageName은 설치하려는 패키지 이름으로 변경해야 한다.

또한, 패키지의 특정 버전을 설치하고 싶으면 ==X.x.x와 같이 버전을 입력해야 된다.

```
pip install PackageName==X.x.x
```

패키지를 최신버전으로 업데이트 하는 방법도 있으며, install 다음에 –upgrade를 붙여주면 된다.

```
pip install --upgrade PackageName
```

패키지를 삭제하기 위해서는 uninstall 명령을 사용한다.

```
pip uninstall PackageName
```

설치된 패키지를 확인하고 싶으면 아래 명령어를 입력하면 설치된 패키지 목록을 확인할 수 있다.

```
pip list
```

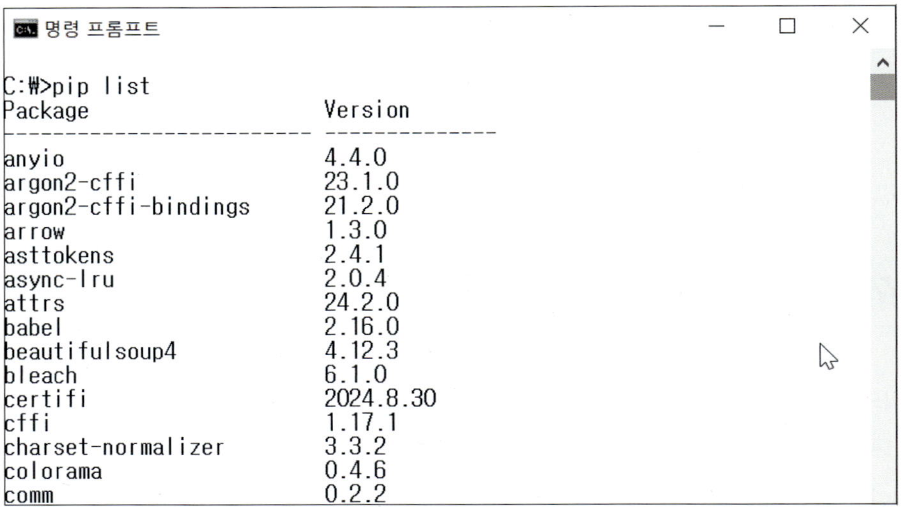

```
명령 프롬프트

C:₩>pip list
Package                   Version
------------------------- --------------
anyio                     4.4.0
argon2-cffi               23.1.0
argon2-cffi-bindings      21.2.0
arrow                     1.3.0
asttokens                 2.4.1
async-lru                 2.0.4
attrs                     24.2.0
babel                     2.16.0
beautifulsoup4            4.12.3
bleach                    6.1.0
certifi                   2024.8.30
cffi                      1.17.1
charset-normalizer        3.3.2
colorama                  0.4.6
comm                      0.2.2
```

## 13.2 Jupyter Notebook

데이터 과학자나 개발자가 많이 쓰는 오픈소스 툴로, 웹 브라우저에서 파이썬(Python) 같은 언어를 실행하고 결과를 바로 확인할 수 있는 대화형 환경이다. 코드, 그래프, 설명 문서를 한 화면에서 다룰 수 있어서 연구, 교육, 데이터 분석에 널리 활용된다.

### 13.2.1 Jupyter Notebook의 장점

코드와 문서의 통합 : 코드를 실행하며 주석, 설명(마크다운), 이미지, 그래프, 복잡한 수식 등을 하나의 문서에 함께 작성하고 시각적으로 표현할 수 있다.

- 상호작용적인 개발 환경 : 셀 단위로 코드를 실행하고 결과를 즉시 확인할 수 있어, 단계별로 디버깅하고 분석하는 데 용이함
- 데이터 시각화의 편리성 : 데이터 분석 라이브러리를 사용하여 표나 그래프 등의 시각화 결과를 바로 노트북 내에 출력할 수 있음

- 다양한 언어 지원 및 확장성 : 파이썬뿐만 아니라 R을 비롯한 다양한 언어를 지원하며, 오픈 소스 기반으로 커뮤니티가 활성화되어 있음
- 웹 기반 접근성 : 웹 브라우저만 있으면 어디서든 접속하여 사용할 수 있음
- 튜토리얼 및 보고서 제작 : 코드와 설명을 결합한 튜토리얼, 보고서, 프레젠테이션 자료를 만드는 데 매우 효과적

### 13.2.2 Jupyter Notebook의 설치 및 실행

파이썬이 이미 설치되어 있어야 하며, 명령 프롬프트(cmd)에서 다음과 같이 입력한다.

```
pip install notebook
```

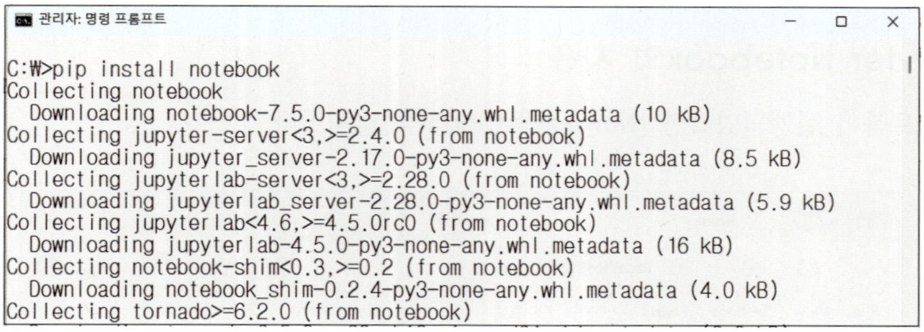

```
관리자: 명령 프롬프트

C:₩>pip install notebook
Collecting notebook
  Downloading notebook-7.5.0-py3-none-any.whl.metadata (10 kB)
Collecting jupyter-server<3,>=2.4.0 (from notebook)
  Downloading jupyter_server-2.17.0-py3-none-any.whl.metadata (8.5 kB)
Collecting jupyterlab-server<3,>=2.28.0 (from notebook)
  Downloading jupyterlab_server-2.28.0-py3-none-any.whl.metadata (5.9 kB)
Collecting jupyterlab<4.6,>=4.5.0rc0 (from notebook)
  Downloading jupyterlab-4.5.0-py3-none-any.whl.metadata (16 kB)
Collecting notebook-shim<0.3,>=0.2 (from notebook)
  Downloading notebook_shim-0.2.4-py3-none-any.whl.metadata (4.0 kB)
Collecting tornado>=6.2.0 (from notebook)
```

설치가 완료된 후 프롬프트 화면에서 다음과 같이 실행하면, 브라우저가 자동으로 열리며 Jupyter Notebook 환경이 실행되어 나타난다.

```
jupyter notebook
```

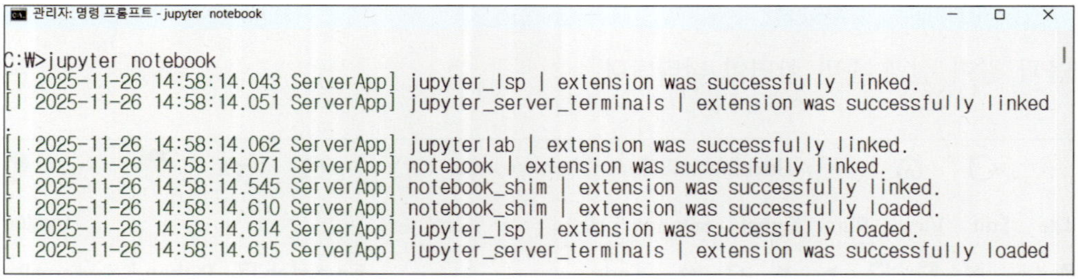

```
관리자: 명령 프롬프트 - jupyter notebook

C:₩>jupyter notebook
[I 2025-11-26 14:58:14.043 ServerApp] jupyter_lsp | extension was successfully linked.
[I 2025-11-26 14:58:14.051 ServerApp] jupyter_server_terminals | extension was successfully linked
.
[I 2025-11-26 14:58:14.062 ServerApp] jupyterlab | extension was successfully linked.
[I 2025-11-26 14:58:14.071 ServerApp] notebook | extension was successfully linked.
[I 2025-11-26 14:58:14.545 ServerApp] notebook_shim | extension was successfully linked.
[I 2025-11-26 14:58:14.610 ServerApp] notebook_shim | extension was successfully loaded.
[I 2025-11-26 14:58:14.614 ServerApp] jupyter_lsp | extension was successfully loaded.
[I 2025-11-26 14:58:14.615 ServerApp] jupyter_server_terminals | extension was successfully loaded
```

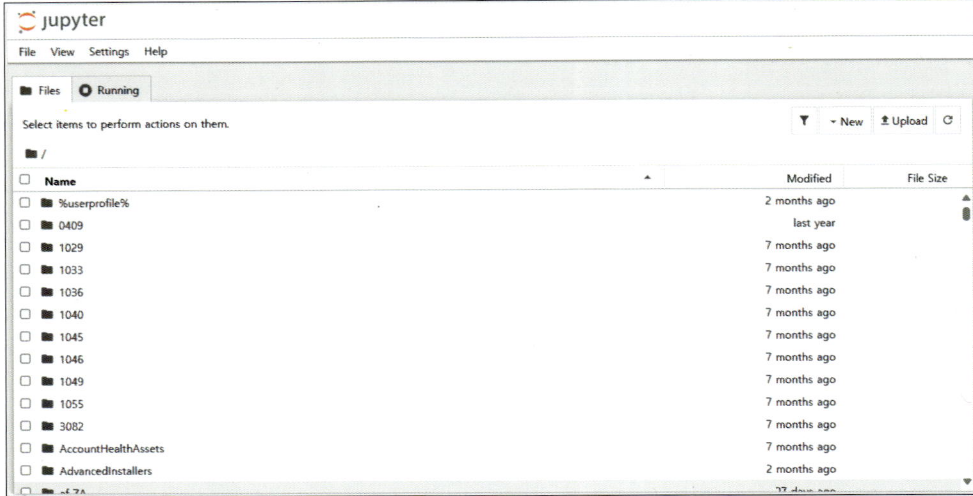

## 13.2.3 Jupyter Notebook의 사용

① 주피터 노트북이 실행되었다면 [New]->[Python3]를 클릭한다.

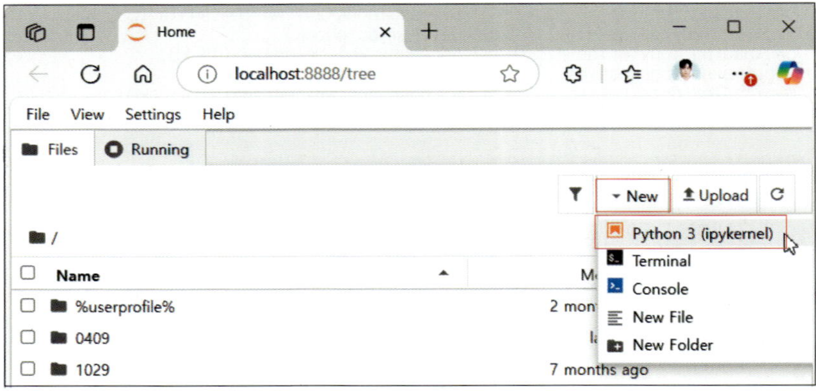

② 다음과 같이 실행 준비 화면이 나타난다.

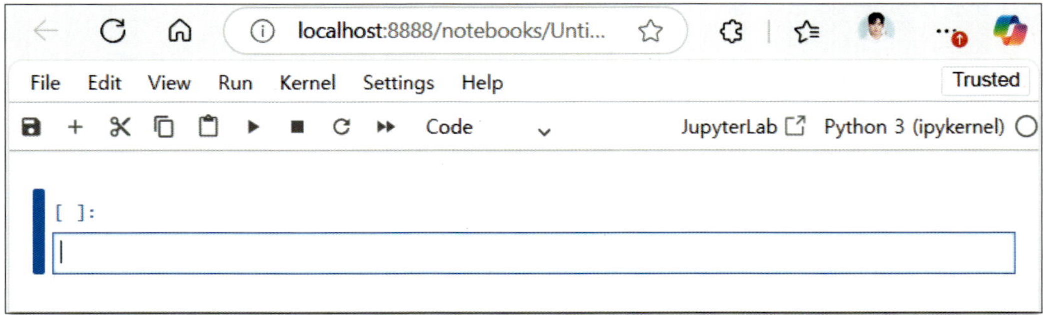

③ 박스 셀 안에 간단한 파이썬 명령어를 입력하고 ▶ 버튼을 누르거나 Ctrl+Enter↵를 누르면 다음과 같이 명령문 아래에 결과가 나타난다.

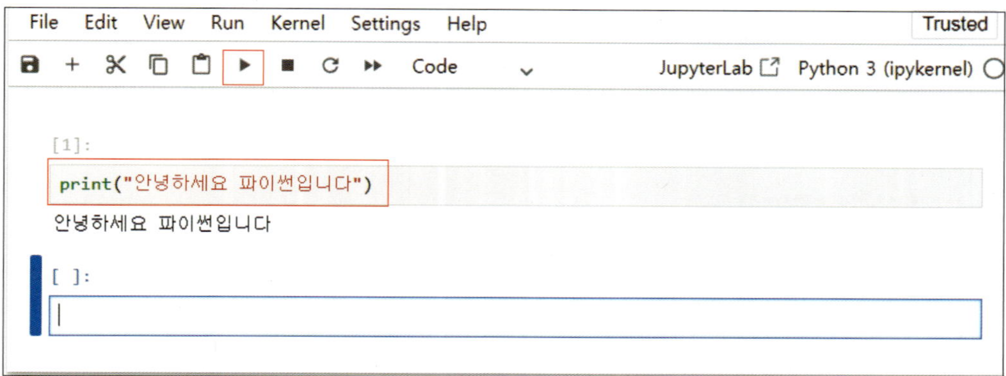

## 〈실습 13-1〉 Jupyter Notebook을 이용한 프로그램 작성

```
S = 'Jupyter Notebook'
print(S)
print(S[0])
print(S[:2])
print(S[1:3])
print(S[1:])
print(S[:-1])
print(S[1:10:2])
print()

S = '안녕하세요 주피터 노트북의 세계입니다'
print(S)
print(S[0])
print(S[:2])
print(S[1:3])
print(S[1:])
print(S[:-1])
print(S[1:10:2])
print()
```

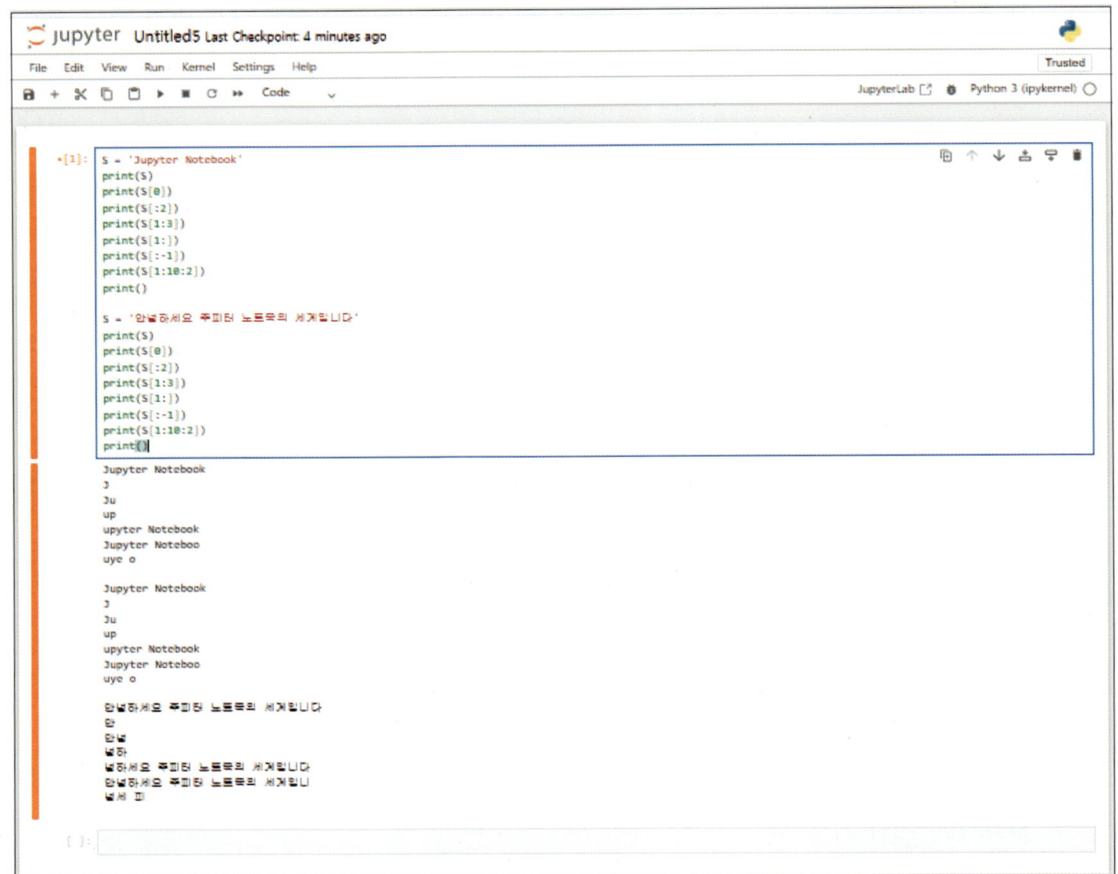


## 13.3 Pandas

Pandas는 파이썬에서 데이터 분석을 위해 사용되는 대표적인 라이브러리로, 표 형태의 데이터를 효율적으로 다루고 분석할 수 있도록 설계된 도구이다. Pandas 라이브러리는 파이썬에서 표 형태의 데이터 분석을 할 때 가장 많이 사용되는 라이브러리이며, 엑셀, csv, tsv, pickle 등과 연동해 사용할 수도 있다.

데이터의 결측치를 쉽게 처리할 수 있고 형태 변형, 삭제, 추가 등이 용이하며 그룹화, 정렬, 결합이 쉽다. 또한 데이터의 시각화를 할 수 있는 다양한 기능이 있으며 문자열 및 날짜, 시간 처리도 간편하다.

### 13.3.1 pandas의 장점

Pandas의 가장 큰 장점은 대용량 데이터를 효율적으로 처리하고, 직관적인 데이터 구조(Data Frame, Series)를 통해 복잡한 분석을 쉽게 수행할 수 있다는 점이다.

- 대용량 데이터 처리 최적화

  메모리에 데이터를 로드한 뒤 빠른 연산을 수행할 수 있어, 수십만 행 이상의 데이터도 효율적으로 다룰 수 있음

- 데이터 구조화

  DataFrame과 Series 같은 고수준 데이터 구조를 제공하여, 행과 열로 구성된 데이터를 직관적으로 다룰 수 있음

- 풍부한 데이터 조작 기능
- 정렬, 필터링, 그룹화, 결측치 처리 등 다양한 기능 제공
- 복잡한 데이터 전처리 및 분석 작업을 간단한 코드로 수행 가능
- 다양한 파일 입출력 지원

  CSV, Excel, SQL 데이터베이스 등 다양한 형식을 쉽게 읽고 쓸 수 있어 데이터 호환성이 뛰어남

- 시계열 데이터 처리

  시계열 분석을 위한 전용 기능을 제공하여 금융, 로그 데이터 등 시간 기반 데이터 분석에 강력함

- 자동화와 확장성

  반복적인 데이터 처리 작업을 프로그래밍적으로 자동화할 수 있으며, 다른 라이브러리(Matplotlib, numpy 등)와 쉽게 연계

### 13.3.2 pandas의 설치

파이썬이 이미 설치되어 있어야 하며, 명령 프롬프트(cmd)에서 다음과 같이 입력한다.

```
pip install pandas
```

```
C:₩>pip install pandas
Collecting pandas
  Using cached pandas-2.3.3-cp314-cp314-win_amd64.whl.metadata (19 kB)
Requirement already satisfied: numpy>=1.26.0 in c:₩python314₩lib₩site-packages (from pandas) (2.3.5)
Requirement already satisfied: python-dateutil>=2.8.2 in c:₩python314₩lib₩site-packages (from pandas) (2.
0.post0)
Requirement already satisfied: pytz>=2020.1 in c:₩python314₩lib₩site-packages (from pandas) (2025.2)
Requirement already satisfied: tzdata>=2022.7 in c:₩python314₩lib₩site-packages (from pandas) (2025.2)
Requirement already satisfied: six>=1.5 in c:₩python314₩lib₩site-packages (from python-dateutil>=2.8.2->p
das) (1.17.0)
Using cached pandas-2.3.3-cp314-cp314-win_amd64.whl (11.1 MB)
Installing collected packages: pandas
Successfully installed pandas-2.3.3
```

## 13.3.3 DataFrame

DataFrame은 Pandas 라이브러리의 핵심 데이터 구조로, 2차원 표 형태의 데이터를 다루기 위한 객체이다. 엑셀 시트나 SQL 테이블과 유사하게 행(row)과 열(column)로 구성되어 있으며, 여러 개의 Series가 모여 작성된다.

DataFrame의 특징은 다음과 같다.

- 2차원 구조 : 행과 열로 구성된 테이블 형태
- 인덱스(index) : 행을 구분하는 라벨
- 컬럼(columns) : 열을 구분하는 라벨
- 데이터 타입 : 각 열은 서로 다른 데이터 타입을 가질 수 있음(숫자, 문자열, 불리언 등)
- 다양한 생성 방법 : 리스트, 딕셔너리, numpy 배열, 다른 DataFrame 등으로 생성 가능
- 다양한 기능 제공 : 필터링, 그룹화, 집계, 결측치 처리, 병합/조인 등

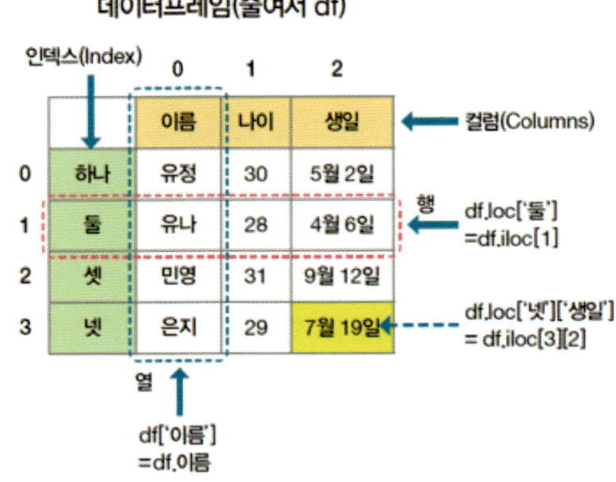


DataFrame의 실행 예는 다음과 같다.

```
import pandas as pd

# 딕셔너리 기반 생성
data = {
    '이름': ['철수', '영희', '민수'],
    '나이': [25, 30, 27],
    '직업': ['학생', '회사원', '개발자']
}

df = pd.DataFrame(data)
print(df)
```

```
C:\WINDOWS\system32\cmd.exe
   이름  나이   직업
0  철수  25   학생
1  영희  30  회사원
2  민수  27  개발자
```

### 〈실습 13-2〉 pandas DataFrame을 이용한 프로그램 작성

```
import pandas as pd

data = {
     "이름": ["홍길동", "이순신", "강감찬"],
    "나이": [25, 30, 28],
     "점수": [90, 85, 95]
}

df = pd.DataFrame(data)
print(df)
print()
```

```
C:\WINDOWS\system32\cmd.exe
    이름  나이  점수
0  홍길동  25  90
1  이순신  30  85
2  강감찬  28  95
```

## 13.3.4 Series

Series는 1차원 데이터 구조로, 값(value)과 인덱스(index)로 구성된 객체이다. 즉, 리스트나 배열과 유사하지만 인덱스를 자유롭게 지정할 수 있어 더 강력하게 데이터를 다룰 수 있다.

Series의 특징은 다음과 같다.

- 인덱스를 지정하지 않으면 자동으로 0부터 시작하는 정수 인덱스가 부여됨
- 같은 타입의 데이터 저장 가능
- 인덱스 중복 허용
- 딕셔너리, 리스트, 배열 등 다양한 자료형으로 생성 가능

Series의 실행 예는 다음과 같다.

```
import pandas as pd

sr1 = pd.Series( [ 10, 20, 30, 40], index = [ '다현', '정연', '쯔위', '사나' ] )
sr2 = pd.Series( [ 50, 60, 70, 80], index = [ '다현', '정연', '쯔위', '사나' ] )
sr3 = pd.Series( [ 11, 22, 33, 44], index = [ '다현', '사나', '모모', '재남' ])

sr12 = sr1 + sr2
print(sr12, '\n')

print()
```

```
선택 C:\WINDOWS\system32\cmd.exe
다현     60
정연     80
쯔위    100
사나    120
dtype: int64
```

### 〈실습 13-3〉 pandas Series를 이용한 프로그램 작성

```
import pandas as pd

data = [10, 20, 30, 40]
s = pd.Series(data)
print(s)
print()
```

```
C:\WINDOWS\system32\cmd.exe
0    10
1    20
2    30
3    40
dtype: int64
```

## 13.4 CSV

CSV 파일은 Comma-Separated Values(쉼표로 구분된 값)의 약자로, 데이터를 텍스트 형식으로 저장하는 가장 단순하고 널리 쓰이는 파일 형식이다.

각 행은 하나의 데이터를 나타내고, 각 필드(열)는 쉼표로 구분되며, 일반 텍스트로 저장되어 데이터 이동이 용이하다. 스프레드시트 프로그램이나 다른 응용 프로그램으로 데이터를 쉽게 가져오고 내보낼 수 있어 데이터 분석에 자주 사용된다.

csv 파일의 주요 특징은 다음과 같다.

- 구조 : 행(row)과 열(column)로 구성된 표 형태의 데이터를 저장
- 구분자 : 기본적으로 쉼표(,)로 열을 구분하지만, 탭(\t), 세미콜론(;) 등 다른 구분자를 사용할 수도 있음
- 확장자 : .csv
- 호환성 : 엑셀, 구글 스프레드시트, 데이터베이스, 대부분의 프로그래밍 언어에서 쉽게 읽고 쓸 수 있음
- 단순성 : 텍스트 기반이라 용량이 작고, 파일을 직접 열어봐도 이해하기 쉬움

csv 파일의 활용 사례는 다음과 같다.

- 데이터 교환 : 서로 다른 시스템 간 데이터 전달 시 가장 많이 쓰임
- 분석 준비 : 머신러닝, 통계 분석을 위한 원시 데이터 저장
- 보고서 자동화 : 프로그램에서 결과를 CSV로 내보내 Excel로 확인

직업.csv 파일의 형태

```
이름,나이,직업
철수,25,학생
영희,30,회사원
민수,27,개발자
```

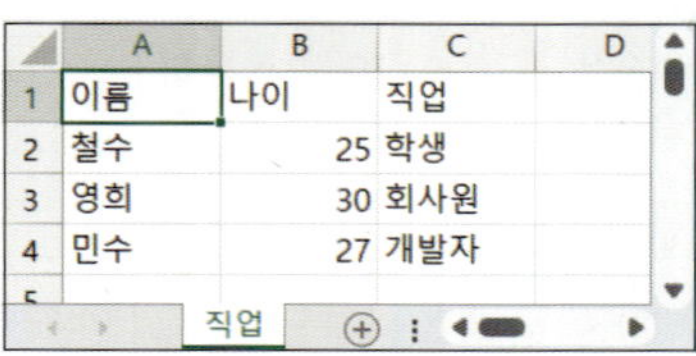

| | A | B | C | D |
|---|---|---|---|---|
| 1 | 이름 | 나이 | 직업 | |
| 2 | 철수 | 25 | 학생 | |
| 3 | 영희 | 30 | 회사원 | |
| 4 | 민수 | 27 | 개발자 | |

## 13.4.1 csv 파일 생성

파이썬에서 CSV 파일을 생성하는 방법으로 표준 라이브러리 csv 모듈을 사용하는 방법을 주로 사용한다.

pandas의 to_csv()는 DataFrame을 CSV 파일로 저장할 때 사용하는 메소드이다.

```
import pandas as pd

# 데이터 준비
data = {
    "이름": ["철수", "영희", "민수"],
    "나이": [25, 30, 27],
    "직업": ["학생", "회사원", "개발자"]
}

df = pd.DataFrame(data)

# CSV 파일로 저장 (인덱스 제외)
df.to_csv("c:/csv/직업.csv", index=False, encoding="utf-8-sig")
```

### 〈실습 13-4〉 csv 파일 저장 프로그램 작성

```
import csv

# 저장할 데이터
data = [
    ["이름", "나이", "점수"],
    ["홍길동", 25, 90],
    ["이순신", 30, 85],
    ["강감찬", 28, 95]
]

```

```
# CSV 파일 저장
with open("output.csv", "w", newline="", encoding="cp949") as f:
    writer = csv.writer(f)
    writer.writerows(data)
```

| | A | B | C | D |
|---|---|---|---|---|
| 1 | 이름 | 나이 | 점수 | |
| 2 | 홍길동 | 25 | 90 | |
| 3 | 이순신 | 30 | 85 | |
| 4 | 강감찬 | 28 | 95 | |
| 5 | | | | |

output

## 13.4.2 csv 파일 읽기

파이썬에서 CSV 파일을 읽는 방법으로 표준 라이브러리 readline 모듈을 사용하는 방법을 주로 사용한다.

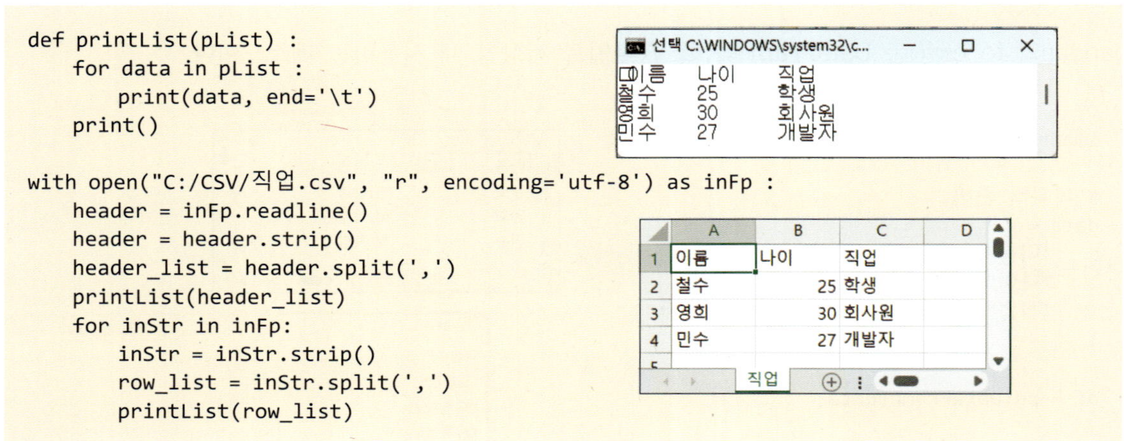

```
def printList(pList) :
    for data in pList :
        print(data, end='\t')
    print()

with open("C:/CSV/직업.csv", "r", encoding='utf-8') as inFp :
    header = inFp.readline()
    header = header.strip()
    header_list = header.split(',')
    printList(header_list)
    for inStr in inFp:
        inStr = inStr.strip()
        row_list = inStr.split(',')
        printList(row_list)
```



readline은 파이썬에서 파일을 한 줄씩 읽을 때 사용하는 메소드이고, split은 문자열을 특정 구분자를 기준으로 잘라서 리스트로 반환하는 메소드이다.

### 〈실습 13-5〉 csv 파일 읽기 프로그램 작성

```
import csv

# CSV 파일 읽기
with open("output.csv", "r", encoding="cp949") as f:
    reader = csv.reader(f)
    for row in reader:
        print(row)
print()
```

```
['이름', '나이', '점수']
['홍길동', '25', '90']
['이순신', '30', '85']
['강감찬', '28', '95']
```

## 13.5 openpyxl

openpyxl은 파이썬에서 엑셀 파일(.xlsx, .xlsm 등)을 읽고, 작성하고, 수정할 수 있는 대표적인 라이브러리이며, 데이터 자동화, 보고서 생성, 업무 효율화에 널리 활용된다.

주요 특징은 다음과 같다.

- 지원 포맷 : Excel 2010 이후의 .xlsx, .xlsm, .xltx, .xltm 파일 처리 가능
- 읽기/쓰기 : 셀 값 읽기, 새로운 값 입력, 수식 작성 가능
- 스타일링 : 글꼴, 색상, 테두리, 셀 병합 등 엑셀 서식 지정 가능
- 차트 생성 : 기본적인 선 그래프, 막대 그래프 등 작성 가능
- 워크북 관리 : 여러 시트 추가, 삭제, 이름 변경 가능

설치 방법은 다음과 같다.

```
pip install openpyxl
```

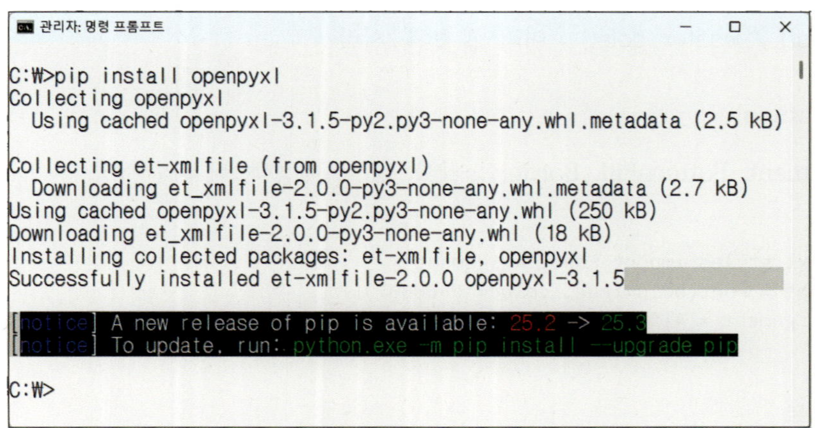

### 13.5.1 주요 메소드

openpyxl은 엑셀 자동화를 위한 다양한 메소드를 제공한다. 대표적으로 워크북 생성/불러오기(load_workbook, Workbook), 시트 관리(create_sheet, remove, active), 셀 값 읽기/쓰기(cell, append), 서식 지정(font, alignment, fill), 차트 생성(BarChart, LineChart) 등이 있다.

주요 메소드의 종류는 다음과 같다.

#### (1) 워크북 관련

- openpyxl.Workbook() : 새 엑셀 파일(워크북) 생성
- openpyxl.load_workbook(filename) : 기존 엑셀 파일 불러오기
- wb.save(filename) : 워크북 저장

#### (2) 시트(Worksheet) 관리

- wb.active : 현재 활성화된 시트 가져오기
- wb.create_sheet(title, index) : 새 시트 생성(index로 위치 지정 가능)
- wb.remove(ws) : 특정 시트 삭제
- ws.title : 시트 이름 확인/변경

#### (3) 셀(Cell) 다루기

- ws['A1'] : 특정 셀 접근
- ws.cell(row, column) : 행/열 번호로 셀 접근
- ws.append([data1, data2, ...]) : 한 행 단위로 데이터 추가
- ws.iter_rows() / ws.iter_cols() : 여러 셀 반복 처리

#### (4) 서식(Formatting)

- Font, Alignment, PatternFill, Border : 글꼴, 정렬, 배경색, 테두리 지정

```
from openpyxl.styles import Font, Alignment
ws['A1'].font = Font(bold=True, color="FF0000")
ws['A1'].alignment = Alignment(horizontal="center")
```

#### (5) 수식 및 차트

- 수식 입력 : ws['B2'] = "=SUM(A2:A10)"
- 차트 생성 : BarChart(), LineChart() 등으로 그래프 작성 후 시트에 추가

사용 예는 다음과 같다.

```
import openpyxl

# 새 워크북 생성
wb = openpyxl.Workbook()
ws = wb.active
ws.title = "데이터시트"

# 데이터 입력
ws['A1'] = "이름"
ws['B1'] = "점수"
ws.append(["홍길동", 90])
ws.append(["김철수", 85])

# 파일 저장
wb.save("sample.xlsx")

# 기존 파일 불러오기
wb2 = openpyxl.load_workbook("sample.xlsx")
ws2 = wb2["데이터시트"]
print(ws2["A2"].value)  # 홍길동 출력
```

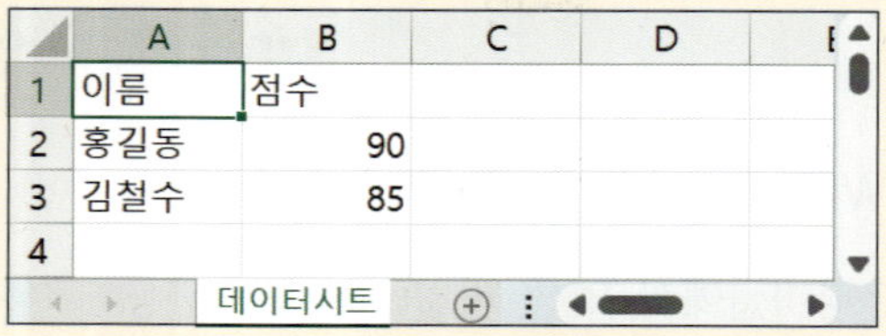

| | A | B | C | D |
|---|---|---|---|---|
| 1 | 이름 | 점수 | | |
| 2 | 홍길동 | 90 | | |
| 3 | 김철수 | 85 | | |
| 4 | | | | |

데이터시트

### 〈실습 13-6〉 openpyxl을 이용한 엑셀 파일 생성 프로그램 작성

```
from openpyxl import Workbook

#기본 사용하기
#workbook 생성하기
workbook = Workbook()

#현재 workbook의 활성화 된 Sheet 가져오기
sheet = workbook.active

# cell에 직접 데이터 입력하기
sheet['A1'] = "이름"
sheet['B1'] = "나이"
sheet['C1'] = "성별"
sheet['D1'] = "주소"

# row 단위로 데이터 입력하기
sheet.append(['홍길동', 20, '남자', '서울'])
sheet.append(['정윤희', 25, '여자', '경기'])
sheet.append(['강감찬', 30, '남자', '부산'])


# 파일 저장하기
workbook.save("sample.xlsx")
```

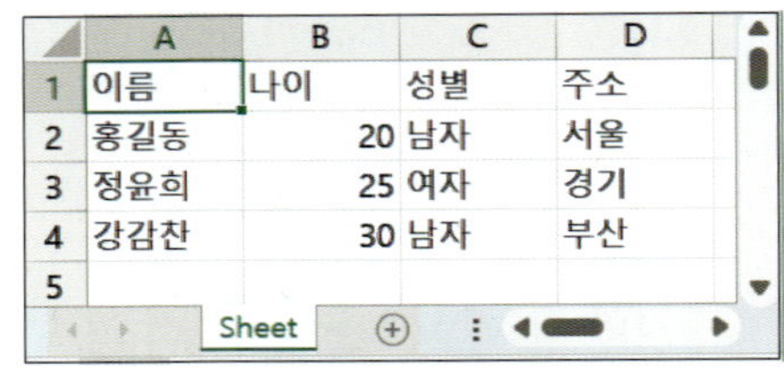

| 이름 | 나이 | 성별 | 주소 |
|---|---|---|---|
| 홍길동 | 20 | 남자 | 서울 |
| 정윤희 | 25 | 여자 | 경기 |
| 강감찬 | 30 | 남자 | 부산 |

### 13.5.2 XlsxWriter

XlsxWriter는 파이썬에서 엑셀 파일(.xlsx)을 생성하고 서식, 차트, 수식 등을 자유롭게 추가할 수 있는 라이브러리이다. openpyxl과 비슷하지만, 읽기 기능은 없고 쓰기/생성에 특화되어 있다는 점이 큰 차이점이다.

주요 특징은 다음과 같다.

- 엑셀 파일 생성 전용 : 기존 파일을 불러와 수정할 수는 없음
- 풍부한 서식 지원 : 글꼴, 색상, 테두리, 조건부 서식 등 Excel의 다양한 스타일 적용 가능
- 차트 작성 : 막대 , 선, 원형 등 다양한 차트 생성 가능
- 수식 지원 : Excel 함수와 수식을 셀에 직접 입력 가능
- 성능 최적화 : 대량 데이터 작성 시 빠르고 효율적

설치 방법은 다음과 같다.

```
pip install XlsxWriter
```

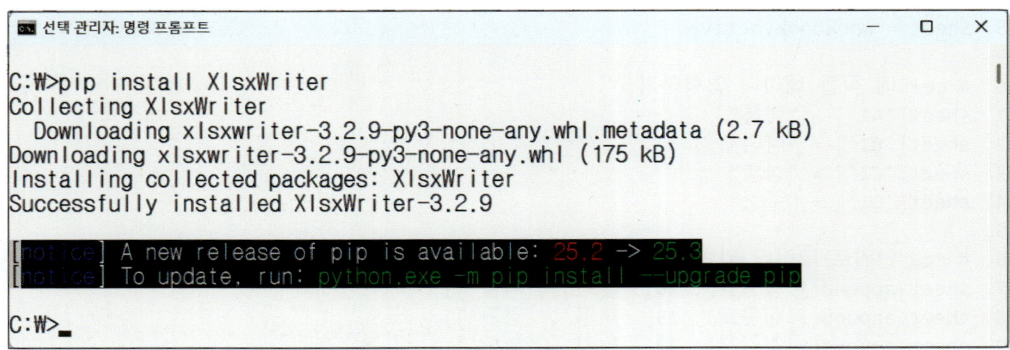

사용 예는 다음과 같다.

```
import xlsxwriter

# 새 워크북 생성
workbook = xlsxwriter.Workbook("xlswriter.xlsx")
worksheet = workbook.add_worksheet("데이터시트")

# 데이터 입력
worksheet.write("A1", "이름")
worksheet.write("B1", "점수")
worksheet.write("A2", "홍길동")
worksheet.write("B2", 90)

# 서식 지정
bold = workbook.add_format({"bold": True, "color": "red"})
worksheet.write("A1", "이름", bold)

# 차트 생성
chart = workbook.add_chart({"type": "column"})
chart.add_series({"values": "=데이터시트!$B$2:$B$2"})
worksheet.insert_chart("D2", chart)

# 저장
workbook.close()
```

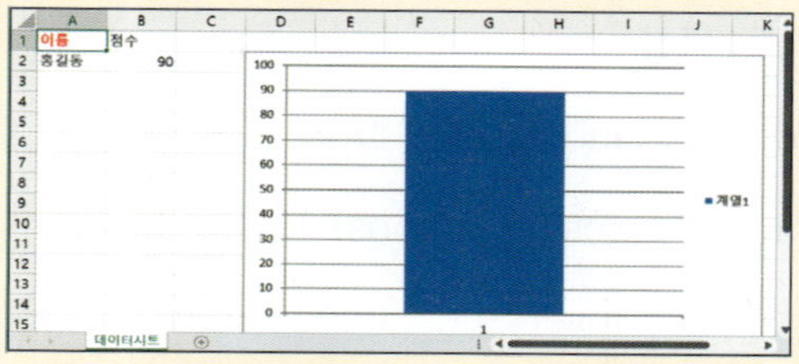

주요 메소드의 종류는 다음과 같다.

### (1) 워크북/워크시트 생성

- xlsxwriter.Workbook(filename) : 새 엑셀 파일 생성
- workbook.add_worksheet(name) : 새 워크시트 추가

### (2) 데이터 입력

- worksheet.write(row, col, data, format=None) : 특정 셀에 데이터 입력
- worksheet.write_row(row, col, data_list, format=None) : 한 행에 여러 데이터 입력
- worksheet.write_column(row, col, data_list, format=None) : 한 열에 여러 데이터 입력
- worksheet.write_formula(row, col, formula, format=None) : 수식 입력
- worksheet.write_url(row, col, url, format=None) : 하이퍼링크 입력

### (3) 서식 지정

- workbook.add_format(properties) : 글꼴, 색상, 테두리, 정렬 등 스타일 생성

- worksheet.set_column(first_col, last_col, width, format=None) : 열 너비 및 서식 지정

- worksheet.set_row(row, height, format=None) : 행 높이 및 서식 지정

- worksheet.autofilter(first_row, first_col, last_row, last_col) : 자동 필터 추가

- worksheet.freeze_panes(row, col) : 특정 행/열 고정

### (4) 차트 생성

- workbook.add_chart({'type': 'column'}) : 차트 객체 생성(column, line, pie 등 지원)

- chart.add_series(options) : 데이터 범위 지정

- worksheet.insert_chart(cell, chart) : 시트에 차트 삽입

### (5) 기타 기능

- worksheet.merge_range(first_row, first_col, last_row, last_col, data, format=None) : 셀 병합

- worksheet.hide_gridlines(option) : 눈금선 숨기기

- worksheet.set_zoom(%) : 확대/축소 설정

사용 예는 다음과 같다.

```
import xlsxwriter

# 워크북/워크시트 생성
workbook = xlsxwriter.Workbook("xlswriter2.xlsx")
worksheet = workbook.add_worksheet("데이터")

# 데이터 입력
worksheet.write(0, 0, "이름")
worksheet.write(0, 1, "점수")
worksheet.write_row(1, 0, ["홍길동", 90])

# 서식 지정
bold = workbook.add_format({"bold": True, "color": "blue"})
worksheet.write(0, 0, "이름", bold)

# 차트 생성
chart = workbook.add_chart({"type": "column"})
chart.add_series({"values": "=데이터!$B$2:$B$2"})
worksheet.insert_chart("D2", chart)

workbook.close()
```

**〈실습 13-7〉 xlsxwriter를 이용한 엑셀 파일 생성 프로그램 작성**

```
from xlsxwriter import Workbook

workbook = Workbook('sample2.xlsx') ## 워크 북 생성
worksheet = workbook.add_worksheet(name='Test_Sheet')
## 워크 시트 생성 name 디폴트 Sheet숫자

## 시트에 삽입할 데이터
heights = (
    ['이름', '키'],
    ['이순신', 180],
    ['강감찬', 160],
    ['홍길동', 165],
    ['이율곡', 170],
)

## 시작 행과 칼럼 인덱스, 인덱스는 zero based
row = 0
col = 0

## 셀 값 삽입
for item, cost in heights:
    worksheet.write(row, col,     item)
    ## 행, 칼럼 인덱스에 대응하는 셀에 값을 입력
    worksheet.write(row, col + 1, cost)
    row += 1

# 함수식도 사용가능
worksheet.write(row, 0, 'Mean')
worksheet.write(row, 1, '=AVERAGE(B2:B4)')

workbook.close()
```

| | A | B | C | D | E |
|---|---|---|---|---|---|
| 1 | 이름 | 키 | | | |
| 2 | 이순신 | 180 | | | |
| 3 | 강감찬 | 160 | | | |
| 4 | 홍길동 | 165 | | | |
| 5 | 이율곡 | 170 | | | |

Test_Sheet

## 13.5.3 openpyxl과 xlsxwriter의 차이점

openpyxl과 XlsxWriter는 둘 다 파이썬에서 엑셀 파일(.xlsx)을 다루는 라이브러리지만, 목적과 메소드 구성이 다르다.

| 구분 | openpyxl | XlsxWriter |
|---|---|---|
| 기능 범위 | 엑셀 파일 읽기 + 쓰기 + 수정 | 엑셀 파일 생성 + 쓰기 전용(읽기 불가) |
| 워크북 생성 | Workbook(), loadworkbook() | Workbook(filename) |
| 시트 관리 | wb.active, wb.create_sheet(),<br>wb.remove(ws) | workbook.add_worksheet(name) |
| 셀 접근 | ws['Ai'], ws.cell(row, col) | worksheet.write(row, col, data) |
| 행/열 입력 | ws.append([list]), ws.iter_rows() | worksheet.write_row(),<br>worksheet.write_column() |
| 수식 | ws['B2'] = "=SUM(A1:A10)" | worksheet.write_formula(row, col, formula) |
| 서식 | Font, Alignment, PatternFill, Border | workbook.add_format({...}) |
| 차트 | BarChart(), LineChart(). 등 Excel 내장<br>차트 객체 | workbook.add_chart({'type':'column'})<br>후 insert_chart() |
| 파일 저장 | wb.save(filename) | workbook.close() |

openpyxl 예

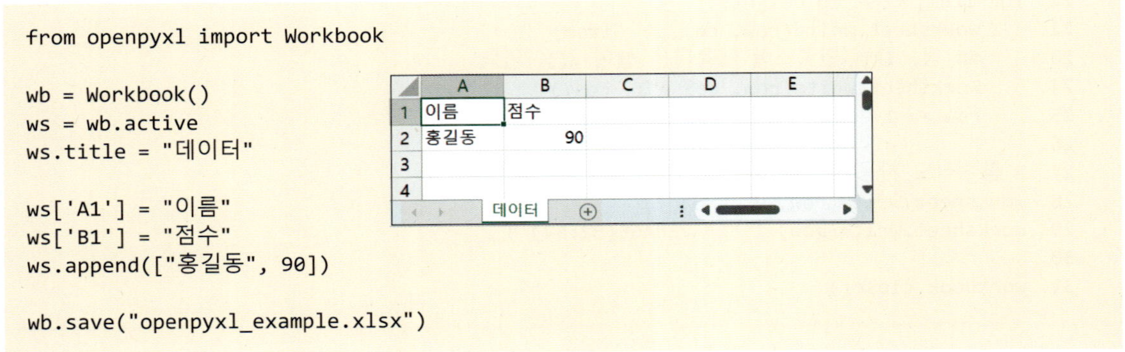

```
from openpyxl import Workbook

wb = Workbook()
ws = wb.active
ws.title = "데이터"

ws['A1'] = "이름"
ws['B1'] = "점수"
ws.append(["홍길동", 90])

wb.save("openpyxl_example.xlsx")
```



XlsxWriter 예

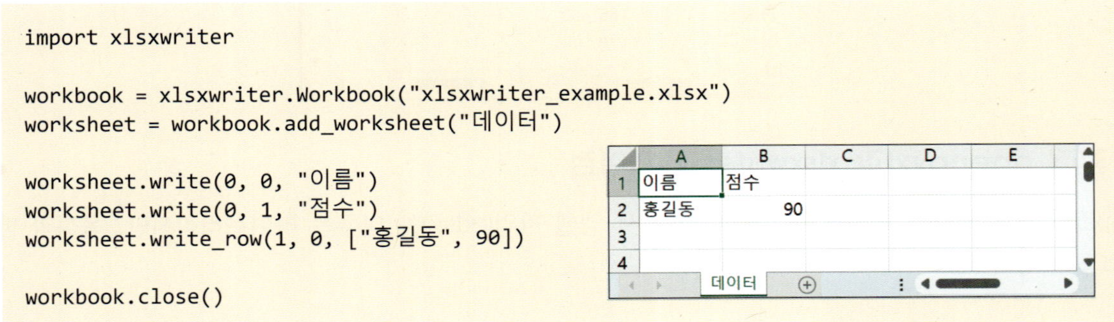

```
import xlsxwriter

workbook = xlsxwriter.Workbook("xlsxwriter_example.xlsx")
worksheet = workbook.add_worksheet("데이터")

worksheet.write(0, 0, "이름")
worksheet.write(0, 1, "점수")
worksheet.write_row(1, 0, ["홍길동", 90])

workbook.close()
```

### 〈실습 13-8〉 openpyxl과 xlsxwriter를 이용한 엑셀 파일 생성 프로그램 작성

```
import xlsxwriter
import openpyxl

# 1. xlsxwriter로 새 엑셀 파일 생성
workbook = xlsxwriter.Workbook("openpyxl.xlsx")
worksheet = workbook.add_worksheet()

# 데이터 작성
worksheet.write("A1", "이름")
worksheet.write("B1", "점수")
worksheet.write("A2", "홍길동")
worksheet.write("B2", 95)
worksheet.write("A3", "이순신")
worksheet.write("B3", 88)

workbook.close()

# 2. openpyxl로 파일 다시 열어 수정
wb = openpyxl.load_workbook("openpyxl.xlsx")
ws = wb.active

# 새로운 열 추가
ws["C1"] = "등급"
for row in range(2, ws.max_row + 1):
    score = ws[f"B{row}"].value
    if score >= 90:
        ws[f"C{row}"] = "A"
    elif score >= 80:
        ws[f"C{row}"] = "B"
    else:
        ws[f"C{row}"] = "C"

wb.save("xlsxwriter.xlsx")
```

openpyxl.xlsx

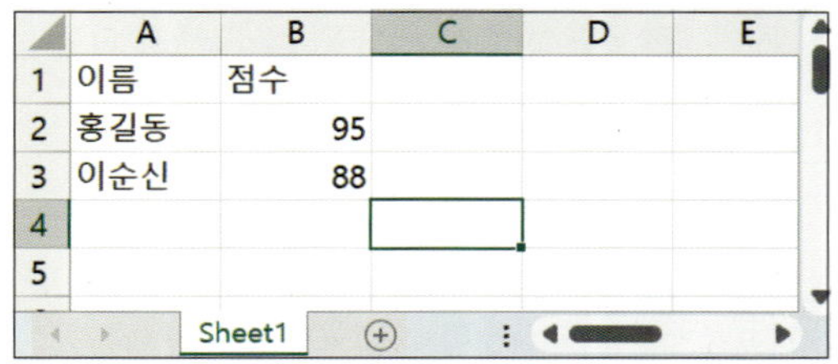


xlsxwriter.xlsx

| | A | B | C | D | E |
|---|---|---|---|---|---|
| 1 | 이름 | 점수 | 등급 | | |
| 2 | 홍길동 | 95 | A | | |
| 3 | 이순신 | 88 | B | | |
| 4 | | | | | |
| 5 | | | | | |

# 제14장 파이썬 데이터 분석 및 시각화

파이썬은 데이터 분석에 가장 널리 사용되는 언어 중 하나로, 다양한 라이브러리와 도구를 통해 강력한 분석과 시각화 기능을 제공한다.

데이터 분석은 유용한 정보를 발굴하고 결론을 도출하며 의사결정을 지원하기 위해 데이터를 정리, 변환, 모델링하는 과정이다.

시각화란 데이터를 그래프, 차트, 그림 등 시각적 요소로 표현하여 복잡한 정보를 쉽게 이해하고 전달하는 과정이다. 즉, 숫자와 텍스트로만 존재하는 데이터를 시각적으로 변환해 패턴, 관계, 추세를 빠르게 파악할 수 있도록 돕는다.

여기에는 과거와 현재의 데이터를 분석하여 미래를 예측하는 통계 분석, 머신러닝 기법 등이 포함되며, 데이터에서 숨겨진 패턴과 추세를 파악하는 것을 목표로 한다.

파이썬 데이터 분석은 데이터를 수집, 정제, 분석, 시각화하여 인사이트를 도출하는 과정으로, Pandas, Numpy, Matplotlib 등의 다양한 라이브러리를 활용해 수행된다.

파이썬을 활용한 데이터 분석은 초보자부터 전문가까지 폭넓게 활용되며, 다음과 같은 주요 단계와 도구들이 있다.

### (1) 데이터 분석의 기본 흐름

① 데이터 수집

- CSV, Excel, SQL, API 등 다양한 경로로 데이터를 불러온다.

- 예 : pd.read_csv("data.csv")

② 데이터 전처리

- 결측치 처리, 이상치 제거, 형식 변환 등
- Pandas와 numpy를 활용해 효율적으로 처리

③ 탐색적 데이터 분석

- 데이터의 분포, 상관관계, 통계 요약 등을 시각화
- Matplotlib, Seaborn으로 그래프 생성

④ 모델링 및 예측

- Scikit-learn을 활용한 회귀, 분류, 클러스터링 등 머신러닝 적용

⑤ 결과 시각화 및 인사이트 도출

- 시각적 자료를 통해 의사결정 지원

### (2) 주요 라이브러리 소개

| 라이브러리 | 기능 요약 |
|---|---|
| Matplotlib | 기본적인 시각화 도구 |
| Pandas | 데이터프레임 기반 분석, 정제, 처리 |
| numpy | 수치 계산, 배열 연산 |
| Seaborn | 통계적 시각화, 고급 그래프 지원 |
| SciPy | 과학, 분석, 엔지니어링을 위한 과학(계산)적 컴퓨팅 영역의 여러 기본적인 작업 처리 |

## 14.1 Matplotlib

Matplotlib은 파이썬에서 데이터를 시각적으로 표현하기 위한 가장 널리 사용되는 라이브러리이다. 다양한 그래프와 차트를 생성할 수 있으며, 과학적 분석부터 비즈니스 보고서까지 폭넓게 활용된다.

Matplotlib의 특징은 다음과 같다.

- 주요 모듈 : matplotlib.pyplot은 MATLAB과 유사한 명령어 스타일을 제공하여 간단한 코드로 그래프를 작성
- 활용 분야 : 과학적 그래픽 작업, 통계 분석, 비즈니스 데이터 시각화 등 다양한 분야에서 사용
- 호환성 : numpy, Pandas, SciPy 등과 함께 사용되며, 배열 기반 데이터 시각화에 최적화

Matplotlib의 주요 기능은 다음과 같다.

- 그래프 종류 : 선 그래프, 막대 그래프, 산점도, 히스토그램, 파이 차트 등 다양한 시각화 지원
- 커스터마이징 : 축, 레이블, 제목, 색상, 선 스타일 등을 자유롭게 설정 가능
- 출력 포맷 : PNG, PDF, SVG 등 다양한 형식으로 저장 가능.

matplotlib을 사용하기 위해 다음과 같이 Python에 설치해야 한다.

```
pip3 install matplotlib
```

```
관리자: 명령 프롬프트
Microsoft Windows [Version 10.0.26200.7171]
(c) Microsoft Corporation. All rights reserved.

C:\Windows\System32>pip3 install matplotlib
Collecting matplotlib
  Downloading matplotlib-3.10.7-cp314-cp314-win_amd64.whl.metadata (11 kB)
Collecting contourpy>=1.0.1 (from matplotlib)
  Downloading contourpy-1.3.3-cp314-cp314-win_amd64.whl.metadata (5.5 kB)
Collecting cycler>=0.10 (from matplotlib)
  Using cached cycler-0.12.1-py3-none-any.whl.metadata (3.8 kB)
Collecting fonttools>=4.22.0 (from matplotlib)
  Downloading fonttools-4.60.1-cp314-cp314-win_amd64.whl.metadata (114 kB)
Collecting kiwisolver>=1.3.1 (from matplotlib)
  Downloading kiwisolver-1.4.9-cp314-cp314-win_amd64.whl.metadata (6.4 kB)
Collecting numpy>=1.23 (from matplotlib)
  Downloading numpy-2.3.5-cp314-cp314-win_amd64.whl.metadata (60 kB)
Collecting packaging>=20.0 (from matplotlib)
  Downloading packaging-25.0-py3-none-any.whl.metadata (3.3 kB)
Requirement already satisfied: pillow>=8 in c:\python314\lib\site-packages (from matplotlib) (12.0.0)
Collecting pyparsing>=3 (from matplotlib)
  Downloading pyparsing-3.2.5-py3-none-any.whl.metadata (5.0 kB)
Collecting python-dateutil>=2.7 (from matplotlib)
  Downloading python_dateutil-2.9.0.post0-py2.py3-none-any.whl.metadata (8.4 kB)
Collecting six>=1.5 (from python-dateutil>=2.7->matplotlib)
  Downloading six-1.17.0-py2.py3-none-any.whl.metadata (1.7 kB)
Downloading matplotlib-3.10.7-cp314-cp314-win_amd64.whl (8.3 MB)
   ---------------------------------------- 8.3/8.3 MB 11.1 MB/s 0:00:00
Downloading contourpy-1.3.3-cp314-cp314-win_amd64.whl (232 kB)
Using cached cycler-0.12.1-py3-none-any.whl (8.3 kB)
```

## 14.1.1 pyplot

matplotlib.pyplot 모듈의 각각의 함수를 사용해서 간편하게 그래프를 만들고 변화를 줄 수 있다. 예를 들어, 그래프 영역을 만들고, 몇 개의 선을 표현하고, 레이블로 꾸미는 등의 일을 할 수 있다.

### (1) plot 함수

Matplotlib의 plot() 함수는 데이터를 선 그래프로 시각화하는 데 사용되는 가장 기본적인 함수이다. X축과 Y축의 데이터를 입력하면 선을 연결하여 그래프를 그려준다.

plot() 함수는 리스트의 값들이 y 값들이라고 가정하고, x 값 [0, 1, 2, 3]을 자동으로 만들어낸다.

plot() 함수의 기본 구조는 다음과 같다.

```
plt.plot(x, y, format_string, kwargs)
```

- x : X축 데이터(생략 시 자동으로 인덱스 생성)
- y : Y축 데이터

- format_string : 선 스타일, 색상, 마커 등을 지정하는 문자열(예 : 'ro--')
- kwargs : 추가 옵션(선 굵기, 투명도 등)

주요 인수 설명은 다음과 같다.

| 인수 | 설명 |
| --- | --- |
| color | 선 색상 지정 |
| linestyle | 선 스타일 |
| linewidth | 선 두께 |
| marker | 데이터 포인트 마커 |
| label | 범례용 라벨 |

matplotlib.pyplot 모듈의 show() 함수는 그래프를 화면에 나타나도록 한다.

### 〈실습 14-1〉 pyplot 함수를 이용해서 그래프 작성

```
#%matplotlib inline
import matplotlib
# matplotlib.use("TKAgg")
# 그래픽 백엔드로 Tk를 사용하고자 한다면, 이 코드를 사용
# pyplot

import matplotlib.pyplot as plt
plt.plot([1, 2, 4, 9, 5, 3])
plt.show()
```

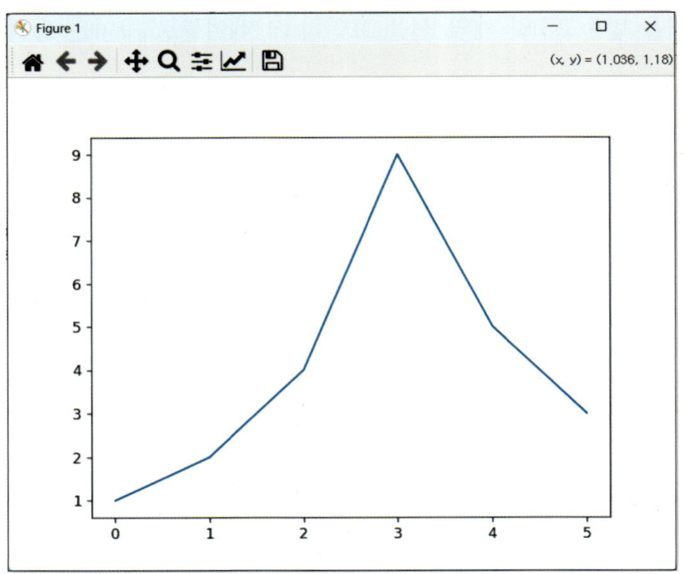

### (2) 한글 폰트 깨짐 처리

Matplotlib의 plot() 함수(한글을 사용하는 모든 함수)는 데이터를 그래프로 시각화하기 위해 사용되는 도중 한글을 사용하면 그래프의 한글이 깨져서 나타난다.

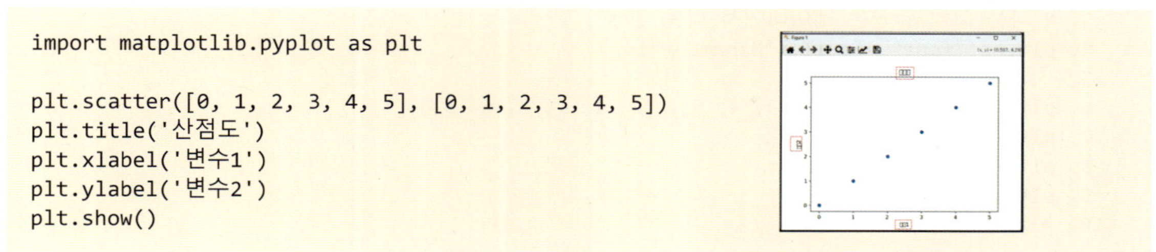

```
import matplotlib.pyplot as plt

plt.scatter([0, 1, 2, 3, 4, 5], [0, 1, 2, 3, 4, 5])
plt.title('산점도')
plt.xlabel('변수1')
plt.ylabel('변수2')
plt.show()
```

한글 폰트로 네이버에서 무료로 제공하는 한글 글꼴을 다운받아 설치하고 다음과 같이 프로그램안에 import 문 다음에 선언하면 그래픽에 한글이 선명하게 나타난다.

```
import matplotlib.pyplot as plt
# 한글 폰트 사용을 위해서 나눔고딕 글꼴 세팅
# 나눔 고딕 글꼴은 네이버에서 다운 받음
plt.rc("font", family='NanumGothic')
```

한글 폰트를 c:\windows\fonts에서 확인하면 다음과 같다.

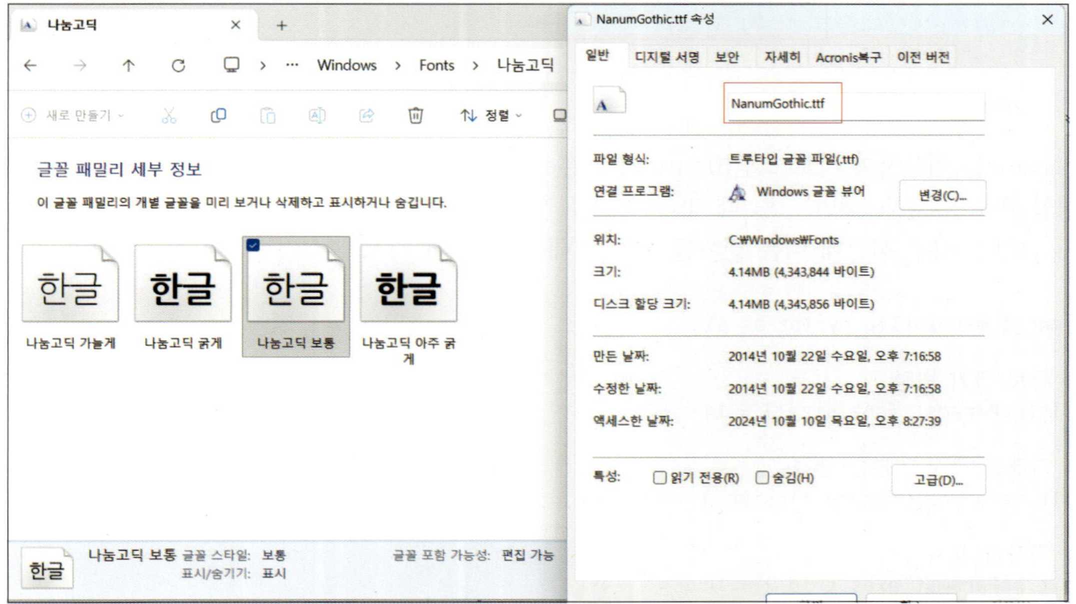

### 〈실습 14-2〉 pyplot 함수를 이용해서 한글 포함 그래프 작성

```
import matplotlib.pyplot as plt
# 한글 폰트 사용을 위해서  나눔고딕 글꼴 세팅
# 나눔 고딕 글꼴은 네이버에서 다운 받음
plt.rc("font", family='NanumGothic')

plt.scatter([0, 1, 2, 3, 4, 5], [0, 1, 2, 3, 4, 5])
plt.title('산점도')
plt.xlabel('변수1')
plt.ylabel('변수2')
plt.show()
```

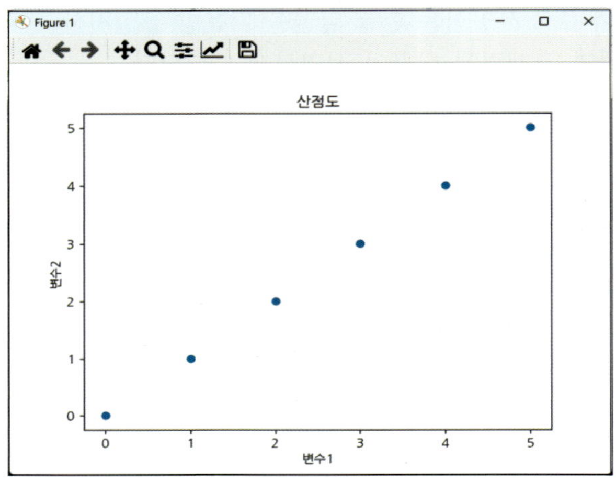


## 14.1.2 rcParams

rcParams을 이용하여 차트 그림(figure)의 기본 설정을 지정한다. plot()에서 figsize를 기본 크기를 지정할 수도 있지만, 매번 그릴 때 마다 크기를 지정해야 하는 불편함이 있다. 특히, 시계열 차트를 많이 그리는 경우 시간에 따른 변화를 보기 위해 가로로 긴 차트를 그리는 경우가 더 많다.

```
import matplotlib.pyplot as plt

# 폰트 크기 변경
plt.rcParams['font.size'] = 14

# 그래프 크기 기본값 변경
plt.rcParams['figure.figsize'] = [10, 6]

# 격자선 표시
plt.rcParams['axes.grid'] = True
```

rcParams 설정을 활용하면, 차트의 크기와 선의 색, 두께등의 기본 값을 설정할 수 있다.

rcParams에서 자주 사용하는 키는 다음과 같다.

| 키 | 설명 |
|---|---|
| figure.figsize | 기본 그래프 크기 |
| font.size | 기본 폰트 크기 |
| axes.titlesize | 제목 폰트 크기 |
| axes.labelsize | 축 라벨 폰트 크기 |
| lines.linewidth | 선 두께 |
| lines.color | 선 색상 |
| xtick.labelsize, ytick.labelsize | 축 눈금 폰트 크기 |
| legend.fontsize | 범례 폰트 크기 |

```
plt.rcParams["figure.figsize"] = (10,4)
plt.rcParams['lines.linewidth'] = 4
plt.rcParams['lines.color'] = 'r'
plt.rcParams['axes.grid'] = True

data = [10, 24, 30, 50, 40]
plt.plot(data)
plt.show()
```

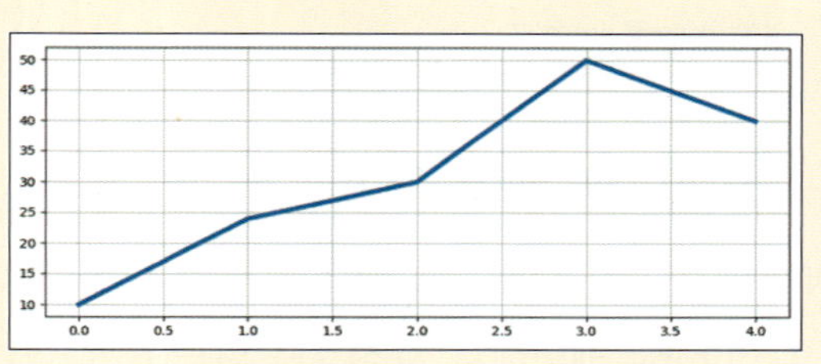


## 14.2 Numpy

numpy는 파이썬에서 수치 해석과 과학 연산을 위한 핵심 라이브러리로 행렬이나 일반적으로 대규모 다차원 배열을 쉽게 처리할 수 있도록 지원하고 데이터 구조 외에도 수치 계산을 위해 효율적으로 구현된 기능을 제공한다.

Python에서 벡터, 행렬 등 수치 연산을 수행하는 선형대수(Linear algebra) 라이브러리로 선형대수 관련 수치 연산을 지원하고 내부적으로는 C로 구현되어 있어 연산이 빠른 속도로 수행한다.

주요 기능은 다음과 같다.

- 배열 생성 및 조작 : np.array(), np.zeros(), np.ones(), np.arange() 등
- 수학 연산 : np.sum(), np.mean(), np.std(), np.dot() 등
- 브로드캐스팅 : 서로 다른 크기의 배열 간 연산을 자동으로 확장하여 처리
- 수학 연산 : np.sum(), np.mean(), np.std(), np.dot() 등
- 파일 입출력 : CSV, 텍스트 파일 등 다양한 형식의 데이터 읽기/쓰기 지원
- 수학 연산 : np.sum(), np.mean(), np.std(), np.dot() 등

- 다른 라이브러리와의 연계 : SciPy, Pandas, Matplotlib 등과 함께 사용되어 데이터 분석 및 시각화에 활용됨

numpy는 PyPI에서 pip를 통해 설치

```
pip3 install numpy
```

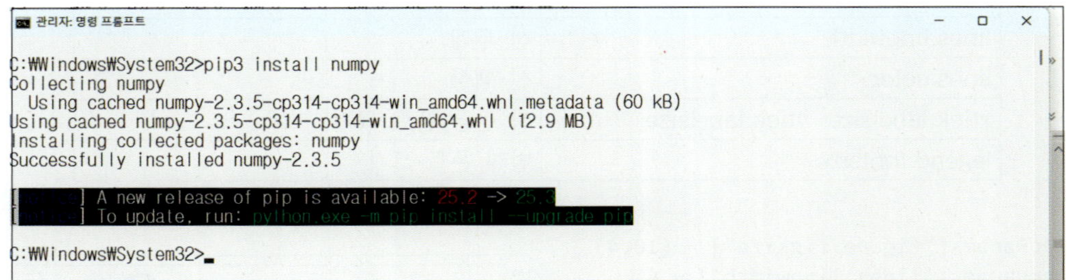


## 14.2.1 Numpy 배열 속성

numpy 배열의 주요 속성은 배열의 구조와 데이터를 이해하고 조작하는 데 필수적인 정보를 제공한다. 다음은 numpy 배열에서 자주 사용되는 핵심 속성들이다.

| 속성 이름 | 설명 |
|---|---|
| shape | 배열의 각 차원 크기를 나타내는 튜플. 예 : (3, 4)는 3행 4열 |
| ndim | 배열의 차원 수. 1차원, 2차원 등 |
| size | 배열의 전체 요소 개수 |
| dtype | 배열의 데이터 타입. 예 : int32, float64 |
| itemsize | 배열의 각 요소가 차지하는 바이트 수 |
| nbytes | 배열 전체가 차지하는 메모리 크기(바이트 단위) |
| T | 배열의 전치(transpose). 행과 열을 뒤바꿈 |

### 〈실습 14-3〉 Numpy 배열의 속성 출력

```
import numpy as np

arr = np.array([[1, 2, 3], [4, 5, 6]])

print("shape:", arr.shape)       # (2, 3)
print("ndim:", arr.ndim)         # 2
print("size:", arr.size)         # 6
print("dtype:", arr.dtype)       # int64 (시스템에 따라 다름)
print("itemsize:", arr.itemsize) # 8 (int64는 8바이트)
print("nbytes:", arr.nbytes)     # 48 (6개 × 8바이트)
print("T:\n", arr.T)            # 전치 행렬
print()
```

```
shape: (2, 3)
ndim: 2
size: 6
dtype: int64
itemsize: 8
nbytes: 48
T:
 [[1 4]
 [2 5]
 [3 6]]
```

### 14.2.2 Numpy 배열의 선언과 생성

Python에서 numpy 패키지를 사용하기 위해 다음과 같이 선언하며, 랜덤값을 생성해주는 .random도 사용하므로 같이 선언한다.

```
import numpy as np
import numpy.random as npr
```

(3, 5) 크기의 2D 배열을 생성하기 위해서는 다음 명령을 사용

```
import numpy as np
import numpy.random as npr

a = np.arange(15).reshape(3, 5)
print(a)
```

```
[[ 0  1  2  3  4]
 [ 5  6  7  8  9]
 [10 11 12 13 14]]
```

각종 배열의 생성 및 선언 예는 다음과 같다.

- 기본 배열 생성

```
import numpy as np

# 리스트를 기반으로 배열 생성
arr1 = np.array([1, 2, 3])
print(arr1)  # [1 2 3]
```

- 다차원 배열 생성

```
arr2 = np.array([[1, 2, 3], [4, 5, 6]])
print(arr2)
# [[1 2 3]
#  [4 5 6]]
```

- 0 또는 1로 채워진 배열

```
zeros = np.zeros((2, 3))  # 2행 3열의 0으로 채워진 배열
ones = np.ones((3, 2))    # 3행 2열의 1로 채워진 배열
```

- 특정 값으로 채운 배열

```
full = np.full((2, 2), 7)  # 2x2 배열을 7로 채움
```

- 연속된 숫자 배열

```
range_arr = np.arange(0, 10, 2)  # 0부터 10까지 2 간격
```

- 균등 간격의 숫자 배열

```
linspace_arr = np.linspace(0, 1, 5) # 0부터 1까지 5개의 균등
```

- random 배열

```
rand_arr = np.random.rand(2, 3)  # 2x3의 0~1 사이 난수
```

- 정수형 난수 배열

```
randint_arr = np.random.randint(1, 10, (2, 2))  # 1~9 사이 정수 난수
```

- 단위 행렬

```
identity = np.eye(3)  # 3x3 단위 행렬
```

**〈실습 14-4〉 Numpy 배열의 선언과 생성**

```
import numpy as np

a = np.array([2,3,4])
print(a)
# [2 3 4]
```

```

print(a.dtype)
# int64

b = np.array([1.2, 3.5, 5.1])
print(b.dtype)
# float64

# 2D 배열이나 3D 배열도 변환 가능
b = np.array([(1.5,2,3), (4,5,6)])
print(b)
# [[1.5 2.  3. ]
#  [4.  5.  6. ]]
```

```
C:\WINDOWS\system32\cmd.exe
[2 3 4]
int64
float64
[[1.5 2.  3. ]
 [4.  5.  6. ]]
```

### 14.2.3 Numpy 배열의 출력

1D와 2D 배열은 설명하지 않아도 어떻게 출력되는지 확인할 수 있으나, 3D 배열은 2차원이 N개 출력되는 형식으로 구분되어야 한다.

reshape는 numpy 배열의 형태를 바꾸는데 사용되는 매우 중요한 함수이며, 배열의 데이터는 그대로 유지하면서, 차원과 구조만 변경할 수 있다.

reshape 기본 문법은 다음과 같다.

```
numpy.reshape(a, newshape) # a는 원본 배열

a.reshape(newshape)  # newshape : 새로운 형태를 나타내는 튜플 (예: (2, 3))
```

주의사항으로 reshape을 사용할 때 전체 요소 수는 같아야 한다.

```
np.array([1,2,3,4]).reshape((2,3)) → 오류 발생 (4개 요소를 6개로 바꿀 수 없음)
```

〈실습 14-5〉 reshape 함수의 선언 및 실행

```
import numpy as np

arr = np.array([1, 2, 3, 4, 5, 6])
reshaped = arr.reshape((2, 3))
```

```
print(reshaped)
print()
# [[1 2 3]
#  [4 5 6]]
arr = np.array([1, 2, 3, 4, 5, 6])
reshaped = arr.reshape((-1, 2))  # 행은 자동 계산, 열은 2
print(reshaped)
print()
# [[1 2]
#  [3 4]
#  [5 6]]
arr = np.arange(24)  # 0~23까지 총 24개
reshaped = arr.reshape((2, 3, 4))  # 3차원 배열로 변경
print(reshaped.shape)  # (2, 3, 4)
print()
```

```
선택 C:\WINDOWS\system32\cmd.exe
[[1 2 3]
 [4 5 6]]

[[1 2]
 [3 4]
 [5 6]]

(2, 3, 4)
```

### 14.2.4 Numpy 연산

#### (1) arrange()

np.arange()는 numpy에서 연속된 숫자 배열을 생성할 때 사용하는 함수이다. 파이썬의 range()와 비슷하지만, 배열 형태로 반환되며 실수(float)도 지원한다.

arange()함수는 배열의 시작값과 끝값 그리고 배열을 생성할 간격을 지정하고, 간격 인수값은 생략 가능하며, 생략한 경우 시작과 끝 사이의 모든 값으로 1차원 배열을 생성한다.

기본 문법은 다음과 같다.

```
np.arange([start,] stop[, step])

- start(선택) : 시작 값 (생략 시 0)
- stop(필수) : 끝 값 (포함되지 않음)
- step(선택) : 증가 간격 (기본값 1)
- dtype(선택) : 생성할 배열의 데이터 타입
```

주의사항으로 step이 부동소수점일 경우, 부동소수점 오차로 인해 예상과 다른 결과가 나올 수 있으며, stop 값은 포함되지 않음에 유의해야 한다.

```
a = np.array( [20,30,40,50] )
b = np.arange( 4 )
print(b)
# [0 1 2 3]

# a에서 b에 각각의 원소를 -연산
c = a-b
print(c)
# [20 29 38 47]

# b 각각의 원소에 제곱 연산
print(b**2)
# [0 1 4 9]
```

### 〈실습 14-6〉 1차원 배열 arange() 작성

```
import numpy as np

a = np.arange(3, 10)
print(f'a 자료형 : {type(a)}')
print(a)
print(f'배열의 첫번째 요소 출력: {a[0]}')
print(f'배열의 크기: {a.size}')
print()
a = np.arange(1, 20, 3)
print(f'a 자료형 : {type(a)}')
print(a)
print(f'배열의 첫번째 요소 출력: {a[0]}')
print(f'배열의 크기: {a.size}')
print()

arr = np.array([1, 2, 3, 4, 5, 6])
reshaped = arr.reshape((2, 3))
print(reshaped)
print()
# [[1 2 3]
#  [4 5 6]]

arr = np.array([1, 2, 3, 4, 5, 6])
reshaped = arr.reshape((-1, 2))  # 행은 자동 계산, 열은 2
print(reshaped)
print()
# [[1 2]
#  [3 4]
#  [5 6]]

# 결과: array([1. , 1.3, 1.6, 1.9])
print(np.arange(1.0, 2.0, 0.3))
print()

arr = np.arange(24)  # 0~23까지 총 24개
```

```
reshaped = arr.reshape((2, 3, 4))  # 3차원 배열로 변경
print(reshaped.shape)  # (2, 3, 4)
print()
print()
# [[1 2]
#  [3 4]
#  [5 6]]

# 결과: array([1. , 1.3, 1.6, 1.9])
print(np.arange(1.0, 2.0, 0.3))
print()

arr = np.arange(24)  # 0~23까지 총 24개
reshaped = arr.reshape((2, 3, 4))  # 3차원 배열로 변경
print(reshaped.shape)  # (2, 3, 4)
print()
```

```
C:\WINDOWS\system32\cmd.exe
a 자료형 : <class 'numpy.ndarray'>
[3 4 5 6 7 8 9]
배열의 첫번째 요소 출력: 3
배열의 크기: 7

a 자료형 : <class 'numpy.ndarray'>
[ 1  4  7 10 13 16 19]
배열의 첫번째 요소 출력: 1
배열의 크기: 7

[[1 2 3]
 [4 5 6]]

[[1 2]
 [3 4]
 [5 6]]

[1.  1.3 1.6 1.9]

(2, 3, 4)


[1.  1.3 1.6 1.9]

(2, 3, 4)
```

### (2) 행렬의 여러가지 곱셈

numpy에서 행렬 곱셈은 두 가지 방식으로 수행할 수 있으며, 원소별 곱셈과 행렬 곱셈(선형대수적 곱셈)이다.

① 원소별 곱셈(* 또는 np.multiply)

각 위치의 원소끼리 곱하고, 두 배열의 shape이 같아야 한다.

```
A = np.array( [[1,1],
               [0,1]] )
B = np.array( [[2,0],
               [3,4]] )
print(A * B)
# [[2 0]
#  [0 4]]
```

② 행렬 곱셈(Matrix Multiplication)

선형대수에서 사용하는 행렬 곱셈이며, @, np.dot, 또는 np.matmul을 사용한다.

```
* : 각각의 원소끼리 곱셈 (Elementwise product, Hadamard product)
@ : 행렬 곱셈 (Matrix product)
.dot() : 행렬 내적 (dot product)

print(A @ B)
# [[5 4]
#  [3 4]]

print(A.dot(B))
# [[5 4]
#  [3 4]]
```

### 〈실습 14-7〉 행렬 곱셈 작성

```
import numpy as np

# 행렬 A (2x3)
A = np.array([[1, 2, 3],
              [4, 5, 6]])

# 행렬 B (3x2)
B = np.array([[7, 8],
              [9, 10],
              [11, 12]])

# 행렬 곱셈 (A @ B 또는 np.dot(A, B))
C = np.dot(A, B)

# 결과 출력
print("행렬 A:")
print(A)
print("\n행렬 B:")
print(B)
print("\n행렬 곱셈 결과 C = A @ B:")
print(C)
print()
```

```
C:\WINDOWS\system32\cmd.exe
행렬 A:
[[1 2 3]
 [4 5 6]]

행렬 B:
[[ 7  8]
 [ 9 10]
 [11 12]]

행렬 곱셈 결과 C = A @ B:
[[ 58  64]
 [139 154]]
```

③ 브로드캐스팅 곱셈(Broadcasting)

서로 다른 shape의 배열 간에도 자동으로 확장하여 곱셈이 가능하다. 단순하게 편리성을 위해 Shape가 다른 np.narray 끼리 연산을 지원해 주기 위함이다.

데이터 계산 시 자주 등장하는 상황인데, 이것이 없다면 Shape를 맞춰야 하는 번거로움이 생기게 되는데 이 개념을 이해하면 잘 활용할 수 있다.

우선 차원(ndim)이 같고 각 축(axis)의 값이 같거나 1 이어야 연산이 가능하며, 만약 각 축의 값이 다르면 브로드 캐스팅되어 값이 복사된다.

```
np.array([1,2,3,4,5]) * 2
# Broadcasting
np.array([1,2,3,4,5]) * np.array([2,2,2,2,2])

print(np.arange(4) * 2)
# [0 2 4 6]

print(np.ones((3,4)) * np.arange(4))
# [[0. 1. 2. 3.]
#  [0. 1. 2. 3.]
#  [0. 1. 2. 3.]]

print(np.arange(3).reshape((3,1)) * np.arange(3))
# [[0 0 0]
#  [0 1 2]
#  [0 2 4]]
```

**〈실습 14-8〉 브로드캐스팅 곱셈 작성**

```
import numpy as np

A = np.array([[1, 2, 3],
              [4, 5, 6]])

# 2x1 열 벡터
b = np.array([[10],
              [20]])

```

```
# 각 행에 해당 열 벡터를 곱함
result = A * b

print(result)
print()
```

```
C:\WINDOWS\system32\cmd.exe
[[ 10  20  30]
 [ 80 100 120]]
```

### (3) 수학 함수 연산

numpy에서는 배열에 다양한 수학 함수 연산을 적용할 수 있다. 이 기능은 배열 전체에 대해 빠르고 효율적으로 연산을 수행할 수 있게 해준다.

```
.sum(), .min(), .max(), .argmax(), .cumsum()와 같은 연산을 처리

- .sum(): 모든 요소의 합
- .min(): 모든 요소 중 최소값
- .max(): 모든 요소 중 최대값
- .argmax(): 모든 요소 중 최대값의 인덱스
- .cumsum(): 모든 요소의 누적합
```

```
a = np.arange(8).reshape(2, 4)**2
print(a)
# [[ 0  1  4  9]
#  [16 25 36 49]]

# 모든 요소의 합
print(a.sum())
# 140

# 모든 요소 중 최소값
print(a.min())
# 0

# 모든 요소 중 최대값
print(a.max())
# 49

# 모든 요소 중 최대값의 인덱스
print(a.argmax())
# 7

# 모든 요소의 누적합
print(a.cumsum())
# [  0   1   5  14  30  55  91 140]
```

### 〈실습 14-9〉 함수 연산 출력 작성

```
import numpy as np

# 예제 배열
a = np.array([3, 7, 1, 9, 5])

# 총합
print("sum:", a.sum())  # 25

# 최솟값
print("min:", a.min())  # 1

# 최댓값
print("max:", a.max())  # 9

# 최댓값의 인덱스
print("argmax:", a.argmax())  # 3

# 누적합
print("cumsum:", a.cumsum())  # [ 3 10 11 20 25 ]
print()
```

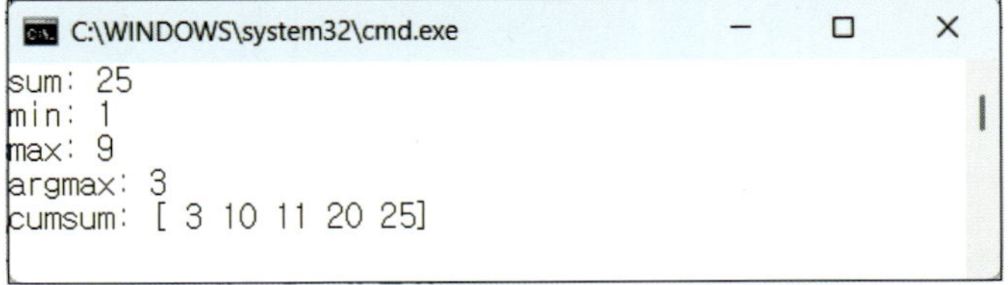


numpy.linspace 함수는 시작값과 끝값 사이를 일정한 간격으로 나눈 값들을 생성할 때 사용된다. 특히 부동소수점 간격이나 정확한 개수의 점이 필요한 경우에 유용하다.

linespace 함수의 기본 문법은 다음과 같다.

```
linspace(start, stop, num=50, endpoint=True, retstep=False, dtype=None)

- start: 시작 값
- stop: 끝 값
- num: 생성할 값의 개수 (기본값 50)
- endpoint: True이면 끝 값 포함, False이면 제외
- retstep: True이면 간격도 함께 반환

linspace 함수의 사용 용도
- 그래프 그릴 때 x축 값 생성
- 시뮬레이션에서 균등한 시간 간격 설정
- 보간(interpolation) 계산
- 정밀한 수치 계산이 필요한 경우
```

### 〈실습 14-10〉 linespace 함수 작성

```
import numpy as np

# 기본 사용
x = np.linspace(0, 10, 5)
print(x)
print()
# 출력: [ 0.  2.5  5.  7.5 10. ]

# 끝 값 제외
x = np.linspace(0, 10, 5, endpoint=False)
print(x)
print()
# 출력: [0. 2. 4. 6. 8.]

x, step = np.linspace(0, 1, 5, retstep=True)
print("값:", x)
print("간격:", step)
print()
# 출력:
# 값: [0.   0.25 0.5  0.75 1.  ]
# 간격: 0.25
```

```
C:\WINDOWS\system32\cmd.exe
[ 0.   2.5  5.   7.5 10. ]

[0. 2. 4. 6. 8.]

값: [0.   0.25 0.5  0.75 1.  ]
간격: 0.25
```

### 〈실습 14-11〉 linespace 함수를 이용한 그래프 작성

```
import numpy as np
import matplotlib.pyplot as plt

x = np.linspace(0, 2 * np.pi, 100)
y = np.sin(x)

plt.plot(x, y)
plt.title("Sine Wave")
plt.xlabel("x")
plt.ylabel("sin(x)")
plt.grid(True)
plt.show()
```

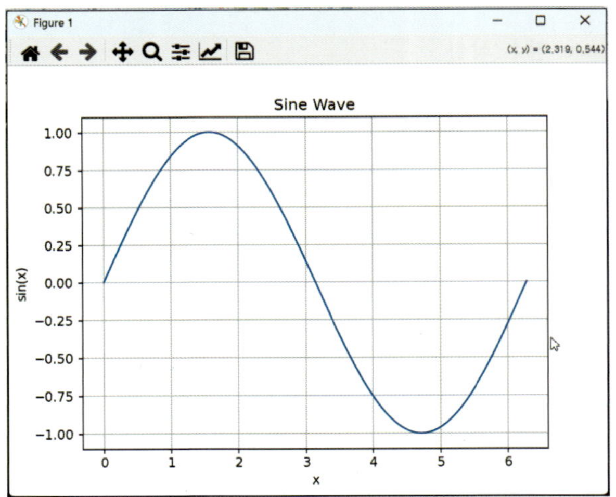

### 〈실습 14-12〉 고급 Numpy 자료 그래프 작성

```
import numpy as np
import matplotlib.pyplot as plt

# 1. 기본 스타일 설정
plt.style.use('default')
plt.rcParams['figure.figsize'] = (6, 3)
plt.rcParams['font.size'] = 12
plt.rcParams['lines.linewidth'] = 5

#  np.linspace() 함수는 지정한 구간을 균일한 간격으로 나누는 숫자들을 반환
x = np.linspace(-1, 1, 1000)
y1 = np.sin(2 * x * np.pi)
y2 = np.cos(2 * x * np.pi)
y3 = np.ceil(3 * x)

fig, ax = plt.subplots()
# plt.subplots()는
# Figure 객체와 Axes 객체를 반환
ax.plot(x, y1, '--')
ax.plot(x, y2, '-.')
ax.plot(x, y3, alpha=0.7)

ax.spines['left'].set_position('center')     # 왼쪽 축을 가운데 위치로 이동
ax.spines['right'].set_visible(False)       # 오른쪽 축을 보이지 않도록
ax.spines['top'].set_visible(False)       # 위 축을 보이지 않도록
ax.spines['bottom'].set_position(('data', 0))  # 아래 축을 데이터 0의 위치로 이동
ax.tick_params('both', length=0)             # Tick의 눈금 길이 0

plt.show()
```

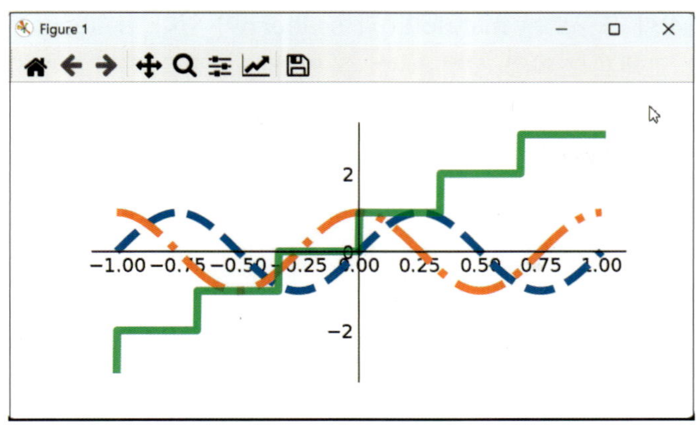


## 14.3 Seaborn

Seaborn은 향상된 데이터 시각화를 위해 만들어진 Python 라이브러리이다. 효과적인 데이터 시각화 및 일반적인 의사소통이 특히 필수적인 기술이기 때문에 오늘날 작업하는 데이터 전문가에게는 매우 적절한 도구이다.

데이터와 통찰력 사이의 격차를 해소할 수 있다는 것은 매우 귀중하며, Seaborn을 사용해야 하는 이유는 다른 도구와 비교할 수 없는 강력한 성능을 제공한다.

Seaborn은 PyPI에서 pip3를 통해 설치한다.

```
pip3 install seaborn
```

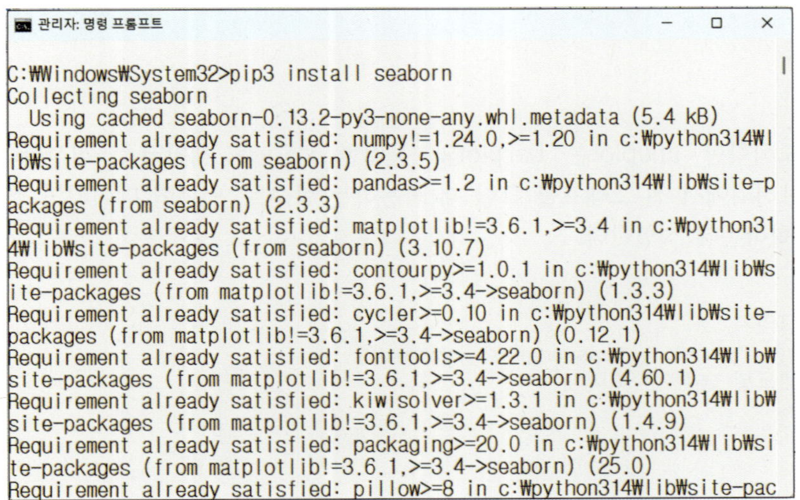

파이썬의 대표적인 시각화 도구로는 matplotlib과 seaborn이 있다. seaborn은 matplotlib 대비 손쉽게 그래프를 그리고 그래프 스타일 설정을 할 수 있다는 장점을 가지고 있으며, 정교하게 그래프의 크기를 조절하거나 각 축의 범례 값을 조절할 때에는 matplotlib을 함께 사용해야 하나, seaborn 사용할 경우 단순할 수 있다.

seaborn은 다른 python 라이브러리와 같이 사용하는 것이 특징이다.

### (1) 라이브러리 임포트

먼저 seaborn 라이브러리를 사용하고 데이터 프레임을 다루기 위해 라이브러리 임포트를 한다.

```
# 라이브러리 임포트
import pandas as pd
import matplotlib.pyplot as plt
import seaborn as sns

# seaborn에서 제공하는 flights 데이터 셋을 사용
flights = sns.load_dataset('flights')

# 그래프 사이즈 설정
plt.figure(figsize=(12, 3))
```

### (2) Barplot

막대 그래프를 그리는 barplot은 flights 데이터 프레임의 x 축에는 행 컬럼의 값을, y축에는 열 컬럼의 값을 도식화하고, x축에 사용한 행 값은 정수형 데이터로 barplot을 그리기 적합한 형태의 데이터를 나타낸다.

```
# 요일별 평균 팁 금액 시각화
sns.barplot(x="day", y="tip", data=tips)
plt.title("요일별 평균 팁")
plt.show()
```

### (3) Lineplot

선 그래프를 도식화한 lineplot은 barplot과 동일한 x, y축 데이터를 설정한다. lineplot()은 Seaborn 라이브러리에서 선 그래프를 그릴 때 사용하는 함수로, 연속형 데이터의 추세나 시간에 따른 변화를 시각화하는데 적합하다.

```
# 선 그래프 그리기
sns.lineplot(x="year", y="passengers", data=df)
plt.title("연도별 승객 수 추이")
plt.show()
```

### (4) Displot

displot()은 Seaborn에서 데이터의 분포(distribution)를 시각화하기 위한 함수로, 히스토그램, KDE(커널 밀도 추정), ECDF(경험적 누적 분포 함수) 등을 그릴 수 있는 다양한 함수이다.

```
# 기본 히스토그램
sns.displot(data=tips, x="total_bill", bins=20, kde=True)
plt.title("총 금액 분포")
plt.show()
```

#### 〈실습 14-13〉 barplot 구현 막대 그래프 작성

```
import seaborn as sns
import matplotlib.pyplot as plt

plt.rc("font", family='NanumGothic')
# 샘플 데이터셋 불러오기
tips = sns.load_dataset("tips")

# 요일별 평균 팁 금액 시각화
sns.barplot(x="day", y="tip", data=tips)
plt.title("요일별 평균 팁 금액")
plt.show()
```

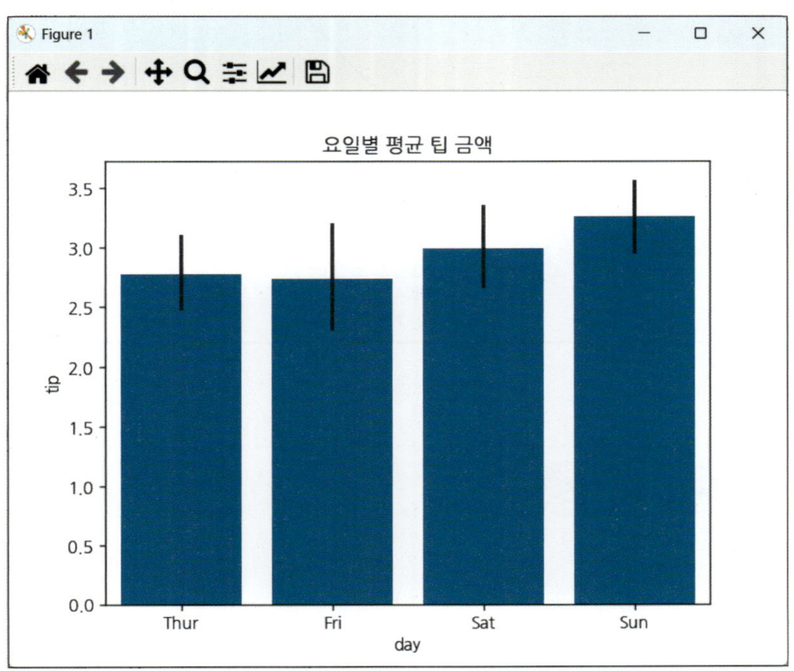

〈실습 14-14〉 lineport 구현 선 그래프 작성

```
import matplotlib.pyplot as plt
import seaborn as sns
sns.set_style("whitegrid")

flights = sns.load_dataset("flights")
flights.head()
flights_may = flights.loc[flights['month']=='May']
sns.lineplot (data = flights_may,
    x=flights_may['year'],
    y='passengers')
plt.show()
```

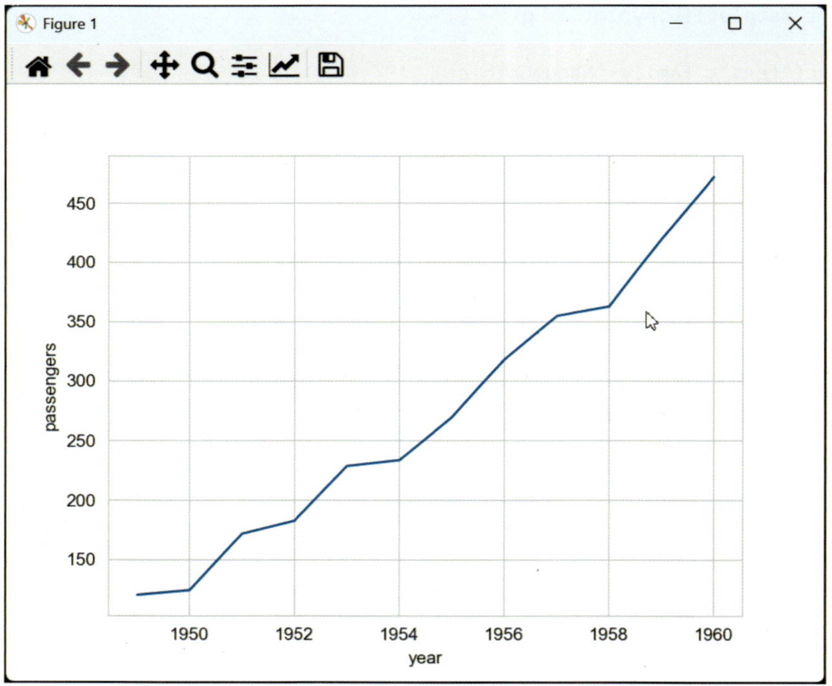


## 14.4 각종 그래프의 표현

### 14.4.1 히스토그램

히스토그램은 데이터의 분포를 시각적으로 표현하는 그래프이다. 연속형 데이터를 여러 구간(bin)으로 나누고, 각 구간에 속하는 데이터의 개수를 막대의 높이로 나타낸다. 데이터의 중심, 퍼짐, 이상치

등을 파악할 때 매우 유용하다.

간단한 히스토그램 예

```
import numpy as np
import matplotlib.pyplot as plt

data = np.array
 ([0, 1, 1, 2, 2, 2, 3, 3, 4, 5, 6, 6, 7, 7, 7, 8, 8, 9])
# 히스토그램 bins는 사각형 기둥의 수
plt.hist(data, bins=10)
plt.show()
```

### 〈실습 14-15〉 기본적인 히스토그램 작성

```
import matplotlib.pyplot as plt
import numpy as np

plt.rc("font", family='NanumGothic')
# 정규분포를 따르는 데이터 생성
data = np.random.randn(1000)

# 히스토그램 그리기
plt.hist(data, bins=30, color='skyblue', edgecolor='black')
plt.title("정규분포 히스토그램")
plt.xlabel("값")
plt.ylabel("빈도")
plt.grid(True)
plt.show()
```

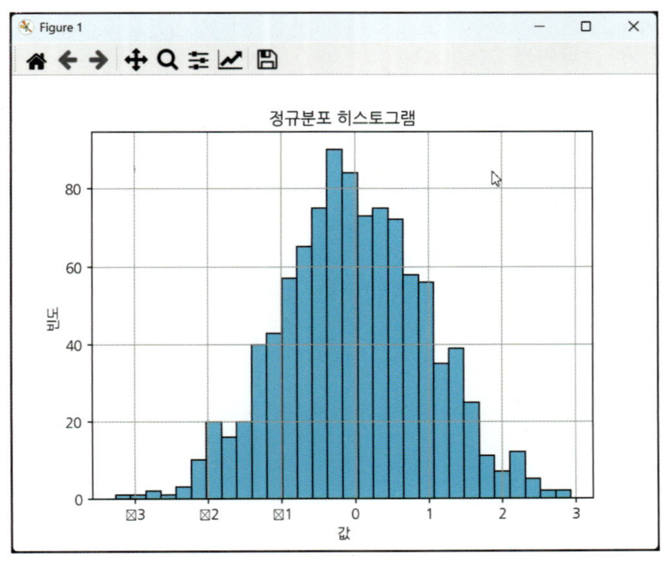

## 14.4.2 막대 그래프

막대 그래프는 plt.bar()로 작성하며, bar 차트는 plot과 달리 x값에 항목을 문자열로 구성된 리스로 선언하는 것이 아니라, 0부터 시작하는 정수 리스트로 넣어주어야 하므로 리스트의 길이를 range로 지정하는 것이 일반적이다.

### (1) 수직 막대 그래프

bar() 함수는 수직 막대 그래프를 표현하는 명령어로 막대 그래프에서 막대의 길이는 각 데이터의 크기를 의미한다.

수직 막대 그래프의 선언 예

```
import matplotlib.pyplot as plt

plt.rc("font", family='NanumGothic')
plt.title("막대그래프(bar)")
x_data=[1,3,5,7,9]
y_data=[5,7,6,1,4]
# bar(막대를 표시할 위치, 막대의 높이)
plt.bar(x_data ,y_data)
plt.show()
```

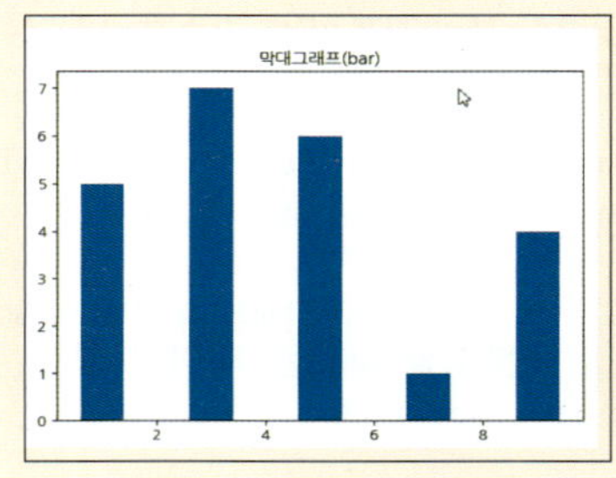

### 〈실습 14-16〉 간단한 수직 막대 그래프 작성

```
import matplotlib.pyplot as plt
plt.rc("font", family='NanumGothic')

x = [1,2,3]
y = [90,95,75]
xlabel = ['자바','파이썬','SQL']

plt.figure(figsize = (5,5))
plt.bar(x,y,color =  \
    ['orange','green','blue'], \
    align = 'center',width = 0.8)
plt.title("과목별 점수 현황",size = 20)
plt.xlabel("과목",size = 15)
plt.ylabel("점수",size = 15)
plt.xticks(x,xlabel)
plt.grid(True)
plt.show()
```

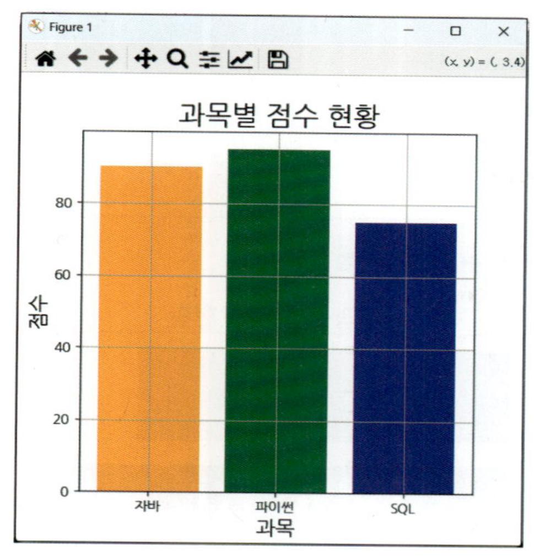


### (2) 수평 막대 그래프

수평 막대 그래프는 수량의 대소를 비교할 때 사용되며, 각각 독립된 값을 비교할 때 사용된다.

수평 막대 그래프의 선언 예

```
import matplotlib.pyplot as plt
plt.rc("font", family='NanumGothic')
plt.title("막대그래프(barh)")

x_data=[1,3,5,7,9]
y_data=[5,7,6,1,4]

plt.barh(x_data,y_data)
plt.show()
```

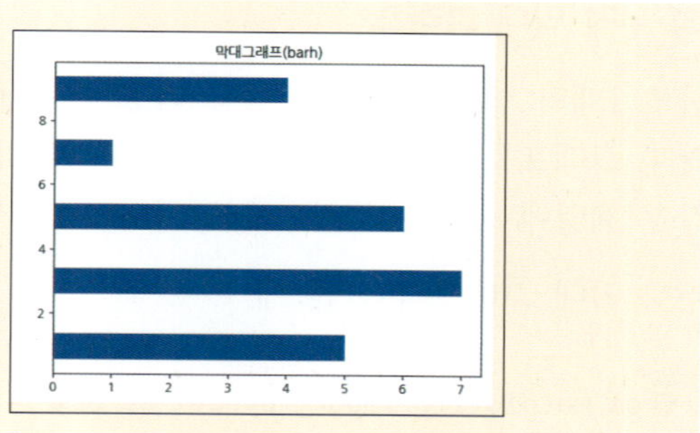


matplotlib.pyplot 모듈의 barh() 함수를 사용해서 수평 막대 그래프를 그린다.

#### 〈실습 14-17〉 간단한 수평 막대 그래프 작성

```
import matplotlib.pyplot as plt
plt.rc("font", family='NanumGothic')

x = [1,2,3]
y = [90,95,75]
xlabel = ['자바','파이썬','SQL']
plt.figure(figsize = (5,5))
plt.barh(x,y,color = \
    ['orange','green','blue'], \
     align = 'center')
plt.title("과목별 점수 현황",size = 20)
```

```
plt.yticks(x,xlabel)
plt.xlabel("점수",size = 15)
plt.ylabel("과목",size = 15)
plt.show()
```

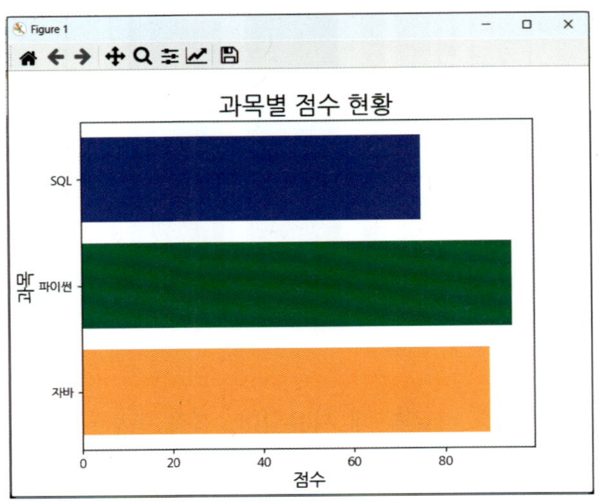


### (3) 누적 막대 그래프

하루 1개의 샘플이 있는 할당량 측정 항목처럼 흔하지 않은 샘플이 있는 데이터를 표시하려면 누적 막대 그래프를 사용한다. 이 그래프는 선 차트와 누적 영역 차트보다 해상도가 낮지만 기본적으로 각 시계열에 고유한 색상이 할당된다.

누적 막대 그래프의 선언 예

```
from matplotlib import pyplot as plt
import numpy as np

topics = ['one', 'two', 'three', 'four', 'five']
As = [6, 3, 4, 3, 5]
Bs = [8, 12, 8, 9, 10]
Cs = [13, 12, 15, 13, 14]
Ds = [2, 3, 3, 2, 1]
Fs = [1, 0, 0, 3, 0]
c_bottom = np.add(As, Bs)
d_bottom = np.add(c_bottom, Cs)
f_bottom = np.add(d_bottom, Ds)

x = range(len(topics))
plt.bar(x, As)
plt.bar(x, Bs, bottom=As)
plt.bar(x, Cs, bottom=c_bottom)
plt.bar(x, Ds, bottom=d_bottom)
plt.bar(x, Fs, bottom=f_bottom)
```

```
ax = plt.subplot()
ax.set_xticklabels(topics)
plt.title('TITLE')
plt.xlabel('X LABEL')
plt.ylabel('Y LABEL')
plt.show()
```

누적 막대 그래프는 각 범주(category) 내에서 여러 하위 항목(sub-category)의 값을 누적하여 표시하는 그래프이다.

전체 값의 구성 요소를 한눈에 파악할 수 있어 비교와 구조 분석에 유용하다.

### 〈실습 14-18〉 누적 막대 그래프 작성

```
from matplotlib import pyplot as plt
plt.rc("font", family='NanumGothic')
import numpy as np

topics = ['하나', '둘', '셋', '넷', '다섯']
As = [6, 3, 4, 3, 5]
Bs = [8, 12, 8, 9, 10]
Cs = [13, 12, 15, 13, 14]
Ds = [2, 3, 3, 2, 1]
Fs = [1, 0, 0, 3, 0]

c_bottom = np.add(As, Bs)
d_bottom = np.add(c_bottom, Cs)
f_bottom = np.add(d_bottom, Ds)

x = range(len(topics))
plt.bar(x, As)
plt.bar(x, Bs, bottom=As)
plt.bar(x, Cs, bottom=c_bottom)
plt.bar(x, Ds, bottom=d_bottom)
plt.bar(x, Fs, bottom=f_bottom)

ax = plt.subplot()
ax.set_xticks(x)
ax.set_xticklabels(topics)
plt.title('제목')
plt.xlabel('X 축')
plt.ylabel('Y 축')
plt.show()
```

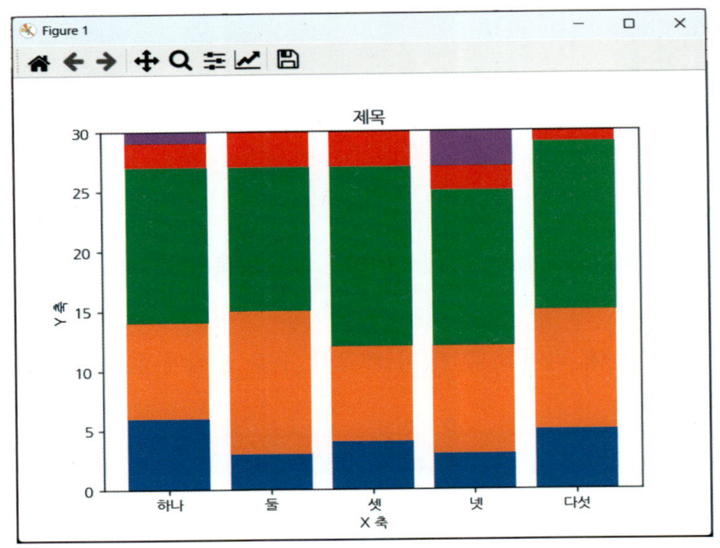


### (4) 꺾은선 그래프

시간적인 값의 변화를 분석할 수 있는 그래프로 시계열로 나열된 데이터를 사용한다. 이 그래프는 선 차트와 누적 영역 차트보다 해상도가 낮지만 기본적으로 각 시계열에 고유한 색상이 할당된다.

꺾은선 그래프의 선언 예

```
import numpy as np
import matplotlib.pyplot as plt

x = np.arange(0, 10, 0.5)
y = np.sin(x)
plt.plot(x, y)
plt.show()
```

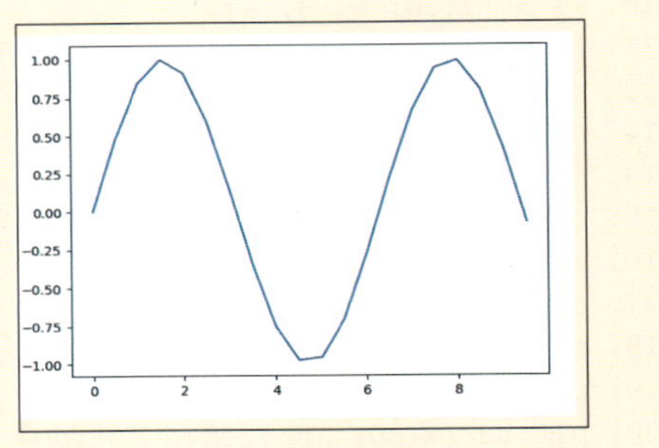

#### 〈실습 14-19〉 꺾은선 그래프 작성

```
import numpy as np
import matplotlib.pyplot as plt
plt.rc("font", family='Sans-serif')

x = np.arange(0, 10, 0.5)
y1 = np.sin(x)
y2 = np.cos(x)

plt.plot(x, y1, label="sin(x)")
plt.plot(x, y2, label="cos(x)", linestyle="--")

```

```python
plt.xlabel("x")
plt.xlabel("y")
plt.title("sin / cos")
plt.legend()
plt.show()
```

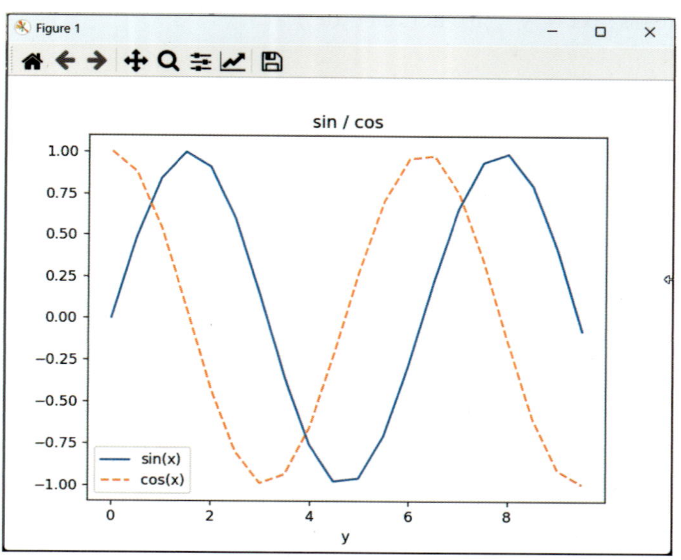

### 〈실습 14-20〉 꺾은선 막대 그래프 작성

ax1.twinx()로 X축을 공유하는 이중 Y축을 만들고, ax1.plot()과 ax2.bar()를 사용해서 y1, y2 데이터를 각각 꺾은선 그래프와 막대 그래프의 형태로 나타냄

```python
import matplotlib.pyplot as plt
import numpy as np

# 1. 기본 스타일 설정
plt.style.use('default')
plt.rcParams['figure.figsize'] = (4, 3)
plt.rcParams['font.size'] = 12

# 2. 데이터 준비
x = np.arange(2020, 2027)
y1 = np.array([1, 3, 7, 5, 9, 7, 14])
y2 = np.array([1, 3, 5, 7, 9, 11, 13])

# 3. 그래프 그리기
fig, ax1 = plt.subplots()

ax1.plot(x, y1, '-s', color='green', \
   markersize=7, linewidth=5,  alpha=0.7, label='Price')
ax1.set_ylim(0, 18)
ax1.set_xlabel('Year')
```

```python
ax1.set_ylabel('Price ($)')
ax1.tick_params(axis='both', direction='in')

ax2 = ax1.twinx()
ax2.bar(x, y2, color='deeppink', label='Demand', alpha=0.7, width=0.7)
ax2.set_ylim(0, 18)
ax2.set_ylabel(r'Demand ($\times10^6$)')
ax2.tick_params(axis='y', direction='in')
plt.show()
```

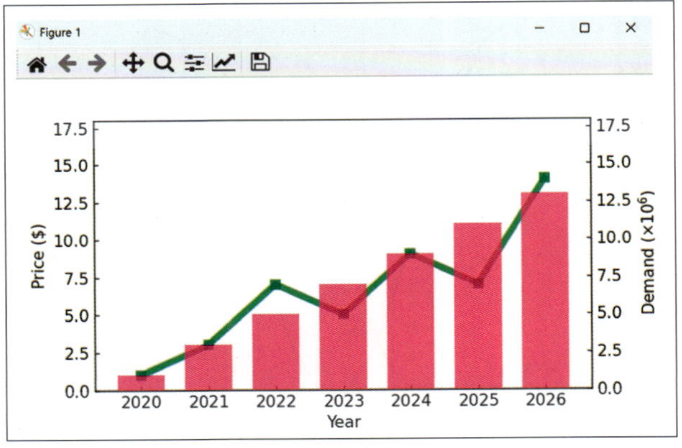


### 14.4.3 원 그래프

파이 차트(Pie chart, 원 그래프)는 범주별 구성 비율을 원형으로 표현한 그래프이다. 전체에 대한 요소와 비율을 알 수 있으며, 모든 요소의 값이 100%로 구성된다.

원 그래프의 선언 예

```python
import matplotlib.pyplot as plt

ratio = [34, 32, 16, 18]
labels = ['Apple', 'Banana', 'Melon', 'Grapes']

plt.pie(ratio, labels=labels, autopct='%.1f%%')
plt.show()
```

우선 각 영역의 비율과 이름을 ratio와 labels로 지정해주고, pie() 함수에 순서대로 입력하고, autopct는 부채꼴 안에 표시될 숫자의 형식을 지정한다.

다음으로 소수점 한자리까지 표시하도록 설정한다.

### 〈실습 14-21〉 원 그래프 작성

```
import matplotlib.pyplot as plt
import numpy as np
from matplotlib import style

plt.rc("font", family='NanumGothic')
colors = ['gold', 'yellowgreen', 'lightcoral', 'lightskyblue', 'red']
labels = ['법무부', '행안부', '국세청', '산자부', '보훈부']
ratio = [50, 20, 10, 10, 10]
explode = (0.0, 0.1, 0.0, 0.0, 0.0)

plt.pie(ratio, explode=explode, labels=labels, \
  colors=colors, autopct='%1.1f%%', \
  shadow=True, startangle=90)
plt.show()
```

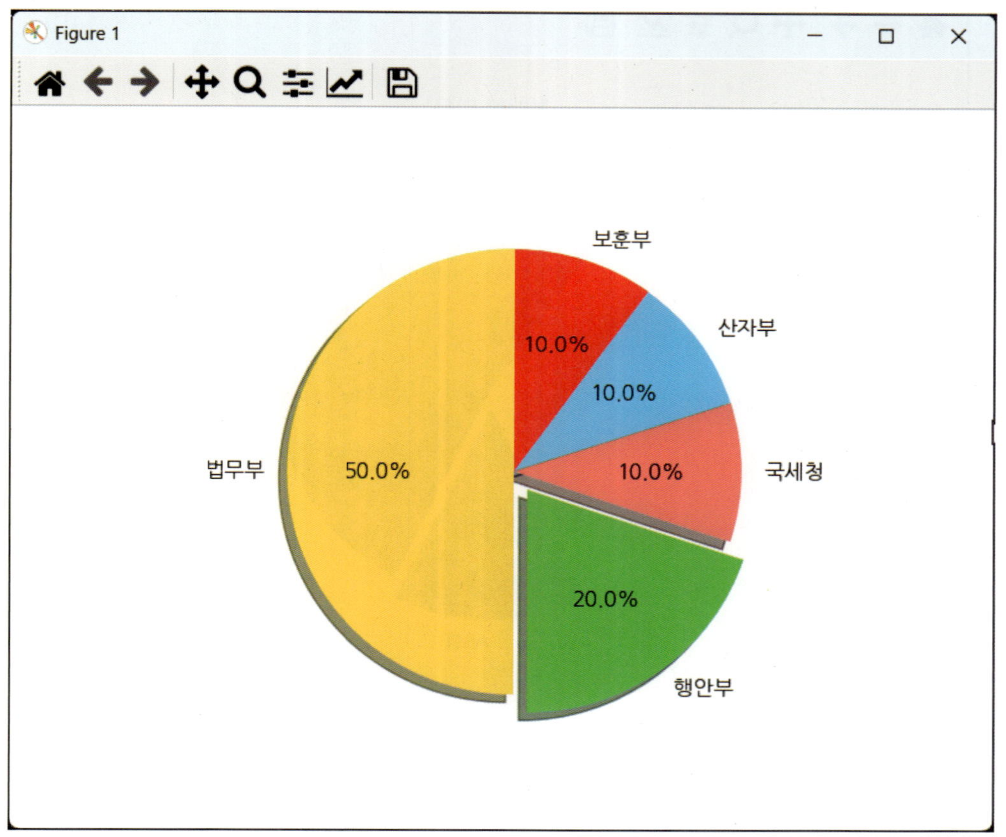

### 〈실습 14-22〉 범례 포함 원 그래프 작성

```
import matplotlib.pyplot as plt
plt.rc("font", family='NanumGothic')

plt.title('혈액형 비율')
data=[2441,2312,1031,1234]
label=['A형','B형','AB형','O형']
color=['olivedrab','yellow','limegreen','darkgreen']
plt.axis('equal')
plt.pie(data, labels=label,autopct='%.1f%%',\
    colors=color,explode=(0,0,0.1,0))
plt.legend()
plt.show()
```

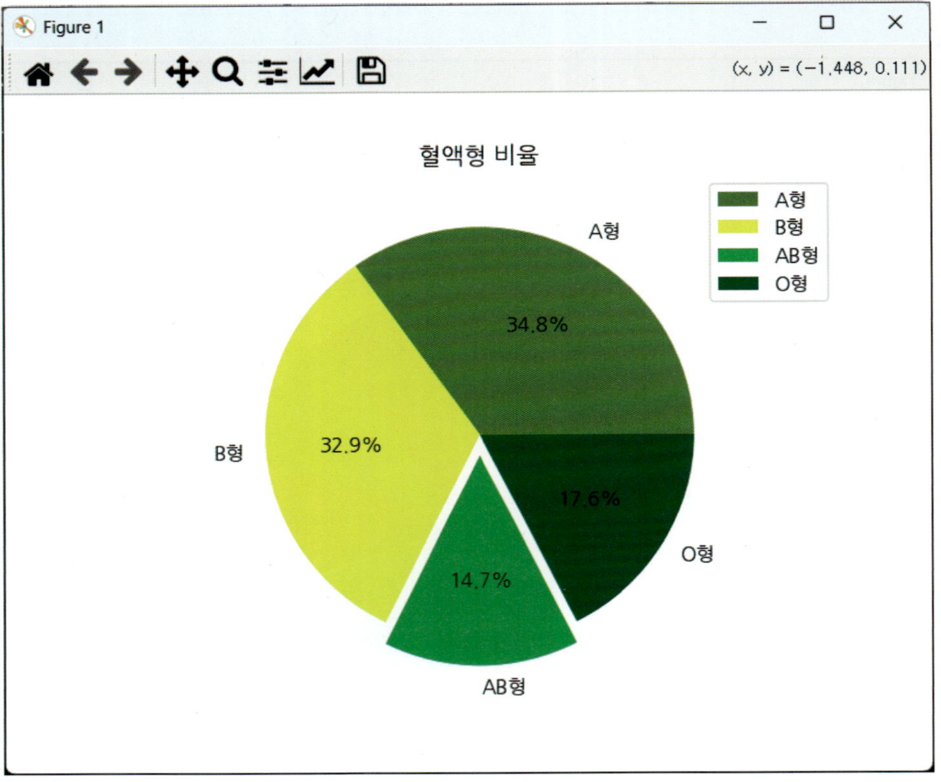

### 〈실습 14-23〉 입체감 포함 원 그래프 작성

```
import matplotlib.pylab as plt
plt.rc("font", family='NanumGothic')

colors = ['saddlebrown','lightpink','gold','cornsilk']
plt.figure(figsize=(5,5))
labels = ['초코','딸기','치즈','생크림']
frequency = [40,30,20,10]
plt.pie(frequency, explode = (0.1,0,0,0), \
       labels = labels, autopct='%1.1f%%', \
       shadow = True, startangle = 90, \
       textprops = {'fontsize':13}, colors = colors)
plt.title('케이크 선호도 조사')
plt.show()
```

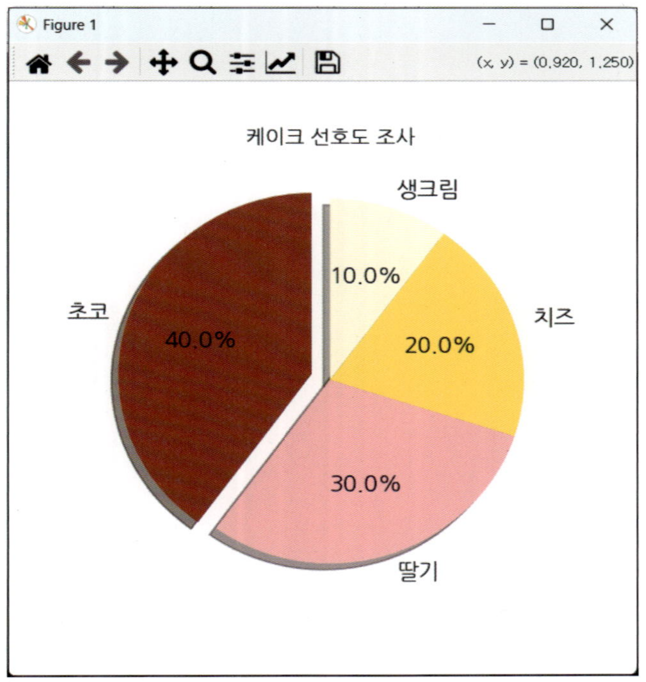

오연재

- 순천대학교 컴퓨터과학과 이학박사
- 순천대학교 SW중심대학사업단 학술연구교수

김용민

- 전남대학교 전산통계학과 박사
- 전남대학교 전자상거래전공 교수

정승언

- 전남대학교 대학원 컴퓨터공학 박사
- 전남대학교 강의

임성화

- 코딩AI학원 원장
- (주)에이티에이인터네셔널 대표

파이썬(python)

| | |
|---|---|
| 지 은 이 | 오연재 · 김용민 · 정승언 · 임성화 |
| 펴 낸 이 | 김형근 |
| 펴 낸 곳 | 도서출판 기한재 |
| 주 소 | 경기도 파주시 회동길 56<br>(파주출판도시) |
| 전 화 | 031)955-0900~2 |
| 팩 스 | 031)955-0100 |
| 등 록 | 1990년 3월 15일 제2-968호 |
| 발 행 | 2026년 1월 30일 1판 1쇄 |
| 정 가 | 27,000원 |



Published by Kihanjae Co.
ISBN 978-89-7018-819-5
http://www.kihanjae.com
E-mail : kihanjae@daum.net